JN409626

동작 원리 중심의

논리회로와 컴퓨터 구조

전중남 지음

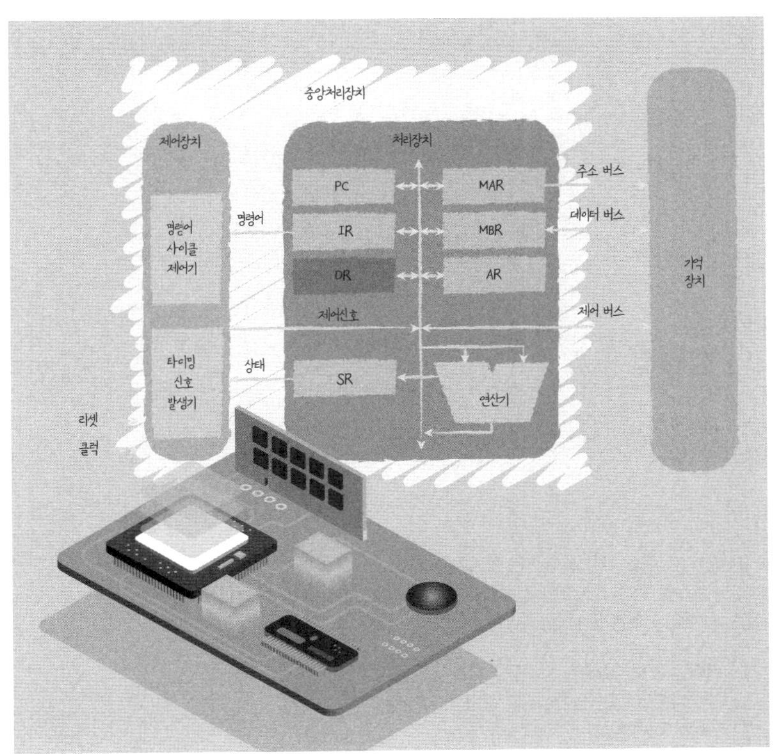

배움터

저자소개

전중남

충북대학교 전자정보대학 교수

〈저서〉
객체지향 프로그래밍(공저)
마이크로프로세서(공역)
Verilog를 이용한 논리설계 기초(공역)
한눈에 보이는 컴퓨터 구조

〈관심분야〉
컴퓨터 구조
임베디드 시스템

동작 원리 중심의
논리회로와 컴퓨터 구조

초판인쇄 2020년 2월 4일
초판발행 2020년 2월 12일

지은이 전중남
펴낸이 김민수
펴낸곳 (도서출판)배움터 / **주소** 경기도 파주시 광인사길 143
출판사 등록일 2005년 1월 31일 / **신고번호** 제406-4060000251002005000003호
대표전화 (031)955-7990 / **팩스** (031)955-0768

책임편집 신성민 / **편집** 김민보, 유제훈, 권소정 / **디자인** 유준범
마케팅 최복락, 심수경, 차종필, 백수정, 최태웅, 김범용, 김민정
인쇄 성광인쇄(주) / **제본** 은정문화사

ISBN 978-89-89383-82-6 93000
정가 20,000원

- 이 도서의 국립중앙도서관 출판예정도서목록(CIP)은 서지정보유통지원시스템 홈페이지(http://seoji.nl.go.kr)와 국가자료공동목록시스템(http://www.nl.go.kr/kolisnet)에서 이용하실 수 있습니다. (CIP제어번호: 2020002853)

머리말

컴퓨터 없는 세상을 생각할 수 없을 정도로 컴퓨터는 현대인의 필수품이다. 컴퓨터 하드웨어 위에서 실행되는 소프트웨어는 모든 산업 분야에서 핵심 기술로 자리를 잡았다. 컴퓨터 구조는 컴퓨터를 이해하는 출발점이다. 이 교재는 컴퓨터 하드웨어의 동작 원리를 다룬다.

컴퓨터 관련 학과의 대부분은 컴퓨터 하드웨어와 관련하여 논리회로(또는 디지털 공학)와 컴퓨터 구조 두 과목을 개설한다. 학생들은 이 과목에서 다음과 같은 내용을 배운다.

■ **논리회로**

- 2진수, 부울대수, 논리게이트
- 조합 논리회로의 구조, 동작 원리, 분석, 설계
- 조합 논리소자(연산기, 디코더, 인코더, 멀티플렉서, 디멀티플렉서)의 구조와 기능
- 순차 논리회로의 구조, 동작 원리, 분석, 설계
- 순차 논리소자(플립플롭, 레지스터, 카운터)의 구조와 기능
- 프로그래머블 기억소자를 활용한 조합 논리회로와 순차 논리회로 설계
- 하드웨어 시뮬레이션 언어를 사용한 논리회로 실습과 설계 자동화

■ **컴퓨터 구조**

- 컴퓨터의 구성 요소
- 중앙처리장치의 구조와 명령어 실행 과정
- 명령어 종류, 주소지정방식, 명령어 형식
- 주기억장치와 캐시 기억장치의 구조와 동작 방법
- 입출력장치의 구조와 동작 방법
- 고성능 컴퓨팅을 위한 컴퓨터 구조 개선 방법

논리회로의 학습 목표는 디지털 시스템을 설계하는 능력을 갖추는 것이다. 컴퓨터는 규모가 큰 디지털 시스템이다. 컴퓨터 하드웨어는 논리소자들을 연결하여 만든다. 그러므로 컴퓨터 구조의 선수과목으로 논리회로를 지정하고 있다. 그렇지만 이 두 과목을 한 학기에 교육해야 할 필요성이 증가하고 있다. 교과과정에 소프트웨어 관련 교과목의 비중을 늘리려고 할 때, 부전공 교육 과정을 편성할 때, 비전공자를 위한 소프트웨어 교육 프로그램을 설계할 때가 이 사례에 해당할 것이다.

논리회로와 컴퓨터 구조를 한 학기에 학습할 수 있도록 교재의 내용을 구성하였다. 하드웨어 관련 교과목의 학습 목표는 동작 원리를 이해하고 설계 능력을 기르는 것이라고 할 수 있다. 이 교재는 컴퓨터 하드웨어의 **동작 원리를 이해**하는데 초점을 맞추고, 설계 능력을 기르는 부분의 비중을 줄였다. 그렇다고 해서 교재의 수준이 낮은 것은 아니다.

이 교재의 논리회로 부분에서 다루는 부분과 다루지 않는 부분은 다음과 같다.

■ **논리회로에서 다루는 부분**

- 2진수, 부울대수, 논리게이트
- 조합 논리회로와 순차 논리회로의 동작 원리
- 연산기, 인코더, 디코더, 멀티플렉서, 디멀티플렉서의 기능
- 레지스터, 카운터의 동작 이해 및 레지스터 간 데이터 전송 방법

■ **논리회로에서 다루지 않는 부분**

- 조합 논리회로와 순차 논리회로의 설계 및 구현
- 프로그래머블 기억소자를 이용한 논리회로 설계
- 하드웨어 시뮬레이션 언어를 사용한 설계 자동화

이 교재 이전에 '**한눈에 보이는 컴퓨터 구조**'를 출판하였다. 이전 교재는 간단한 컴퓨터를 설계할 수 있는 수준까지 중앙처리장치 설계와 제어장치 구조를 자세하게 다루고 있다. 이전 교재에서 이 교재에 채택한 부분과 제외한 부분은 다음과 같다.

■ **기존 교재에서 채택한 부분**

- 컴퓨터 구성 요소인 중앙처리장치, 기억장치, 입출력장치의 기능 및 동작 원리 이해
- 기억장치 액세스 개선 방법인 캐시 기억장치와 가상 기억장치의 동작 원리 이해
- RISC 프로세서, 슈퍼스칼라 프로세서 등 구조 개선 기법과 병렬처리 구조

■ **기존 교재에서 제외한 부분**

- 레지스터 활용 고급 예제와 곱셈, 나눗셈 연산, 실수 연산 방법
- 기억장치 모듈 설계
- 프로세서 설계, 제어장치 설계, ToyCOM 시뮬레이터

이 교재로 학습하는데 선수과목이 반드시 필요한 것은 아니지만, 2진수 개념을 다루는 이산수학과 기초적인 프로그래밍 언어 교과목을 먼저 수강하기 권한다. 이 교재는 컴퓨터 하드웨어의 기본 동작을 다루고 있기 때문에 컴퓨터 관련 학과에서 이 선수과목을 수강한 이후에 수업하기에 적당할 것으로 판단한다.

2020년 1월

전중남

강의 계획안

주	장	강의 주제
1	1장 컴퓨터 구조 소개	컴퓨터 구조가 다루는 범위를 소개하고, 컴퓨터 발달과정, 교재의 구성에 따른 학기 강의 내용을 소개한다.
2	2장 데이터 표현	2진수를 소개하고 진법간 변환과 여러 형태의 데이터를 2진수로 표현하는 방법을 학습한다.
3	3장 논리회로 기초	논리 개념과 부울대수에 의한 논리연산 규칙을 제시하고, 여러 가지 논리게이트와 3상태 버퍼를 소개한다.
4	4장 조합 논리회로	조합 논리회로의 동작을 표현하는 방법을 설명하고, 자주 사용하는 조합 논리회로의 종류와 기능을 소개한다.
5	5장 순차 논리소자	한 비트를 저장하는 래치와 플립플롭을 소개하고, 여러 비트의 데이터를 저장하는 레지스터와 카운터를 소개한다.
6	6장 순차 논리회로	레지스터 간에 데이터를 전송하는 방법을 설명하고, 제어장치와 처리장치로 구성되는 디지털 시스템의 구조를 제시한다.
7	7장 컴퓨터 구성 요소	중앙처리장치, 기억장치, 입출력장치가 협동해서 프로그램을 실행하는 과정을 살펴본다. 명령어 개념도 소개한다.
8	중간고사	
9	8장 중앙처리장치	레지스터 활용과 인터럽트 기능에 대하여 자세히 다루고, 제어장치의 내부 구조와 종류에 대하여 설명한다.
10	9장 연산기	정수와 실수를 표현하는 표준 방법을 소개하고, 여러 가지 연산 동작을 소개한다.
11	10장 명령어 집합	명령어 형식, 주소지정방식, 데이터 저장 방법을 설명하고, 프로세서가 제공하는 명령어 종류를 소개한다.
12	11장 기억장치	기억장치의 특성을 소개하고 캐시 기억장치와 가상 기억장치를 운영하는 목적과 방법을 설명한다.
13	12장 입출력	입출력장치의 동작 원리를 소개하고 프로그램에 의한 입출력과 인터럽트에 의한 입출력 방법을 설명한다.
14	13장 고성능 컴퓨터	RISC 프로세서와 슈퍼스칼라 프로세서에서 성능을 개선하는 기술을 설명하고, 병렬처리 컴퓨터의 종류를 소개한다.
15	기말고사	

차례

CHAPTER 03 논리회로 기초

CHAPTER 04 조합 논리회로

CHAPTER 05 순차 논리소자

CHAPTER 06 순차 논리회로

CHAPTER 07 컴퓨터 구성 요소

CHAPTER 08 중앙처리장치

CHAPTER 09 연산기

CHAPTER 10 명령어 집합

CHAPTER 11 기억장치

CHAPTER 12 입출력

CHAPTER 13 고성능 컴퓨터

Chapter 01

컴퓨터 구조 소개

1.1 컴퓨터 구조 범위

1.2 논리회로 학습 범위

1.3 컴퓨터 구성 요소

1.4 컴퓨터 발달 과정

1.5 교재의 구성

Chapter 01

컴퓨터 구조 소개

컴퓨터는 성능, 크기, 응용 분야에 따라 여러 가지 종류가 있지만, 전자식 컴퓨터가 도입된 이래 컴퓨터가 동작하는 기본 원리는 변하지 않고 있다. 컴퓨터는 보는 관점에 따라 여러 가지 형태로 정의할 수 있다. 컴퓨터 구조 관점에서 컴퓨터는 '프로그램을 실행하는 기계'이다. 이 교재는 처음으로 컴퓨터 구조를 학습하는 학생들에게 컴퓨터의 동작 원리를 소개하는데 그 목적이 있다. 이 장에서는 컴퓨터 구조가 다루는 범위를 정의하고, 컴퓨터 구성 요소를 살펴본다. 그러고 나서 컴퓨터 발달과정과 이 교재의 구성을 소개한다.

- 1.1 **컴퓨터 구조 범위**: 컴퓨터 구조가 다루는 범위를 정의한다.
- 1.2 **논리회로 학습 범위**: 이 교재에서 다루는 논리회로의 범위를 제시한다.
- 1.3 **컴퓨터 구성 요소**: 프로그램을 실행하기 위한 컴퓨터의 구성 요소를 제시하고 기능을 설명한다.
- 1.4 **컴퓨터 발달 과정**: 컴퓨터를 만드는 소자를 바탕으로 컴퓨터 세대를 분류하고, 마이크로프로세서 등장 이후 컴퓨터의 발달 과정을 살펴본다.
- 1.5 **교재의 구성**: 이 교재 2장부터 13장까지 각 장에서 다루는 내용을 소개한다.

1.1 컴퓨터 구조 범위

컴퓨터(computer)는 그 이름이 의미하듯이 처음에 수치 계산을 빠르고 정확하게 수행하는 용도로 개발되었다. 컴퓨터 발전과 함께 숫자 이외에 여러 종류의 데이터를 2진수 코드(code)로 표현하는 것이 가능해짐에 따라 컴퓨터 응용 분야는 신호 및 영상 처리, 제어 계측, 데이터베이스 응용, 인터넷 활용, 인공지능, 가상현실 등 많은 분야로 확장되었다.

요즘의 컴퓨터는 계산을 수행하는 기계라기보다 프로그램을 수행하는 기계라고 정의하는 것이 더 적합하다. 프로그램은 명령어들이 의미 있는 순서로 나열된 것(sequence of instructions)이다. 컴퓨터는 프로그램에 포함된 명령어를 실행한다. 즉, 컴퓨터는 명령어를 실행하는 기계이다. [그림 1-1]은 컴퓨터를 계층적으로 분해한 것이고, 〈표 1-1〉은 컴퓨터 구조에 해당하는 계층에서 다루는 사항을 정리한 것이다.

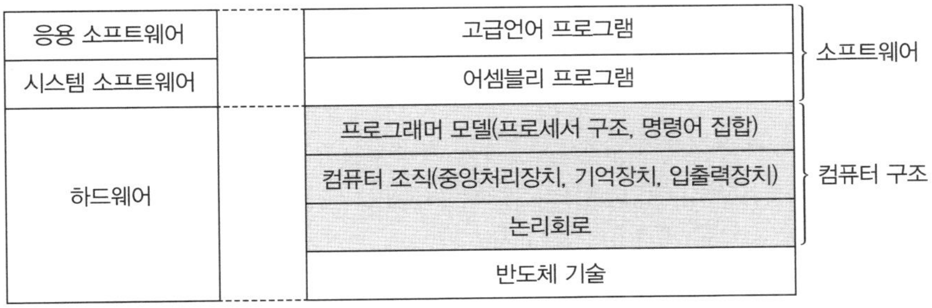

응용 소프트웨어
시스템 소프트웨어
하드웨어

고급언어 프로그램
어셈블리 프로그램
프로그래머 모델(프로세서 구조, 명령어 집합)
컴퓨터 조직(중앙처리장치, 기억장치, 입출력장치)
논리회로
반도체 기술

소프트웨어
컴퓨터 구조

[그림 1-1] 계층 구조로 본 컴퓨터

〈표 1-1〉 컴퓨터 구조 계층별 고려 사항

계층	대상
논리회로	2진수, 부울 대수, 조합 논리회로, 순차 논리회로
컴퓨터 조직	중앙처리장치, 기억장치, 입출력장치, 시스템 버스
프로그래머 모델	프로세서 구조, 기억장치 구조, 명령어 집합

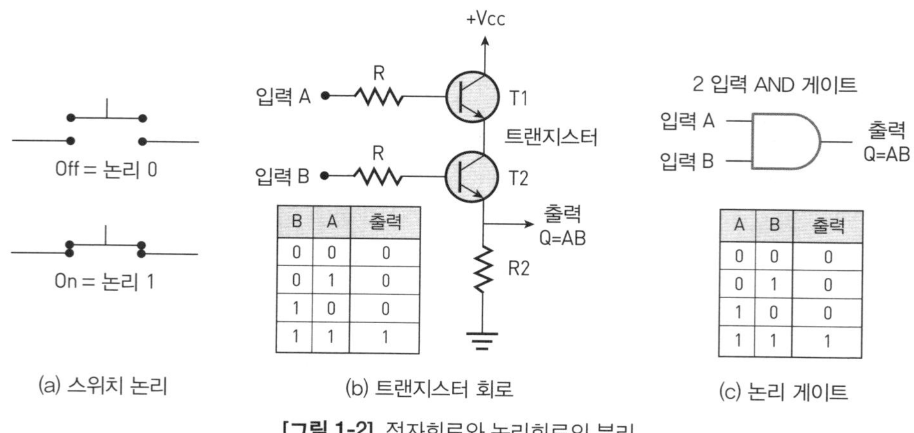

B	A	출력
0	0	0
0	1	0
1	0	0
1	1	1

A	B	출력
0	0	0
0	1	0
1	0	0
1	1	1

[그림 1-2] 전자회로와 논리회로의 분리

교양 수준의 컴퓨터 관련 교재는 컴퓨터를 [그림 1–1]의 왼편과 같이 하드웨어, 시스템 소프트웨어, 응용 소프트웨어로 나눈다. 이때의 관점은 소프트웨어 부분을 더 중요하게 보는 경향이 있다. 하드웨어는 눈에 보이고 만져지는 기계장치이다. 시스템 소프트웨어는 일반 사용자가 컴퓨터를 쉽게 사용할 수 있도록 도와주는 소프트웨어이다. 그 예는 운영체제, 컴파일러, 파일 탐색기 등이 있고, 운영체제의 일부로 함께 배포된다. 응용 프로그램은 사용자가 자신의 문제를 해결하기 위해 사용하는 소프트웨어이다. 그 예는 사무용 오피스 프로그램, 웹 브라우저, 데이터베이스, 게임 등이다. 소프트웨어는 모두 프로그래밍 언어로 작성된다.

이 교재는 하드웨어를 더 자세하게 나눈다. 하드웨어 부분을 아래부터 반도체 기술, 논리회로, 컴퓨터 조직, 프로그래머 모델로 이루어진 계층 구조로 볼 수 있다. 이 중에서 컴퓨터 구조의 대상은 반도체 기술을 제외한 나머지 부분이다.

반도체 기술과 전자회로 이론이 제일 아래 계층을 받치고 있다. 반도체 기술은 전기 신호로 동작하는 스위칭 소자를 제공한다. 스위칭 소자는 전기 신호를 끊거나 연결한다. 각 상태는 논리 0과 논리 1에 대응된다. 대표적인 스위칭 소자는 트랜지스터이다. 트랜지스터로 논리 값을 다루는 기본 소자인 논리 게이트(logic gate)를 구현할 수 있다. [그림 1–2(a)]는 스위치 끊김과 연결을 논리 0과 1에 대응한 모습이고, [그림 1–2(b)]는 두 개의 트랜지스터로 AND 게이트를 만든 모습이다. [그림 1–2(c)]는 논리 기호로 표현한 AND

게이트이다. 논리와 논리 게이트 개념을 도입함으로써 컴퓨터 구조가 다루는 부분을 반도체 기술과 전자회로 계층으로부터 분리할 수 있다.

논리회로는 반도체의 전기 신호 동작을 논리 개념으로 분리한다. 논리 개념이란 회로 동작을 전압과 전류의 관계로 해석하지 않고 보다 간단한 참과 거짓 개념으로 해석하는 것을 말한다. 논리 개념을 도입함으로써, 컴퓨터를 설계하는 사람들은 반도체 소자의 물리 특성에서 해방된다.

논리회로의 수학적 배경이 **부울대수**(Boolean Algebra)이다. 부울대수는 참과 거짓을 숫자 1과 0으로 대응시켜 처리하는 수학 이론을 제공한다. 논리회로 동작을 표현하는 기본 소자는 논리 게이트이다. 논리 게이트로 조합 논리회로(combinational logic circuit)와 순차 논리회로(sequential logic circuit)를 만든다. 조합 논리회로는 입력 신호에 의해 출력이 결정되고, 순차 논리회로는 입력과 내부 상태에 의해 출력이 결정된다. 특별한 기능을 수행하도록 미리 만들어둔 부품을 빌딩블록(building block)이라고 한다. 조합 논리회로 빌딩블록은 디코더, 인코더, 멀티플렉서, 연산기가 있고, 순차 논리회로 빌딩블록은 레지스터와 카운터가 있다.

컴퓨터 구성 요소는 중앙처리장치, 기억장치, 입출력장치이다. 구성 요소들의 세부 사항과 서로 간의 물리적인 연결을 **컴퓨터 조직**(computer organization)이라고 한다. 입출력장치는 프로그램과 데이터를 컴퓨터로 입력하고 처리 결과를 외부로 출력한다. 기억장치는 프로그램과 데이터를 저장한다. 중앙처리장치는 프로그램의 지시에 따라 데이터를 처리한다. 이 중에서 중앙처리장치가 컴퓨터 기능을 수행하는 핵심 요소이다.

프로그래머는 컴퓨터 조직을 자세히 알지 못하더라도 프로그램을 작성할 수 있다. 컴퓨터 조직 중에서 프로그램을 작성할 수 있도록 프로그래머에게 제공하는 부분을 **프로그래머 모델**(programmer model)이라고 한다. 프로그래머 모델은 컴퓨터가 제공하는 명령어 집합, 레지스터의 수와 용도, 기억장치에 대한 주소지정방식, 기억장치 구성 방식 등을 포함한다. 프로그래머 모델은 프로그래머 관점에서 본 컴퓨터 조직이다.

컴퓨터는 **명령어 집합**(instruction set)을 제공한다. 명령어 집합은 컴퓨터가 해석하고 실행할 수 있는 명령어(instruction)의 모임이다. 명령어는 컴퓨터가 실행할 수 있는 가장 기본 작업 단위이다. 명령어 집합은 컴퓨터 하드웨어와 소프트웨어를 연결한다. 프로그래머는 명령어로 프로그램을 작성하므로, 명령어 집합을 어떻게 설계하는지는 매우 중요한 주제이다. 명령어는 2진수 코드(binary code)로 정의되어 있다. 코드는 유한 개의 데이터 집합에 대하여 집합의 원소를 구분할 수 있도록 서로 다른 숫자를 할당한 것이다. 컴퓨터는 모든 정보를 2진수로 표현하므로, 중앙처리장치가 제공하는 명령어도 2진수 코드로 표현되어 있다. 2진수 코드로 표현된 명령어를 기계 명령어, 기계어(machine instruction), 또는 기계 코드(machine code)라고 한다.

명령어 집합 위에 소프트웨어 계층이 있다. 기계 명령어는 2진수로 정의되어 있기 때문에, 프로그래머가 직접 기계 명령어로 프로그램을 작성하기가 쉽지 않다. 2진수 명령어를 사용자가 그 뜻을 알기 쉽도록 문자로 바꿔서 표현한 것을 어셈블리 언어(assembly language)라고 한다. 어셈블리 언어는 기계어와 일대일로 대응된다. 프로그래머는 어셈블리 언어로 프로그램을 작성한다. 어셈블러(assembler)는 어셈블리 프로그램을 기계어 프로그램으로 번역한다. 어셈블리 프로그램을 작성하는 일은 프로그래머 모델에 의존한다. 프로그래머는 프로그래머 모델을 알고 있어야 어셈블리 언어로 프로그램을 작성할 수 있다. 고급언어(high−level language)는 컴퓨터 구조와 독립적이다. 프로그래머는 프로그래머 모델을 모르더라도 고급언어 프로그램을 만들 수 있다. 컴파일러(compiler)는 고급언어 프로그램을 어셈블리 프로그램으로 번역한다.

컴퓨터 구조의 범위는 [그림 1−1]의 논리회로부터 명령어 집합까지이다. 이 교재는 컴퓨터 구조를 처음으로 배우는 학생들을 위하여 컴퓨터 하드웨어의 기본 동작을 소개할 목적으로 만들어졌다. 소프트웨어 개발을 전공하는 학생도 컴퓨터가 프로그램을 수행하는 하드웨어 동작을 이해할 필요가 있다. 그리고 시스템 프로그램, 마이크로프로세서 활용, 운영체제, 임베디드 시스템을 공부하는데 선수 지식을 제공한다.

1.2 논리회로 학습 범위

논리회로는 디지털 시스템을 구현하는데 사용된다. 디지털 시스템은 2진 데이터를 처리한다. 2진 데이터를 처리한다는 것은 계산한다는 의미이다. 디지털 시스템은 [그림 1−3]과 같이 제어장치와 처리장치로 구성된다. 제어장치는 외부에서 제공되는 명령에 따라 처리장치로 제어신호를 공급한다. 처리장치는 외부에서 데이터를 제공받아 계산하고 그 결과를

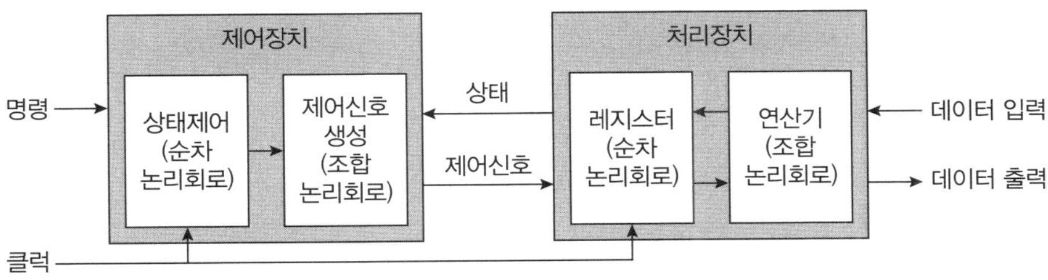

[그림 1-3] 디지털 시스템의 구조

〈표 1-2〉 조합 논리회로와 순차 논리회로

구분	조합 논리회로	순차 논리회로
기본 소자	논리 게이트	플립플롭
동작 표현	진가표, 논리식, 논리회로도	상태도, 상태표, 논리회로도
설계 도구	간소화, 하드웨어 시뮬레이션	간소화, 하드웨어 시뮬레이션
빌딩블록	가산기, 비교기, 인코더, 디코더, 멀티플렉서, 디멀티플렉서	레지스터, 시프트 레지스터, 카운터

출력한다. 제어장치와 처리장치는 모두 순차 논리회로와 조합 논리회로로 만들어져 있다.

〈표 1-2〉는 조합 논리회로와 순차 논리회로에서 다루는 내용을 기본 소자, 동작 표현 방법, 회로 설계 도구, 빌딩블록으로 구분하여 제시하고 있다. 빌딩블록은 자주 사용하는 기능을 하나의 부품 형태로 만든 회로이다. 조합 논리회로는 데이터를 저장하는 기능이 없고, 단순히 입력 데이터를 조작하여 새로운 데이터를 생성한다. 조합 논리회로를 구성하는 기본 소자는 논리 게이트이다. 순차 논리회로는 데이터를 저장할 수 있다. 플립플롭은 한 비트의 데이터를 저장하는 기본 소자이고, 레지스터는 플립플롭 여러 개 연결하여 여러 비트의 데이터를 저장하도록 만든 것이다.

논리회로 또는 디지털 공학 교과목의 학습 목표는 디지털 시스템 설계 능력을 갖추는 것이다. 논리회로 교과목은 논리회로의 동작 표현과 설계에 많은 비중을 두고 있다. 특히 설계 과정에 해당하는 회로 간소화와 하드웨어 시뮬레이션에 많은 학습 분량을 할당하고 있다. 하드웨어 시뮬레이션은 하드웨어 회로와 입력 신호를 전용 프로그래밍 언어로 표현하고, 출력을 파형(waveform)으로 보여주는 도구이다.

이 교재는 한 학기 동안에 논리회로와 컴퓨터 구조를 모두 학습할 수 있도록 만들어졌다. 그러다 보니 논리회로의 설계 부분을 충분히 다루지 못한다. 이 교재는 조합 논리회로와 순차 논리회로의 동작 표현 방법을 설명하고 나서 빌딩블록의 기능을 설명한다.

1.3 컴퓨터 구성 요소

기계식 계산기가 발명된 이후 전자식 컴퓨터가 개발될 때까지 컴퓨터는 그 구조가 일정하지 않았다. 컴퓨터 발달 과정에서 컴퓨터는 여러 형태로 진화하였지만, 1946년에 폰 노이만(Von Neumann)이 제안한 프로그램 내장(stored program) 구조로 모아졌다. 프로그램 내장 구조는 프로그램과 데이터를 컴퓨터 기억장치 안에 저장해 두고 실행하는 방법이다. 요즘의 모든 컴퓨터는 프로그램 내장 구조를 따르고 있다. 이 구조에 따라 컴퓨터를 '프로그램을 실행하는 기계'라고 정의할 수 있게 되었다. 1642년 파스칼이 기계식 계산기를 만든 이래 현대의 컴퓨터로 진화하기까지 약 300년의 세월이 걸린 셈이다.

프로그램 내장형 컴퓨터는 프로그램과 데이터를 입력하여 기억장치에 저장하고, 중앙처리장치가 프로그램을 실행함으로써 데이터를 처리하고, 처리 결과를 출력한다. 컴퓨터는 [그림 1-4]와 같이 중앙처리장치(CPU, central processing unit), 기억장치(memory unit), 입출력장치(input/output device), 그리고 이것들을 서로 연결하는 시스템 버스로

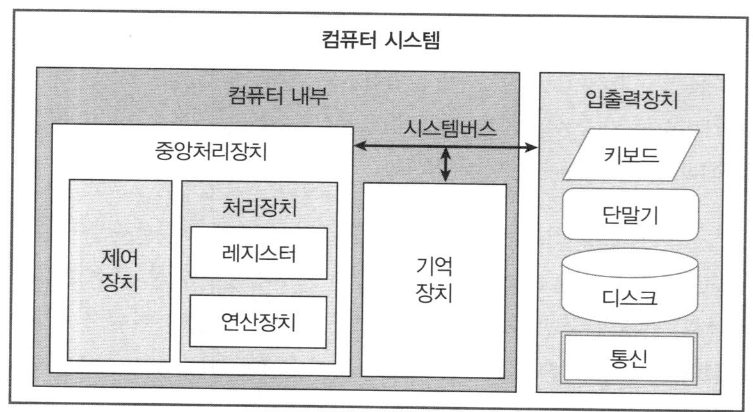

[그림 1-4] 컴퓨터 시스템의 구성 요소

구성되어 있는 시스템이다. 시스템이란 각자 고유 기능을 갖고 있는 여러 구성 요소들이 결합하여 큰 개념의 새로운 기능을 수행하는 것을 의미하는 용어이다. 컴퓨터도 시스템이므로 각 구성 요소의 기능을 이해함으로써 전체 기능을 이해할 수 있다.

중앙처리장치는 기억장치에 저장된 명령어들을 하나씩 가져와 명령어의 의미를 해석하고 데이터를 처리한다. 중앙처리장치는 제어장치와 처리장치로 구성되어 있고, 처리장치는 레지스터와 연산장치로 구성되어 있다. 제어장치는 명령어를 해석하고 컴퓨터 시스템의 모든 동작을 제어하는 제어신호를 생성한다. 처리장치는 데이터를 처리하며, 레지스터는 연산에 필요한 데이터와 상태를 잠시 저장하는 기억소자이고, 연산장치는 컴퓨터 안에서 모든 연산을 담당한다.

기억장치는 프로그램과 데이터를 저장한다. 기억장치는 중앙처리장치와 온라인으로 연결되어 있어, 중앙처리장치가 필요할 때 즉각 명령어와 데이터를 제공할 수 있다. 명령어는 2진수 코드로 만들어져 있으므로, 넓은 관점에서 보면 명령어도 기억장치에 저장되는 데이터의 일종이다. 이런 의미에서 기억장치는 두 가지 형태의 데이터를 저장한다고 말할 수 있다. 한 가지는 중앙처리장치가 처리할 명령어이고, 다른 한 가지는 명령어가 처리할 대상인 좁은 의미의 데이터이다.

입출력장치는 사용자 또는 컴퓨터 외부에서 프로그램과 데이터를 컴퓨터로 공급하고 처리 결과를 받아가는 기능을 수행한다. 만일 컴퓨터가 프로그램을 수행하고 처리 결과를 자신이 갖고만 있다면, 컴퓨터는 쓸모 없는 기계일 뿐이다. 컴퓨터를 외부로 연결하는 입출력장치는 컴퓨터의 세 가지 주요 구성 요소 중 하나이다.

컴퓨터 구성 요소인 중앙처리장치, 기억장치, 입출력장치는 시스템 버스(system bus)를 통해 서로 연결된다. 시스템 버스는 여러 개의 선으로 구성된 데이터 전달 경로(data path)이다. 한 개의 선은 한 비트의 정보를 전달할 수 있다. 시스템 버스는 주소(address), 데이터, 제어 신호를 전달한다.

1.4 컴퓨터 발달 과정

일반적으로 컴퓨터 발달 과정은 컴퓨터를 만드는 하드웨어 소자에 따라 구분한다. 1971

년에 중앙처리장치를 한 개의 반도체 칩으로 구현한 마이크로프로세서가 개발되었다. 이 사건은 현대식 컴퓨터가 획기적으로 발전하는 계기가 되었다. 이 절에서는 먼저 세대별 컴퓨터의 특징을 간단하게 살펴보고, 마이크로프로세서 이후 컴퓨터 발달 과정을 살펴보기로 한다.

1.4.1 세대별 컴퓨터 분류

기계식 계산기의 역사는 1600년대부터 시작되나 그 당시에는 프로그램 개념은 없었고 계산기는 주로 산술 계산 용도로 쓰였다. 일반적으로 전자식 컴퓨터의 역사는 컴퓨터를 구성하는 기본 논리 소자로 구분한다.

1946년에 전자식 컴퓨터인 에니악(ENIAC)이 개발되면서, 제1세대 컴퓨터가 시작된다. 약 18,000개의 진공관으로 만들어진 애니악은 무게가 무려 30톤이고, 높이 3미터, 길이 24미터 정도라고 한다. 그때까지 10진법 체계를 채택하고 있었고, 내부 기억장치가 없고, 계산기 전면에 있는 스위치 판에 붙은 스위치를 조작하여 분당 5,000번의 덧셈과 500번의 곱셈을 계산할 수 있었다고 한다. 이때까지 프로그래밍 언어가 없었다.

1945년에 헝가리 출신 수학자인 **폰 노이만**(Von Neumann)은 컴퓨터의 명령어를 주기억장치 안에 저장한다는 개념을 도입한 내장형 프로그램(stored program) 방식의 컴퓨터 구조를 제안하였다. 그는 컴퓨터가 능률적으로 동작하려면 중앙처리장치, 중앙제어장치, 기억장치, 입력장치, 출력장치로 구성되어야 하고, 컴퓨터는 기계식이 아닌 전자식이어야

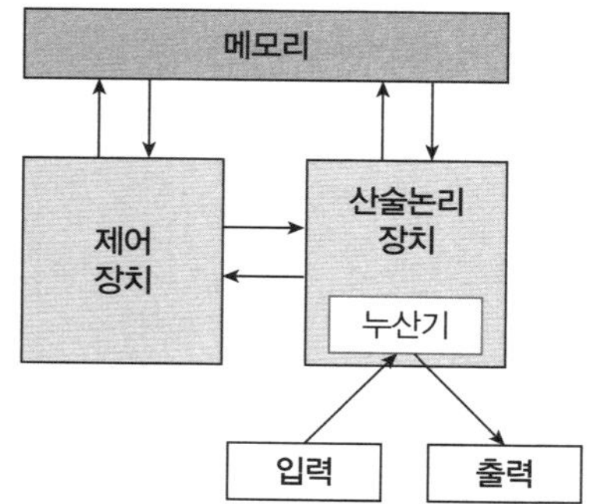

[그림 1-5] 폰 노이만 구조(위키백과)

하고, 한 번에 하나의 연산을 처리하고, 2진수를 사용해야 한다고 주장하였다. [그림 1-5]는 폰 노이만 구조를 보여준다. 이것은 오늘날까지 전자식 컴퓨터의 기본 구조로 채택되고 있다.

1948년에 미국의 벨 연구소에서 트랜지스터를 발명하였고, 1954년에 값이 싼 실리콘 트랜지스터가 개발되었다. 트랜지스터는 진공관과 같은 스위칭 기능을 수행하지만, 진공관보다 훨씬 크기가 작고 발열이 적고 동작 속도가 빠르다. 1950년대 중반 이후 트랜지스터로 만든 컴퓨터가 등장하면서 컴퓨터는 제2세대로 들어선다. 주기억장치로 자기코어(magnetic core)를 사용하였다. 이때부터 ALGOL, COBOL, FORTRAN과 같은 고급 프로그래밍 언어를 사용하였다.

1960년대 중반에 여러 개의 트랜지스터를 하나의 반도체 칩(chip) 안에 구현한 집적회로(IC, Integrated Circuit)가 개발되어 컴퓨터에 적용되면서 컴퓨터는 제3세대에 들어선다. 요즈음 컴퓨터 주기억장치로 사용되는 반도체 기억장치는 이때부터 사용되었다. 그리고 PASCAL, LISP과 같은 구조화된 프로그래밍 언어가 쓰이기 시작하였고, 여러 개의 응용프로그램을 하나의 컴퓨터에서 동시에 실행할 수 있도록 운영체제(OS)를 개발하여 쓰기 시작하였다.

반도체 집적 기술이 가속되어 고밀도 집적회로(LSI, Large Scale IC)가 개발되면서 컴퓨터는 제4세대로 들어선다. 일반적으로 1971년에 인텔에서 최초의 마이크로프로세서를 개발한 다음부터 지금까지를 제4세대로 분류하고, 미래의 컴퓨터를 제5세대로 분류한다. 제1세대부터 제3세대까지는 약 20년 정도의 시간이 걸렸고, 제4세대는 상당히 오랜 기간 지속되는 셈이다. 1970년대 말에 개인용 컴퓨터(PC, Personal Computer)가 등장하여 컴퓨터를 대중화하는 계기를 마련하였다. 1990년대에는 데이터 통신에 기반을 둔 인터넷 기술이 개인용 컴퓨터의 확산에 기여하였다. 2000년대에 보급된 스마트 폰은 개인마다 한 대의 컴퓨터를 갖는 계기를 마련하였다. 지금은 모든 사물에 컴퓨터가 내장되는 IOT(Internet Of Things) 시대를 맞이하고 있다. 컴퓨터 구조 관점에서 제3세대까지 컴퓨터의 기본 골격이 완성되었고, 제4세대 이후는 반도체 기술의 발전에 따라 처리 용량을 늘리고, 처리 방법의 병렬화를 도입하는 방향으로 컴퓨터 하드웨어가 발전하였다.

1965년 인텔의 공동 창업자 중 한 명인 고든 무어(Gordon E. Moore)는 "반도체 집적회로의 성능이 18개월마다 2배로 증가한다"고 발표하였다. 이것을 **무어의 법칙**이라고 한다.

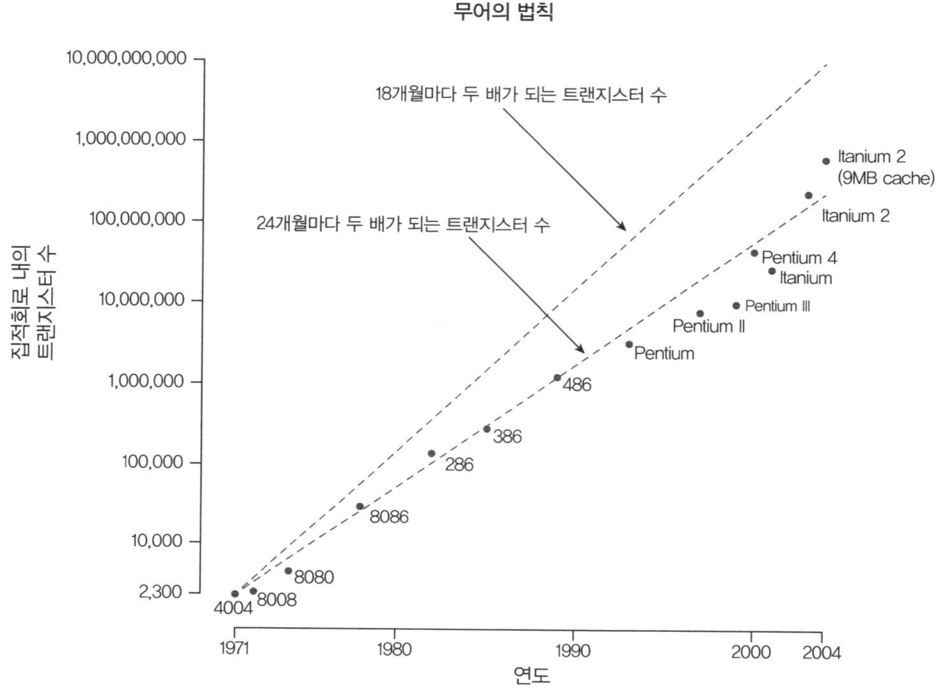

[그림 1-6] 인텔 프로세서의 트랜지스터 수와 무어의 법칙(위키백과)

놀랍게도 지금까지 반도체 칩당 트랜지스터 수가 매 18~24개월마다 두 배로 증가하고 있다. 이에 따라 컴퓨터 성능은 같은 기간에 2배씩 향상되고, 컴퓨터 가격은 같은 기간에 반으로 떨어지고 있다. [그림 1-6]은 무어의 법칙을 그래프로 표현한 것이다. 인텔 계열 프로세서에 탑재된 트랜지스터 수는 24개월에 두 배로 되는 선을 따라 증가하고 있음을 확인할 수 있다. 이 경향은 지금도 계속되고 있다.

1.4.2 마이크로프로세서 이후

[그림 1-7]은 반도체 칩과 중앙처리장치의 상대적인 크기를 비교한 것이다. 점선 사각형이 반도체 칩의 크기이다. 아직 집적회로 기술이 발달하기 이전인 1960년대에 중앙처리장치는 [그림 1-7(a)]와 같이 넓은 프린트 기판(printed board) 위에 많은 전자회로 칩을 연결해서 만들었다.

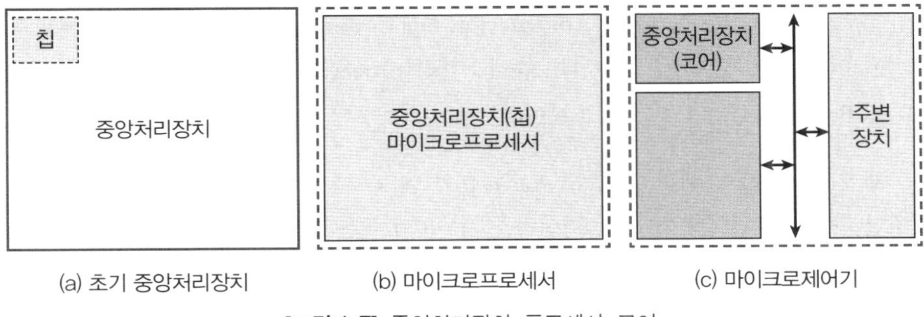

(a) 초기 중앙처리장치 (b) 마이크로프로세서 (c) 마이크로제어기

[그림 1-7] 중앙처리장치, 프로세서, 코어

컴퓨터 역사에서 가장 중요한 사건은 **마이크로프로세서**(microprocessor)의 출현일 것이다. 마이크로프로세서는 [그림 1-7(b)]와 같이 중앙처리장치를 한 개의 반도체 칩으로 만든 소자이다. 이전까지 크기가 컸던 중앙처리장치를 작은 칩 안으로 집어넣었다는 의미로 마이크로(micro)란 단어가 붙었다. 최초의 마이크로프로세서는 1971년 인텔에서 개발한 4비트 프로세서 4004이다. 1970년대 말에 8비트 마이크로프로세서를 탑재한 개인용 컴퓨터가 등장하여 컴퓨터가 대중화되기 시작하였다. 그 예는 애플 컴퓨터와 IBM-PC/XT이다.

1980년대 후반까지 프로세서가 한 번에 처리하는 비트 수를 늘리고 기억장치 용량을 늘리는 것과 같이 양적으로 컴퓨터 성능을 개선하는 노력이 지속되었다. 반도체 집적 기술의 발달이 컴퓨터 발달을 주도하였다. 그 동안 **계열**(family) 개념을 바탕으로 마이크로프로세서가 발전하면서 프로그램 호환성을 유지해 왔다. 즉, 버전이 낮은 마이크로프로세서의 구조를 그대로 유지하면서 새로운 명령어를 추가하고 처리 용량을 높임으로써, 새로 개발된 마이크로프로세서도 이전에 사용하던 프로그램을 사용할 수 있었다. 이 개념을 **상향 호환성**(upward compatibility)이라고 한다.

1980년대 중반 이후에 하드웨어의 전기적 처리 속도가 한계에 달하면서 컴퓨터는 구조를 변경하는 새로운 형태로 발달하기 시작하였다. 기억장치 액세스 속도를 개선하기 위하여 **캐시 기억장치**(cache memory)를 도입하고, 기억장치 용량을 높이기 위하여 **가상 기억장치**(virtual memory)를 도입하고, 여러 개의 명령어를 동시에 처리하는 **파이프라인 기법**을 도입하였다. 한편으로 프로세서가 명령어를 실행할 때 나타나는 특성을 분석한 결과를 바탕으로 프로세서 구조를 개선하기 시작하였다. 그 결과로 프로세서 내부 구조를 단순하게 만든 **RISC(Reduced Instruction Set Computer) 프로세서**가 개발되었고, 한번에 여러 개의 명령어를 처리하는 **슈퍼스칼라**(superscalar) **프로세서**도 개발되었다. ARM, Power PC, MIPS 등이 그 예이다.

반도체 기술이 발달하면서 [그림 1-7(c)]와 같이 1980년대부터 한 개의 칩에 중앙처리장치뿐만 아니라 주기억장치와 입출력장치를 제어하기 위한 주변장치(peripheral)까지 집어넣은 단일 칩 마이크로컴퓨터(one-chip microcomputer)도 개발되어 산업용 제어기로 활용되었다. 요즘은 단일 칩 마이크로컴퓨터란 이름 대신에 **마이크로제어기**(microcontroller)라는 이름을 더 많이 사용한다. 주로 소형 기기의 제어기로 많이 사용되기 때문이다. 마이크로제어기에 들어있는 중앙처리장치를 프로세서 코어(processor core) 또는 단순히 코어(core)라고 한다. 가장 핵심적인 처리를 담당하는 구성 요소란 의미이다.

이후 2000년대 들어서 이와 같은 발전과정은 계속되어 32비트 프로세서에 이어 64비트 프로세서도 널리 쓰이기 시작하였고, 한 개의 칩 안에 여러 개의 프로세서를 탑재한 **멀티코어**(multi-core) 프로세서도 사용되기 시작하였다. 최근의 프로세서는 용도에 따라 기억장치 제어기, 통신용 제어기, 네트워크 인터페이스, 보안 엔진 등 여러 형태의 입출력 인터페이스를 포함하고 있다. 이러한 발전 과정에 휴대전화도 크게 이바지한 것으로 보인다.

1.5 교재의 구성

논리회로와 컴퓨터 구조를 한 학기에 공부할 수 있도록 이 교재를 편집하였다. 일반적으로 논리회로 과목은 동작 분석과 회로 설계를 다루고, 컴퓨터 구조 과목은 동작 원리와 제어장치의 설계를 다룬다. 그렇지만 두 가지를 한 학기에 공부할 수 있도록, 논리회로에서 회로 설계를 빼고 컴퓨터 구조에서 제어장치 설계를 빼고 동작 원리 중심으로 교재를 구성하였다. [그림 1-8]은 교재의 구성을 보여준다. 2장부터 6장까지 논리회로에 관련된 주제를 다루고, 7장부터 13장까지 컴퓨터 구조를 다룬다.

논리회로는 2진수 체계 위에서 동작한다. 2장은 2진수를 기반으로 하는 데이터 표현을 다룬다. 0과 1을 거짓(false)과 참(true)에 대응시켜 논리값을 표현한다. 2진수에 대한 기본 연산 개념을 정리한 부울대수가 논리회로 이론의 바탕이다. 논리값에 대한 기본 연산을 실행할 수 있는 전자회로가 논리게이트이다. 3장은 부울대수와 논리게이트를 다룬다.

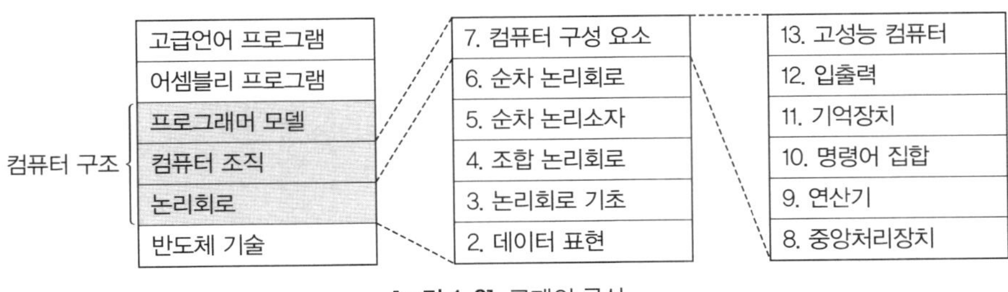

[그림 1-8] 교재의 구성

논리게이트를 이용하면 입력 신호의 값을 조작하여 출력으로 전달하는 조합 논리회로를 만들 수 있다. 4장은 자주 사용되는 조합 논리회로 빌딩블록들을 소개한다. 5장은 데이터 한 비트를 저장하는 플립플롭을 소개한다. 여러 비트의 데이터를 저장할 수 있는 소자가 레지스터이다. 6장은 순차 논리회로의 동작 표현 방법과 디지털 시스템의 일반 구조를 제시한다.

컴퓨터는 중앙처리장치, 기억장치, 입출력장치로 구성된다. 7장은 이 세 가지 구성요소들이 협동하여 프로그램을 실행하는 과정을 보여준다. 이 중에서 명령어를 처리하는 중앙처리장치가 컴퓨터 구조의 주요 대상이다. 중앙처리장치는 레지스터, 연산기, 제어장치로 구성되어 있다. 8장은 레지스터와 제어장치를 다룬다. 그리고 9장에서 따로 연산기를 설명한다. 10장은 명령어를 표현하는 방법과 종류에 대하여 설명한다. 나머지 두 가지 구성요소인 기억장치를 11장에서 설명하고 입출력장치를 12장에서 설명한다. 마지막으로 컴퓨터의 처리 능력을 개선하기 위한 고성능 컴퓨터를 소개한다. 각 장의 내용은 다음과 같다.

제2장 데이터 표현은 정보를 2진수로 표현하는 방법을 다룬다. 이 장은 여러 형태의 데이터를 2진수로 표현하는 방법을 이해하는데 목적을 둔다.

2.1 **디지털 시스템**: 디지털 시스템은 2진수를 처리하는 시스템이다. 여기에서는 아날로그 신호를 디지털 신호로 변환하는 과정과 여러 가지 신호를 2진수 0과 1에 대응시키는 방법을 설명한다.

- 2.2 **수의 체계**: 수가 표현되는 자리에 따라 수의 크기가 결정되는 수 표현 원리를 설명하고, 이것을 임의의 진법으로 확대 적용한다.
- 2.3 **진법 변환**: 10진수를 임의의 진법으로 변환하는 방법을 소개하고, 2진수, 8진수,

16진수 간 변환 방법을 설명한다.

- **2.4 코드**: 유한 집합의 원소에 2진수를 할당하여 코드를 만드는 방법을 소개하고, 10진수에 대한 이진화 십진 코드와 영문자에 대한 아스키코드를 소개한다.

제3장 논리회로 기초는 부울대수와 논리 연산의 기초를 다룬다. 이 장은 논리 연산 규칙을 이해하고 기본 논리 게이트의 동작을 이해하는데 목적을 둔다.

- **3.1 논리**: 0과 1을 거짓(false)과 참(true)에 대응시키고, 두 개의 논리 상수에 대한 AND, OR, NOT 연산을 정의한다.
- **3.2 논리연산 규칙**: 부울대수로 표현되는 논리 연산 규칙을 소개하고, 이 규칙에 따라 논리식을 간단하게 표현하는 원리를 설명한다.
- **3.3 논리게이트**: AND, OR, NOT 연산을 표현하는 논리게이트 기호를 소개하고, 논리게이트의 입력과 출력 신호를 정논리 또는 부논리로 해석하는 방법을 설명한다. 3상태 버퍼도 소개한다.

제4장 조합 논리회로는 입력 신호의 조합에 따라 출력이 결정되는 논리회로를 다룬다. 이 장은 조합 논리회로의 동작을 표현하는 방법을 이해하고, 자주 사용되는 조합 논리회로 빌딩블록의 종류와 기능을 이해하는데 목적을 둔다.

- **4.1 조합 논리회로 소개**: 여러 비트의 입력과 여러 비트의 출력 신호를 갖는 조합 논리회로의 동작을 진가표, 논리식, 논리회로도로 표현하는 방법을 설명한다.
- **4.2 산술 조합 논리회로**: 산술 연산을 수행하는 가산기, 비교기, 패리티 발생기를 소개한다.
- **4.3 조합 논리회로 빌딩블록**: 자주 사용되는 조합 논리회로의 구조와 기능을 소개한다. 인코더와 디코더, 멀티플렉서와 디멀티플렉서를 소개한다.

제5장 순차 논리소자는 2진 데이터를 저장하는 기억 소자를 소개한다. 이 장은 클럭 펄스에 맞추어 출력이 변하는 동기식 타이밍 제어 방법을 이해하고, 여러 가지 레지스터와 카운터의 기능을 이해하는데 목적을 둔다.

- **5.1 래치**: 게이트로 만든 한 비트 데이터 기억 소자의 동작 원리를 설명한다.

- **5.2 플립플롭**: 한 비트의 데이터를 저장하는 플립플롭의 종류를 소개하고, 클럭 펄스에 따라 플립플롭의 동작 타이밍을 제어하는 방법을 설명한다.
- **5.3 레지스터와 카운터**: 여러 비트의 데이터를 저장하는 레지스터를 소개하고, 일정한 순서로 상태를 변경하는 카운터를 소개한다.

제6장 순차 논리회로는 레지스터를 포함하고 있는 디지털 시스템의 동작을 다룬다. 이 장은 레지스터 간에 데이터를 전송하는 방법을 이해하고, 제어장치와 처리장치로 구성되는 디지털 시스템의 동작을 이해하는데 목적을 둔다.

- **6.1 순차 논리회로 소개**: 동기 순차 논리회로의 구조를 제시하고 상태도로 동작을 표현하는 방법에 대하여 설명한다.
- **6.2 디지털 시스템**: 제어장치와 처리장치의 기능을 제시하고, 타이밍 신호 발생기를 사용하여 동기 순차 논리회로의 동작 시간을 구별하는 방법을 소개한다.
- **6.3 처리장치**: 처리장치에 포함된 레지스터에 저장된 데이터를 처리하는 방법을 설명하고, 이것을 레지스터 전송 언어로 표현하는 방법을 설명한다.

제7장 컴퓨터 구성 요소는 프로그램을 실행하는 관점에서 컴퓨터 구조를 설명한다. 이 장은 일련의 명령어로 구성된 프로그램을 실행하는 과정을 이해하는데 목적을 둔다.

- **7.1 프로그램 실행**: 고급 프로그래밍 언어로 작성된 프로그램이 일련의 명령어로 번역된 모습을 제시하고, 프로그램 내장형 컴퓨터가 이것을 기억장치에 저장해 두고 실행한다는 것을 보여준다.
- **7.2 컴퓨터 구성 요소**: 컴퓨터는 중앙처리장치, 기억장치, 입출력장치로 구성되어 있음을 설명하고 나서, 각 구성 요소의 기능을 개략적으로 설명한다.
- **7.3 시스템 버스**: 컴퓨터 구성 요소를 서로 연결하는 시스템 버스를 데이터 버스, 주소 버스, 제어 버스로 구분하여 설명한다. 그리고 제어 버스에 속하는 여러 가지 제어 신호를 소개한다.
- **7.4 명령어**: 프로그램은 명령어의 모임이다. 명령어는 실행 동작을 표현하는 동작 코드와 동작 대상을 표현하는 오퍼랜드로 구성된다. 명령어를 데이터 전달 명령어, 데이터 처리 명령어, 프로그램 제어 명령어로 구분하여 그 기능을 소개한다.

제8장 중앙처리장치는 중앙처리장치를 더 자세히 살펴본다. 중앙처리장치 구성 요소인 제어장치, 레지스터, 연산기의 기능을 이해하고, 인터럽트 처리 과정을 이해하는데 목적을 둔다.

- **8.1 중앙처리장치 구조**: 중앙처리장치의 세 가지 구성 요소인 제어장치, 연산기, 레지스터를 소개한다.
- **8.2 레지스터**: 중앙처리장치가 처리하는 데이터를 임시로 저장하는 레지스터를 제어용 레지스터, 데이터 레지스터, 주소 레지스터로 구분하여 소개한다. 특히 상태 레지스터, 스택 포인터가 중요하다.
- **8.3 인터럽트**: 컴퓨터에서 발생하는 갑작스러운 이벤트에 대응하는 중앙처리장치 기능인 인터럽트 개념을 소개한다. 인터럽트를 처리하는 과정, 인터럽트를 허용하고 금지하는 방법, 인터럽트 서비스 루틴에 대하여 설명한다.
- **8.4 제어장치**: 명령어 사이클에 의하여 명령어를 실행하는 과정을 제시하고, 제어장치의 구조와 기능에 대하여 설명한다.

제9장 연산기는 중앙처리장치에서 모든 데이터 조작을 담당하는 연산기에 대하여 설명한다. 이 장은 컴퓨터에서 정수와 실수를 표현하는 방법과 데이터 처리하는 연산의 종류를 이해하는데 목적을 둔다.

- **9.1 연산기 개요**: 연산기 구조와 입출력 신호를 설명한다.
- **9.2 정수 표현**: 컴퓨터에서 표준으로 채택하고 있는 2의 보수에 따른 정수 표기법을 설명한다.
- **9.3 논리 연산**: 레지스터 데이터에 대한 NOT, AND, OR, XOR 논리 연산을 소개한다.
- **9.4 시프트 연산**: 레지스터 데이터에 대한 논리 시프트와 산술 시프트 연산을 소개한다.
- **9.5 산술 연산**: 2진수에 대한 덧셈과 뺄셈 연산을 소개한다.
- **9.6 실수 표현**: 실수를 32비트로 표현하는 단정도 실수 형식(single precision)과 64비트로 표현하는 배정도 실수 형식(double precision)을 설명한다.

제10장 명령어 집합은 프로세서가 제공하는 명령어에 대하여 다룬다. 명령어는 중앙처리

장치가 프로그램을 실행하는데 필요한 모든 정보를 포함하고 있다. 이 장은 명령어의 구성 요소와 명령어 형식을 이해하는데 목적을 둔다.

- 10.1 **명령어 특성**: 명령어는 동작 코드와 오퍼랜드로 구성된다. 니모닉 코드, 명령어 종류, 명령어 형식을 소개한다.
- 10.2 **주소의 수**: 명령어에 포함된 오퍼랜드 필드의 수에 따라 명령어를 0-주소, 1-주소, 2-주소, 3-주소 방식으로 표현하는 방법을 설명한다.
- 10.3 **주소지정방식**: 명령어에 표현된 오퍼랜드 필드에서 실제로 처리되는 유효 데이터를 구하는 방법을 설명한다.
- 10.4 **오퍼랜드 저장**: 일반적으로 한 개의 레지스터는 여러 바이트의 데이터를 저장하고, 기억장치는 바이트 단위로 데이터를 저장한다. 레지스터에 있는 데이터를 여러 개의 기억장소에 분산하여 저장하는 방법을 다룬다.
- 10.5 **명령어의 종류**: 컴퓨터가 제공하는 명령어의 종류별 목록을 제시하고 처리하는 과정을 상세하게 설명한다.

제11장 기억장치는 컴퓨터 기억장치 특성과 중앙처리장치가 주기억장치를 활용하는 방법을 설명한다. 이 장은 기억장치와 관련된 용어를 이해하고, 캐시 기억장치와 가상 기억장치의 구조와 동작 원리를 이해하는데 목적을 둔다.

- 11.1 **기억장치 특성**: 기억장치 종류를 소개하고, 물리적 특성, 용량 및 전송 단위, 액세스 방법, 성능 등 기억장치와 관련된 용어를 소개한다.
- 11.2 **반도체 기억장치**: 주기억장치로 활용되는 반도체 기억장치인 ROM과 RAM의 종류와 특성을 설명한다.
- 11.3 **캐시 기억장치**: 컴퓨터가 기억장치를 빠르게 액세스하기 위하여 도입한 캐시 기억장치의 구조와 동작 원리를 설명한다.
- 11.4 **가상 기억장치**: 기억장치 용량을 증가시키기 위하여 도입한 가상 기억장치를 관리하는 기법에 대하여 설명한다.

제12장 입출력은 컴퓨터와 입출력장치 간에 데이터를 교환하는 방법을 다룬다. 이 장은 컴퓨터와 입출력장치를 연결하는 방법과 데이터를 전송하는 방법을 이해하는데 목적을 둔다.

- 12.1 **입출력장치 개요**: 컴퓨터와 입출력장치를 연결하는 부분인 입출력 모듈의 구조와 기능, 그리고 입출력 주소를 할당하여 입출력장치를 구별하는 방법을 설명한다.
- 12.2 **프로그램 구동 입출력**: 중앙처리장치가 프로그램을 수행하면서 입출력장치와 데이터를 주고받는 방법을 설명한다.
- 12.3 **인터럽트 구동 입출력**: 외부 인터럽트에 의하여 중앙처리장치가 입출력장치와 데이터를 주고받는 방법을 설명한다. 여러 장치가 동시에 인터럽트를 요청하는 다중 인터럽트를 관리하는 방법을 제시한다.
- 12.4 **직접 기억장치 액세스**: 중앙처리장치가 입출력 동작에 개입하지 않고, 입출력장치와 기억장치 간에 직접 데이터를 주고받는 방법을 설명한다.

제13장 고성능 컴퓨터는 기본형 컴퓨터 구조를 개선하여 컴퓨터 처리 속도를 높이는 방법을 제시한다. 이 장은 기본형 컴퓨터에 대한 구조 측면의 한계를 파악하고, 최신형 프로세서에 도입된 기술을 이해하고, 병렬처리 컴퓨터의 구조를 이해하는데 목적을 둔다.

- 13.1 **축소명령어집합 컴퓨터**: 기본형 컴퓨터가 명령어를 실행하는 과정을 분석한 결과를 제시하고, 명령어를 실행하면서 시간이 많이 소요되는 부분을 개선한 RISC(Reduced Instruction Set Computer) 프로세서를 소개한다.
- 13.2 **슈퍼스칼라 프로세서**: 슈퍼스칼라 프로세서는 여러 개의 단순한 명령어를 동시에 실행하는 특성이 있다. 데이터 의존성 분석에 의한 스케줄링 정책을 소개한다.
- 13.3 **병렬처리 컴퓨터**: 동시에 실행되는 명령어 수와 데이터 수에 따라 컴퓨터를 분류하는 방법을 소개한다. 그러고 나서 동시에 여러 개의 명령어와 데이터를 처리하는 병렬처리 컴퓨터를 소개한다. 마지막으로 병렬처리 한계를 규정하는 법칙을 소개한다.

연습문제 EXERCISE

1.1 컴퓨터 구조 범위

01 컴퓨터 구조가 다루는 범위가 아닌 것은?

① 기억장치 구조 ② 프로그래머 모델
③ 명령어 집합 ④ 프로세스 스케줄링

02 컴퓨터의 하드웨어와 소프트웨어를 연결하는 요소는?

① 명령어 집합 ② 프로그램
③ 논리 소자 ④ 반도체 소자

03 논리 개념에 해당하는 것은?

① 거짓과 참 ② N극과 S극
③ 끊김과 연결 ④ 전압과 전류

04 프로그래머 관점에서 본 컴퓨터 하드웨어를 표현하는 용어는?

① 어셈블러 ② 명령어 집합
③ 시스템 버스 ④ 프로그래머 모델

05 물리 개념을 논리 개념으로 분리하는 계층에서 사용하는 소자는?

① 레지스터 ② 트랜지스터
③ 논리 게이트 ④ 중앙처리장치

06 프로그래머가 컴퓨터에게 동작을 지시하는 최소의 작업 단위는?

① 명령어 ② 고급 언어
③ 논리 동작 ④ 제어 신호

07 기계 코드(machine code)란?

① 명령어를 2진수로 표현한 것 ② 고급 언어로 작성한 프로그램
③ 기계식 컴퓨터의 숫자 표현 방법 ④ 10진수를 2진수로 표현한 것

1.2 논리회로 학습 범위

01 디지털 시스템의 구조를 가장 적합하게 구분한 것은?

① {레지스터, 연산기} ② {제어장치, 처리장치}
③ {제어장치, 레지스터} ④ {제어장치, 기억장치}

02 조합 논리소자와 순차 논리소자를 구분하는 기준은?

① 연산 능력 ② 데이터 입출력 능력
③ 2진 데이터 저장 능력 ④ 논리 게이트 포함 여부

03 순차 논리회로의 빌딩블록에 해당하는 것은?

① 디코더 ② 인코더
③ 가산기 ④ 카운터

1.3 컴퓨터 구성 요소

01 폰 노이만이 제안한 컴퓨터 구조는?

① 기계식 컴퓨터 ② 진공관 컴퓨터
③ 트랜지스터 컴퓨터 ④ 프로그램 내장형 컴퓨터

02 프로그램 내장(stored program) 구조에 대한 가장 올바른 설명은?

① 프로그램과 데이터를 기억장치에 저장한다.
② 프로그램과 데이터를 레지스터에 저장한다.
③ 프로그램과 데이터를 보조기억장치에 저장한다.
④ 프로그램과 데이터를 중앙처리장치에 저장한다.

03 전자식 컴퓨터 구조의 틀을 제안한 사람은?

① 부울 ② 폰 노이만
③ 라이프니츠 ④ 아이슈타인

04 중앙처리장치를 제어장치와 처리장치로 구분할 때 처리장치에 해당하는 것을 모두 선택하라.

① 레지스터 ② 연산장치
③ 주기억장치 ④ 시스템 버스

05 제어장치의 기능은?

① 데이터에 대한 산술 연산을 담당한다.
② 명령어를 해석하고 제어신호를 생성한다.
③ 중앙처리장치가 처리할 데이터를 임시로 저장한다.
④ 입출력장치를 제어하여 데이터를 입력하거나 출력한다.

06 컴퓨터 구성 요소들 간에 데이터를 교환하는 전달 경로를 부르는 이름은?

① 레지스터 ② 연산장치
③ 주기억장치 ④ 시스템 버스

07 제어장치에서 생성된 제어신호가 전달되는 곳은?

① 레지스터 ② 연산장치
③ 주기억장치 ④ 세 가지 모두

08 중앙처리장치 안에 있고 연산에 필요한 데이터를 잠시 저장하는 기억장소는?

① 레지스터 ② 연산장치
③ 주기억장치 ④ 시스템 버스

09 컴퓨터의 기억장치에 저장되는 것을 모두 선택하라.

① 데이터 ② 레지스터
③ 프로그램 ④ 입출력 포트

10 중앙처리장치와 데이터를 주고받는 관점에서 볼 때 하드디스크는 어느 장치로 분류되는가?

① 레지스터 ② 연산장치
③ 주기억장치 ④ 입출력장치

1.4 컴퓨터 발달 과정

01 컴퓨터에 가장 먼저 주기억장치로 사용된 기억 소자는?

① 자기 코어 ② 하드 디스크
③ 자기 테이프 ④ 반도체 기억장치

02 제2세대 컴퓨터를 구성하는 기본 소자는?

① 진공관 ② 집적회로
③ 트랜지스터 ④ 고밀도 집적회로

03 설명에 해당하는 용어를 적어라.

(1) 최초의 전자식 컴퓨터를 구성하는 기본 소자는?

(2) 여러 개의 트랜지스터를 한 개의 칩 안에 넣은 소자는?

04 무어의 법칙에 따라 컴퓨터의 처리 속도가 24개월마다 2배로 빨라진다고 가정하자. 2016년의 컴퓨터는 1980년의 컴퓨터보다 대략 몇 배나 빠른가?

① 약 250배
② 약 2500배
③ 약 2만5천배
④ 약 25만배

05 구형 프로세서에서 개발된 프로그램을 신형 프로세서에서도 실행할 수 있다는 개념을 설명하는 데 가장 적합한 용어는?

① 상향 호환성
② 하향 호환성
③ 프로그램 호환성
④ 명령어 호환성

06 설명에 해당하는 용어를 적어라.

(1) 중앙처리장치를 한 개의 칩으로 구현한 소자는?

(2) 중앙처리장치, 기억장치, 입출력장치를 모두 한 개의 칩 안에 넣은 소자는?

07 다른 것을 지칭하는 용어는?

① 코어
② 프로세스
③ 프로세서
④ 중앙처리장치

08 멀티 코어 프로세서란?

① 한 번에 64비트의 데이터를 처리하는 프로세서
② 한 개의 칩에 여러 개의 주기억장치를 탑재한 프로세서
③ 한 개의 칩에 여러 개의 입출력 모듈을 탑재한 프로세서
④ 한 개의 칩에 여러 개의 중앙처리장치를 탑재한 프로세서

데이터 표현

2.1 디지털 시스템

2.2 수의 체계

2.3 진법 변환

2.4 코드

2.5 요약

Chapter 02

데이터 표현

컴퓨터는 기본적으로 2진수를 계산하는 기계이다. 컴퓨터는 모든 데이터를 2진수로 표현하여 처리한다. 컴퓨터 시스템을 이해하기 위하여 데이터를 2진수로 표현하는 방법을 반드시 알고 있어야 한다. 이 장은 숫자와 문자를 2진수로 표현하는 방법에 대하여 설명한다.

- 2.1 **디지털 시스템**: 컴퓨터는 왜 2진수를 사용하는지, 어떻게 물리 신호로 2진수를 표현하는지 설명한다.
- 2.2 **수의 체계**: 우리가 사용하는 10진수는 각 자리마다 무게가 다르다. 10진수에 대한 이해를 바탕으로 수를 임의의 R진수로 표현하는 방법을 다룬다. 특히 2진수가 중요하다.
- 2.3 **진법 변환**: 10진수를 임의의 R진수로 변환하는 방법을 다룬다. 그리고 나서 2진수, 8진수, 16진수 간의 관계에 대하여 설명한다.
- 2.4 **코드**: 기호를 숫자로 표현하는 방법에 대하여 설명한다.

2.1 디지털 시스템

컴퓨터는 기계이다. 그러므로 숫자를 물리 신호(physical signal)로 표현하는 어떤 방법이 필요하다. 여기서 물리 신호는 실세계에 존재하는 신호 그 자체를 말한다. 이 절에서는 디지털 시스템을 정의하고, 숫자를 물리 신호로 대응시키는 방법을 제시하고, 컴퓨터는 왜 2진수를 사용하는지에 대하여 설명한다.

실세계(real world)는 우리가 살고 있는 현실 세계를 의미한다. 실세계에서 우리가 만나는 무게, 길이, 압력, 거리, 높이 등과 같은 것이 물리 신호이다. 이것들은 모두 연속 값(continuous value)이다. 이런 의미에서 물리 신호는 아날로그 신호(analog signal)이다.

디지털(digital)이란 수의 자릿수 또는 숫자를 의미하는 디짓(digit)과 형용사를 만드는 어미(al)가 붙어 만들어진 용어이다. 시스템(system)은 여러 개의 구성 요소로 이루어져 있으며 전체적으로 한 가지 기능을 수행하는 장치를 의미한다. **디지털 시스템**(digital system)은 '숫자로 표현된 데이터를 처리하는 시스템'이라는 의미이다. 컴퓨터는 디지털 데이터를 처리하는 디지털 시스템의 일종이다.

실세계는 연속 값을 갖는 신호들이 모여 있는 아날로그 세상이다. 컴퓨터가 아날로그 신호를 처리하려면, 먼저 아날로그 신호를 디지털 신호로 변환해야 한다. 컴퓨터가 디지털 신호를 처리한 결과 역시 디지털 신호이고, 이것을 다시 아날로그 신호로 변환하여 실세계로 제공해야 한다. 전자를 담당하는 장치는 **A/D 변환기**(Analog-to-Digital Converter, ADC)이고, 후자를 담당하는 장치는 **D/A 변환기**(Digital-to-Analog Converter, DAC)이다. [그림 2-1]은 실세계와 컴퓨터 간의 신호 변환 과정을 보여준다.

그러면 컴퓨터는 왜 디지털 신호를 처리할까? 여러 가지 이유를 생각해 볼 수 있지만, 가장 큰 장점은 '디지털 신호는 안정적이다(stable)'는 것이다. 아날로그 신호는 연속 값으로

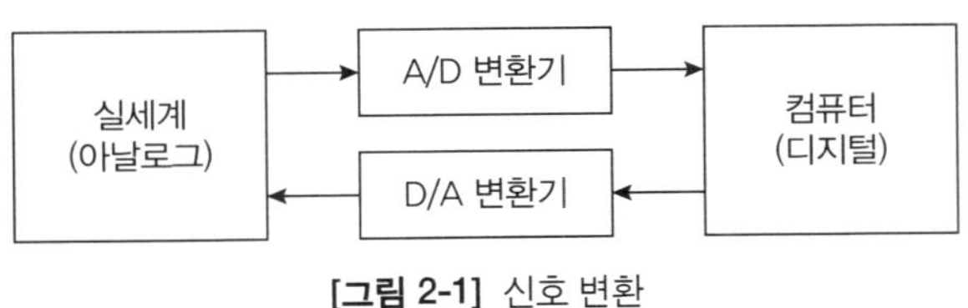

[그림 2-1] 신호 변환

〈표 2-1〉 아날로그 신호와 디지털 신호의 특성 비교

신호 구분	특성
아날로그	• 실세계에 존재하는 연속(continuous) 신호 • 저장과 계산 과정에서 신호가 왜곡될 가능성이 큼
디지털	• 숫자로 표현되는 이산(discrete) 신호 • 저장과 계산 과정이 쉽고 안정적(값이 변할 가능성이 적음)

표현되기 때문에, 두 신호의 모양이 조금만 달라도 서로 다른 것으로 취급된다. 그렇지만 디지털 신호는 신호의 모양이 조금 다르더라도 같은 값으로 취급될 가능성이 크다. 예를 들어, 두 사람이 숫자 '1234'를 썼을 때 분명히 글자 모양이 다를 것이다. 두 사람이 쓴 글씨를 아날로그로 해석할 때 다른 신호로 취급하지만, 디지털로 해석할 때 같은 숫자로 해석한다. 이런 개념이 디지털 데이터를 저장하고 인출하는 과정과 계산에도 적용된다. 〈표 2-1〉은 아날로그 신호와 디지털 신호의 특징을 요약한 것이다.

우리는 10진법으로 표현된 수를 사용한다. 그 이유는 손가락이 10개이기 때문이고, 손가락으로 10가지 다른 상태를 구분할 수 있기 때문이다. 사실 디짓(digit)이라는 영어 단어는 손가락이란 뜻도 포함하고 있다. 역사적으로 문명마다 서로 다른 기호로 수를 표현하였지만, 현대는 전세계가 아라비아 숫자를 표준으로 수를 표현하고 있다. 아라비아 숫자는 0, 1, 2, 3, 4, 5, 6, 7, 8, 9의 기호를 사용하여 10가지 다른 상태를 구분한다. 컴퓨터와 같은 기계가 10진수를 처리하려면, 기계가 안정적으로 구분할 수 있는 10개의 서로 다른 신호가 필요하다. 그러나 실세계에 존재하는 물리 신호로 10개의 상태를 구별하는 것은 쉬운 일이 아니다. 그 대신에 두 가지 안정 상태를 갖는 신호로 0과 1에 대응시키는 것이 훨씬 더 바람직하다. 두 가지 안정 상태를 갖는 자연계 신호의 예는 다음과 같다.

- 스위치: 열림(off)/닫힘(on) → 0/1
- OCR 카드: 종이에 표시가 없음/까만 색을 칠함 → 0/1
- 펀치 카드: 종이에 구멍을 뚫지 않음/구멍을 뚫음 → 0/1
- 전기 신호: 전류가 흐르지 않음/흐름 → 0/1
- 자기(자석): N극/S극 → 0/1

따라서 기계는 10진수보다 2진수를 다루는 것이 더 쉽다. 2진수로 표현된 데이터를 처리하는 시스템을 **2진 시스템**(binary system)이라고 한다. 컴퓨터도 2진 시스템의 일종이다.

2진수 한 자리를 **비트**(bit)라고 한다. 비트는 [binary+digit]의 합성어이다. 컴퓨터는 2진수 여러 비트를 모아 숫자나 문자 같은 데이터를 표현한다. 2진수 4자리를 니블(nibble)이라고 하고, 2진수 8자리를 **바이트**(byte)라고 한다. 니블이라는 단위는 요즘 잘 사용되지 않는다. 초기의 컴퓨터는 한 바이트로 영문자 하나를 표현하였다. 컴퓨터 중앙처리장

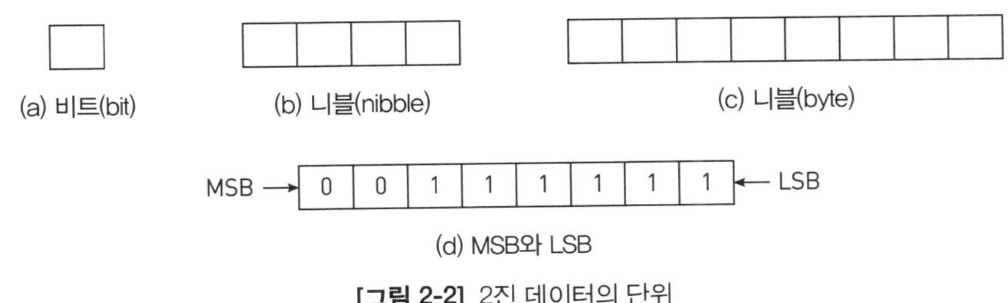

[그림 2-2] 2진 데이터의 단위

치가 한 번에 처리하는 데이터 비트 수를 **단어**(word)라고 한다. 단어에 해당하는 비트 수는 프로세서 처리 능력에 따라 다른데, 보통 8비트, 16비트, 또는 32비트로 8의 배수이다. 컴퓨터는 단어를 레지스터(register)와 기억장치(memory)에 저장한다. 레지스터와 기억장치의 저장 단위도 역시 8의 배수이다.

사람은 종이에 수를 적을 때, 예를 들어 63과 같이, 0이 아닌 값부터 적는다. 10진수 63에 해당하는 2진수는 111111이다. 그러나 컴퓨터는 수를 저장하는 레지스터 또는 기억장치의 비트 수가 정해져 있으므로, 주어진 비트를 모두 사용하여 수를 표현한다. 예를 들어 [그림 2-2(d)]와 같이 레지스터가 8비트를 저장할 때, 10진수 63에 해당하는 2진수를 00111111로 저장한다. 여러 비트로 구성된 2진수의 가장 왼쪽 자리에 있는 비트를 **MSB(Most Significant Bit)**라고 하고, 가장 오른쪽 자리에 있는 비트를 **LSB(Least Significant Bit)**라고 한다. MSB와 LSB는 단순히 여러 비트로 구성된 2진수의 비트 위치를 지정하는 용어이다. 8비트 2진수 63의 MSB는 0이고, LSB는 1이다. 10진수에 대해서도 수를 표현하는 자릿수가 정해졌을 때, 가장 왼쪽 자리에 있는 수를 MSD(Most Significant Digit)라고 하고, 1의 자리에 있는 수를 LSD(Least Significant Digit)라고 한다.

예제 2-1 8자리로 표현되는 10진수와 2진수에 대하여 MSD/LSD와 MSB/LSB를 구별하라.

(1) 8자리 10진수 12345678

(2) 8자리 2진수 00111101

풀이

(1) MSD = 1, LSD = 8

(2) MSB = 0, LSB = 1

2.1 디지털 시스템 요약

디지털 시스템은 숫자 데이터를 처리하는 기계이다. AD 변환기는 실세계의 아날로그 데이터를 숫자 데이터로 변환한다. 2진수를 물리 신호로 표현하기 위하여 안정된 상태가 2개인 소자가 가장 바람직하다. 하나의 상태는 숫자 0 그리고 다른 하나의 상태는 숫자 1에 대응시킴으로써, 우리는 이것을 2진수로 해석한다. 비트는 2진수 한 자리를 나타내는 단위이고, 바이트는 8비트의 2진 데이터를 나타내는 단위이다. 2진수의 가장 왼쪽 자리에 있는 비트를 MSB라 하고, 가장 오른쪽에 있는 비트를 LSB라고 한다.

2.2 수의 체계

수는 그것이 의미하는 물리량(physical quantity)에 대응한다. 10진법을 사용하는 우리는 숫자의 위치에 따라 무게(weight)가 정해지는 개념을 사용하여 물리량을 표현한다. 이 절에서는 10진법 개념을 임의의 진법으로 확장함으로써 수를 표현하는 체계를 소개한다.

- 2.2.1 **10진수**: 10진수를 예로 들어 무게 수(weighted number)의 개념을 소개한다.
- 2.2.2 **R진수**: 무게 수의 개념을 임의의 R진법으로 확장한다.
- 2.2.3 **수의 표현 범위**: N자리의 R진수로 표현할 수 있는 수의 범위를 제시한다.

2.2.1 10진수

역사적으로 사람들은 두 가지 방법으로 수를 표현하였다. 첫 번째 로마자나 한자와 같이 10^n에 해당하는 무게(weight)를 별도의 기호(예를 들면, 십, 백, 천, 만, 억)로 표현하는 방법이고, 두 번째는 아라비아 숫자와 같이 수는 각 자리의 크기만 결정하고 수가 위치한 자리에 따라 무게를 표현하는 방법이다. 두 번째 방법으로 표현하는 수를 자리에 무게가 부여된 수라는 뜻으로 '**무게 수**(weighted number)'라고 한다. 현재 두 번째 방법이 전

수의 표현	⋯	1	2	3	4	·	5	6	⋯
자릿수	⋯	3	2	1	0		−1	−2	⋯
무게	⋯	10^3	10^2	10^1	10^0		10^{-1}	10^{-2}	⋯

[그림 2-3] 10진수의 체계

세계적으로 통용되고 있으며, 컴퓨터도 이 방법을 사용하고 있다.

우리에게 익숙한 10진수를 생각해 보자. [그림 2−3]을 참고하여 10진수 1234.56을 해석해 보자. 이것은 소수점을 기준으로 위 4자리와 아래 2자리에 숫자들이 배정되어 있고 이것들이 모여 전체 양을 나타낸다. 임의의 10진수는 각 자리의 크기를 나타내는 기호(symbol), 각 숫자가 나타나는 자리에 부가된 무게(weight), 그리고 숫자가 의미하는 값(value)으로 나누어 설명할 수 있다.

- 기호(symbol): 10진수는 각 자리의 값을 표현하기 위하여 {0, 1, 2, 3, 4, 5, 6, 7, 8, 9}로 구성된 10개의 기호 중 하나를 사용한다.
- 자리(position): 소수점을 기준으로 0보다 큰 수는 0, 1, 2, ⋯, 소수점 이하의 수는 −1, −2, ⋯의 자리를 차지하고 있다.
- 무게(weight): 각 숫자는 자리에 따라 무게가 다르다. 각 자리의 무게는 10^k이다. 여기서 k는 자릿수이다.
- 값(value): 수가 나타내는 값은 다음 식으로 계산할 수 있다.

$$\begin{aligned}(1234.56)_{10} &= 1\times10^3 + 2\times10^2 + 3\times10^1 + 4\times10^0 + 5\times10^{-1} + 6\times10^{-2} \\ &= 1000 + 200 + 30 + 4 + 0.5 + 0.06 \\ &= 1234.56\end{aligned} \qquad \textbf{(식 2-1)}$$

(식 2−1)에서 괄호에 붙은 첨자는 숫자 표기에 사용된 진법을 나타낸다. 당연히 10진수 1234.56의 값은 1234.56이다. 이것을 일반화한 식은 다음과 같다. V(N)은 수의 값이고, A_k는 각 자리에 나타난 숫자이고 {0, 1, 2, 3, 4, 5, 6, 7, 8, 9} 중 하나이다.

$$V(N) = A_{n-1} \times 10^{n-1} + A_{n-2} \times 10^{n-2} + \cdots + A_{-m} \times 10^{-m} = \sum_{k=-m}^{n-1} A_k \times 10^k \qquad (식\ 2\text{-}2)$$

2.2.2 R진수

진법 체계에서 기준이 되는 수를 기수(radix 또는 base)라고 한다. 10진수는 기수가 10인 수이다. 임의의 양의 정수 R을 기수로 사용한 수를 R진수라고 한다.

여기서 중요한 것은 10진수 표기 규칙이 임의의 R진수에도 그대로 적용된다는 것이다. [그림 2-4]와 같이 R진수 N을 표현하는 체계는 다음과 같다.

- 기호(symbol): R진수는 각 자리의 값 A_k를 표현하기 위하여 {0, 1, 2, ⋯, R−1}로 구성된 R개의 기호 중 하나를 사용한다.
- 자리(position): 소수점을 기준으로 0보다 큰 수는 0, 1, 2, ⋯, 소수점 이하의 수는 −1, −2, ⋯의 자리에 있다.
- 무게(weight): 각 숫자는 자리에 따라 무게가 다르다. 각 자리의 무게는 R^k이다. 여기서 k는 자릿수이다.
- 값(value): N이 나타내는 10진수 값은 다음 식으로 계산할 수 있다.

$$V(N) = A_{n-1} \times R^{n-1} + A_{n-2} \times R^{n-2} + \cdots + A_{-m} \times R^{-m} = \sum_{k=-m}^{n-1} A_k \times R^k \qquad (식\ 2\text{-}3)$$

숫자의 기수를 명확하게 나타내기 위하여 표현하려는 숫자를 괄호로 묶고 아래 첨자로 진법을 표시한다. 예를 들어, $(10010101)_2$는 2진수를 표현한다.

기호	⋯	A_3	A_2	A_1	A_0	.	A_{-1}	A_{-2}	⋯
자릿수	⋯	3	2	1	0		−1	−2	⋯
무게	⋯	R^3	R^2	R^1	R^0		R^{-1}	R^{-2}	⋯

[그림 2-4] R진수의 체계

10진수를 표시하기 위하여 0부터 9까지 10개의 기호가 필요한 것과 마찬가지로, R진수를 표시하기 위하여 수를 구별할 수 있는 R개의 기호가 필요하다. R이 10보다 작을 때, 각 자리를 표현하기 위하여 아라비아 숫자 기호 중에서 0부터 R−1까지 R개의 기호를 사용한다. 예를 들어, 5진수는 {0, 1, 2, 3, 4} 중 하나를 각 자리를 나타내는 기호로 사용한다. R이 10보다 클 때, 10 이상의 수를 나타내는 기호가 필요하다. 일반적으로 영문자 알파벳을 빌려와 10 이상의 수를 나타내는 기호로 사용한다. 이때 알파벳은 문자의 의미가 아니고 숫자를 표현하는 기호로 사용되는 것이다. 예를 들면, A는 10, B는 11, C는 12를 표현하는 기호이다. 16진수 $(1A4C)_{16}$의 해석은 다음과 같다.

- 16진수는 기호 {0, 1, 2, 3, 4, 5, 6, 7, 8, 9, A, B, C, D, E, F}를 사용한다.
- A는 10, B는 11, C는 12, D는 13, E는 14, F는 15에 대응하는 숫자 기호이다.
- $(1A4C)_{16}$에 해당하는 10진수 값은 다음과 같다.

$$1\times16^3 + 10\times16^2 + 4\times16^1 + 12\times16^0 = 4{,}096 + 2{,}560 + 64 + 12 = 6{,}732$$

예제 2-2 다음 진법의 수에 대하여 각 자리를 표현할 수 있는 기호 집합을 제시하고, (식 2-3)에 따라 수의 크기를 10진수로 적어라. 만일 표현이 잘못된 수가 있다면, 그 이유를 설명하라.

(1) $(519.87)_{10}$
(2) $(127.4)_8$
(3) $(127.4)_5$
(4) $(1BE)_{16}$
(5) $(1101.1)_2$

풀이

(1) 10진법 기호 = {0, 1, 2, 3, 4, 5, 6, 7, 8, 9}
값 $(519.87)_{10} = 5\times10^2 + 1\times10^1 + 9\times10^0 + 8\times10^{-1} + 7\times10^{-2} = 519.87$

(2) 8진법 기호 = {0, 1, 2, 3, 4, 5, 6, 7}
값 $(127.4)_8 = 1\times8^2 + 2\times8^1 + 7\times8^0 + 4\times8^{-1} = 64 + 16 + 7 + 0.5 = 87.5$

(3) 5진법 기호 = {0, 1, 2, 3, 4}
5진수의 1의 자리에 5 이상인 7이 사용되었으므로 표현이 틀렸다.

(4) 16진법 기호 = {0, 1, 2, 3, 4, 5, 6, 7, 8, 9, A, B, C, D, E, F}
값 $(1BE)_{16} = 1\times16^2 + 11\times16^1 + 14\times16^0 = 256 + 176 + 14 = 446$

(5) 2진법 기호 = {0, 1}

값 $(1101.1)_2 = 1\times2^3 + 1\times2^2 + 0\times2^1 + 1\times2^0 + 1\times2^{-1} = 8 + 4 + 0 + 1 + 0.5 = 13.5$

2.2.3 수의 표현 범위

컴퓨터는 수를 다음과 같이 구분한다.

- 부호 없는 수(unsigned number): 0을 포함하여 양의 정수만을 표현한다.
- 부호 있는 수(signed number, 정수): 0과 양수, 음수를 모두 표현한다.
- 실수(real number): 소수점을 포함하고 있는 유리수를 표현한다.

2장에서는 부호 없는 수만을 다룬다. 사람은 1234와 같이 일반적으로 수를 0이 아닌 숫자부터 적는다. 그리고 필요에 따라 수의 자릿수를 무한히 늘릴 수 있는 것으로 여긴다. 그렇지만 컴퓨터가 레지스터 또는 기억장치에 데이터를 저장할 때, 데이터를 저장할 수 있는 자릿수가 한정되어 있다. 컴퓨터는 비트 수에 따라 제한을 받는 표현 범위 이외의 수를 처리할 수 없다. 따라서 한정된 자리수로 표현할 수 있는 수의 범위를 알아둘 필요가 있다.

n자리의 10진수는 0 ~ (10^n-1) 범위의 부호 없는 수를 표현할 수 있다. 이것을 임의의 R진수로 일반화할 수 있다. n자리의 R진수는 0 ~ (R^n-1) 범위의 부호 없는 수를 표현할 수 있다.

예제 2-3 다음과 같은 부호 없는 수의 표현 범위를 10진수로 적어라.

(1) 4자리 10진수

(2) 4자리 5진수

(3) 4자리 2진수

(4) 3자리 16진수

(5) 8자리 2진수

풀이

(1) $(10^4 - 1) = 9999$ 표현 범위 = 0 ~ 9,999

(2) $(5^4 - 1) = (4444)_5 = 624$ 표현 범위 = 0 ~ 624
(3) $(2^4 - 1) = (1111)_2 = 15$ 표현 범위 = 0 ~ 15
(4) $(16^3 - 1) = (FFF)_{16} = 4{,}095$ 표현 범위 = 0 ~ 4,095
(5) $(2^8 - 1) = (1111\_1111)_2 = 255$ 표현 범위 = 0 ~ 255

2.2 수의 체계 요약

임의의 R진수는 각 자리마다 무게가 정해져 있는 무게 수(weighted number)로 표현된다. R진수는 각 자리의 수를 나타내기 위하여 {0, 1, 2, …, R−1}로 구성된 R개의 기호를 사용하고, 숫자를 구성하는 기호는 그 기호가 나타난 자릿수 k에 해당하는 R^k만큼의 무게를 가지며, 수의 크기는 (식 2-3)으로 계산된다. 그리고 n자리의 R진수는 0~(R^n-1) 범위의 부호 없는 수를 표현할 수 있다.

2.3 진법 변환

사람은 10진법을 사용하지만, 컴퓨터는 2진법을 사용한다. 그러므로 컴퓨터가 처리하는 데이터를 표현하려면 2진수를 사용해야만 한다. 그러나 2진법으로 표현된 수는 0과 1로만 구성되어 있으므로 사람이 다루기 불편하다. 2진수는 8진수나 16진수로 쉽게 변환된다. 어차피 2진수를 다루어야 한다면, 사람은 2진수를 직접 사용하는 것보다 8진수나 16진수로 변환해서 사용하는 것이 더 편리하다. 따라서 임의의 진법으로 표현된 수를 다른 진법으로 변환할 필요가 있다. 진법 변환을 다음과 같은 두 가지로 구분하여 생각할 수 있다.

- R진수 → 10진수: 임의의 R진수를 10진수로 변환
- 10진수 → R진수: 10진수를 임의의 R진수로 변환

'2.2 수의 체계'에서 설명한 (식 2−3)을 사용하면 임의의 R진수를 10진수로 변환할 수 있다. 이 절에서는 10진수를 임의의 R진수로 변환하는 방법을 설명한다.

- 2.3.1 **10진수를 R진수로 변환**: 10진수를 임의의 R진수로 변환하는 방법을 설명한다.

- 2.3.2 **2진수, 8진수, 16진수**: 2진수와 8진수, 2진수와 16진수의 관계에 대하여 설명한다.

2.3.1 10진수를 R진수로 변환

[그림 2−5]의 별이 몇 개인지 여러 가지 진법으로 세어보자.

- [그림 2−5(a)] 10진법
  - 별을 10개씩 묶으면, 10개 묶음이 5개이고, 나머지가 3개이다.
  - $5 \times 10^1 + 3 = (53)_{10}$
- [그림 2−5(b)] 8진법
  - 별을 8개씩 묶으면, 8개 묶음이 6개이고, 나머지가 5개이다.
  - $6 \times 8^1 + 5 = (65)_8$
- [그림 2−5(c)] 5진법
  - 별을 5개씩 묶으면, 5개 묶음이 10개이고, 낱개가 3개이다.
  - 5개 묶음의 수가 5보다 크므로, 다시 5개 묶음을 5개씩 묶으면, 한 묶음은 $5^2 = 25$ 개이고, 25개 묶음이 2개이다. 남아 있는 5개 묶음은 없다.
  - $2 \times 5^2 + 0 \times 5^1 + 3 = (203)_5$

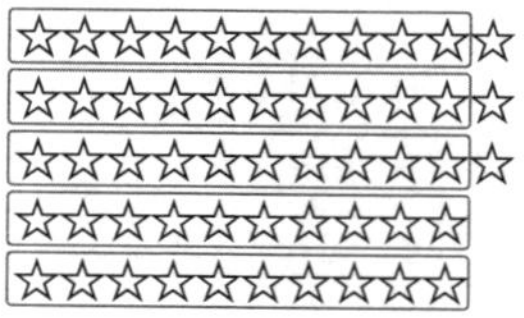

(a) $(53)_{10}$

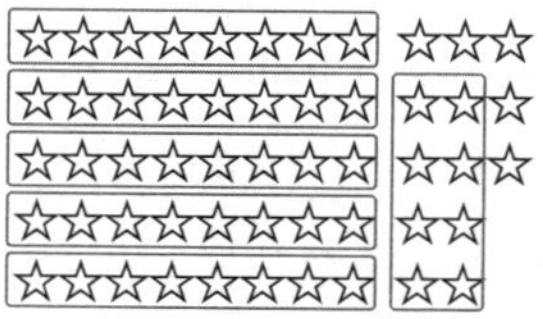

(b) $(65)_8$

(c) $(203)_5$

(d) $(110101)_2$

[그림 2-5] 별이 몇 개?

이 예를 통해 알 수 있듯이, 별의 절대 수는 변하지 않지만 표현하는 진법에 따라 표기가 달라진다. 별을 R개씩 묶고 나머지를 구하는 과정은 별을 R로 나누고 나머지를 구하는 것과 동등하다. 이 과정을 수식으로 표현하면 다음과 같다. (식 2−4)는 절대 수 V(N)을 10진수와 R진수로 표현한 것이 같다는 것을 나타낸다.

$$\begin{aligned} V(N) &= A_{n-1} \times 10^{n-1} + A_{n-2} \times 10^{n-2} + \cdots + A_0 \times 10^0 \\ &= X_{k-1} \times R^{n-1} + X_{k-2} \times R^{n-2} + \cdots + X_0 \times R^0 \end{aligned} \quad \textbf{(식 2-4)}$$

(식 2−4)의 양변을 R로 나누면, (식 2−5)와 같이 R진수 1의 자리에 해당하는 X_0를 구할 수 있다.

$$V(N)/R = X_{k-1} \times R^{n-2} + X_{k-2} \times R^{n-3} + \cdots + X_1 \times R^0 \ \text{ remains } \ X_0 \quad \textbf{(식 2-5)}$$

(식 2−5)는 절대 수 V(N)을 R로 나눌 때 몫이 묶음의 수이고 나머지 X_0가 0의 자리 수임을 의미한다. 이 과정을 반복 적용하여 10진수를 R진수로 변환할 수 있다. 그 알고리즘은 다음과 같다.

- 10진수를 R로 나누고, 몫과 나머지를 구한다. 나머지가 R^0 자리에 해당하는 숫자이다.
- 몫을 다시 R로 나누고, 몫과 나머지를 구한다. 나머지가 R^1 자리에 해당하는 숫자이다.
- 몫이 R보다 작을 때까지 이 과정을 반복한다. 반복 때마다 생기는 나머지가 R^2, R^3, … 자리에 해당하는 숫자이다.

예제 2-4 [그림 2−5(d)]는 2진수로 몇 개인가?

풀이

53 / 2 = 26 … 1	// 2^1 묶음이 26개, 나머지가 1.	2^0 자리의 값이 1
26 / 2 = 13 … 0	// 2^2 묶음이 13개, 나머지가 0.	2^1 자리의 값이 0

13 / 2 = 6 ⋯ 1 // 2^3 묶음이 6개, 나머지가 1. 2^2 자리의 값이 1
6 / 2 = 3 ⋯ 0 // 2^4 묶음이 3개, 나머지가 0. 2^3 자리의 값이 0
3 / 2 = 1 ⋯ 1 // 2^5 묶음이 1개, 나머지가 1. 2^4 자리의 값이 1
따라서 $(53)_{10} = (110101)_2$

예제 2-5 10진수 527을 8진수로 변환하라.

풀이

527 / 8 = 65 ⋯ 7 // 8^1 묶음이 65개, 나머지가 7. 8^0 자리의 값이 7
65 / 8 = 8 ⋯ 1 // 8^2 묶음이 8개, 나머지가 1. 8^1 자리의 값이 1
8 / 8 = 1 ⋯ 0 // 8^3 묶음이 1개, 나머지가 0. 8^2 자리의 값이 0
따라서 $(527)_{10} = (1017)_8$

2.3.2 2진수, 8진수, 16진수

컴퓨터는 2진수를 사용하지만, 2진수는 0과 1로만 구성되어 있어서 사람이 직접 다루기 불편하다. 예를 들어, 다음 16비트 2진수를 노트에 옮겨 적어보자. 어려운 일은 아니지만 불편함을 느낄 수 있을 것이다.

1100010110010001
0000110110000010
0110111000111010
0100111101111011

2진수와 **8진수(octal number)**, 그리고 2진수와 **16진수(hexadecimal number)** 간에는 서로 진법 변환이 쉽다. [표 2-2]는 0부터 15까지의 10진수에 대한 2진수, 8진수, 16진수의 대응 관계를 보여준다.

$2^3 = 8$이다. 2진수를 소수점을 기준으로 세 자리씩 끊어서 읽으면 8진수가 되고, 8진수 한 자리를 세 자리씩 풀면 2진수가 된다. 이 과정에서 앞에 세 자리를 채우지 못하는 경

〈표 2-2〉 2진수, 8진수, 16진수 간의 대응 관계

10진수	2진수	8진수 ($2^3 = 8$)	16진수 ($2^4 = 16$)
0	0000	00	0
1	0001	01	1
2	0010	02	2
3	0011	03	3
4	0100	04	4
5	0101	05	5
6	0110	06	6
7	0111	07	7
8	1000	10	8
9	1001	11	9
10	1010	12	A
11	1011	13	B
12	1100	14	C
13	1101	15	D
14	1110	16	E
15	1111	17	F

우에 0을 채워 세 자리로 변환한다. 위 예를 8진수로 변환하면 다음과 같다.

1_100_010_110_010_001 ↔ $(142621)_8$
0_000_110_110_000_010 ↔ $(006602)_8$
0_110_111_000_111_010 ↔ $(067072)_8$
0_100_111_101_111_011 ↔ $(047573)_8$

$2^4 = 16$이다. 따라서 2진수를 소수점을 기준으로 네 자리씩 끊어서 읽으면 16진수가 되고, 16진수 한 자리를 네 자리씩 풀면 2진수가 된다. 이 과정에서 앞에 네 자리를 채우지 못하는 경우에 0을 채워 네 자리로 변환한다. 어떤 수가 16진수임을 표현하기 위하여 숫자 뒤에 첨자 대신에 기호 H 또는 h를 붙이기도 한다. H는 16진수를 나타내는 영어 단

어 hexadecimal에서 따온 것이다. 이 교재에서는 두 가지 방법을 모두 사용한다. 위 예를 16진수로 변환하면 다음과 같다.

1100_0101_1001_0001 ↔ $(C591)_{16}$ = C591h ('h'는 16진수를 의미함)
0000_1101_1000_0010 ↔ $(0D82)_{16}$ = 0D82h
0110_1110_0011_1010 ↔ $(6E3A)_{16}$ = 6E3Ah
0100_1111_0111_1011 ↔ $(4F7B)_{16}$ = 4F7Bh

하드웨어 시뮬레이션 언어의 일종인 베리로그(Verilog)는 수를 표현할 때 자릿수가 많아 수를 다루기 어려울 때 적절한 위치에 '_'를 추가하여 수를 표현한다. '_'는 단지 편의상 숫자를 구분하기 위한 것이며, 수의 크기와 아무 관계가 없다. '_'는 여러 비트로 구성된 2진수를 구별하고 싶은 임의의 위치에 삽입될 수 있다. 이 교재에서도 이 방법을 사용하기로 한다.

예제 2-6 지시에 따라 수의 진법을 변환하라.

(1) $(10110001101011)_2$를 8진수로
(2) $(10110001101011)_2$를 16진수로
(3) $(523)_8$을 2진수로
(4) $(D1AF)_{16}$을 8진수로

풀이

(1) (10110001101011) = (010_110_001_101_011) = $(26153)_8$
(2) (10110001101011) = (0010_1100_0110_1011) = $(2C6B)_{16}$ = 2C6Bh
(3) 8진수 각 자리를 세 자리로 푼다. $(523)_8$ = $(101\_010\_011)_2$
(4) 먼저 16진수를 2진수로 변환한 후, 다시 2진수를 8진수로 변환한다.
$(D1AF)_{16}$ = $(1101\_0001\_1010\_1111)_2$ = $(1\_101\_000\_110\_101\_111)_2$ = $(150657)_8$

컴퓨터는 2진수를 사용하기 때문에, 2진수 표현에 익숙해질 필요가 있다. 특히 2^k(k=0~9)의 값은 자주 사용되므로 외우고 있으면 편리하다. 여기서 k는 2진수 자릿수에 해당한다. 다음은 2^k에 해당하는 10진수 값이다.

$2^0 = 1$　$2^1 = 2$　$2^2 = 4$　$2^3 = 8$　$2^4 = 16$

$2^5 = 32$　$2^6 = 64$　$2^7 = 128$　$2^8 = 256$　$2^9 = 512$

$2^{10} = 1{,}024 = 1K$

$2^{11} = 2{,}048 = 2K$

$2^{10} = 1{,}024$이지만 $10^3 = 1{,}000$에 가장 가까운 2의 승수이므로 $2^{10} = 1K$(kilo)라고 한다. 그러므로 $2^{11} = 2K$, $2^{12} = 4K$이다. 이와 같이, $2^{20} = 1{,}048{,}576$이지만 $10^6 = 1{,}000{,}000$에 가장 가까운 2의 승수이므로 $2^{20} = 1M$(mega)라고 하고, $2^{30} = 1G$(giga), $2^{40} = 1T$(tera)라고 한다.

예제 2-7 다음 2진수를 10진수로 변환하라. 2^k에 대한 10진수 값을 더하는 방법을 사용하라.

(1) 01001100

(2) 10000011

풀이

2진수 1의 자릿수에 해당하는 무게를 더하여 10진수를 구한다.

(1) 자릿수	7	6	5	4	3	2	1	0	
2진수	0	1	0	0	1	1	0	0	
10진수		64 +			8 +	4			= 76

(2) 자릿수	7	6	5	4	3	2	1	0	
2진수	1	0	0	0	0	0	1	1	
10진수	128 +						2 +	1	= 131

예제 2-8 다음 수에 대하여 K, M 또는 G 단위 크기를 구하라.

(1) 2^{14} = ______　(2) 2^{19} = ______　(3) 2^{25} = ______

(4) 2^{28} = ______　(5) 2^{32} = ______

풀이

2^{10} = 1K, 2^{20} = 1M, 2^{30} = 1G를 적용하여, 1의 자리 지수 크기에 단위를 붙인다.

(1) 2^{14} = 24K = 16K

(2) 2^{19} = 29K = 512K

(3) 2^{25} = 25M = 32M

(4) 2^{28} = 28M = 256M

(5) 2^{32} = 22G = 4G

2.3 진법 변환 요약

10진수를 R로 나눌 때 몫은 R^1개의 묶음 수이고 나머지는 R^0자리의 숫자이다. 이 과정을 반복 적용하여 10진수를 임의의 R진수로 변환할 수 있다. 기계는 2진수를 사용하지만 사람은 2진수를 사용하기 불편하므로 2진수 대신에 8진수 또는 16진수를 사용한다. 2^3=8이고 2^4=16이므로 2진수를 8진수 또는 16진수로 직접 변환할 수 있다. 그리고 2^k에 대한 10진수 값을 암기하고 있는 것이 좋다.

2.4 코드

컴퓨터는 문자, 음성, 영상 등과 같은 숫자 이외의 데이터도 처리한다. 그러나 컴퓨터는 숫자만 계산할 수 있기 때문에, 데이터를 숫자로 바꾸고 그 숫자를 처리한다. 영상과 음성 데이터 같은 아날로그 신호는 샘플링(sampling)과 양자화(quantization) 과정을 거쳐 숫자로 변환된다. 이 과정이 아날로그-디지털(A/D, Analog-to-Digital) 변환이다. 숫자 이외의 데이터에 할당되는 숫자를 코드(code)라고 한다. 이 절은 다음과 같이 구성되어 있다.

- 2.4.1 **인코드와 디코드**: 숫자 이외의 데이터에 수를 할당하는 방법을 설명한다.
- 2.4.2 **이진화 십진 코드**: 10진수에 2진수를 할당하는 방법을 제시한다.
- 2.4.3 **문자 코드**: 영문자를 표현하는데 가장 많이 사용하는 아스키코드를 소개하고, 전세계 문자를 표현하는 유니코드 개념을 설명한다.

2.4.1 인코드와 디코드

코드(code)는 유한 개의 원소로 구성된 어떤 집합에 대하여 각 원소를 서로 구별할 수 있도록 각 원소에 부여하는 숫자이다. 각 원소에 유일한 숫자를 부여해야 하고, 원소에 부여한 비트 수가 가능한 적은 것이 바람직하다. 각 원소에 길이가 같은 2진수를 부여한 것을 **고정 길이 코드**(fixed-length code)라고 하고, 길이가 다른 2진수를 부여한 것을 **가변 길이 코드**(variable-length code)라고 한다. 집합의 원소에 대응하는 숫자를 생성하는 과정을 **인코드**(encode)라고 하고, 숫자에 해당하는 원래의 원소를 구하는 과정을 **디코드**(decode)라고 한다.

집합 {♠, ◇, ♡, ♣}의 원소에 대하여 네 가지 방법으로 코드를 부여한 〈표 2-3〉을 분석하면서 코드의 특성을 알아보자.

- 코드 1
  - 각 원소에 부여된 코드 길이가 서로 다른 2진수를 부여한 가변 길이 코드이다.
  - 0이 나타나는 것을 보고 코드를 해석할 수 있다.
  - ♣♡♠◇♡를 인코드하면, 1110_110_0_10_110이다.
  - 1110110010110을 디코드하면, 0의 위치로 2진수로 구별한 후, 원래 기호 ♣♡♠◇♡를 복원할 수 있다.
- 코드 2
  - 역시 가변 길이 코드이다.
  - ♣♡♠◇♡를 인코드하면, 1111_111_1_11_111이다.
  - 각 코드를 구별하는 기준이 없으므로, 1111111111111를 디코드할 수 없다.
  - 따라서 잘못 만든 코드이다.

〈표 2-3〉 {♠, ◇, ♡, ♣}에 대한 코드

집합의 원소	코드 1	코드 2	코드 3	코드 4
♠	0	1	00	101
◇	10	11	01	111
♡	110	111	10	110
♣	1110	1111	11	000

- 코드 3
  - 각 원소에 2비트 2진수를 부여한 고정 길이 코드이다.
  - ♣♡♠◇♡를 인코드하면, 11_10_00_01_10이다.
  - 1110000110을 2비트씩 나누어 디코드하여, 원래 기호 ♣♡♠◇♡를 복원할 수 있다.
- 코드 4
  - 각 원소에 3비트 2진수를 부여한 고정 길이 코드이다.
  - ♣♡♠◇♡를 인코드하면, 000_110_101_111_110이다.
  - 000110101111110을 3비트씩 나누어 디코드하여, 원래 기호 ♣♡♠◇♡를 복원할 수 있다.
  - 3비트 수 001, 010, 011, 111은 기호를 표현하는데 사용되지 않았다.
  - 그러므로 생성된 코드 길이가 필요 이상으로 길다는 단점이 있다. 따라서 기호당 2 비트를 사용한 코드 3보다 효율이 낮다.

예제를 통해 알 수 있듯이, 코드는 원래 집합의 원소를 구별할 수 있어야 하고, 가능하면 길이가 짧은 것이 좋다. 집합의 원소 수가 N일 때, 고정 길이 코드를 할당하기 위한 최소 비트 수는 $\lceil \log_2 N \rceil$이다. $\lceil x \rceil$는 x보다 같거나 큰 최소의 정수를 의미한다. 예를 들어 $\lceil 5.3 \rceil$은 5.3보다 같거나 큰 최소의 정수이므로 6이다.

예제 2-9 어떤 집합의 원소 수가 다음과 같을 때, 고정 길이 코드를 할당하기 위한 최소 비트 수를 구하라.

(1) 8개 (2) 10개 (3) 16개 (4) 25개

풀이

(1) $\lceil \log_2 8 \rceil = \lceil 3.0 \rceil = 3$ 따라서 8개의 원소를 표현하는 최소 비트 수는 3
(2) $\lceil \log_2 10 \rceil = \lceil 3.32192\cdots \rceil = 4$ 따라서 10개의 원소를 표현하는 최소 비트 수는 4
(3) $\lceil \log_2 16 \rceil = \lceil 4.0 \rceil = 4$ 따라서 16개의 원소를 표현하는 최소 비트 수는 4
(4) $\lceil \log_2 25 \rceil = \lceil 4.64385\cdots \rceil = 5$ 따라서 25개의 원소를 표현하는 최소 비트 수는 5

컴퓨터는 숫자를 제외한 데이터를 코드로 표현한다. 그 예는 10진수를 표현하는 10개의 기호를 코드로 나타내는 이진화 십진 코드(Binary Coded Decimal)와 문자 코드, 그리고 컴퓨터가 처리하는 기본 동작을 표현하는 명령어 코드(instruction code) 등이 있다. 숫자와 문자 코드는 표준화되어 있으나, 명령어 코드는 프로세서마다 다르게 정의되어 있다.

2.4.2 이진화 십진 코드

이진화 십진 코드(BCD, Binary Coded Decimal)는 10진수를 표현하는 코드이다. 이것은 10진수 0부터 9까지 10개의 기호에 2진수를 할당하여 서로 구별할 수 있도록 만든 코드이다. 10진수를 나타내는 숫자를 수로 생각하는 것이 아니고 기호라고 생각하는 것이다. 앞에서 다룬 10진수를 2진수로 변환하는 것과 근본적으로 다르다. 단지 10진수를 표현하는 10개의 기호에 10가지 서로 다른 2진수를 부여하여 10진수를 표현하는 것이다. 10개를 2진수로 표현하기 위하여, 최소 4비트가 필요하다. 〈표 2−4〉는 대표적인 이진화 십진 코드 두 가지이다.

8421 BCD 코드는 가장 많이 사용하는 이진화 십진 코드이다. 특별한 수식어를 사용하지 않고 단순히 BCD 코드라고 말하면 이 코드를 의미한다. 8421 코드는 10진수 크기에 해당하는 2진수 값을 부여하여 만들었다. 각 자리의 무게를 $2^3=8$, $2^2=4$, $2^1=2$, $2^0=1$로 부여하고, 각 자리의 무게를 더하여 만든 코드이다. 이와 같이 각 자리에 일정한 무게를 부여한 코드를 무게 코드(weighted code)라고 한다.

3초과(Exccess−3) BCD 코드는 8421 코드 값에 $3_{10}(0011_2)$을 더하여 만든 코드이다. 단순히 3초과 코드라고도 한다. 각 자리의 무게는 의미가 없다. 그렇지만 3초과 코드는 임의의 수 n(n=0~9)에 대하여 1의 보수를 취하면 그 결과 값이 10진수로 해석한 9의 보수가 된다. 1의 보수를 취한다는 것은 0을 1로 바꾸고 1을 0으로 바꾼다는 의미이다. 어떤 수

〈표 2-4〉 이진화 십진 코드의 예

10 진수의 기호	0	1	2	3	4	5	6	7	8	9
8421 BCD 코드	0000	0001	0010	0011	0100	0101	0110	0111	1000	1001
3초과 BCD 코드	0011	0100	0101	0110	0111	1000	1001	1010	1011	1100

에 대한 9의 보수는 자신과 더하여 9가 되는 수이다. 즉, x+y = 9일 때, x와 y는 서로 보수 관계이다. 3초과 코드에서 3에 해당하는 0110에 대한 1의 보수인 1001은 6에 해당하는 3초과 코드이고, 3+6 = 9이다. 이와 같은 특성을 갖는 코드를 자보수(self-complementary) 코드라고 한다.

예제 2-10 $(1225)_{10}$를 8421 코드와 3초과 코드로 변환하라.

풀이

10진수 각 숫자를 해당 코드로 직접 변환한다.
8421 BCD 코드: 0001_0010_0010_0101
3초과 BCD 코드: 0100_0101_0101_1000

예제 2-11 다음 수를 적고, 그것이 자보수 특성이 있는지 확인하라.

(1) 10진수 2에 대한 BCD 코드
(2) 10진수 2에 대한 3초과 코드

풀이

(1) 2에 대한 8421 BCD 코드는 0010이다.
0010에 대한 1의 보수는 (0과 1을 바꾸면) 1101이다.
1101은 8421 BCD 코드표에 없는 숫자이다. 1101은 8421 코드에 사용되지 않는다.
그러므로 자보수 특성에 해당하지 않는다.
(2) 2에 대한 3초과 코드는 0101이다.
0101에서 1과 0을 바꾸면 1010이다.
3초과 코드 1010에 대한 10진수는 7이다.
2+7 = 9이므로, 자보수 특성이 있다.

2.4.3 문자 코드

문자 코드는 영문자, 특수 기호, 숫자 기호를 표현하는 코드이며, 미국에서 제정한 **아스키코드(ASCII, American Standard for Information Interchange)**를 가장 많이 사

〈표 2-5〉 아스키코드 정의표

$b_3b_2b_1b_0$	$b_6b_5b_4$							
	000	001	010	011	100	101	110	111
0000	NUL	DLE	SP	0	@	P	`	p
0001	SOH	DC1	!	1	A	Q	a	q
0010	STX	DC2	"	2	B	R	b	r
0011	ETX	DC3	#	3	C	S	c	s
0100	EOT	DC4	$	4	D	T	d	t
0101	ENQ	NAK	%	5	E	U	e	u
0110	ACK	SYN	&	6	F	V	f	v
0111	BEL	ETB	'	7	G	W	g	w
1000	BS	CAN	(	8	H	X	h	x
1001	HT	EM	)	9	I	Y	i	y
1010	LF	SUB	*	:	J	Z	j	z
1011	VT	ESC	+	;	K	[	k	{
1100	FF	FS	,	<	L	\	l	|
1101	CR	GS	−	=	M	]	m	}
1110	SO	RS	.	>	N	^	n	~
1111	SI	US	/	?	O	_	o	DEL

용한다. 〈표 2–5〉는 아스키코드를 정의한 표이다. 아스키코드는 영문자, 숫자, 편집 기호, 통신용 특수 기호를 모아 만든 7비트 코드이다. 각 기호에 대하여 가로에 해당하는 3비트와 세로에 해당하는 4비트를 모아 7비트 코드를 형성하고, 일반적으로 맨 앞에 0을 추가하여 8비트로 표현한다.

예를 들어, 문자 'A'에 해당하는 아스키코드는 $(0100_0001)_2$이다. 아스키코드를 16진수로 표현하기도 한다. 문자 'A'에 대응하는 아스키코드는 41h이다. 아스키코드 00h부터 1Fh까지는 편집용 또는 통신 제어용 코드로 눈에 보이지 않는 기호에 해당한다. 이 중에서 키보드로 입력할 수 있는 것만 몇 가지 소개하면, BS(08h)는 백스페이스, HT(09h)는 수평탭(horizontal tab), LF(0Ah)는 줄 바꿈(line feed), CR(0Dh)는 엔터키(carriage return), ESC(1Bh)는 이스케이프(escape), SP(20h)는 공백(space)에 해당한다. 숫자 '0' ~ '9'에 해당하는 아스키코드에서 하위 4비트만 추출하면 BCD 코드와 값이 같다. 그리고 영문자 대문자와 소문자는 2진수 표현 중에서 b_5에 해당하는 비트 값만 다르다. 대문자는 b_5=0이고, 소문자는 b_5=1이다. 예를 들면, 'A'는 0100_0001, 'a'는 0110_0001이다. 문자열을 표현할 때 각 문자에 해당하는 아스키코드를 연속해서 나열한다.

예제 2-12 "Good Morning!"에 해당하는 아스키코드를 16진수로 나열하라.

풀이

G	o	o	d	공백	M	o	r	n	i	n	g	!
47h	6Fh	6Fh	64h	20h	4Dh	6Fh	72h	6Eh	69h	6Eh	67h	21h

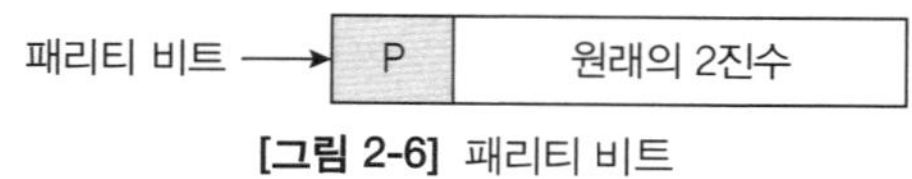

[그림 2-6] 패리티 비트

2진수가 올바른지 검증하기 위하여 **패리티 비트**(parity bit)를 사용한다. 패리티 비트는 원래의 수에 포함되어 있는 1의 수를 짝수 또는 홀수로 만들기 위하여 원래의 수에 추가하는 비트이다. 즉, 패리티 비트를 포함하여 전체 1의 수를 짝수 또는 홀수로 맞춘다. [그림 2-6]은 원래의 2진수 앞에 패리티 비트를 추가한 모습이다. 전체 1의 수를 짝수로 맞추도록 포함하는 비트를 **짝수 패리티**(even parity)라고 하고, 홀수로 맞추도록 포함하는 비트를 **홀수 패리티**(odd parity)라고 한다. 일반적으로 짝수 패리티를 더 많이 사용한다.

예제 2-13 아스키코드 A와 T의 앞에 짝수 패리티와 홀수 패리티를 추가한 16진수를 구하라.

풀이

아스키코드 A = 100_0001: 1의 수는 2개

짝수 패리티: 0을 추가하여 1을 2개로 만든다. 0_100_0001 = 41h

홀수 패리티: 1을 추가하여 1을 3개로 만든다. 1_100_0001 = C1h

아스키코드 T = 101_0100: 1의 수는 3개

짝수 패리티: 1을 추가하여 1을 4개로 만든다. 1_101_0100 = D4h

홀수 패리티: 0을 추가하여 1을 3개로 만든다. 0_101_0100 = 54h

인터넷이 활성화되면서 세계 여러 나라의 언어를 표현할 수 있는 방법이 필요하게 되었고, 이에 따라 전세계가 함께 사용하는 16비트 문자 코드 체계를 제정하였는데, 이것이 **유니코드(Unicode)**이다. 유니코드는 1991년에 최초 버전 1.0이 발표되었고, 계속 포함하는 문자가 늘어나면서 2018년에 버전 11.0까지 발표되었다. 지금은 세계 여러 나라에서 사용하는 대부분의 문자를 포함하고 있다.

유니코드는 U+(16진수 코드)로 표현한다. 유니코드는 U+0000부터 U+007F까지의 128자 영역에 기본 라틴 문자가 정의되어 있다. 이 부분은 7비트 아스키코드를 16비트로 확장해 놓은 것과 같다. 그 이후는 여러 문자들이 나열되어 있다. 한글 문자는 가나다순으로 U+AC00부터 U+D7A3까지 11,172글자를 정의하고 있다.

응용프로그램 문서편집기로 문서를 편집할 때, 특수 문자를 문자표에서 선택해 넣는다. 이 문자표에서 유니코드를 확인할 수 있다. [그림 2-7]은 한글 편집기의 문자표 입력 화면이다. 유니코드 문자표 탭을 누른 후 나타나는 화면을 보자. 왼쪽에 문자 영역 목록이 있고, 여기에서 입력하려는 문자 종류를 선택할 수 있다. 그러면 가운데 해당 문자가 나타난다. 마우스로 특정 문자를 선택하여 문서에 입력할 수 있다. 표의 오른쪽 위에 현재 선택된 문자에 대한 유니코드가 나타난다. [그림 2-7]은 한글 글자, '가'의 유니코드가 AC00임을 보여주고 있다.

예제 2-14 유니코드 문자표에서 '홍길동'에 대한 코드를 찾아 적어라.

풀이

문서 편집기의 문자표에서 각 글자에 대한 유니코드를 찾는다.
'홍' = D64D, '길' = AE38, '동' = B3D9

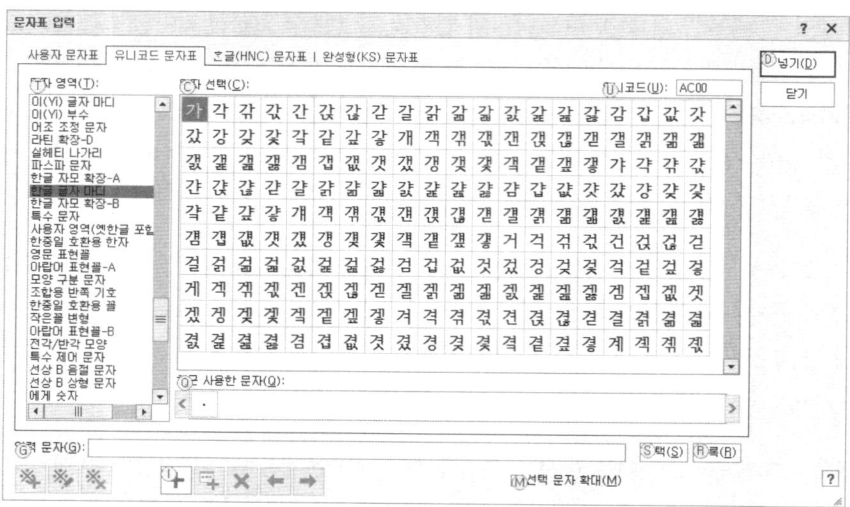

[그림 2-7] 한글 편집기 문자표 입력

2.4 코드 요약

코드는 유한 개의 원소로 구성된 데이터 집합에 대하여 각 원소에 부여한 숫자이다. 인코드는 각 원소에 숫자를 부여하는 과정이고, 디코드는 숫자를 보고 원래의 데이터를 구하는 과정이다. 원소의 수가 N일 때, 고정 길이 코드를 부여하기 위한 최소 비트 수는 $\lceil \log_2 N \rceil$이다. 이진화 십진 코드(BCD)는 0부터 9까지 10개의 10진수 기호에 2진수를 부여한 코드이다. 아스키코드는 숫자, 영문자, 특수 기호에 부여한 7비트 코드이나 앞에 0을 추가하여 주로 8비트로 사용한다. 유니코드(Unicode)는 전세계 문자를 표현하는 16비트 코드이다.

2.5 요약

이 장에서 소개한 주요 용어는 다음과 같다.

- 디지털 시스템(digital system): 숫자로 표현된 데이터를 처리하는 시스템
- A/D 변환기(Analog-to-Digital Converter): 실세계에 존재하는 연속 신호를 숫자로 변환하는 장치
- D/A 변환기(Digital-to-Analog Converter): 숫자로 만들어진 데이터를 연속 신호로

변환하는 장치
- 2진 시스템(binary system): 2진수로 표현된 데이터를 처리하는 시스템
- 비트(bit): 0 또는 1의 값을 갖는 2진수 한 자리를 나타내는 단위
- 바이트(byte): 길이가 8비트인 데이터 단위
- MSB(Most Significant Bit): 여러 자리로 표현된 2진수에서 가장 왼쪽 자리에 있는 2진수 숫자
- LSB(Least Significant Bit): 가장 오른쪽 자리, 즉 1의 자리에 있는 2진수 숫자
- 무게 수(weighted number): 숫자가 위치한 자리에 따라 수의 크기가 결정되는 숫자
- 코드(code): 유한 개의 원소로 구성된 집합에 대하여 각 원소를 서로 구별할 수 있도록 각 원소에 부여하는 숫자
- 인코드(encode): 각 원소에 대응하는 숫자를 만드는 과정
- 디코드(decode): 숫자가 의미하는 원래의 원소를 생성하는 과정
- 이진화 십진 코드(binary coded decimal): 10진수를 구성하는 0~9까지 기호를 서로 구별할 수 있도록 2진수를 부여한 코드
- 아스키코드(ASCII): 미국 표준화 협회가 숫자, 영문자, 특수기호를 모아 제정한 7비트 코드
- 유니코드(Unicode): 전 세계 국가들이 사용하는 문자를 표현하는 16비트 코드

수의 체계와 관련하여 다음과 같은 방법을 알고 있어야 한다.

- 임의의 R진법으로 표현된 수의 크기를 해석하는 방법
- R진수를 10진수로 변환하는 방법
- 10진수를 R진수로 변환하는 방법
- 2진수, 8진수, 16진수 간 표현을 변환하는 방법
- 2^k에 해당하는 10진수 값을 K, M, G로 표현하는 방법
- 10진수를 이진화 십진 코드로 변환하는 방법
- 아스키코드 표를 보고 영문자에 대한 아스키코드를 구하는 방법

이 장에서 설명한 데이터 표현 방법은 이후 컴퓨터 구조를 학습하는데 필요한 기초 지식이다. 다음 장에서는 한 비트의 정보를 다루는 수학적 배경인 부울대수와 논리 연산인 AND, OR, NOT, XOR 연산을 수행하는 논리 게이트에 대하여 학습한다.

연습문제 EXERCISE

2.1 디지털 시스템

01 아날로그 신호의 특징을 모두 선택하라.

① 실세계에 존재한다. ② 연속인 값을 갖는다.
③ 컴퓨터로 처리하기 쉽다. ④ 불연속인 숫자로 표현된다.

02 아날로그 시스템에 비하여 디지털 시스템의 장점으로 가장 적합한 것은?

① 가격이 싸다. ② 안정성이 높다.
③ 실세계에 존재한다. ④ 연속인 값을 갖는다.

03 컴퓨터가 2진수를 사용하는 이유는?

① 비트 수를 늘리기 편리하다.
② 안정 상태가 두 개인 소자가 많다.
③ 실세계에 2진수로 표현되는 신호가 많다.
④ ADC(Analog-to-Digital Converter)가 2진수를 산출한다.

04 MSB(Most Significant Bit)의 의미는?

① 여러 개의 2진수들 중에서 기준이 되는 수
② 여러 개의 2진수들 중에서 가장 크기가 큰 수
③ 여러 자리로 구성된 2진수 중에서 가장 왼쪽 자리에 있는 비트
④ 여러 자리로 구성된 2진수 중에서 가장 오른쪽 자리에 있는 비트

05 그림의 빈칸에 들어가는 장치의 이름을 적어라.

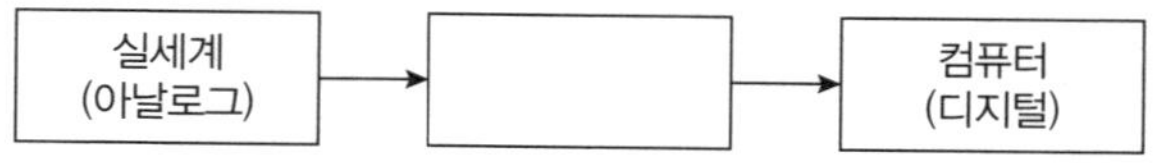

06 디지털 데이터의 단위에 해당하는 비트 수를 적어라.

(1) 니블(nibble)
(2) 바이트(byte)
(3) 단어(word)

07 8자리로 표현되는 10진수와 2진수에 대하여 MSD/LSD와 MSB/LSB에 해당하는 숫자를 적어라.

(1) 8자리 10진수 87654321

(2) 8자리 2진수 00111011

2.2 수의 체계

01 8자리 10진수 '12345678'에서 숫자 3이 나타내는 값은?

① 3 ② 3×10^4

③ 3×10^5 ④ 3×10^6

02 예시와 같이 R진수에서 수를 표현하는 기호의 집합을 적고, 문제의 숫자에 대한 수의 크기를 10진수로 표현하라.

〈예시〉

• 10진수 기호 집합 = {0, 1, 2, 3, 4, 5, 6, 7, 8, 9}

• $(123.45)_{10} = 1\times10^2 + 2\times10^1 + 3\times10^0 + 4\times10^{-1} + 5\times10^{-2} = 100 + 20 + 3 + 0.4 + 0.05$
$= 123.45$

(1) $(321)_4$

(2) $(321)_8$

(3) $(1FC)_{16}$

03 16진수에 해당하는 10진수 값을 적어라.

(1) A

(2) C

(3) F

(4) B

04 다음과 같은 부호 없는 수(unsigned number)의 표현 범위를 10진수로 적어라.

(1) 4자리 10진수

(2) 3자리 16진수

(3) 8자리 2진수

2.3 진법 변환

01 별의 수를 지시한 진법으로 표현하라.

☆☆☆☆☆☆☆☆☆☆☆☆☆
☆☆☆☆☆☆☆☆☆☆☆☆
☆☆☆☆☆☆☆☆☆☆☆☆
☆☆☆☆☆☆☆☆☆☆☆☆
☆☆☆☆☆☆☆☆☆☆☆☆
☆☆☆☆☆☆☆☆☆☆☆☆

(1) 10진수

(2) 16진수

(3) 8진수

(4) 2진수

02 10진수를 지시한 진법으로 변환하라.

(1) $(241)_{10}$ → (8진수)

(2) $(241)_{10}$ → (5진수)

03 10진수를 8자리의 2진수로 변환하라.

(1) $(107)_{10}$

(2) $(241)_{10}$

04 2진수를 16진수로 적어라.

(1) 0100 (2) 0101 (3) 1010

(4) 1011 (5) 0110 (6) 1001

05 2진수를 8진수와 16진수로 변환하라.

(1) 0101_1010_1011

(2) 1010_1101_0101

06 다음 수를 2진수로 변환하라.

(1) $(274)_8$

(2) $(274)_{16}$

07 필요하면 K, M, G 등의 단위를 사용하여 2^k에 대한 10진수를 적어라.

(1) 2^4 (2) 2^7

(3) 2^{24} (4) 2^{17}

08 숫자가 16진수임을 표시하기 위하여 숫자 뒤에 h를 붙이기도 한다. H는 무엇의 약자인가?

2.4 코드

01 집합 {♠, ◇, ♡, ♣}의 원소에 차례대로 {00, 01, 10, 11}의 코드를 부여한다.

(1) '◇♠♣◇'를 인코드한 2진수를 16진수로 표현하라.

(2) '11010110'을 디코드하여 기호로 표현하라.

02 BCD(Binary Coded Decimal)를 올바로 설명한 것은?

① 10진수를 2진수로 변환한 것

② 2진수를 10진수로 변환한 것

③ 10진수를 16진수로 변환한 것

④ 10진수 각 자리를 2진수 코드로 표현한 것

03 10진수를 8421 BDC 코드와 3초과 BCD 코드로 표현하라.

(1) 1234

(2) 6789

04 아스키코드 표를 참고하여 다음 문자에 대한 아스키코드 값을 16진수로 적어라.

(1) 9

(2) E

(3) e

05 다음 문자의 MSB에 짝수 패리티를 추가하여 만든 8비트 아스키코드를 16진수로 적어라.

(1) S

(2) s

논리회로 기초

3.1 논리

3.2 논리연산 규칙

3.3 논리게이트

3.4 요약

Chapter

03

논리회로 기초

컴퓨터는 2진수 데이터를 처리하는 2진 시스템이다. 2진 시스템의 기본은 {0, 1}로 구성된 2진수 집합이다. 2진수를 기계로 조작하기 위하여 {거짓, 참}으로 구성된 논리 개념을 도입한다. 부울대수(Boolean algebra)는 논리 값에 대한 연산 이론을 제공한다. 논리게이트(logic gates)는 논리연산을 수행하는 하드웨어 소자이다. 이 장에서는 논리 개념을 설명하고, 부울대수 규칙을 제시하고, 여러 가지 논리게이트를 소개한다.

- 3.1 **논리**: 2진수 0과 1을 논리값으로 대응시키는 방법을 소개하고 AND, OR, NOT 연산을 정의한다.
- 3.2 **논리연산 규칙**: 부울대수 공식을 제시하고, 논리식을 간단하게 만드는 방법을 설명한다.
- 3.3 **논리게이트**: 정논리와 부논리 개념을 제시하고, 논리게이트 종류와 특성을 소개한다.

3.1 논리

디지털 시스템은 2진수 {0, 1}을 전압 레벨 {낮음, 높음}에 대응시켜 연산하는 논리회로이다. 디지털 시스템을 이해하는 첫 단계가 논리 개념을 확실하게 아는 것이다. 이 절에서는 논리, 논리 상수, 논리 변수를 정의하고, 논리값에 대한 기본 연산인 AND, OR, NOT 연산을 소개한다.

논리(logic)란 말은 아마도 고대 철학의 논리학에서 시작되었을 것이다. 고대 서양에서 "A

〈표 3-1〉 논리값 대응

논리값	거짓(false)	참(true)
2진수	0	1
스위치	닫힘(off)	열림(on)
전압	낮음(Low)	높음(High)

는 B이다"와 같은 형식으로 표현되는 명제(proposition)가 참(true)인지 거짓(false)인지를 정하고, 여러 개의 단순 명제를 포함하는 복합 명제가 참인지 거짓인지를 따졌다. 논리는 명제를 참 또는 거짓으로 판정하는 것이고, 논리학은 참과 거짓의 관계 또는 연산을 다루는 학문이다. 컴퓨터 구조의 논리는 2진수를 참과 거짓에 대응시켜 다루는 시스템을 의미한다.

논리값(logic value)은 논리가 다루는 값이다. 기본 논리값은 참과 거짓이다. 참과 거짓을 2진수 1과 0에 대응시킬 수 있다. 그러므로 논리 개념을 그대로 2진수에 적용할 수 있다. 컴퓨터 내부의 모든 데이터는 전기의 흐름 또는 자성체의 극성과 같이 두 개의 안정된 상태를 갖는 물리 신호(physical signal)로 표현된다. 여기서 물리란 '자연 현상에 존재하는 그대로'라는 의미이다. 물리 신호를 참과 거짓 또는 1과 0으로 대응시키면, 물리 신호를 직접 취급하는 것보다 편하면서도 같은 처리 결과를 얻을 수 있다. 〈표 3-1〉은 논리값, 2진수, 스위치, 전압 레벨의 일반적인 대응을 보여준다.

논리값은 **논리상수**(logic constant) 또는 **논리변수**(logic variable)로 표현한다. 논리상수는 고정된 값을 의미하며, 가능한 논리상수는 0과 1이다. 논리변수는 논리상수 중 하나의 값을 갖는 변수이다. 일반적으로 논리변수는 x, y, z, a1, a2, alarm, bell 등과 같이 영문자로 시작하는 문자열(string)로 표현한다. 실제 회로에서 논리변수는 디지털 신호(signal)의 이름에 해당한다. 논리변수가 회로의 입력으로 사용되면 입력변수(input variable) 또는 입력신호(input signal), 출력으로 사용되면 출력변수(output variable) 또는 출력신호(output signal)라고 한다.

논리연산(logical operation)은 입력변수 값 조작하여 새로운 출력변수 값을 생성한다. **논리식**(logic equation) 또는 **논리함수**(logic function)는 입력변수와 출력변수의 관계를 표현한다. 입력변수와 출력변수의 관계를 표현하는 방법 중 하나가 **진가표**(truth

〈표 3-2〉 진가표의 구조

입력변수 목록	출력변수 목록
입력변수 값의 조합	해당 조합에 대한 출력 값

〈표 3-3〉 기본 논리연산

논리곱(AND) $Z = X \cdot Y = XY = X \text{ AND } Y$		
X	Y	Z
0	0	0
0	1	0
1	0	0
1	1	1

논리합(OR) $Z = X + Y = X \text{ OR } Y$		
X	Y	Z
0	0	0
0	1	1
1	0	1
1	1	1

논리부정(NOT) $Z = \overline{X}$ 또는 $Z = X'$	
X	Z
0	1
1	0

table 또는 **진리표**)이다. 진가표는 〈표 3−2〉와 같이 표의 왼쪽에 입력변수들이 가질 수 있는 논리값의 조합을 나열하고, 표의 오른쪽에 그 조합에 대한 출력변수 값을 표현한 것이다.

기본 논리연산은 **논리곱(AND)**, **논리합(OR)**, **논리부정(NOT)**이다. 이것들을 여러 번 적용하여 논리식을 만들 수 있다. 입력변수를 X, Y라고 하고, 출력변수를 Z라고 할 때, 기본 논리연산에 대한 진가표는 〈표 3−3〉과 같다.

- 논리곱(AND): $Z = X \cdot Y = XY = X \text{ AND } Y$
  - 입력 X, Y의 값이 둘 다 1일 때만 출력 Z의 값이 1이다.
  - (·)으로 표시하거나, 연산 기호를 생략하거나, AND로 표시한다.
- 논리합(OR): $Z = X + Y = X \text{ OR } Y$
  - 입력 X, Y 중에서 하나 이상의 값이 1일 때 출력 Z의 값이 1이다.
  - (+)로 표시하거나, OR로 표시한다.
- 논리부정(NOT): $Z = \overline{X} = X' = \text{NOT } X$
  - 출력 Z의 값은 입력 X 값의 반대이다.
  - 논리변수 위에 바(bar)를 그리거나, (′)로 표시하거나, NOT으로 표시한다.

3.1 논리 요약

논리회로는 2진수 {0,1}을 {거짓, 참}에 해당하는 논리 개념에 대응시켜 처리한다. 논리변수는 논리값을 갖는 신호이다. 논리회로는 입력신호와 출력신호를 갖는다. 기본 논리연산은 AND, OR, NOT이 있다. AND 연산은 입력신호 값이 모두 참일 때 출력이 참이고, OR 연산은 하나 이상의 입력신호 값이 참일 때 출력이 참이다. NOT 연산은 입력신호 값과 반대 논리값을 출력한다.

3.2 논리연산 규칙

컴퓨터는 2진수에 대응하는 논리값을 처리(process)한다. '처리한다'는 것은 어떤 규칙에 따라 값을 조작하여 새로운 값을 만들어내는 것을 의미한다. 논리회로 처리 규칙의 이론적 근거가 부울대수이다. 이 절에서는 부울대수를 소개하고 논리식을 간단하게 만드는 방법을 설명한다.

- 3.2.1 **부울대수**: 논리식을 다루는 부울대수 법칙을 소개한다.
- 3.2.2 **논리식 간소화**: 부울대수를 이용하여 논리식을 간단하게 표현하는 방법을 설명한다.

3.2.1 부울대수

대수(algebra)는 일련의 공리들을 만족하는 수학 구조를 연구하는 수학의 한 분야이다. 대수는 원소의 집합(set of elements)과 연산자(operators)의 관계를 정의한다. 원소의 집합은 대수가 다루는 수의 범위를 규정한다. 연산자는 연산에 참여하는 항의 수에 따라 다음과 같이 구분된다.

- **이항 연산자**(binary operator)
  - 두 개의 항을 연산하여 한 개의 결과를 산출하는 연산자
  - 예: 실수연산의 +, −, ×, ÷, 논리연산의 AND와 OR

- **단항 연산자**(unary operator)
  - 한 개의 항을 연산하여 한 개의 결과를 산출하는 연산자

- 예: 실수연산의 음수 −, 제곱근(square root), 로그(log), 논리연산의 NOT

부울(George Boole, 1815~1864)은 일반 대수 이론을 논리값에 적용하는 논리대수 또는 **부울대수**(**Boolean algebra**)를 창안하였다. 부울대수는 논리변수와 논리연산을 수학 공식으로 조작하는 기본 법칙을 제공한다. 부울대수의 대상은 다음과 같다.

- 원소의 집합: {0, 1}
- 연산자의 집합: {AND(·), OR(+), NOT(′)}

하나의 논리식에 연산자가 괄호를 사용하지 않고 여러 번 나타날 때 계산 우선순위는 NOT, AND, OR 순서이다.

어떤 논리식이 주어졌을 때, 그 식에 포함된 1을 0으로, 0은 1로 바꾸고, AND는 OR로, OR는 AND로 바꾸어 만들어진 논리식을 **쌍대식**(**dual equation**)이라고 한다. 앞으로 쌍대식의 관계를 ⇔ 기호로 표시하기로 한다. 1과 0은 쌍대이고, AND와 OR도 쌍대이다.

$$1 \Leftrightarrow 0$$
$$\text{AND}\ (\cdot) \Leftrightarrow \text{OR}\ (+)$$

원래의 논리식이 참이면, 그 쌍대식도 항상 참이다. 이것을 **쌍대식의 정리**라고 한다. 기본 논리연산에 대한 진가표로부터 다음 관계가 성립함을 알 수 있다.

$$x \cdot x = x \quad \Leftrightarrow \quad x + x = x$$
$$x \cdot 0 = 0 \quad \Leftrightarrow \quad x + 1 = 1$$
$$(x')' = x$$

일반대수 형식에 맞추어 부울대수를 정의해 보자. 다음 정의에 사용된 논리식은 서로 쌍대이다.

1. 닫힘(closure)
   - 연산 결과값이 다시 그 집합에 속할 때 '닫혀 있다'라고 한다.
   - 부울대수는 AND(·), OR(+), NOT(′) 연산에 대하여 닫혀 있다. 즉, 0과 1에 대한

논리연산 결과는 0 또는 1이다.

2. 결합법칙(associative law)
   - 임의의 이진 연산자 *에 대하여 다음 관계를 만족하는 것을 결합법칙이라고 한다.

$$(x * y) * z = x * (y * z) \text{ for all } x, y, z \in S$$

   - 부울대수는 ·와 + 연산에 대하여 결합법칙이 성립한다.

$$(x \cdot y) \cdot z = x \cdot (y \cdot z) \quad \Leftrightarrow \quad (x + y) + z = x + (y + z)$$

3. 교환법칙(commutative law)
   - 임의의 이진 연산자 *에 대하여 다음 관계를 만족하는 것을 교환법칙이라고 한다.

$$x * y = y * x \text{ for all } x, y \in S$$

   - 부울대수는 ·와 + 연산에 대하여 교환법칙이 성립한다.

$$(x \cdot y) = (y \cdot x) \quad \Leftrightarrow \quad (x + y) = (y + x)$$

4. 분배법칙(distributive law)
   - 두 개의 이진 연산자 *와 ·에 대하여 다음 관계를 만족하는 것을 분배법칙이라고 한다.

$$x * (y \cdot z) = (x * y) \cdot (x * z)$$

   - 부울대수는 (·, +)와 (+, ·) 연산에 대하여 분배법칙이 성립한다.

$$x \cdot (y + z) = (x \cdot y) + (x \cdot z) \quad \Leftrightarrow \quad x + (y \cdot z) = (x + y) \cdot (x + z)$$

   - 쌍대식의 정리에 의하여 (+, ·) 연산에 대하여 분배법칙이 성립한다. 이것이 일반 대수와 다른 점이다.

5. 항등원(identity element)
   - e가 집합 S의 원소이고 다음 관계를 만족할 때, 집합 S는 이진 연산자 *에 대하여 항등원 e를 갖는다.

$$e * x = x * e = x \text{ for every } x \in S$$

- 부울대수 AND(·) 연산자에 대한 항등원은 1이고, OR(+) 연산자에 대한 항등원은 0이다.

$$x \cdot 1 = x \quad \Leftrightarrow \quad x + 0 = x$$

6. 역원(inverse) 또는 보수(complement)
   - x와 *y*가 S의 원소이고, 다음 관계를 만족할 때, *y*는 x의 역원이라고 한다.

$$x * y = e$$

   - 논리변수 x에 대한 역원은 x′이다. 또는 논리변수 x에 대하여 보수 x′가 존재한다.

$$x \cdot x' = 0 \quad \Leftrightarrow \quad x + x' = 1$$

〈표 3-3〉 기본 논리연산 정의에 의해 닫힘, 항등원, 역원이 성립함을 알 수 있다. 결합법칙, 교환법칙, 분배법칙의 타당성은 진가표를 사용하여 좌변과 우변의 연산식에 대한 결과가 같음을 보임으로써 증명할 수 있다. 〈표 3-4〉는 이 규칙들 중에서 분배법칙을 증명하는 과정을 보여준다. 분배법칙의 양측을 연산자 우선순위에 따라 차례대로 계산하고, 최종 결과가 같음을 확인할 수 있다.

〈표 3-4〉 분배법칙 증명

입력변수			분배 법칙의 왼쪽 식		분배 법칙의 오른쪽 식		
x	y	z	y+z	x • (y+z)	(x • y)	(x • z)	(x • y)+(x • z)
0	0	0	0	0	0	0	0
0	0	1	1	0	0	0	0
0	1	0	1	0	0	0	0
0	1	1	1	0	0	0	0
1	0	0	0	0	0	0	0
1	0	1	1	1	0	1	1
1	1	0	1	1	1	0	1
1	1	1	1	1	1	1	1

〈표 3-5〉 드모르간의 법칙 증명

입력변수		왼쪽 논리식		오른쪽 논리식		
x	y	x+y	(x+y)′	x′	y′	x′ • y′
0	0	0	1	1	1	1
0	1	1	0	1	0	0
1	0	1	0	0	1	0
1	1	1	0	0	0	0

다음 식은 항상 성립하며, 이 규칙을 **드모르간(De Morgan)의 법칙**이라고 한다.

$$(x + y)' = x' \cdot y' \Leftrightarrow (x \cdot y)' = x' + y'$$

$$(x_1 + x_2 + \cdots + x_n)' = x_1' \cdot x_2' \cdots \cdot x_n' \Leftrightarrow (x_1 \cdot x_2 \cdots \cdot x_n)' = x_1' + x_2' \cdots + x_n'$$

〈표 3−5〉는 진리표에 의하여 드모르간의 법칙을 증명한 것이다. 드모르간의 법칙은 변수가 세 개 이상일 때에도 성립한다.

3.2.2 논리식 간소화

부울대수를 사용하여 논리식을 **간소화**(simplification)할 수 있다. 논리식을 간소화한다는 것은 주어진 논리식을 그것보다 더 간단한 형태로 표현하는 것이며, 같은 기능을 더 간단한 논리회로로 구현할 수 있음을 의미한다. 다음은 논리식을 간소화할 때 자주 사용하는 규칙이다.

$$x + x \cdot y = x \quad \Leftrightarrow \quad x \cdot (x + y) = x$$

$$x + x' \cdot y = x + y \quad \Leftrightarrow \quad x \cdot (x' + y) = x + y$$

예제 3-1 부울대수를 사용하여 $x + x \cdot y = x$ 가 성립함을 증명하라.

풀이

$$
\begin{aligned}
x + x \cdot y &= x \cdot 1 + x \cdot y \\
&= x \cdot (1 + y) && \text{// AND – OR 연산의 분배법칙} \\
&= x \cdot 1 \\
&= x
\end{aligned}
$$

예제 3-2 부울대수를 사용하여 $x \cdot (x + y) = x$ 임을 증명하라.

풀이 1

이 식은 [예제 3-1]의 식과 쌍대이므로, 성립함.

풀이 2

$$
\begin{aligned}
x \cdot (x + y) &= (x + 0) \cdot (x + y) \\
&= x + (0 \cdot y) && \text{// OR – AND 연산의 분배법칙} \\
&= x + 0 \\
&= x
\end{aligned}
$$

예제 3-3 부울대수를 사용하여 $x + x' \cdot y = x + y$ 가 성립함을 증명하라.

풀이

$$
\begin{aligned}
x + x' \cdot y &= x + (x' \cdot y) && \text{// 우선순위에 따른 ( )추가} \\
&= (x + x') \cdot (x + y) && \text{// OR – AND 연산의 분배법칙} \\
&= 1 \cdot (x + y) \\
&= x + y
\end{aligned}
$$

예제 3-4 부울대수를 사용하여 $x \cdot (x' + y) = x \cdot y$ 임을 증명하라.

풀이 1

이 식은 [예제 3-3]의 식과 쌍대이므로, 성립함.

풀이 2

$$
\begin{aligned}
x \cdot (x' + y') &= (x \cdot x') + (x \cdot y) && \text{// AND – OR 연산의 분배법칙} \\
&= 0 + (x \cdot y) \\
&= x \cdot y
\end{aligned}
$$

[예제 3-1]과 [예제 3-2]의 논리식은 서로 쌍대이다. [예제 3-1]이 증명되었다면, [예제 3-2]의 증명은 [풀이 1]만으로 충분하다. [풀이 2]는 의심이 많은 독자를 위해 추가로 제시한 것이다. [예제 3-3]과 [예제 3-4]도 마찬가지이다.

그런데 부울대수를 사용하여 논리식을 간소화하는 과정이 항상 간단한 것은 아니다. 특별한 조작이 필요한 문제도 있을 수 있다. 다음 예제를 살펴보자.

예제 3-5 입력변수가 3개인 다음 논리식을 간소화하라.

$$f(x, y, z) = x'yz + xyz' + xyz$$

풀이

$$
\begin{aligned}
f(x, y, z) &= xyz' + x'yz + xyz + xyz && \text{// x = x+x 규칙을 적용하여 항을 하나 더 만든다.} \\
&= (xyz' + xyz) + (x'yz + xyz) && \text{// + 연산 순서를 변경한다.} \\
&= xy(z' + z) + (x' + x)yz && \text{// } x'y + xy = (x' + x)y \\
&= xy \cdot 1 + 1 \cdot yz && \text{// } x' + x = 1 \\
&= xy + yz
\end{aligned}
$$

[예제 3-5]는 간소화 과정에서 마지막 항을 두 개로 복제하고 있다. 초보자는 이런 처리를 생각하기 힘들다. 일반적으로 논리식을 간소화할 때 카르노 맵(Karnaugh map)을 사

용한다. 이 방법은 컴퓨터 구조 교과목의 선수과목으로 배우는 논리회로(또는 디지털 공학)에서 자세히 다룬다. 여기에서는 여러 개의 항으로 구성된 논리식을 간소화하는 기본 원리만 간단히 소개하기로 한다.

논리식을 간소화하는 기본 원리는 **인접항**(adjacent term)을 찾아 하나로 묶는 것이다. 논리식에 포함된 AND 항(또는 OR 항)에 대하여 논리변수 하나만 표현이 다른 항을 인접항이라고 한다. 표현이 다르다는 것은 논리변수를 x라고 할 때, 하나의 항에는 x, 다른 항에는 x′가 포함된 것을 의미한다. 논리변수 n개로 만들어진 논리항에는 모두 n개의 인접항이 있다.

예제 3-6 다음 논리항에 대한 인접항을 모두 적어라.

(1) AND 논리항 xy
(2) OR 논리항 (x+y)
(3) AND 논리항 xyz′
(4) OR 논리항 (x′+y′+z)

풀이

(1) AND 논리항 xy: 논리변수가 2개이므로 인접항은 2개이다.
- x의 논리값이 다른 항: x′y
- y의 논리값이 다른 항: xy′

(2) OR 논리항 (x+y): 논리변수가 2개이므로 인접항은 2개이다.
- x의 논리값이 다른 항: x′+y
- y의 논리값이 다른 항: x+y′

(3) AND 논리항 xyz′: 논리변수가 3개이므로 인접항은 3개이다.
- x의 논리값이 다른 항: x′yz′
- y의 논리값이 다른 항: xy′z′
- z의 논리값이 다른 항: xyz

(4) OR 논리항 (x′+y′+z): 논리변수가 3개이므로 인접항은 3개이다.
- x의 논리값이 다른 항: (x+y′+z)
- y의 논리값이 다른 항: (x′+y+z)
- z의 논리값이 다른 항: (x′+y′+z′)

간소화 원리는 "논리식이 인접항을 포함하고 있을 때, 인접항을 하나로 합칠 수 있다"는 것이다. 인접항이 합쳐지면서 표현이 서로 다른 논리변수가 없어진다. 간소화 원리를 부울 대수로 표현한 예는 다음과 같다.

- 2변수 인접항의 예
  $xy+xy' = x(y+y')=x\cdot 1=x \quad \Leftrightarrow \quad (x+y)(x+y')=x+(yy')=x+0=x$
- 3변수 인접항의 예
  $xyz+xyz'=xy(z+z')=xy\cdot 1=xy \quad \Leftrightarrow \quad (x+y+z)(x+y+z')=(x+y)+(zz')$
  $=(x+y)+0=x+y$

예제 3-7 다음 논리식을 간소화하라.

$$f(x, y, z) = x'y'z' + x'y'z + xy'z' + xy'z$$

풀이

$$\begin{aligned} f(x, y, z) &= x'y'z' + x'y'z + xy'z' + xy'z \\ &= (x'y'z' + x'y'z) + (xy'z' + xy'z) && \text{// 인접항} \\ &= x'y'(z'+z) + xy'(z'+z) && \text{// z 제거} \\ &= x'y' + xy' && \text{// 인접항} \\ &= (x'+x)y' && \text{// x 제거} \\ &= y' \end{aligned}$$

부울대수 공식에 의해 논리식을 간소화하는 과정은 여러 가지 상황에 대한 처리 경험이 필요하다. 카르노 맵(Karnaugh map)으로 논리식을 간소화하는 방법은 인접항을 쉽게 찾을 수 있도록 평면에 논리항을 배치하는 방법을 사용한다. 여기에서는 간소화 원리를 소개하는 것으로 이 부분에 대한 설명을 마친다. 자세한 사항은 논리회로 교재를 참고하기 바란다.

3.2 논리연산 규칙 요약

부울대수는 {0, 1}에 대한 AND, OR, NOT 연산의 정의를 바탕으로 수행되는 논리연산에 대한 규칙을 제공한다. 부울대수는 논리연산에 대한 닫힘, 결합법칙, 교환법칙, 분배법칙, 항등원, 역원의 성질을 정리하고 있다. 부울대수 정리 이외에 자주 사용되는 논리 규칙으로 드모르간의 법칙이 있다. 부울대수는 논리식을 간소화하는데 사용될 수 있다. 논리식을 간소화한다는 것은 보다 더 간단한 논리회로로 같은 기능을 수행할 수 있다는 의미이다. 논리식 간소화는 여러 항으로 구성된 논리식에서 인접항을 찾아 표현이 다른 논리 변수를 제거하는 과정이다.

3.3 논리게이트

그 동안 논리를 정의하고, 논리값과 논리변수를 다루는 부울대수에 대하여 설명하였다. 논리 개념은 전자부품인 하드웨어로 구현되어야 한다. 하드웨어에서 논리값은 전압의 높고 낮음으로 나타난다. 전압에 대하여 논리연산을 수행하도록 전자회로로 구현한 것이 논리게이트이다. 여기에서는 논리연산을 수행하는 논리게이트를 소개한다.

- 3.3.1 **기본 논리게이트**: 논리연산인 AND, OR, NOT 기능을 수행하는 논리게이트를 소개한다.
- 3.3.2 **정논리와 부논리**: 2진수 0과 1을 거짓과 참에 대응시키는 방법을 설명한다.
- 3.3.3 **논리게이트 기호**: 논리게이트를 표현하는 기호를 설명한다.
- 3.3.4 **논리게이트 종류**: 기본 세 가지 논리게이트를 포함하여 여러 가지 논리연산을 수행하는 논리게이트를 소개한다.
- 3.3.5 **3상태 버퍼**: 특별한 게이트인 3상태 버퍼의 기능을 소개하고 용도를 알아본다.

3.3.1 기본 논리게이트

논리게이트(logic gate)는 2진 신호가 통과하는 문(gate)이라는 의미이다. 한 개 이상의 입력신호가 논리게이트를 통과하면서 논리연산을 수행하고 그 결과가 출력신호로 전달된다. 논리게이트는 반도체 소자인 트랜지스터로 만든다. 트랜지스터 회로를 이해하려면 전자회로를 별도로 공부해야 하지만, 논리 개념에 의하여 우리는 아날로그 값으로 표현되는 전기 신호와 무관하게 0과 1, 거짓과 참, 또는 전압 레벨의 낮음과 높음으로 논리회로의

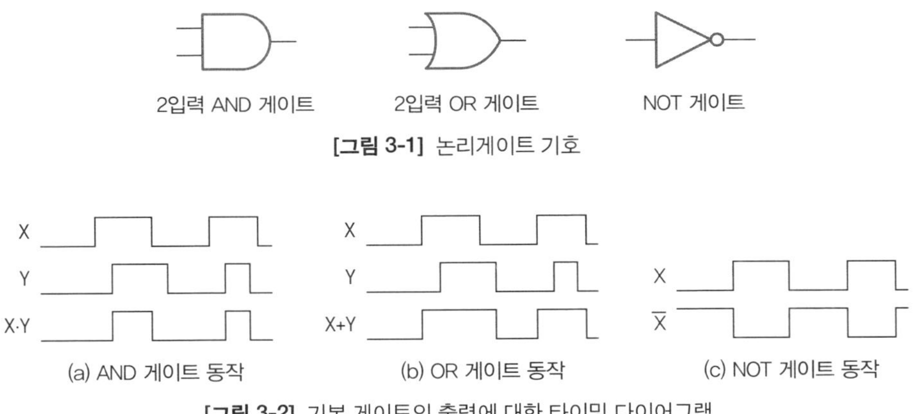

[그림 3-1] 논리게이트 기호

(a) AND 게이트 동작 (b) OR 게이트 동작 (c) NOT 게이트 동작

[그림 3-2] 기본 게이트의 출력에 대한 타이밍 다이어그램

동작을 해석할 수 있다.

〈표 3-3〉은 AND, OR, NOT 논리연산에 대한 진가표이다. 이 세 가지 기본 논리연산에 대하여 [그림 3-1]과 같이 논리게이트가 정의되어 있다. 논리게이트 왼쪽이 입력신호이고 오른쪽이 출력신호이다.

- 2입력 AND 게이트
  - 입력을 직선형으로 표현한다.
  - 두 개의 입력신호 값이 모두 1일 때 출력이 1이다.
- 2입력 OR 게이트
  - 입력을 곡선형으로 표현한다.
  - 두 개의 입력신호 중 하나의 값이 1일 때 출력이 1이다.
- NOT 게이트
  - 삼각형의 출력 부분에 조그만 동그라미를 그려 논리값이 반전됨을 표현한다.
  - 입력이 1일 때 출력은 0이다.

컴퓨터를 포함하여 디지털 시스템의 동작은 이론적으로 0과 1로 표현하지만, 하드웨어 논리게이트는 전압 레벨이 변하는 전기 신호로 동작한다. **타이밍 다이어그램(timing diagram)**은 시간 흐름에 따라 입력과 출력 파형의 변화를 그림으로 표현한 것이다. 타이밍 다이어그램의 가로 축은 시간 흐름을 나타내고, 세로는 신호의 전압 레벨을 표현한다. 일반적으로 전압이 낮은 레벨(low level)은 논리 0에 해당하고, 높은 레벨(high level)은 논리 1에 해당한다. [그림 3-2]는 두 개의 입력신호 X와 Y가 주어졌을 때, 세 가지 기본 논리게이트의 출력을 표현한 타이밍 다이어그램이다. 그 해석은 다음과 같다.

- X와 Y의 파형은 입력신호가 그림과 같이 변한다고 가정한 것이다. 낮은 레벨은 0(거짓), 높은 레벨은 1(참)로 해석한다.
- [그림 3-2(a)] X·Y는 입력신호 X와 Y가 AND 게이트로 입력되었을 때 AND 게이트의 출력 파형이다. X와 Y 값이 둘 다 1일 때만 출력이 1이다.
- [그림 3-2(b)] X+Y는 OR 게이트의 출력 파형이고, X와 Y 값 중 적어도 하나가 1일 때 출력이 1이다.
- [그림 3-2(c)] X′는 NOT 게이트의 출력 파형이고, X 값의 반대 값을 출력한다.

이론적으로 게이트 입력신호가 변하는 즉시 게이트 출력신호가 변하는 것으로 생각한다. 게이트는 트랜지스터로 만든다. 트랜지스터는 입력신호가 인가되고 나서 시간이 수 나노초(nanoseconds) 지난 후에 출력이 변한다. 이 현상을 **전파 지연**(**propagation delay**)이라고 한다. [그림 3-3(a)]는 AND 게이트의 출력을 그린 것인데, 세 번째 출력 파형은 이론적으로 전파 지연 시간이 0일 때 파형이고, 마지막 출력 파형은 전파 지연 시간이 δ초일 때 출력 파형이다. 논리회로 동작을 이론적으로 따질 때는 전파 지연을 무시하지만, 실제로 반도체 칩으로 구현할 때는 전파 지연을 고려해야 한다.

[그림 3-3(b)]는 논리회로 출력이 지연되어 나타나는 모습이다. 시간 t에 입력신호가 결정되면, 회로의 지연 시간 동안 출력이 변하는 중이라고 생각할 수 있다. 이 기간의 출력은 불안정하여 올바른 출력이 아니다. 전파 지연 시간이 지나야 올바른 값이 출력에 나타난

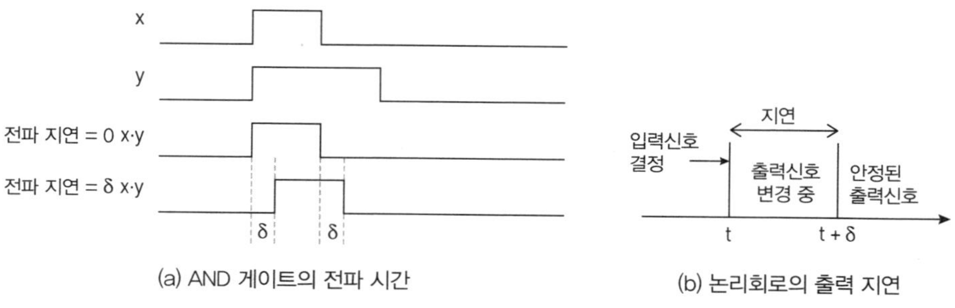

[그림 3-3] 전파 지연

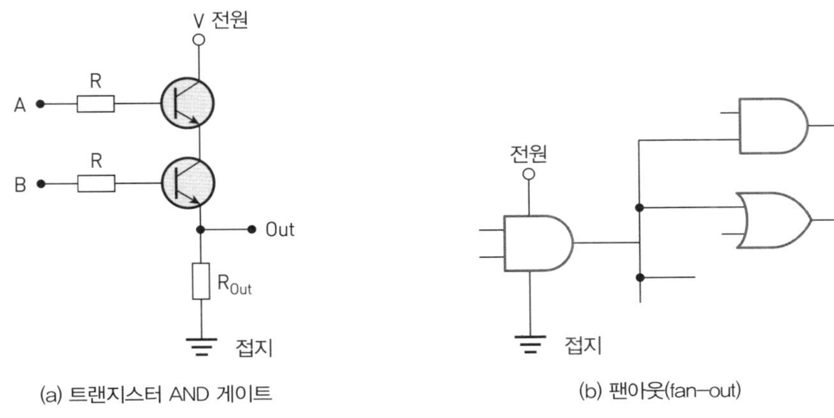

(a) 트랜지스터 AND 게이트 (b) 팬아웃(fan-out)

[그림 3-4] 전원 공급과 팬아웃

다. 즉, 전파 지연 시간만큼 시간이 지나야 안정된 출력이 나온다. 입력신호가 통과하는 게이트가 많아질수록 출력신호에 나타나는 전파 지연도 누적된다. 그러므로 회로를 설계할 때 입력신호가 통과하는 게이트 수를 적게 만드는 것이 바람직하다.

또 한 가지 실제 전자회로에서 고려해야 할 사항은 **공급 전원**(supply voltage)이다. 모든 디지털 소자에는 [그림 3-4(a)]와 같이 전원이 공급되고 접지(signal ground)로 연결된다. 접지는 전원의 기준값인 0볼트(volt)에 해당된다. 논리회로에서 전원에 해당하는 전압을 높은 레벨(high level), 접지에 해당하는 전압을 낮은 레벨(low level)이라고 한다. 트랜지스터 게이트 회로는 입력신호에 따라 전원을 차단하거나 전달함으로써 출력신호를 생성한다. 그렇지만 이론적으로 해석할 때 전원은 아무 역할이 없다. 논리게이트를 그림으로 그릴 때 일반적으로 전원과 접지를 표현하지 않는다.

논리게이트 출력신호는 다른 게이트의 입력으로 연결될 수 있다. [그림 3-4(b)]는 AND 게이트 출력을 여러 개의 논리게이트로 연결한 모습을 보여준다. 이론적으로 생각할 때 AND 게이트는 논리값을 다른 게이트의 입력으로 전달하므로, 게이트 출력 하나는 무한히 많은 입력을 구동할 수 있다. 그렇지만 실제로 하나의 출력에 연결할 수 있는 입력의 수에 제한이 있는데 이것을 **팬아웃**(fan-out)이라고 한다. 팬아웃은 부챗살이 갈라지는 모습을 형상화한 용어이다. 공급 전원으로 생성하는 출력신호의 세기(power) 때문에 이 문제가 발생한다. 전기의 세기를 전력이라고 하고 전력은 접압과 전류를 곱한 값이다. 출력 전력은 팬아웃 수로 나뉘어 입력신호로 전달되는데, 팬아웃이 많아질수록 전력이 약해지고, 따라서 논리값을 제대로 전달할 수 없게 되는 것이다. 실제 팬아웃 수는 반도체 특성에 따라 달라지는데 일반적으로 8~10 정도이다.

3.3.2 정논리와 부논리

디지털 시스템에 포함된 논리소자의 출력이 변하지 않고 일정 시간 동안 유지될 때 그 순간의 값을 시스템의 **상태**(state)라고 한다. 논리회로의 출력신호는 0 또는 1 중에 한 가지 상태를 갖는다. 이 중 하나는 중요한 일이 발생한 상태이고, 나머지 하나는 중요한 일이 발생하지 않은 평상시의 상태이다. 신호가 표현하려는 중요한 일을 **사건**(event)이라고 한다. 그러므로 출력신호는 사건이 발생했는지 발생하지 않았는지 표시한다고 말할 수 있다. 2진 시스템에서 다음과 같은 두 가지 방법 중 하나로 사건의 발생을 표현할 수 있다.

- **정논리**(positive logic)
  - 평상시 상태를 0, 사건이 발생한 상태를 1로 표현한다.
  - 즉, 신호 값이 1일 때 중요한 사건이 발생한 것으로 생각한다.
- **부논리**(negative logic)
  - 평상시 상태를 1, 사건이 발생한 상태를 0으로 표현한다.
  - 즉, 신호 값이 0일 때 중요한 사건이 발생한 것으로 표현한다.

신호에 그 신호의 역할 또는 기능을 표현하도록 이름을 붙이는 것이 좋다. 정논리 신호일 때 신호 이름에 별도의 표시를 하지 않고, 부논리 신호일 때 신호 이름 위에 바(bar)를 그리거나 이름 앞에 '/' 또는 '–' 기호를 붙여 부논리임을 표현한다. 이와 같이 신호 이름을 표현하면 이름만 보고도 정논리인지 부논리인지 구별하기 쉬운 장점이 있다.

예를 들어 '도둑이 들어왔다'는 것을 알리는 출력신호의 이름을 alarm이라고 하자. 도둑이 들어오지 않았을 때가 평상시 상태이고, 도둑이 들어온 것이 사건이 발생한 상태이다. 이것을 다음과 같이 두 가지 방법으로 표현할 수 있다.

- (정논리) 도둑이 들어오지 않았을 때 alarm=0, 도둑이 들어왔을 때 alarm=1로 표현한다.

[그림 3-5] 정논리와 부논리

〈표 3-6〉 입력과 출력의 정논리 부논리 조합

	출력 정논리	출력 부논리
입력 정논리	입력 정논리 - 출력 정논리	입력 정논리 - 출력 부논리
입력 부논리	입력 부논리 - 출력 정논리	입력 부논리 - 출력 부논리

- (부논리) 도둑이 들어오지 않았을 때 /alarm=1, 도둑이 들어왔을 때 /alarm=0으로 표현한다.

일반적으로 신호를 타이밍 다이어그램으로 표현할 때 논리 0을 낮은 레벨(low level)로 나타내고, 논리 1을 높은 레벨(high level)로 나타낸다. [그림 3-5]는 정논리와 부논리를 파형으로 표현한 것이다. 정논리에서는 낮은 레벨이 평상시 상태이고 높은 레벨이 중요한 사건이 발생한 상태를 나타낸다. 부논리는 그 반대이다.

정논리와 부논리는 게이트 입력과 출력에 각각 적용될 수 있다. 따라서 〈표 3-6〉과 같이 네 가지 조합이 가능하다.

3.3.3 논리게이트 기호

AND 게이트와 OR 게이트의 입력신호는 두 개 이상일 수 있다. 입력신호 중 일부는 게이트를 열고 닫는 제어선으로 사용되고 나머지는 게이트를 통과하려는 신호선으로 사용될 수 있다. 예를 들어 [그림 3-6]의 AND 게이트를 생각해 보자. 신호선에 실린 신호는 게이트를 통과하려고 한다. 제어선의 값이 1(high)인 구간은 게이트가 열려 있어서 신호선이 게이트를 통과하여 출력에 나타난다. 제어선의 값이 0(low)인 구간은 게이트가 닫혀 있어서 신호선이 게이트를 통과하지 못하고 출력은 0을 유지한다.

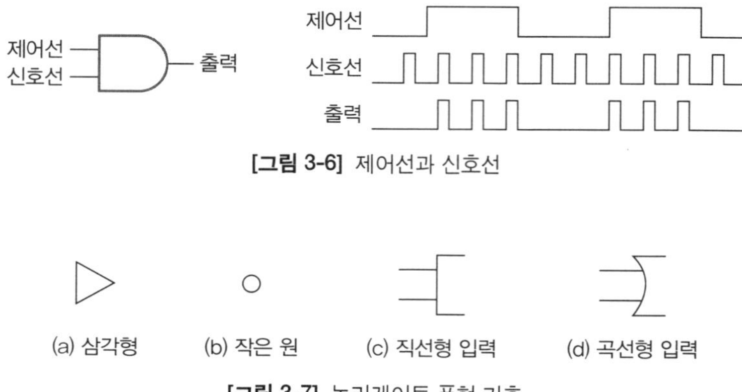

[그림 3-6] 제어선과 신호선

[그림 3-7] 논리게이트 표현 기호

입력이 2개인 AND와 OR 게이트, 그리고 입력이 하나인 NOT 게이트 이외에 여러 가지 형태의 논리게이트가 있다. 논리게이트를 표현할 때 [그림 3-7]과 같은 기호를 사용하며, 각 기호는 다음과 같은 의미를 갖는다.

- 삼각형: 입력신호 논리값을 변경하지 않고 그대로 출력으로 전달한다. 논리값이 변하지 않으나, 전력이 센 출력신호를 생성한다.
- 작은 원: 입력이나 출력에 붙을 수 있으며, 신호 값을 부정(NOT) 한다. 즉, 0은 1로, 1은 0으로 바꾼다.
- 직선 게이트 입력: 입력신호들을 AND 연산함을 의미한다. 입력선의 수는 2개 이상일 수 있다.
- 곡선 게이트 입력: 입력신호들을 OR 연산함을 의미한다. 입력선의 수는 2개 이상일 수 있다.

3.3.4 논리게이트 종류

기본 2입력 AND 게이트, 2입력 OR 게이트, NOT 게이트 이외에도 여러 가지 논리게이트들이 있다. 게이트 종류는 AND, NAND(not AND), OR, NOR(not OR), XOR(exclusive OR), XNOR (exclusive NOR), NOT, 버퍼(buffer)가 있으며, 각 게이트의 동작은 다음과 같다.

- AND 게이트 〈표 3-7〉
  - 입력이 2개 이상일 수 있다.
  - 정논리로 해석할 때, 입력이 모두 1일 때, 출력이 1이다.
  - 부논리로 해석할 때, 입력 중 하나가 0일 때, 출력이 0이다.
- NAND 게이트 〈표 3-8〉
  - 입력이 2개 이상일 수 있다.
  - 정논리로 해석할 때, 입력이 모두 1일 때, 출력이 0이다.
  - 부논리로 해석할 때, 입력 중 하나가 0일 때, 출력이 1이다.
- OR 게이트 〈표 3-9〉
  - 입력이 2개 이상일 수 있다.
  - 정논리로 해석할 때, 입력 중 하나가 1일 때, 출력이 1이다.
  - 부논리로 해석할 때, 입력이 모두 0일 때, 출력이 0이다.
- NOR 게이트 〈표 3-10〉
  - 입력이 2개 이상일 수 있다.
  - 정논리로 해석할 때, 입력 중 하나가 1일 때, 출력이 0이다.
  - 부논리로 해석할 때, 입력이 모두 0일 때, 출력이 1이다.
- XOR 게이트 〈표 3-11〉
  - 배타적 OR(exclusive OR) 게이트를 줄여서 XOR 게이트라고 한다.
  - 입력이 n개인 XOR 게이트는 입력신호 중 1의 수가 홀수일 때 1, 짝수일 때 0을 출력한다.
  - 2-입력 XOR 게이트는 입력신호가 다를 때 1, 같을 때 0을 출력한다.
  - 2-입력 XOR 게이트의 논리식은 다음과 같다.
  - $F = x \oplus y = x'y + xy'$
- XNOR 게이트 〈표 3-12〉
  - XOR 게이트의 출력이 반전된 형태이다.
  - 입력이 n개인 XNOR 게이트는 입력신호 중 1의 수가 홀수일 때 0, 짝수일 때 1을 출력한다.
  - 2-입력 XNOR 게이트는 입력신호가 다를 때 0, 같을 때 1을 출력한다.
  - 2-입력 XNOR 게이트의 논리식은 다음과 같다.
  - $F = (x \oplus y)' = x'y' + xy$

- 버퍼(buffer)와 NOT 게이트 [그림 3−8]
  - 버퍼는 입력신호의 논리값이 변하지 않고 그대로 출력으로 전달하는 논리 소자이다.
  - NOT 게이트는 출력이 부논리인 버퍼라고 말할 수 있다.
  - [그림 3−8(b)]의 정논리 NOT 게이트와 [그림 3−8(c)]의 부논리 NOT 게이트는 기능이 같다.
  - 정논리 NOT 게이트는 입력신호 1을 0으로 반전하는 것이 중요한 이벤트임을 나타낸다.
  - 부논리 NOT 게이트는 입력신호 0을 1로 반전하는 것이 중요한 이벤트임을 나타낸다.

〈표 3-7〉 2-입력 AND 게이트

입력		출력	AND 게이트 기호	
X	y	$F = x \cdot y$	입력 정논리 - 출력 정논리	입력 부논리 - 출력 부논리
0	0	0		
0	1	0		
1	0	0		
1	1	1		

〈표 3-8〉 2-입력 NAND 게이트

입력		출력	NAND 게이트 기호	
X	y	$F = (x \cdot y)'$	입력 정논리 - 출력 부논리	입력 부논리 - 출력 정논리
0	0	1		
0	1	1		
1	0	1		
1	1	0		

〈표 3-9〉 2-입력 OR 게이트

입력		출력	OR 게이트 기호	
x	y	F = x+y	입력 정논리 - 출력 정논리	입력 부논리 - 출력 부논리
0	0	0	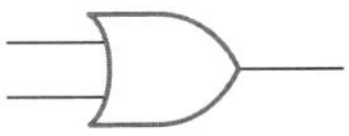	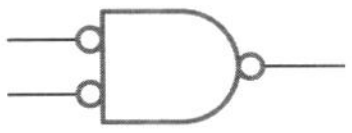
0	1	1		
1	0	1		
1	1	1		

〈표 3-10〉 2-입력 NOR 게이트

입력		출력	NOR 게이트 기호	
x	y	F = (x+y)′	입력 정논리 - 출력 부논리	입력 부논리 - 출력 정논리
0	0	1	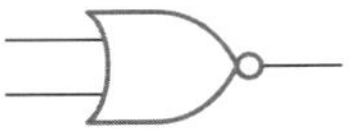	
0	1	0		
1	0	0		
1	1	0		

〈표 3-11〉 2-입력 XOR 게이트

입력		출력	XOR 게이트 기호
x	y	F=x⊕y	
0	0	0	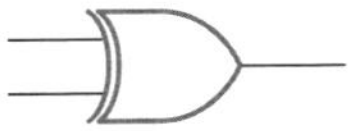
0	1	1	
1	0	1	
1	1	0	

〈표 3-12〉 2-입력 XNOR 게이트

입력		출력	XNOR 게이트 기호
x	y	F=(x⊕y)′	
0	0	1	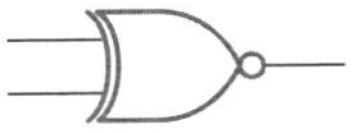
0	1	0	
1	0	0	
1	1	1	

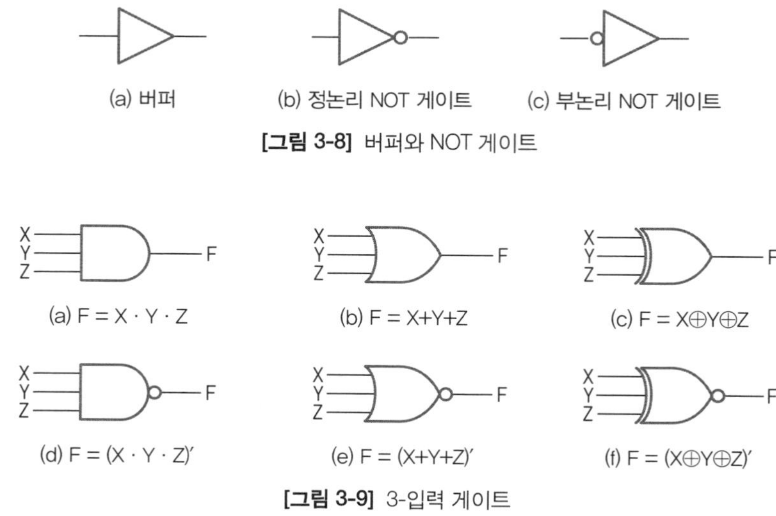

[그림 3-8] 버퍼와 NOT 게이트

[그림 3-9] 3-입력 게이트

입력신호가 하나인 NOT 게이트와 버퍼를 제외한 게이트들은 입력이 세 개 이상일 수 있다. [그림 3−9]는 입력이 세 개인 게이트의 모습과 논리식을 보여준다. 이론적으로 임의의 수만큼 입력신호를 가질 수 있다. 각 게이트는 다음과 같이 동작한다.

- 3-입력 AND 게이트: 입력이 모두 1일 때 출력이 1이다.
- 3-입력 OR 게이트: 입력 중 적어도 하나가 1일 때 출력이 1이다.
- 3-입력 XOR 게이트: 입력 중에서 1의 수가 홀수일 때 출력이 1이다.

출력이 부논리인 3-입력 게이트들은 입력 조건은 같고, 출력이 반대이다.

예제 3-8 3-입력 XOR 게이트의 진가표를 구하라.

풀이

XOR 게이트는 입력신호 값 중에서 1의 수가 홀수일 때 출력이 1이다.

X	Y	Z	F= X⊕Y⊕Z
0	0	0	0
0	0	1	1
0	1	0	1
0	1	1	0
1	0	0	1
1	0	1	0
1	1	0	0
1	1	1	1

3.3.5 3상태 버퍼

버퍼에 제어신호를 추가하여 출력을 전달하거나 전달하지 않도록 만든 것이 **3상태 버퍼**(tri-state buffer)이다. 정논리 3상태 버퍼를 [그림 3−10(a)]와 같이 그린다. 여기서 X는 입력, Y는 출력이고, C가 제어신호이다. 제어신호 값에 따른 회로 동작은 다음과 같다.

- [그림 3−10(b)] C=0일 때: 출력은 입력과 끊어진 상태이다. 이 상태를 하이임피던스(high impedance) 상태라고 한다.
- [그림 3−10(c)] C=1일 때: 출력은 입력과 연결되어 있는 상태이다. 즉, 입력신호를 그대로 출력으로 전달한다.

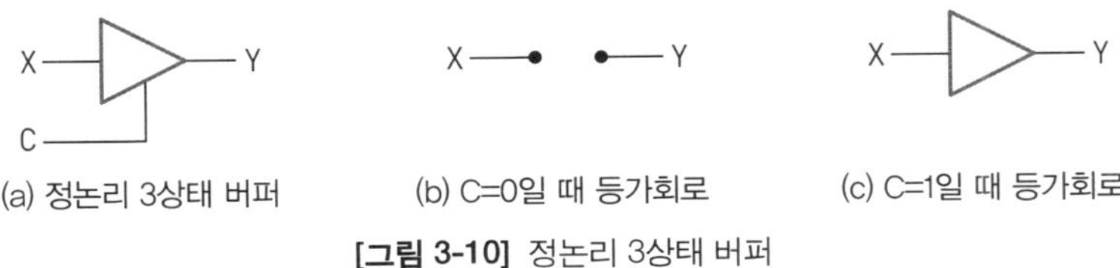

(a) 정논리 3상태 버퍼 (b) C=0일 때 등가회로 (c) C=1일 때 등가회로

[그림 3-10] 정논리 3상태 버퍼

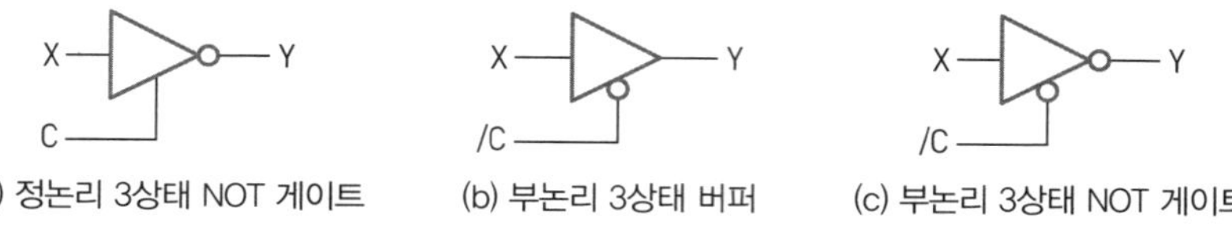

(a) 정논리 3상태 NOT 게이트 (b) 부논리 3상태 버퍼 (c) 부논리 3상태 NOT 게이트

[그림 3-11] 여러 가지 형태의 3상태 버퍼

3상태 버퍼는 제어신호 값에 따라 입력신호를 출력으로 연결하거나 연결을 끊는다. 입력이 0과 1일 수 있으므로, 연결되었을 때가 두 개의 상태이고, 끊어졌을 때가 한 개의 상태이다.

[그림 3-11]은 나머지 세 가지 3상태 버퍼를 보여준다. 제어신호가 부논리일 수도 있고, 신호를 전달하는 소자로 버퍼 대신 NOT 게이트가 사용될 수도 있다. 제어신호가 부논리일 때, 3상태 버퍼는 제어신호가 0일 때 활성화된다. NOT 게이트를 이용한 3상태 버퍼는 활성화되었을 때 입력신호의 반대값을 출력으로 전달한다. 활성화되지 않았을 때 출력은 하이임피던스 상태이다.

3.3 논리게이트 요약

논리게이트는 논리연산을 수행하도록 만든 전자회로 소자이다. 논리게이트는 전압 레벨의 높고 낮음에 반응한다. 논리회로 입출력 신호의 변화를 타이밍 다이어그램으로 표현한다. 타이밍 다이어그램의 가로축은 시간 흐름을 나타내고 세로축은 신호 레벨을 나타낸다. 논리회로는 전기 신호 측면에서 전파 지연, 공급 전원, 팬아웃을 고려해야 하지만, 이론 측면에서 이것들을 무시할 수 있다.

전압 레벨을 참과 거짓에 대응시키는 방법에 따라 논리회로의 입출력 신호를 정논리 또는 부논리로 해석할 수 있다. 정논리는 높은 레벨의 전압을 참으로 생각하고, 부논리는 낮은 레벨의 전압을 참으로 생각한다. 입력이 두 개 이상인 논리게이트는 AND, OR, XOR 게이트가 있고, 각 게이트에 대하여 출력이 부논리로 동작하는 NAND, NOR, XNOR 게이트가 있다. 입력이 하나인 논리게이트는 NOT 게이트와 버퍼가 있다. 3상태 버퍼는 제어신호 값에 따라 입력 값을 출력으로 전달하거나 차단한다. 입력과 출력이 끊어진 상태를 하이임피던스라고 한다.

3.4 요약

이 장에서 소개한 주요 용어와 개념은 다음과 같다.

- 논리(logic): 참(true)과 거짓(false)으로 표현하는 생각이나 추론
- 논리값(logic value): 논리가 다루는 값. 0(false, low)과 1(true, high)
- 논리연산(logical operation): 논리값을 계산하여 새로운 논리값을 산출하는 연산
- 논리식(logic equation) 또는 논리함수(logic function): 입력 논리값과 출력 논리값의 관계를 표현하는 연산식
- 진가표(truth table, 또는 진리표): 입력변수들의 조합에 대응하는 출력변수의 값을 정리한 표
- 이항 연산자(binary operator): 두 개의 항을 연산하여 한 개의 결과를 산출하는 연산자
- 단항 연산자(unary operator): 한 개의 항을 연산하여 한 개의 결과를 산출하는 연산자
- 부울대수(Boolean algebra): 논리상수 {0, 1}과 {AND, OR, NOT} 연산자의 관계를 규정하는 수학 법칙
- 쌍대식(dual equation): 논리상수 {0, 1}과 논리연산자 {AND, OR}를 서로 교환하여 만든 논리식
- 드모르간의 법칙(De Morgan's law): $(x + y)' = x' \cdot y' \Leftrightarrow (x \cdot y)' = x' + y'$
- 인접항(adjacent term): 입력변수들의 AND(또는 OR)로 표현된 논리식에 대하여 입력변수 중 하나만 값이 반전(NOT)된 항
- 논리회로(logic circuit): 논리값을 다루는 전자 회로
- 논리게이트(logic gate): 기본 논리연산을 수행하는 하드웨어 소자
- 타이밍 다이어그램(timing diagram): 시간 흐름에 따라 입력과 출력신호의 변화를 표현한 그림
- 상태(state): 값이 변하지 않고 일정한 시간 동안 유지되는 논리회로의 출력
- 사건(event): 출력신호가 표현하고자 하는 중요한 일을 나타내는 용어
- 정논리(positive logic): 신호 값 1을 중요한 사건이 발생한 것으로 해석하고, 0을 평상시의 상태로 해석하는 방법
- 부논리(negative logic): 신호 값 0을 중요한 사건이 발생한 것으로 해석하고, 1을 평상

시의 상태로 해석하는 방법

- 3상태 버퍼(tri-state buffer): 제어신호 값에 따라 입력신호를 출력으로 전달하거나 연결을 끊는 논리소자

논리회로를 이해하기 위하여 다음과 같은 사항을 알아야 한다.

- 논리연산 규칙
  - 진가표 해석 방법
  - 논리연산 논리곱(AND), 논리합(OR), 논리부정(NOT) 동작 이해
  - 부울대수 기본 공식 이해와 활용
  - 부울대수를 이용한 논리식 간소화
  - 인접항에서 표현이 다른 논리변수를 제거하여 논리식을 간소화하는 방법
- 논리게이트
  - 삼각형, 동그라미, 입력의 모양에 따른 게이트 기호 이해
  - 타이밍 다이어그램의 해석
  - 정논리와 부논리 표현 방법 이해
  - 여러 가지 게이트 종류(AND, NAND, OR, NOR, XOR, XNOR, NOT, Buffer)의 동작 이해
  - 3상태 버퍼의 동작 원리

논리식과 진가표는 디지털 시스템의 동작을 표현하는 방법이다. 논리게이트는 디지털 시스템을 구현하는 기본 논리소자이다. 4장에서는 조합 논리회로를 표현하는 방법과 조합 논리회로 빌딩블록을 설명한다.

연습문제 EXERCISE

3.1 논리

01 일반적으로 논리값 {false, true}에 대응하는 값으로 사용하지 않는 것은?

① {0, 1} ② {1, 2}
③ {off, on} ④ {low, high}

02 기본 논리연산에 대한 논리식을 적고 이에 대한 진가표(truth table)를 그려라.

(1) 입력변수가 A, B이고 출력변수가 C인 AND 연산
(2) 입력변수가 X, Y이고 출력변수가 Z인 OR 연산
(3) 입력변수가 M이고 출력변수가 N인 NOT 연산

03 용어와 논리연산이 올바르게 연결된 것은?

① 논리곱 – AND, 논리합 – OR ② 논리곱 – OR, 논리합 – AND
③ 논리곱 – XOT, 논리합 – AND ④ 논리곱 – XOT, 논리합 – OR

04 다음 문장에 포함되어 있는 논리연산의 종류는?

(1) [확인] 버튼을 누르거나 [엔터키]를 친다.
(2) 늑대가 보이고 문이 열려 있으면 양이 위험하다.
(3) 알람이 울리면 앞문으로 나가거나 뒷문으로 나가라.
(4) 두 개의 문을 차례대로 열어야 건물 안으로 들어갈 수 있다.

3.2 논리연산 규칙

01 설명이 올바르면 O표, 틀리면 X표 하라.

(1) 논리상수는 OR 연산에 대하여 닫혀 있다. ( )
(2) 논리상수는 AND 연산에 대하여 닫혀 있다. ( )
(3) 자연수 덧셈 연산은 닫혀있다. ( )
(4) 자연수 뺄셈 연산은 닫혀있다. ( )

02 부울대수 정리에 대한 쌍대식을 적어라.

(1) 결합법칙 $(x \cdot y) = (y \cdot x)$

(2) 분배법칙 $x \cdot (y + z) = (x \cdot y) + (x \cdot z)$

03 드모르간의 법칙에 따라 3변수 X, Y, Z 논리식의 괄호를 풀어라.

(1) $(x + y + z)' =$ ________________

(2) $(x \cdot y' \cdot z)' =$ ________________

04 진가표를 사용해서 3변수에 대한 드모르간의 법칙 $(x+y+z)' = x'y'z'$가 성립함을 보여라.

x	y	z	(x+y+z)	(x+y+z)′	x′	y′	z′	x′y′z′
0	0	0						
0	0	1						
0	1	0						
0	1	1						
1	0	0						
1	0	1						
1	1	0						
1	1	1						

05 부울대수에 의하여 다음 논리식을 간소화 하라.

(1) $F1 = X \cdot Y + X \cdot Y'$

(2) $F2 = (A+B) \cdot (A+B')$

06 3변수 논리곱항 xyz에 대한 인접항은?

① xyz' ② $xy'z'$
③ $x'y'z$ ④ $x'y'z'$

07 3변수 논리합항 $(x+y'+z)$에 대한 인접항을 모두 적어라.

08 인접항 개념을 사용하여 다음 논리식을 간소화하라.

(1) $x'yz + xyz$

(2) $(x+y+z) \cdot (x+y'+z)$

09 다음 식을 콘센서스 정리(Consensus theorem)라고 한다. 이 식이 성립함을 증명하라.

$$xy + x'z + yz = xy + x'z$$

3.3 논리게이트

01 논리연산에 대한 출력을 구하라.

입력		AND F=X · Y	NOR F=(X+Y)′	XOR F=X⊕Y
X	Y			
0	0			
0	1			
1	0			
1	1			

02 다음과 같은 동작 특성표를 갖는 게이트에 대한 올바른 해석을 모두 선택하라.

입력		출력
0	0	1
0	1	0
1	0	0
1	1	0

① 입력 정논리, 출력 정논리 OR 게이트이다.
② 입력 정논리, 출력 부논리 OR 게이트이다.
③ 입력 부논리, 출력 정논리 AND 게이트이다.
④ 입력 부논리, 출력 부논리 AND 게이트이다.

03 2진 신호가 어떤 사건의 발생을 나타낼 때 올바른 설명은?

① 신호 값이 0이면 사건이 발생한 것이다.
② 신호 값이 1이면 사건이 발생한 것이다.
③ 신호 값이 하이임피던스이면 사건이 발생한 것이다.
④ 정논리인지 부논리인지에 따라 사건 발생을 나타내는 값이 다르다.

04 다음 조건에 해당하는 게이트를 그리고 입력과 출력신호에 이름을 표시하라.

- 제어 신호 /ctrl = 0이고,
- 도둑이 들어왔음을 검출하는 신호 /theft = 0일 때,
- 출력 alarm = 1로 되어 경보가 울린다.
- 그 외의 경우, alarm = 0을 유지하여 경보가 울리지 않는다.

05 X, Y는 입력신호이고 Z는 출력신호일 때, 다음 특성표와 같이 동작하는 게이트는?

(1)

X	Z
0	0
1	Y

(2)

X	Z
0	Y
1	1

(3)

X	Z
0	Y
1	Y'

06 그림과 같은 입력신호에 대하여 다음 게이트의 출력 파형을 그려라. 단, 전파 지연은 0이라고 가정한다.

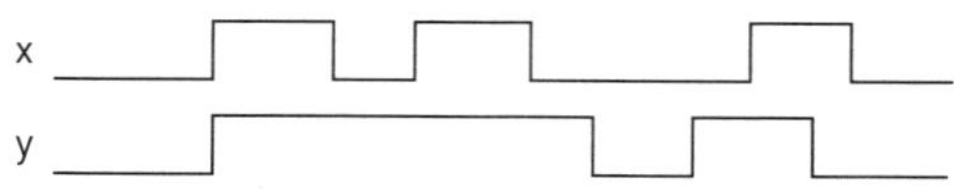

(1) AND 게이트

(2) OR 게이트

(3) XOR 게이트

07 3상태 버퍼(tri-state buffer)의 출력신호는?

① {0, 1}　　② {−1, 0, 1}

③ {0, 1, 2}　　④ {0, 1, high impedance}

08 그림과 같은 3상태 버퍼의 동작을 올바르게 설명한 것은?

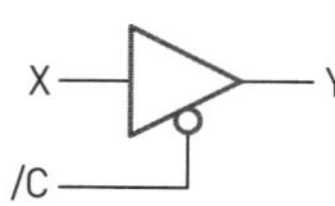

① /C = 0일 때, Y = X이다.　　② /C = 0일 때, Y = X′이다.

③ /C = 1일 때, Y = X이다.　　④ /C = 1일 때, Y = X′이다.

Chapter 04

조합 논리회로

Chapter

04

조합 논리회로

그 동안 숫자와 문자를 2진수로 표현하는 방법과 2진수를 하드웨어로 처리하도록 구현한 논리게이트의 종류와 동작에 대하여 학습하였다. 여기에서는 논리게이트로 만든 논리회로를 학습한다. 논리회로는 조합 논리회로와 순차 논리회로로 구분된다. 기억소자 포함 여부에 따라 이 두 가지의 차이가 생긴다. 조합 논리회로는 기억소자를 포함하지 않고, 순차 논리회로는 기억소자를 포함한다. 조합 논리회로는 입력신호 조합에 따라 출력이 결정된다.

컴퓨터와 같이 규모가 큰 디지털 논리회로를 만들 때, 자주 쓰이는 기능을 미리 부품으로 만들고, 그것들을 연결하여 전체 기능을 수행하도록 만든다. 미리 만든 부품을 빌딩블록(building block)이라고 한다. 이 장에서는 조합 논리회로 빌딩블록을 소개한다.

- 4.1 **조합 논리회로 소개**: 조합 논리회로의 동작을 진가표, 논리식, 논리회로도로 표현하는 방법을 설명한다.
- 4.2 **산술 조합 논리회로**: 2진수 덧셈과 비교를 수행하는 산술 논리회로와 패리티 발생기와 검사기를 소개한다.
- 4.3 **조합 논리회로 빌딩블록**: 인코더와 디코더, 멀터플렉서와 디멀티플렉서의 기능에 대하여 설명한다.

4.1 조합 논리회로 소개

조합 논리회로(combinational circuit)는 입력신호의 조합에 따라 출력을 결정하는 회로이다. 논리게이트는 논리회로를 구현하는 기본 소자이다. 여러 개의 논리게이트를 연결하여 조합 논리회로를 만든다. 여기에서는 조합 논리회로의 동작을 표현하는 방법에 대하여 설명한다.

- 4.1.1 **조합 논리회로 동작 표현**: 조합 논리회로의 기능을 진가표, 논리식, 논리회로도로 표현하는 방법에 대하여 설명한다.
- 4.1.2 **최소항**: 진가표에 대한 논리식을 구하는 방법을 설명한다.
- 4.1.3 **무관조건(don't care condition)**: 논리회로 동작에 영향을 주지 않는 논리값을 다루는 방법을 소개한다.

4.1.1 조합 논리회로 동작 표현

조합 논리회로는 [그림 4−1]과 같이 n개의 입력신호와 m개의 출력신호를 가진 블록으로 표현할 수 있다. 이것을 n×m 블록으로 표현한다. 입력과 출력신호는 모두 0 또는 1의 값을 갖는다.

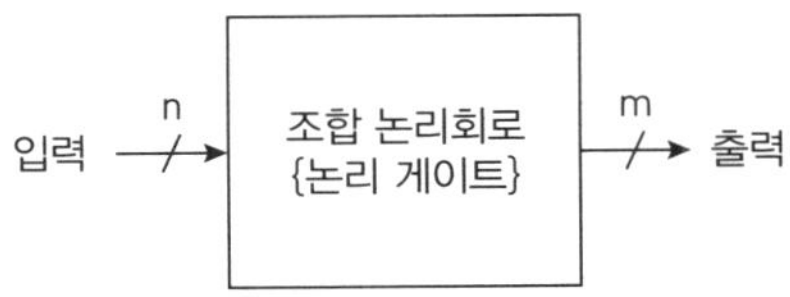

[그림 4-1] n×m 조합 논리회로

〈표 4-1〉 n×m 조합 논리회로의 진가표

일련 번호	입력신호				출력 신호			
	X_n	X_{n-1}	…	X_1	Y_m	Y_{m-1}	…	Y_1
0	0	0	0	0				
1	0	0	0	1				
2	0	0	1	0				
…								
2^n-1	1	1	1	1				

조합 논리회로 기능을 〈표 4-1〉과 같은 진가표로 표현할 수 있다. 입력신호가 n개일 때, 입력신호의 가능한 조합은 2^n개이다. 진가표를 작성할 때 입력신호 조합을 2진수가 증가하는 순서로 적는 것이 일반적이다. AND, OR, NOT 연산자를 조합하여 논리회로 동작을 표현하는 논리식을 만든다. n×m 조합 논리회로의 동작은 각 출력마다 하나씩 총 m개의 논리식으로 표현할 수 있다.

논리회로 동작은 다음과 같이 세 가지 방법 중 하나로 표현할 수 있다.

- **진가표(truth table)**: 입력신호 조합에 대한 출력신호를 표로 표현한 것이다. 특정 기능을 수행하는 조합 논리회로에 대한 진가표를 그 회로의 동작 특성을 표현한다는 의미에서 특성표(characteristic table)라고도 한다.
- **논리식(logic equation)**: 논리변수를 부울대수에서 정의한 AND, OR, NOT과 같은 논리 연산자로 조합한 공식이다. 논리식을 부울식(Boolean equation) 또는 논리함수(logic function)라고도 한다.
- **논리회로도(logic diagram)**: 논리식에 해당하는 논리게이트 기호를 연결하여 표현한 그림이다.

조합 논리회로 설계 과정은 [그림 4-2]의 왼쪽에서 오른쪽 방향으로 진행된다. 설계할 때 먼저 구현하려는 회로의 기능을 정의해야 한다. 그러고 나서 이 기능을 진가표로 표현하고, 논리식을 유도하고, 논리회로도를 그린다. 반면에 어떤 논리회로도를 보고 그 기능을 해석하는 것이 분석 과정이다. 논리회로도가 주어지면, 이것으로 논리식을 만들고, 논리식에 대한 진가표를 구하고 나서, 그 동작을 해석한다. 논리회로 분석과 설계는 중요한 주제이지만, 이 교재에서 다루지 않는다. 자세한 사항은 논리회로 교재를 참고하기 바란다.

진가표, 논리식, 논리회로도 중에서 어느 한 가지를 알면 나머지 두 가지 표현 방법을 구할 수 있다. 이 변환의 중심이 논리식 표현이다. 표현 방법 간 변환을 다음과 같이 나누어

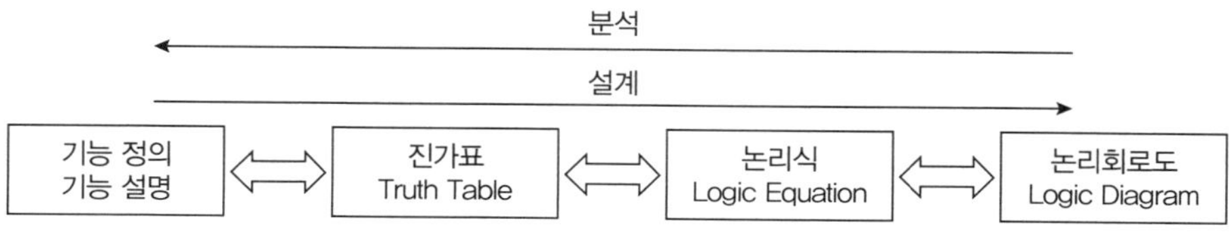

[그림 4-2] 조합 논리회로의 동작 표현 방법

설명한다.

- 논리식 → 논리회로도: 논리식에 대한 논리회로도를 그리는 방법
- 논리회로도 → 논리식: 논리회로도를 보고 논리식을 구하는 방법
- 논리식 → 진가표: 논리식에 대한 진가표를 구하는 방법
- 진가표 → 논리식: 진가표에 대한 논리식을 구하는 방법

처음 세 가지는 조금만 주의를 기울이면 바로 알 수 있다. 마지막 진가표에서 논리식을 구하는 방법은 최소항과 최대항의 개념을 필요로 한다. 처음 세 가지는 이 절에서 설명하고, 마지막은 다음 절에서 다룬다.

논리식에 대한 논리회로도를 그리는 방법을 알아보자. 논리회로도는 논리식을 게이트 연결로 표현한 것이다. 이때 연산자 우선순위를 반영해야 한다. 논리식에 사용되는 기본 연산자 우선순위는 다음과 같다.

괄호() 〉 NOT 〉 AND 〉 OR

논리식의 괄호가 우선순위가 가장 높고, 그 다음이 NOT 연산, AND 연산, OR 연산 순서이다. XOR 연산은 OR 연산보다 우선순위가 높다. 우선순위를 명확하게 표현하기 위하여 괄호를 사용하는 것이 바람직하다. 논리식에 대한 논리회로도를 그리는 과정은 다음과 같다.

(1) 입력신호를 회로도의 왼편에, 출력신호를 오른편에 배치한다.
(2) 논리식의 연산 우선순위에 따라 입력에서 출력 방향으로 게이트를 배치하고 입력과 출력을 연결한다.

예제 4-1 논리식 $F = x \cdot y + x' \cdot z$에 대한 논리회로도를 그려라.

풀이

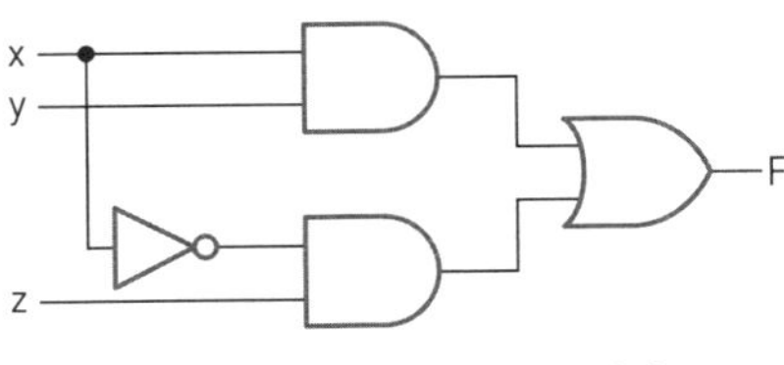

[그림 4-3] 논리회로도 그리기

[그림 4-3]은 논리식 대하여 이 방법에 따라 그린 논리회로도이다.
(1) 입력 x, y, z를 왼편에 배치하고, 출력 F를 오른편에 배치한다.
(2) 연산자 우선순위에 따라, NOT 게이트를 1열에 그린다.
(3) 그 오른편에 AND 게이트 두 개와 OR 게이트를 차례로 그린다.
(4) 마지막으로 논리식을 반영하여 회로 입출력과 게이트 입출력을 연결한다.

논리회로도가 주어졌을 때, 논리식을 구하는 방법도 바로 알 수 있다. 그 과정은 다음과 같다.

(1) 논리회로의 입력과 출력, 논리게이트 출력에 변수 이름을 정한다.
(2) 입력단부터 출력단 방향으로 각 게이트의 출력 논리식을 구한다.
(3) 출력단에 포함된 게이트 출력을 입력신호를 포함한 논리식으로 대치한다.

예제 4-2 [그림 4-3]의 논리회로도에 대한 논리식을 구하라.

풀이

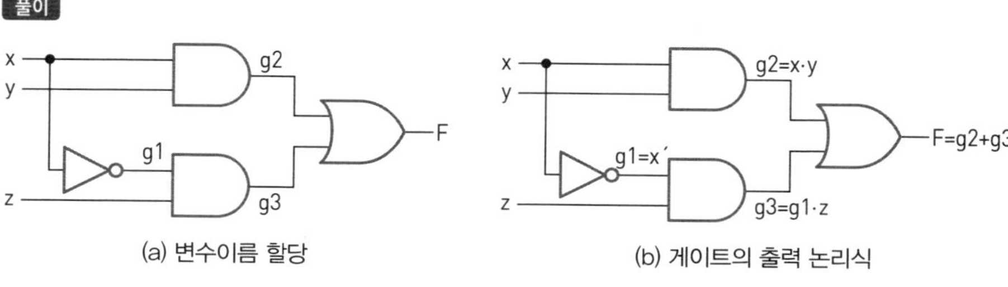

[그림 4-4] 논리식 구하기

[그림 4-4]는 논리회로도에 대한 논리식을 구하는 과정을 보여준다.
(1) [그림 4-4(a)]와 같이 입력과 출력, 게이트 출력에 이름을 부여한다.
(2) [그림 4-4(b)와 같이 게이트 출력 논리식을 구한다.

$g1 = x'$

$g2 = x \cdot y$

$g3 = g1 \cdot z$

$F = g2+g3$

(3) 출력 논리식에 포함된 게이트 출력을 입력신호로 대치한다.

$F = g2+g3 = x \cdot y + g1 \cdot z = x \cdot y + x' \cdot z$

논리식에 대한 진가표를 구하는 과정은 다음과 같다.

(1) 모든 입력신호의 조합을 2진수 순서에 따라 표의 왼쪽에 배치한다.
(2) 논리식의 연산 우선순위에 따라 논리식에 포함된 논리항에 대한 출력을 구한다. 이 과정을 출력이 만들어질 때까지 반복한다.

AND항에 대한 진가표를 구할 때는 AND항을 구성하는 입력이 모두 1인 부분을 먼저 1로 체크하고 나머지를 0으로 채우는 것이 편리하다. OR항에 대한 진가표를 구할 때는 OR항을 구성하는 입력이 하나라도 1인 부분을 먼저 1로 체크하고 나머지를 0으로 채우는 것이 편리하다. 이 과정에서 출력이 1인 부분이 중복될 수도 있다.

예제 4-3 논리식 $F = x \cdot y + x' \cdot z$에 대한 진가표를 구하라.

〈표 4-2〉 $F = x \cdot y + x' \cdot z$에 대한 진가표

x	y	z	x′	x · y	x′ · z	F	설명
0	0	0	1	0	0	0	
0	0	1	1	0	1	1	x=0, z=1
0	1	0	1	0	0	0	
0	1	1	1	0	1	1	x=0, z=1
1	0	0	0	0	0	0	
1	0	1	0	0	0	0	
1	1	0	0	1	0	1	x=1, y=1
1	1	1	0	1	0	1	x=1, y=1

풀이

〈표 4-2〉는 논리식 $F = x \cdot y + x' \cdot z$에 대하여 진가표를 구하는 과정을 보여준다.

(1) 입력변수가 3개이므로, 왼편에 입력신호의 조합을 적는다. 2진수가 증가하는 순서로 적는 것이 좋다.
(2) 연산 우선순위에 따라 세부 논리항의 진가표를 구한다.
   - x'는 x의 값이 나열된 열의 반대이다.
   - $x \cdot y$는 x와 y의 열을 참고하여, 둘 다 1인 부분의 출력을 1로 적고 나머지를 0으로 채운다.

– $x' \cdot z$는 x'와 z의 열을 참고하여, 둘 다 1인 부분의 출력을 1로 적고 나머지를 0으로 채운다.
– 마지막으로 출력 F는 $x \cdot y$ 열과 $x' \cdot z$ 열을 참고하여, 둘 중에 하나가 1인 부분의 출력을 1로 적고, 나머지를 0으로 채운다.

4.1.2 최소항

진가표에서 논리식을 구하는 방법은 다음과 같이 두 가지가 있다.

- 논리곱의 합(sum of products)으로 표현하는 방법
- 논리합의 곱(product of sums)으로 표현하는 방법

이 두 가지 방법은 서로 쌍대(dual)이다. 첫 번째 방법은 진가표에서 출력이 1인 논리항을 찾아 논리식을 구하고, 두 번째 방법은 진가표에서 출력이 0인 논리항을 찾아 논리식을 구한다. 이 교재에서는 첫 번째 방법만 설명하고, 두 번째 방법은 다루지 않는다. 두 번째 방법에 대하여 논리회로 교재를 참고하기 바란다.

논리곱은 논리변수들이 AND 연산으로 묶여진 항을 말한다. 예를 들어 입력변수가 x, y, z일 때, 논리곱 항의 예는 xy, xyz', $x'yz$ 등이 있다. **논리곱의 합**(sum of products)이란 논리곱으로 표현되는 항들이 OR 연산으로 묶인 논리식이다. 다음은 논리곱의 합으로 표현된 논리식의 예이다.

$$F1(x, y, z) = x + y \cdot z$$
$$F2(x, y, z) = x \cdot y + x' \cdot z$$
$$F3(x, y, z) = x' \cdot y' \cdot z' + x \cdot y \cdot z$$

최소항(minterm)은 논리곱 중에서 입력변수가 모두 참여하는 논리곱 항이다. 예를 들면, 3변수 논리식에서 $x'y'z$, xyz와 같이 논리곱에 변수 세 개가 모두 나타나는 논리곱이 최소항이다. x, xy, $y'z$는 입력변수 중 하나 이상이 빠져 있기 때문에 최소항이 아니다. 위 예에서 논리식 F3은 최소항의 합으로 만들어진 논리식이고, F1과 F2는 최소항의 합으로 만들어진 논리식이 아니다. 입력변수가 n개일 때, 최소항은 2^n개이다.

〈표 4-3〉 3변수에 대한 최소항

입력			최소항 (기호/논리식)							
x	y	z	m_0 x′y′z′	m_1 x′y′z	m_2 x′yz′	m_3 x′yz	m_4 xy′z′	m_5 xy′z	m_6 xyz′	m_7 xyz
0	0	0	1	0	0	0	0	0	0	0
0	0	1	0	1	0	0	0	0	0	0
0	1	0	0	0	1	0	0	0	0	0
0	1	1	0	0	0	1	0	0	0	0
1	0	0	0	0	0	0	1	0	0	0
1	0	1	0	0	0	0	0	1	0	0
1	1	0	0	0	0	0	0	0	1	0
1	1	1	0	0	0	0	0	0	0	1

〈표 4−3〉은 세 개의 변수로 만든 최소항과 최소항에 대한 논리식을 보여준다. k번째 출력 하나가 1이고 나머지가 모두 0인 최소항을 m_k로 표기한다. 8개의 입력 중에 조합이 {0, 0, 0}일 때만 출력이 1이고 나머지 조합에 대하여 출력이 0인 최소항 m_0을 생각해 보자.

- m_0을 표현하는 논리식은 $m_0 = x' \cdot y' \cdot z'$이다.
- 논리식 $x' \cdot y' \cdot z'$ 대신에 간단히 m_0으로 적을 수 있다.
- m_0은 변수들의 곱으로 만들어져 있으므로 곱항(product term)이다.
- m_0을 표현하는 논리식에 변수 세 개가 모두 참여하였으므로 최소항이다.

이와 같이, 입력 조합에 관하여 한 개만 출력이 1이고 나머지는 모두 0인 출력은 모두 8가지{m_0, m_1, m_2, m_3, m_4, m_5, m_6, m_7}가 있고, 이것들이 모두 최소항이다.

어떤 진가표가 주어졌을 때, 이것에 해당하는 논리식은 출력이 하나만 1인 최소항들의 합(OR)으로 표현할 수 있다. 진가표에 대한 논리식을 구하는 과정은 다음과 같다.

(1) 진가표에서 출력이 1인 항들에 대하여 최소항의 합으로 표현되는 논리식을 구한다.
(2) 부울대수 공식을 적용하여 논리식을 간소화한다.

(1)단계에서 만들어진 논리식을 **표준형**(standard form)이라고 한다. 표준형은 최소항들의 합으로 표현되는 논리식이다. 이렇게 구한 논리식은 간단하게 만들 수 있는 여지가 있다. 부울대수 공식에 따른 논리식 간소화 방법을 적용하여 표준형을 간소화한다.

예제 4-4 〈표 4-4〉와 같은 진가표에 대한 논리식을 구하라.

〈표 4-4〉 3변수 진가표

x	y	z	F
0	0	0	0
0	0	1	1
0	1	0	0
0	1	1	1
1	0	0	0
1	0	1	0
1	1	0	1
1	1	1	1

풀이

(1) 최소항의 합으로 표현되는 논리식을 구한다. 〈표 4-5〉는 예제의 진가표를 최소항으로 분해한 것을 보여준다. 출력 F는 출력 중 하나만 1이고 나머지가 0인 최소항 m_1, m_3, m_6, m_7의 합으로 나타낼 수 있다.

$$F(x,y,z) = m_1 + m_3 + m_6 + m_7 = x'y'z + x'yz + xyz' + xyz$$

(2) 부울대수 공식을 이용하여 간소화한다. 위 식에서 출력을 구성하는 최소항들 간에 인접항(adjacent term)을 찾아 간소화한다. 인접항은 AND 항을 구성하는 논리변수의 표현이 하나만 다른 것이다.

$$\begin{aligned} F(x, y, z) &= x'y'z + x'yz + xyz' + xyz \\ &= x'z(y'+y) + xy(z'+z) \\ &= x'z + xy \end{aligned}$$

〈표 4-5〉 진가표를 최소항으로 분해

x	y	z	m_1	m_3	m_6	m_7	F
0	0	0	0	0	0	0	0
0	0	1	1	0	0	0	1
0	1	0	0	0	0	0	0
0	1	1	0	1	0	0	1
1	0	0	0	0	0	0	0
1	0	1	0	0	0	0	0
1	1	0	0	0	1	0	1
1	1	1	0	0	0	1	1

지금까지 최소항을 사용하여 진가표에 대한 논리식을 구하는 방법을 설명하였다. 간소화 과정에 여러 가지 형태가 나타날 수 있고, 경우에 따라 간소화 과정이 간단하지 않을 수도 있다. 논리회로를 설계하기 위하여 논리식을 간소화하는 많은 사례에 대한 연습이 필요하다.

4.1.3 무관조건

논리회로 동작을 표현하는 진가표의 출력은 일반적으로 0 또는 1 둘 중 하나이다. 그러나 논리회로를 설계하다 보면, 특정한 입력신호 조합이 절대로 발생하지 않거나, 입력신호 조합이 발생하더라도 그 입력에 대한 출력이 회로 동작에 아무 영향을 주지 않을 때가 있다. 이 조건을 **무관조건(don't care condition)**이라고 한다.

논리회로 동작을 해석하거나 표현할 때 무관조건에 해당하는 입력이나 출력을 고려하지 않아도 된다. 무관조건에 해당하는 입력 값이나 출력 값을 0과 1 대신에 x 또는 d로 표현한다. 논리회로를 표현하는 진가표에 무관조건이 많을수록, 인접항이 많아질 가능성이 커지므로, 해당 진가표를 표현하는 논리식이 간단해지고 논리회로도도 간단해진다.

〈표 4-6〉은 인에이블 기능이 있는 디코더(decoder)에 대한 진가표이다. 디코더는 4.3절

에서 다룰 예정이지만, 여기에서는 입력신호의 무관조건에 해당하는 부분을 설명한다.

- 이 장치는 입력이 3비트이고 출력이 4비트이다.
- 입력신호 Enable은 장치의 동작 여부를 결정한다.
- Enable 값이 0일 때, 이 장치는 동작하지 않고, Enable 값이 1일 때 올바로 동작한다.
- Enable 값이 0일 때, 입력신호 D_1D_0는 회로 출력에 영향을 주지 않는다. 이 2비트 입력은 입력 무관조건에 해당한다.

무관조건을 사용하면 진가표가 간단해진다. 〈표 4-7〉은 〈표 4-6〉과 동등한 표현이다.

〈표 4-6〉 무관조건을 포함한 디코더의 진가표

입력			출력			
Enable	D_1	D_0	Y_3	Y_2	Y_1	Y_0
0	x	x	0	0	0	0
1	0	0	0	0	0	1
1	0	1	0	0	1	0
1	1	0	0	1	0	0
1	1	1	1	0	0	0

〈표 4-7〉 입력 무관조건을 포함하지 않은 디코더의 진가표

입력			출력			
Enable	D_1	D_0	Y_3	Y_2	Y_1	Y_0
0	0	0	0	0	0	0
0	0	1	0	0	0	0
0	1	0	0	0	0	0
0	1	1	0	0	0	0
1	0	0	0	0	0	1
1	0	1	0	0	1	0
1	1	0	0	1	0	0
1	1	1	1	0	0	0

이번에는 출력신호 무관조건에 대한 예제를 살펴보자. 8421 BCD 코드가 입력될 때, 이것을 [그림 4−5]와 같은 7-세그먼트 표시장치에 출력하는 논리회로인 7-세그먼트 디코더의 진가표를 구해보자. 7-세그먼트 표시장치는 LED(Light Emitting Diode) 7개가 8자 모양으로 배치되어 있고, LED를 선택하여 켜고 끔으로써 숫자를 표시하는 장치이다. LED는 입력이 1일 때 불이 켜지고, 0일 때 불이 꺼지는 반도체 소자이다. 7-세그먼트 표시장치의 입력과 출력신호는 다음과 같다.

- 입력신호
  - 4개의 입력신호를 A, B, C, D라고 정한다. A가 MSB이다.
  - 입력신호는 BCD 숫자이므로 0000부터 1001까지 사용하고, 1010부터 1111까지 6개의 입력 조합은 발생하지 않는다.
- 출력신호
  - 7개의 출력신호를 [그림 4−5]와 같이 a, b, c, d, e, f, g라고 정한다.
  - 각 LED는 출력이 1일 때 LED가 켜지고, 출력이 0일 때 LED가 꺼진다고 가정한다.
  - 입력 1010부터 1111까지 출력이 출력 무관조건이다. 이 조합은 입력으로 사용되지 않으므로, 어떤 출력이 나오더라도 동작에 영향을 주지 않는다.

이 회로의 진가표는 〈표 4−8〉과 같다. 입력 1010부터 1111까지는 절대로 발생하지 않을 것이므로, 이 입력 조합에 대한 출력은 0이든 1이든 중요하지 않으며, 진가표에 x(또는 d)로 표현한다.

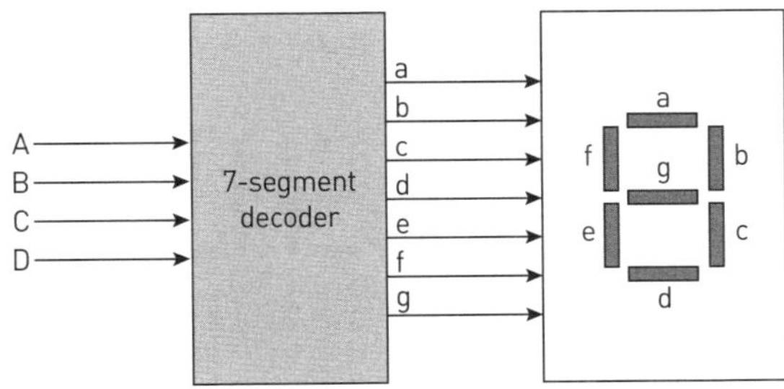

[그림 4-5] 7-세그먼트 표시장치

〈표 4-8〉 7-세그먼트 표시장치 디코더 진가표

16진수	A	B	C	D	a	b	c	d	e	f	g
0	0	0	0	0	1	1	1	1	1	1	0
1	0	0	0	1	0	1	1	0	0	0	0
2	0	0	1	0	1	1	0	1	1	0	1
3	0	0	1	1	1	1	1	1	0	0	1
4	0	1	0	0	0	1	1	0	0	1	1
5	0	1	0	1	1	0	1	1	0	1	1
6	0	1	1	0	1	0	1	1	1	1	1
7	0	1	1	1	1	1	1	0	0	1	0
8	1	0	0	0	1	1	1	1	1	1	1
9	1	0	0	1	1	1	1	1	0	1	1
A	1	0	1	0	x	x	x	x	x	x	x
B	1	0	1	1	x	x	x	x	x	x	x
C	1	1	0	0	x	x	x	x	x	x	x
D	1	1	0	1	x	x	x	x	x	x	x
E	1	1	1	0	x	x	x	x	x	x	x
F	1	1	1	1	x	x	x	x	x	x	x

예제 4-5 7-세그먼트를 사용하여 [그림 4-6]과 같이 A, b, C, d, E, F를 표현하기도 한다. 입력신호 1010(A)부터 1111(F)에 해당하는 진가표를 완성하라.

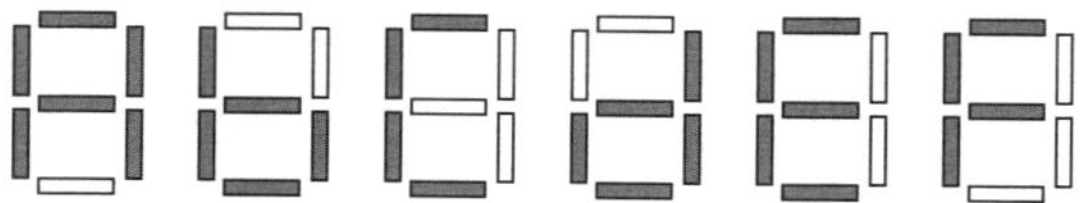

[그림 4-6] 7-세그먼트를 이용한 16진수 표시

풀이

A부터 F에 해당하는 7-세그먼트 표시장치의 출력은 〈표 4-9〉와 같다.

〈표 4-9〉 A부터 F에 해당하는 출력 진가표

16진수	A	B	C	D	a	b	c	d	e	f	g
A	1	0	1	0	1	1	1	0	1	1	1
B	1	0	1	1	0	0	1	1	1	1	1
C	1	1	0	0	1	0	0	1	1	1	0
D	1	1	0	1	0	1	1	1	1	0	1
E	1	1	1	0	1	0	0	1	1	1	1
F	1	1	1	1	1	0	0	0	1	1	1

4.1 조합 논리회로 소개 요약

조합 논리회로는 입력의 조합에 따라 출력을 결정한다. 입력이 n개이고 출력이 m개인 n×m 조합 논리회로의 동작을 진가표, 논리식, 논리회로도로 표현할 수 있다. 진가표는 입력 2^n개 조합에 대한 출력 값을 표로 나타낸 것이다. 논리식은 출력을 입력신호의 논리 연산식으로 표현한 것이다. 논리회로도는 논리식을 논리게이트의 연결로 표현한 것이다. 진가표에 대한 논리식을 구하는 과정은 두 단계로 수행된다. 먼저 진가표에 출력이 1로 나타난 최소항들을 찾아 논리식을 최소항의 합(sum of minterms)으로 표현한다. 그러고 나서 부울대수 공식을 사용하여 간소화한다. 논리회로의 입력과 출력 값은 0 또는 1이지만, 경우에 따라 0과 1을 구별할 필요가 없을 수도 있다. 이 조건에 해당하는 입력이나 출력을 무관조건(don't care condition)이라고 한다.

4.2 산술 조합 논리회로

산술연산(arithmetic operation) 회로는 2진수 사칙 연산과 논리 연산을 수행하는 조합 논리회로이다. 연산 회로는 입력 조합에 대하여 항상 같은 연산 결과값을 산출한다. 그러므로 산술연산 회로는 조합 논리회로이다. 이 절에서는 가산기, 비교기, 패리티 발생기를 소개한다.

- 4.2.1 **가산기**: 2진수를 더하는 가산기를 소개한다.
- 4.2.2 **비교기**: 두 개의 2진수 크기를 비교하는 조합 논리회로를 소개한다.
- 4.2.3 **패리티 발생기와 패리티 검사기**: 2진 데이터에 대한 패리티를 생성하고 검사하는 조합 논리회로를 소개한다.

4.2.1 가산기

가산기는 두 개의 2진수를 더하는 조합 논리회로이다. 가산기 출력은 합(sum)과 자리올림수(carry)이다. 가산기는 [그림 4-7]과 같이 세 가지로 구분할 수 있다.

- [그림 4-7(a)] **반가산기(HA, half adder)**: 한 비트 2진수 A와 B를 더하여 합(S)과 자리올림수(C)를 구한다.
- [그림 4-7(b)] **전가산기(FA, full adder)**: 한 비트 2진수 A와 B, 그리고 한 자리 아래 단에서 발생한 자리올림수(C_{in})까지 세 비트의 값을 더하여 합(S)과 자리올림수(C_{out})를 구한다.
- [그림 4-7(c)] **병렬가산기(PA, parallel adder)**: 여러 비트 2진수 두 개를 더하여 합과 자리올림수를 구한다. [그림 4-7(c)]는 4비트를 더하는 예이다. 각 자리에서 발생한 자리올림수가 다음 자리 덧셈으로 전파된다.

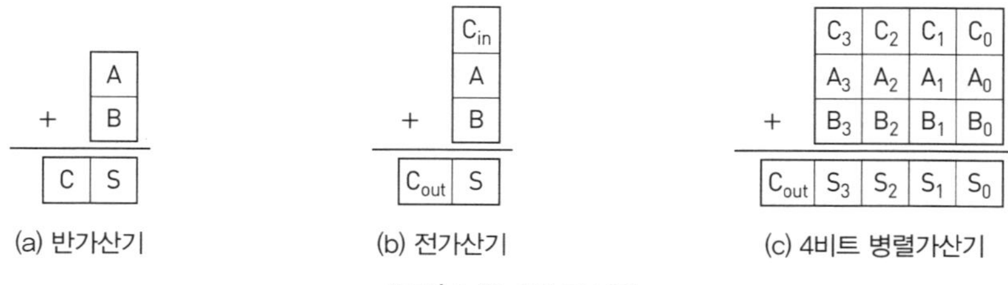

[그림 4-7] 2진 가산기

〈표 4-10〉 반가산기 동작 특성표

입력		출력		설명
A	B	C	S	A + B = CS
0	0	0	0	0 + 0 = 00
0	1	0	1	0 + 1 = 01
1	0	0	1	1 + 0 = 01
1	1	1	0	1 + 1 = 10

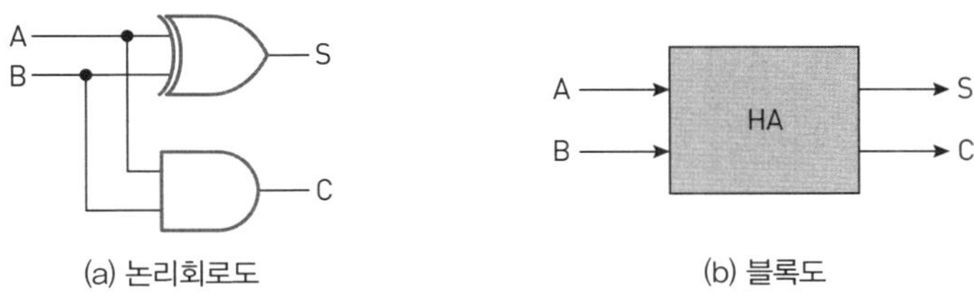

(a) 논리회로도 (b) 블록도

[그림 4-8] 반가산기

반가산기(HA, half adder)는 두 비트를 더하여 합과 자리올림수를 구하는 조합 논리회로이다. 두 개의 입력 비트를 A, B라 하고, 두 비트 출력 중에서 합을 S, 자리올림수를 C라고 할 때, 반가산기 동작 특성표는 〈표 4-10〉와 같다. 반가산기 출력 논리식은 다음과 같고, 논리회로도는 [그림 4-8(a)]와 같다. 반가산기를 [그림 4-8(b)]와 같이 블록으로 표현할 수 있다.

$S = A \oplus B$ // {A, B} = {0, 1} 또는 {1, 0}일 때, 합이 1

$C = A \cdot B$ // {A, B} = {1, 1}일 때, 자리올림수 발생

〈표 4-11〉 전가산기 동작 특성표

입력			출력		설명
A	B	C_{in}	C	S	$A + B + C_{in} = C_{out}S$
0	0	0	0	0	0 + 0 + 0 = 00
0	0	1	0	1	0 + 0 + 1 = 01
0	1	0	0	1	0 + 1 + 0 = 01
0	1	1	1	0	0 + 1 + 1 = 10
1	0	0	0	1	1 + 0 + 0 = 01
1	0	1	1	0	1 + 0 + 1 = 10
1	1	0	1	0	1 + 1 + 0 = 10
1	1	1	1	1	1 + 1 + 1 = 11

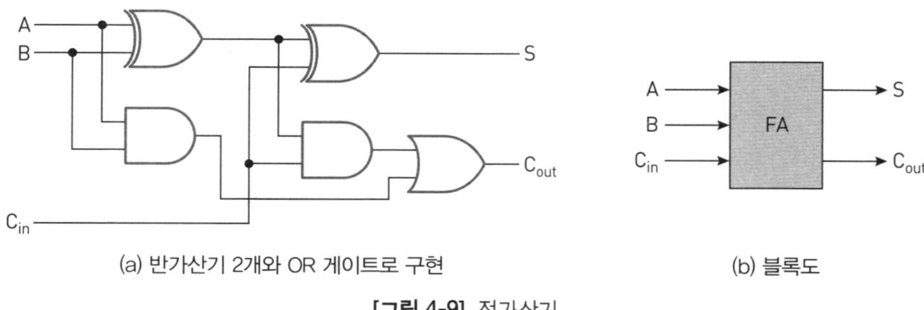

(a) 반가산기 2개와 OR 게이트로 구현

(b) 블록도

[그림 4-9] 전가산기

전가산기(FA, full adder)는 한 비트 2진수 두 개와 한 자리 아래 단에서 발생한 자리올림수까지 세 비트의 값을 더하여 합과 자리올림수를 구하는 조합 논리회로이다. 두 개의 입력 비트를 A, B, 이전 단에서 올라오는 자리올림수를 C_{in}이라고 하고, 이 세 비트의 합을 S, 자리올림수를 C_{out}이라고 할 때, 〈표 4-11〉과 같은 값을 출력한다. [그림 4-9]는 반가산기로 구현한 전가산기 회로도와 전체를 하나의 블록으로 표현한 블록도이다. 전가산기는 A와 B를 더한 합에 다시 C_{in}을 더하는 것으로 생각할 수 있다. 전가산기의 합 S는 A와 B를 더한 합 A⊕B에 다시 C_{in}을 더하여 구한다. 그러므로 입력신호 중 1이 홀수일 때 합이 1이다.

$$S = (A \oplus B) \oplus C_{in} = A \oplus B \oplus C_{in} \qquad // \{A, B, C_{in}\} \text{ 중 1이 홀수일 때, 합이 1}$$

전가산기의 자리올림수 C_{out}은 다음과 같은 두 가지 경우 중 하나가 발생할 때 1이 된다.

1. A·B: A와 B를 더했을 때 자리올림수가 발생할 때
2. $(A \oplus B) \cdot C_{in}$: A와 B를 더한 합이 1이고, 이전 단에서 자리올림수가 발생할 때

이것을 논리식으로 표현하면 다음과 같다.

$$C_{out} = A \cdot B + (A \oplus B) \cdot C_{in}$$

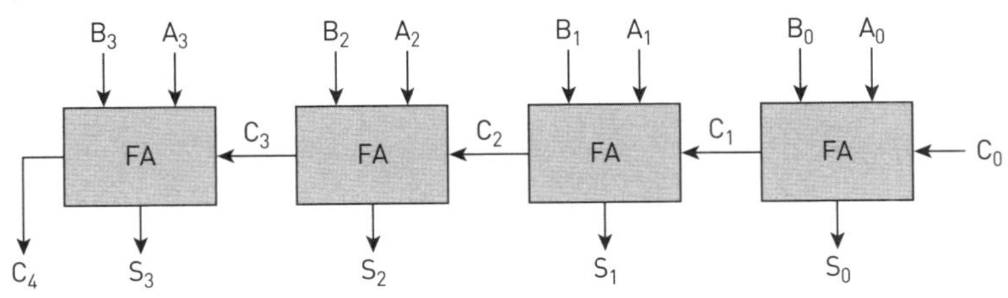

[그림 4-10] 4비트 병렬가산기

전가산기 여러 개를 사용하여 여러 비트를 더하는 **병렬가산기(PA, parallel adder)**를 만들 수 있다. [그림 4-10]은 $A_3A_2A_1A_0 + B_3B_2B_1B_0 = C_{out}S_3S_2S_1S_0$ 계산을 수행하는 4비트 병렬가산기이다. 전가산기를 n개 연결하면 n비트 병렬가산기를 만들 수 있다.

예제 4-6 4비트 병렬가산기로 0011+1110을 계산할 때, 각 비트 덧셈에서 발생하는 합과 자리올림수를 구하라. 단, C_0의 값은 0이다.

풀이

자리올림수	1 1 1 0
입력 X	0 0 1 1
입력 Y	1 1 1 0
합	0 0 0 1

합 $S_3S_2S_1S_0 = 0001$, 자리올림수 $C_4C_3C_2C_1 = 1110$

전가산기를 직렬로 연결한 병렬가산기는 자리올림수가 LSB부터 MSB로 전파되기 때문에, 비트 수가 증가할수록 동작 속도가 느려지는 단점이 있다. 이 단점을 보완하기 위하여 상위 단에서 사용할 자리올림수를 먼저 계산하여 제공하는 LAC(Look Ahead Carry) 발생기를 사용한다.

4.2.2 비교기

비교기(comparator)는 두 개의 부호 없는 수를 비교하여 작다(LT, Less than), 같다

(EQ, Equal to), 크다(GT, Greater than)를 출력하는 조합 논리회로이다. 먼저 한 비트 비교기의 동작을 생각해 보자. 입력신호를 A, B라고 할 때, 다음과 같은 네 가지 경우가 있을 수 있다.

- A=0, B=0일 때, A와 B의 값이 같다. 입력신호 조건은 논리식으로 A′·B′이다.
- A=0, B=1일 때, A가 B보다 작다. 입력신호 조건은 논리식으로 A′·B이다.
- A=1, B=0일 때, A가 B보다 크다. 입력신호 조건은 논리식으로 A·B′이다.
- A=1, B=1일 때, A와 B의 값이 같다. 입력신호 조건은 논리식으로 A·B이다.

〈표 4−12〉는 이 관계를 표현한 것이다. 첫 번째와 마지막이 '같다'에 해당한다. 이것을 논리식으로 나타내면 다음과 같다. [그림 4−11]은 1비트 비교기의 논리회로도와 블록도이다.

$LT = A' \cdot B$　　// Less than　　A=0, B = 1

$EQ = A' \cdot B' + A \cdot B = (A \oplus B)'$　　// Equal to　　AB = 00 or AB = 11

$GT = A \cdot B'$　　// Greater than　　A=1, B=0

〈표 4-12〉 1비트 비교기 특성표

입력		출력			비고
A	B	LT	EQ	GT	
0	0	0	1	0	A = B
0	1	1	0	0	A 〈 B
1	0	0	0	1	A 〉 B
1	1	0	1	0	A = B

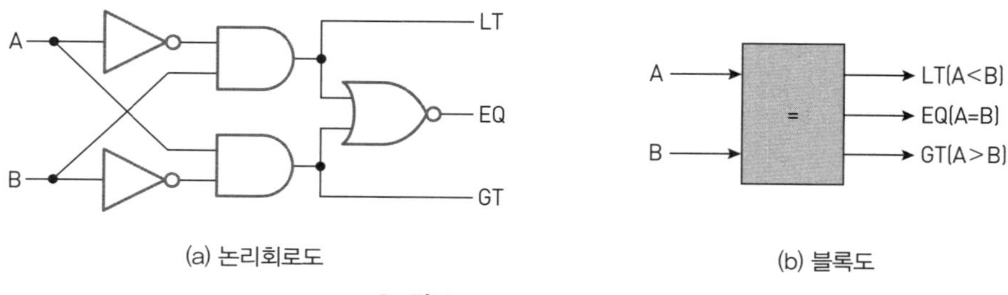

(a) 논리회로도　　(b) 블록도

[그림 4-11] 1비트 비교기

1비트 비교기 여러 개를 사용하여 여러 비트에 대한 비교기를 만들 수 있다. [그림 4-12]는 4비트 비교기의 블록도이다. 입력신호는 4비트로 확장되고, 출력은 작다(LT), 같다(EQ), 크다(GT) 그대로이다. 〈표 4-13〉은 4비트 비교기의 특성표이다. 특성표에서 대문자 X는 A와 B의 비트 값이 같음을 나타내고, 소문자 d는 무관조건을 나타낸다. 4비트 비교기의 출력은 다음과 같이 결정된다.

- LT = 1 (A<B): 상위 비트부터 비교하여, 상위 비트의 값이 모두 같고, A_k=0이고 B_k=1일 때 A가 B보다 작다. k는 비트 값이 다른 첫 번째 위치이다.
- EQ = 1 (A=B): 각 비트 값이 모두 같으면, A와 B가 같다.
- GT = 1 (A>B): 상위 비트부터 비교하여, 상위 비트의 값이 모두 같고, A_k=1이고 B_k=0일 때 A가 B보다 크다.

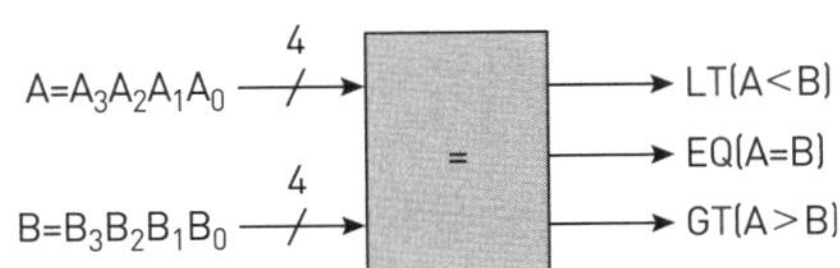

[그림 4-12] 4비트 비교기 블록도

〈표 4-13〉 4비트 비교기 특성표

입력		출력			비고
A_3 A_2 A_1 A_0	B_3 B_2 B_1 B_0	LT	EQ	GT	
X_3 X_2 X_1 0	X_3 X_2 X_1 1	1	0	0	A < B
X_3 X_2 0 d	X_3 X_2 1 d	1	0	0	
X_3 0 d d	X_3 1 d d	1	0	0	
0 d d d	1 d d d	1	0	0	
X_3 X_2 X_1 X_0	X_3 X_2 X_1 X_0	0	1	0	A=B
X_3 X_2 X_1 1	X_3 X_2 X_1 0	0	0	1	A > B
X_3 X_2 1 d	X_3 X_2 0 d	0	0	1	
X_3 1 d d	X_3 0 d d	0	0	1	
1 d d d	0 d d d	0	0	1	

예제 4-7 4비트 비교기의 입력이 다음과 같을 때, 출력 LT, EQ, GT 값을 구하라.

(1) A = 1010, B = 1001

(2) A = 0101, B = 0101

(3) A = 0001, B = 0010

풀이

(1) A(10) > B(9)이므로, LT = 0, EQ = 0, GT = 1

(2) A(5) = B(5)이므로, LT = 0, EQ = 1, GT = 0

(3) A(1) < B(2)이므로, LT = 1, EQ = 0, GT = 0

4.2.3 패리티 발생기와 패리티 검사기

패리티는 데이터를 전달하는 과정에서 오류가 발생했는지 검사하는 가장 간단한 방법이다. **패리티 비트**(parity bit)는 여러 비트로 구성된 2진 데이터에 1을 짝수 또는 홀수로 맞추기 위하여 추가하는 비트이다. 일반적으로 패리티 비트는 여러 비트로 구성된 2진수의 MSB에 붙인다.

- **짝수 패리티**(even parity): 패리티 비트와 데이터 비트에 포함된 1을 짝수가 되도록 추가한 비트
- **홀수 패리티**(odd parity): 패리티 비트와 데이터 비트에 포함된 1을 홀수가 되도록 추가한 비트

〈표 4-14〉는 7비트 아스키코드 앞에 패리티를 추가하여 8비트로 만든 예이다. MSB가 패리티 비트이다. 패리티는 데이터 통신의 송신부(sender)에서 패리티를 생성하여 데이터와 함께 보내고, 수신부(receiver)에서 패리티를 검사하여 데이터 오류 발생 여부를 확인하는데 주로 사용된다.

〈표 4-14〉 아스키코드에 추가한 패리티

아스키코드	7비트 코드	짝수 패리티	홀수 패리티
'A'	100_0001	0_100_0001	1_101_0011
'T'	101_0100	1_101_0100	0_101_0100

예제 4-8 아스키코드에 짝수 패리티를 추가하여 문자 'A'를 전송했을 때, 수신부에서 다음과 같은 데이터를 수신하였다. 데이터가 올바른지 판단하라.

(1) 0_100_0001
(2) 0_100_1001
(3) 1_100_1001

풀이

(1) 수신 데이터의 1이 짝수이다. 수신부는 올바른 데이터를 수신한 것으로 판단한다.
(2) 수신 데이터의 1이 홀수이다. 수신부는 잘못된 데이터를 수신한 것으로 판단한다. 그렇지만 어느 비트가 틀렸는지 알 수 없다.
(3) 수신 데이터의 1이 짝수이다. 수신부는 올바른 데이터를 수신한 것으로 판단한다. 실제로 원본 데이터와 두 비트가 다른 데이터를 수신한 것이다.

패리티를 사용하면 수신부는 홀수 개의 비트가 잘못된 것만을 검출할 수 있고, 짝수 개의 비트가 달라진 것을 검출할 수 없다. 그리고 오류 발생 여부만 알 수 있고, 어느 비트에서 오류가 발행했는지 알 수 없다. 따라서 오류를 찾아 수정할 수 없다.

사용자는 짝수 패리티를 사용할지 홀수 패리티를 사용할지 정한다. 일반적으로 짝수 패리티를 사용하며, 이 교재에서도 따로 언급하지 않으면 짝수 패리티를 사용하는 것으로 가정한다. **패리티 생성기**(parity generator)는 데이터에 대하여 짝수 패리티를 생성하고, **패리티 검출기**(parity checker)는 패리티가 붙어있는 데이터에 대하여 짝수 패리티가 올바른지 검사한다. XOR 게이트는 입력 데이터의 1이 홀수일 때 1을 출력하고, 짝수일 때 0을 출력한다. 그러므로 XOR 게이트를 짝수 패리티 생성기와 패리티 검출기로 사용할 수 있다. 7비트 아스키코드에 대한 패리티 발생기와 검사기의 논리식은 다음과 같다.

$$P = X_6 \oplus X_5 \oplus X_4 \oplus X_3 \oplus X_2 \oplus X_1 \oplus X_0 \quad // \text{ 패리티 발생기}$$
$$C = P \oplus X_6 \oplus X_5 \oplus X_4 \oplus X_3 \oplus X_2 \oplus X_1 \oplus X_0 \quad // \text{ 패리티 검사기}$$

P는 생성된 짝수 패리티 비트이다. C=1이면, 패리티 비트를 포함한 데이터에 1이 홀수이므로 오류가 발생한 것이다.

4.2 산술 조합 논리회로 요약

산술 연산은 입력 값에 따라 항상 출력이 같으므로, 조합 논리회로로 구현할 수 있다. 가산기는 2진수를 더한다. 반가산기는 1비트를 더하여 합과 자리올림수를 생성한다. 전가산기는 이전 단에서 올라오는 자리올림수까지 함께 더하는 1비트 가산기이다. 병렬가산기는 여러 비트의 2진수를 더하는 가산기이고, 여러 개의 전가산기를 연결하여 만든다. 비교기는 두 개의 2진수를 비교하여 {작다, 같다, 크다} 중 하나를 1로 만든다. 패리티 발생기는 2진 데이터에 패리티를 추가하고, 패리티 검사기는 패리티가 추가된 2진 데이터가 올바른지 검사한다. XOR 게이트는 데이터에 포함된 1의 수가 홀수일 때 1을 출력하므로, 패리티 생성기와 검사기를 만들 때 사용된다.

4.3 조합 논리회로 빌딩블록

규모가 큰 논리회로를 설계할 때 미리 만들어져 있는 부품을 사용하는 것이 더 편리하다. 이런 부품을 빌딩블록(building block)이라고 한다. 컴퓨터 구조를 공부할 때 빌딩블록의 기능을 이해하고 있는 것이 매우 중요하다. 이 교재에서는 다음과 같은 빌딩블록의 기능과 용도에 대하여 설명한다.

- 4.3.1 인코더와 디코더(encoder/decoder)
- 4.3.2 멀티플렉서와 디멀티플렉서(multiplexer/demultiplexer)

4.3.1 인코더와 디코더

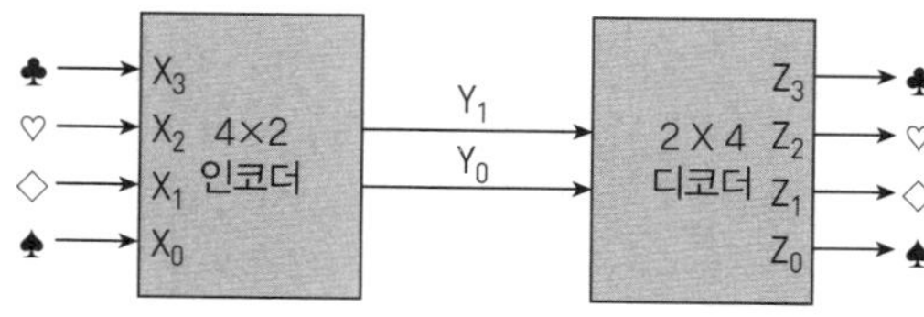

[그림 4-13] 인코더와 디코더

〈표 4-15〉 4비트 인코더

기호	입력				출력		코드
	X_3	X_2	X_1	X_0	Y_1	Y_0	
♠	0	0	0	1	0	0	00
◇	0	0	1	0	0	1	01
♡	0	1	0	0	1	0	10
♣	1	0	0	0	1	1	11

〈표 4-16〉 4비트 디코더

코드	입력		출력				기호
	Y_1	Y_0	Z_3	Z_2	Z_1	Z_0	
00	0	0	0	0	0	1	♠
01	0	1	0	0	1	0	◇
10	1	0	0	1	0	0	♡
11	1	1	1	0	0	0	♣

기호 집합 {♠, ◇, ♡, ♣}가 있을 때 각 원소에 대응하는 2진수 코드를 {00, 01, 10, 11}라고 하자. [그림 4-13]의 왼편과 같이 각 기호에 대한 코드를 생성하는 회로가 **인코더(encoder)**이다. 인코드는 '코드를 만든다'는 뜻이다. 〈표 4-15〉는 4비트 인코더의 동작 특성표이다. 인코더는 유한 개의 원소를 가진 기호 집합의 원소에 대한 2진수 코드를 생성하는 장치이다. 인코더는 최대 2^n비트의 입력신호에 대하여 n비트 코드를 생성한다. 인코더의 출력은 기호에 부여된 숫자, 즉 코드이다.

디코더(decoder)는 인코더 동작과 반대로 n비트 코드를 입력으로 받아 그 코드에 해당하는 2^n비트의 출력을 생성한다. 디코드는 '코드를 푼다'는 의미이다. [그림 4-13]에서 Y가 입력이고 Z가 출력인 회로가 디코더이다. 디코더의 정논리 출력은 코드에 해당하는 기호를 의미하는 출력 비트만 1이고 나머지 출력 비트들의 값은 모두 0이다. 〈표 4-16〉은 디코더의 동작 특성표이다. 입력이 n비트인 디코더는 최대 2^n개의 출력을 가질 수 있다.

〈표 4-15〉의 인코더는 입력이 4비트이므로 입력의 가능한 조합이 2^4=16개이다. 그렇지만 이 인코더는 1이 하나만 있는 입력 값의 조합 {0001, 0010, 0100, 1000}만 고려하고 있

다. 입력신호 중에 동시에 1인 경우가 없고, 항상 한 개의 입력신호만 1이라는 전제가 붙어 있다. 이 문제를 해결하기 위하여 인코더의 입력에 우선순위를 부여한 것이 **우선순위 인코더**(priority encoder)이다. 4비트 우선순위 인코더의 특성표는 〈표 4-17〉과 같다. 비트 위치가 큰 곳에 우선순위를 주었고, 입력 데이터에 1이 하나라도 있을 때, 출력이 유효하다는 것을 표현하기 위하여 출력 V(valid)를 추가한다. 입력 X=0000일 때, V=0이므로 출력 Y은 아무 의미가 없다.

〈표 4-17〉을 보고 우선순위 인코더의 출력 논리식을 구할 수 있다. 회로도는 [그림 4-14]와 같다.

$V = X_3 + X_2 + X_1 + X_0$ // 입력 중 하나가 1일 때, V는 1이다.

$Y_1 = X_3 + X_2$ // $X_3 = 1$ 또는 $X_2 = 1$일 때, Y_1은 1이다.

$Y_0 = X_3 + X_2' \cdot X_1$ // $X_3 = 1$ 또는 $X_2X_1 = 01$일 때, Y_0은 1이다.

〈표 4-17〉 4비트 우선순위 인코더

입력				출력		
X_3	X_2	X_1	X_0	Y_1	Y_0	V
0	0	0	0	x	x	0
0	0	0	1	0	0	1
0	0	1	x	0	1	1
0	1	x	x	1	0	1
1	x	x	x	1	1	1

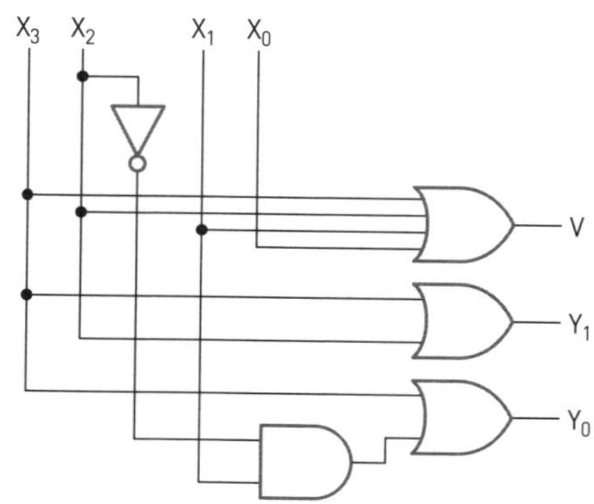

[그림 4-14] 4비트 우선순위 인코더 논리회로도

예제 4-9 4비트 우선순위 인코더의 입력이 다음과 같을 때 출력을 구하라. 단, 출력 V=0일 때, Y 값으로 Y_1Y_0 = 00을 출력한다고 가정한다.

(1) X = 0110

(2) X = 0000

(3) X = 0001

풀이

(1) X = 01xx 형태이므로, Y = 10, Valid = 1

(2) X = 0000일 때, Y = 00, Valid = 0

(3) X = 0001이므로, Y = 00, Valid = 1

〈표 4-18〉 인에이블 제어선이 있는 출력 부논리 디코더

E	X_1	X_0	$/Y_3$	$/Y_2$	$/Y_1$	$/Y_0$
0	X	X	1	1	1	1
1	0	0	1	1	1	0
1	0	1	1	1	0	1
1	1	0	1	0	1	1
1	1	1	0	1	1	1

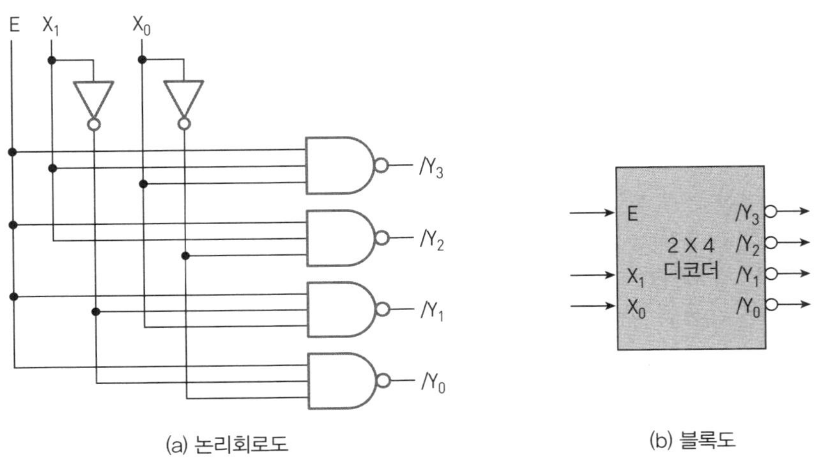

[그림 4-15] 정논리 입력 부논리 출력 2×4 디코더

〈표 4-18〉은 인에이블 제어선이 있는 2×4 디코더의 특성표이다. [그림 4-15]는 논리회로도와 블록도를 보여준다. 이것은 다음과 같이 동작한다.

- 입력 X는 정논리이고, 출력 /Y는 부논리이다. 즉, 출력은 0일 때 의미 있는 신호이다.
- 인에이블 신호 E는 디코더 기능을 수행할지 하지 않을지 제어한다.
- E = 0일 때, 출력 Y = 1111이다. 즉, 디코더로 기능을 수행하지 않는다.
- E = 1일 때, 디코더로 동작한다. 입력 X의 값에 해당하는 출력 비트가 0이고 나머지는 1이다.

이 예제의 디코더는 출력이 부논리로 동작한다. 부논리를 나타내기 위하여 출력 이름에 / 를 붙이고, 블록도의 부논리 신호에 작은 동그라미(버블, bubble)를 붙인다. 이 디코더의 출력 논리식은 다음과 같다.

$$/Y_3 = E \cdot X_1 \cdot X_0 \qquad // \ E=1\text{이고 } X_1X_0 = 11\text{일 때, } /Y_3 = 0$$
$$/Y_2 = E \cdot X_1 \cdot X_0' \qquad // \ E=1\text{이고 } X_1X_0 = 10\text{일 때, } /Y_2 = 0$$
$$/Y_1 = E \cdot X_1' \cdot X_0 \qquad // \ E=1\text{이고 } X_1X_0 = 01\text{일 때, } /Y_1 = 0$$
$$/Y_0 = E \cdot X_1' \cdot X_0' \qquad // \ E=1\text{이고 } X_1X_0 = 00\text{일 때, } /Y_0 = 0$$

예제 4-10 [그림 4-15] 2×4 디코더의 입력이 다음과 같을 때 출력을 구하라.

(1) E = 0, X = 01

(2) E = 1, X = 01

(3) E = 1, X = 11

풀이

(1) E = 0이므로 동작 불가(disable) 상태이다. 따라서 /Y = 1111

(2) E = 1이므로 동작 가능 상태이고, X = 01이므로 /Y = 1101

(3) E = 1이므로 동작 가능 상태이고, X = 11이므로 /Y = 0111

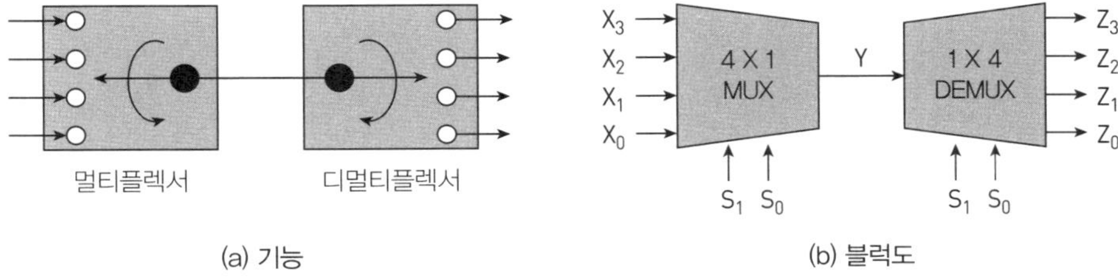

(a) 기능 (b) 블럭도

[그림 4-16] 멀티플렉서와 디멀티플렉서

〈**표 4-19**〉 멀티플렉서와 디멀티플렉서의 특성표

멀티플렉서		
S_1	S_0	Y
0	0	X_0
0	1	X_1
1	0	X_2
1	1	X_3

디멀티플렉서					
S_1	S_0	Z_3	Z_2	Z_1	Z_0
0	0	0	0	0	Y
0	1	0	0	Y	0
1	0	0	Y	0	0
1	1	Y	0	0	0

4.3.2 멀티플렉서와 디멀티플렉서

멀티플렉서(multiplexer, MUX)는 여러 개의 입력선 중에서 하나를 선택하여 한 개의 출력선으로 전달하는 조합 논리회로이다. **디멀티플렉서**(demultiplexer, DEMUX)는 멀티플렉서의 반대 동작을 수행하는 빌딩블록으로 하나의 선으로 전송된 신호를 여러 곳 중 하나로 분배한다. [그림 4-16(a)]는 멀티플렉서와 디멀티플렉서의 기능을 스위치 형태로 표현한 것이다. 멀티플렉서는 네 개의 입력선 중에서 하나를 선택하여 출력으로 전달하는 스위치 기능을 수행하고, 디멀티플렉서는 하나의 입력선을 네 개의 출력 중 하나로 전달하는 스위치 기능을 수행한다. 〈표 4-19〉는 [그림 4-16]의 멀티플렉서와 디멀티플렉서에 대한 동작 특성표이다.

멀티플렉서 입력은 회로를 통과하려는 신호선과 통과하는 신호를 선택하는 제어선으로 구성되어 있다. [그림 4-16(a)] 멀티플렉서는 스위치로 표현되어 있지만, 논리회로 멀티플렉서는 출력으로 전달할 입력을 결정하는 별도의 선택선을 필요로 한다. 2^n비트의 입력선 중 하나를 선택하기 위하여 n비트의 선택선이 필요하다. [그림 4-16(b)] 4×1 멀티플렉서

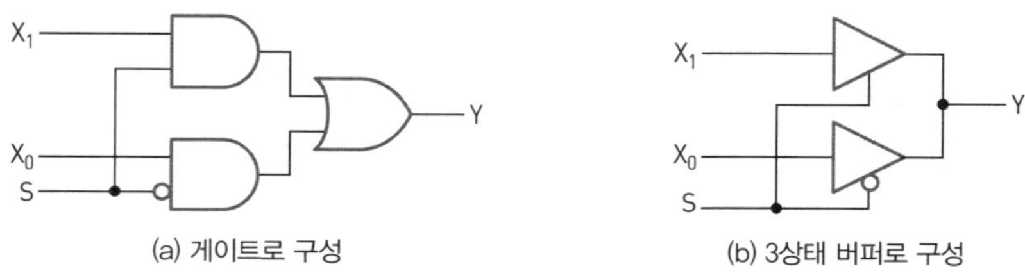

[그림 4-17] 2×1 멀티플렉서

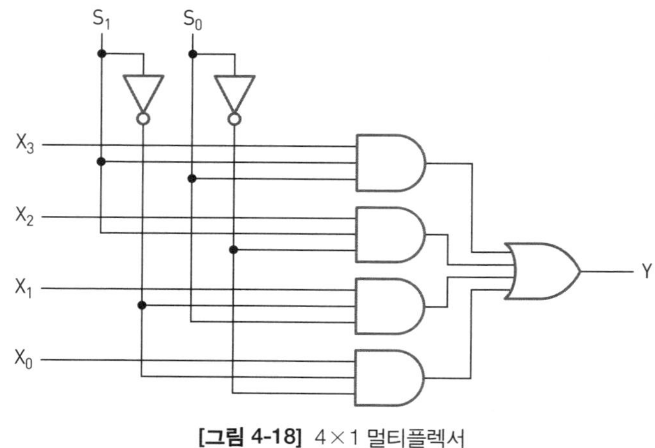

[그림 4-18] 4×1 멀티플렉서

는 입력신호가 4비트이고 선택선은 2비트이다.

디멀티플렉서는 한 개의 입력선과 출력을 선택하는 선택선, 그리고 여러 비트의 출력선으로 구성되어 있다. 한 비트의 입력선을 2^n비트의 출력선 중 하나로 연결하기 위하여 n비트의 제어선이 필요하다. [그림 4-16(b)] 1×4 디멀티플렉서는 2비트의 선택선으로 한 비트의 입력신호를 네 개의 출력 중 하나로 연결한다.

멀티플렉서는 [그림 4-17(a)]와 같이 게이트 조합으로 만들 수도 있고, [그림 4-17(b)]와 같이 3상태 버퍼로 만들 수도 있다. 두 가지 모두 선택 신호 S=0일 때 입력 X_0을 출력 Y로 전달하고, S=1일 때 입력 X_1을 출력 Y로 전달한다. [그림 4-18]은 입력이 4비트인 멀티플렉서의 논리회로도이다. 선택선 S_1S_0으로 출력으로 전달할 네 개의 입력 중 하나를 선택한다.

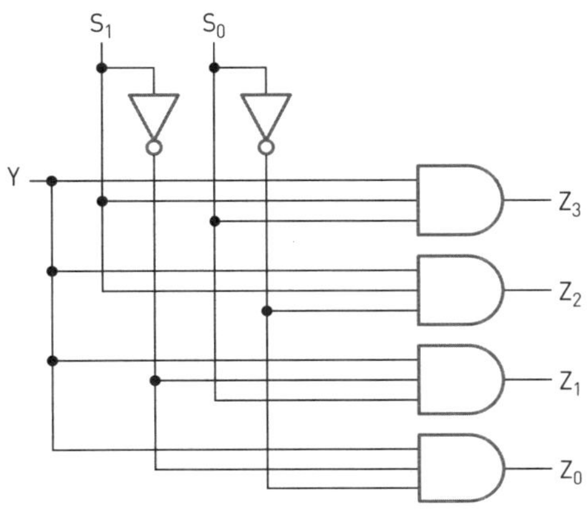

[그림 4-19] 1×4 디멀티플렉서 회로도

[그림 4−19]는 디멀티플렉서 회로도이다. 선택선 S_1S_0의 값에 따라 입력 Y를 출력 중 하나로 연결한다. 이것은 [그림 4−15] 디코더 회로와 같다. 다만 출력이 정논리인 디코더이다. 디코더의 인에이블 신호(E)는 디멀티플렉서의 신호선(Y)에 해당하고, 디코더의 입력 코드 (X_1X_0)는 디멀티플렉서의 선택선(S_1S_0)에 해당한다.

예제 4-11 [그림 4−16(b)] 회로에서 멀티플렉서와 디멀티플렉서의 선택선 입력이 다음과 같을 때, 어느 입력신호 X를 어느 출력 Z로 전달하는가?

멀티플렉서 선택선 S_1S_0 = 01, 디멀티플렉서 선택선 S_1S_0 = 11

풀이

멀티플렉서의 선택선 S_1S_0 = 01이므로, Y = X_1이고, 디멀티플렉서의 선택선 S_1S_0 = 11이므로, Z_3 = Y이다. 따라서 입력신호 X_1을 Z_3으로 전달한다.

4.3 조합 논리회로 빌딩블록 요약

인코더, 디코더, 멀티플렉서, 디멀티플렉서는 자주 사용되는 조합 논리회로 빌딩블록이다. 인코더는 입력신호에 대한 2진수 코드를 생성한다. 우선순위 인코더는 여러 개의 입력신호가 동시에 1인 것을 허용한다. 디코더는 n비트의 코드를 2^n비트의 2진수로 푼다. 멀티플렉서는 n개의 입력 중에 하나를 선택하여 출력으로 전달하고, 디멀티플렉서는 한 개의 입력을 n개의 출력 중 하나로 전달한다.

4.4 요약

이 장에서 소개한 주요 용어는 다음과 같다.

- 조합 논리회로(combinational circuit): 여러 개의 입력신호와 여러 개의 출력신호를 갖고 있으며, 입력신호 값의 조합에 따라 출력신호의 값을 결정하는 회로
- 무관조건(don't care condition): 그 값이 0이든지 1이든지 논리회로 동작에 영향을 주지 않는 입력 또는 출력신호 조건
- 빌딩블록(building block): 디지털 시스템을 설계할 때 부품 형태로 자주 사용되는 기능을 수행하도록 만들어진 회로
- 가산기(adder): 두 개의 2진수를 더하여 합과 자리올림수를 생성하는 조합 논리회로
- 비교기(comparator): 두 개의 2진수를 비교하여 '크다, 같다, 작다'의 세 가지 출력을 생성하는 조합 논리회로
- 패리티 비트(parity bit): 여러 비트로 구성된 2진 데이터에 포함된 1의 수를 짝수 또는 홀수로 맞추도록 추가하는 비트
- 인코더(encoder): 각 신호를 대표하는 2진수 코드를 생성하는 조합 논리회로
- 디코더(decoder): n비트로 구성된 코드를 입력으로 받아 코드에 해당하는 비트를 구별하는 조합 논리회로
- 우선순위 인코더(priority encoder): 여러 개의 입력신호의 값이 동시에 1일 때 우선순위를 정하여 출력을 결정하는 조합 논리회로
- 멀티플렉서(multiplexer): 여러 개의 입력신호 중에서 하나를 선택하여 출력으로 전달하는 조합 논리회로
- 디멀티플렉서(demultiplexer): 하나의 입력신호를 여러 개의 출력 중 하나로 배분하는 조합 논리회로

이 장에서 소개한 조합 논리회로 빌딩블록은 컴퓨터를 포함한 디지털 시스템에서 자주 사용되는 부품이므로, 기능을 잘 이해하고 있어야 한다. 조합 논리회로는 입력신호를 출력으로 전달하기만 할 뿐 데이터를 저장하는 기능이 없다. 다음 장에서는 데이터를 저장하는 기능이 있는 순차 논리회로에 대하여 설명한다.

연습문제 EXERCISE

4.1 조합 논리회로 소개

01 조합 논리회로에 대한 올바른 설명은?

① 입력신호의 조합에 따라 출력을 결정한다.
② 입력신호와 출력의 조합에 따라 출력을 결정한다.
③ 입력신호와 상태의 조합에 따라 출력을 결정한다.
④ 입력신호는 여러 비트일 수 있으나 출력신호는 항상 한 비트이다.

02 조합 논리회로의 동작을 표현하는 방법이 아닌 것은?

① 논리식 ② 상태도
③ 진가표 ④ 논리회로도

03 논리식 F=xz′ + y′z에 대한 진가표를 구하고, 논리회로도를 그려라.

04 그림의 논리회로도에 대한 논리식을 적어라.

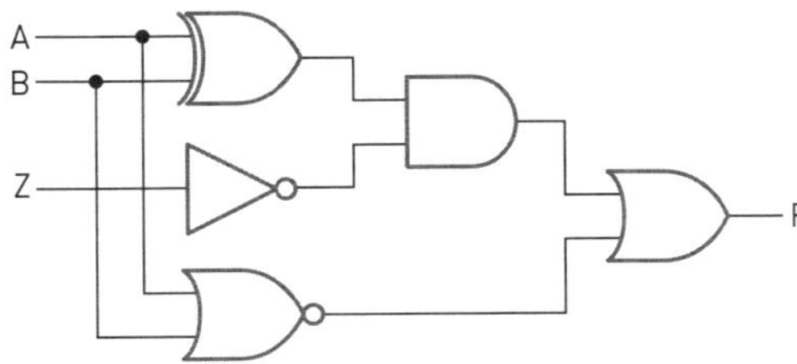

05 무관조건(don't care condition)이란?

① 조합 논리회로로 만들 수 없는 논리회로이다.
② 순차 논리회로로 만들 수 없는 논리회로이다.
③ 짝수 패리티이든 홀수 패리티든 아무거나 붙여도 되는 2진수이다
④ 0과 1 중에 어떤 값을 갖더라도 회로의 동작에 영향을 미치지 않는 신호이다.

06 3비트 입력에 대하여 2진수 값이 3의 배수일 때 출력이 0이고 나머지 조합에 대하여 출력이 1인 조합 논리회로의 진가표를 구하라. 단, 입력 값이 000인 경우는 발생하지 않는다.

4.2 산술 조합 논리회로

01 반가산기(half-adder)의 연산식은? 단, C는 자리올림수, S는 합이다.

① C = XY, S = X+Y
② C = XY, S = X⊕Y
③ C = X+Y, S = XY
④ C = X⊕Y, S = XY

02 입력이 X, Y, C_{in}이고, 출력이 자리올림수(C_{out})와 합(Sum)인 전가산기의 입력에 대한 출력을 구하라.

(1) X = 0, Y = 1, C_{in} = 0
(2) X = 1, Y = 1, C_{in} = 1

03 다음 식과 같이 2비트 입력 두 개를 더하여 3비트 합을 구하는 조합 논리회로에 대한 진가표를 구하라.

$$S_2S_1S_0 = X_1X_0 + Y_1Y_0$$

04 [그림 4-10]의 병렬 가산기로 0110+0101을 계산할 때, 각 비트 덧셈에서 발생하는 합 $S_3S_2S_1S_0$과 자리올림수 $C_4C_3C_2C_1$의 값을 구하라. C_0의 값은 0이다.

05 두 개의 입력신호 값이 같을 때 출력이 1이 되는 게이트는?

① AND ② OR
③ XOR ④ XNOR

06 〈표 4-12〉 4비트 병렬 비교기를 참고하여 다음 입력에 대한 LT, EQ, GT 출력을 구하라.

(1) A = 0101, B = 0101
(2) A = 1010, B = 0110
(3) A = 0001, B = 1100

07 패리티 발생기를 생성하는 게이트와 패리티를 검사하는 게이트를 올바로 짝지은 것은?

① OR, XOR ② XOR, XOR
③ XOR, OR ④ XOR, XNOR

08 짝수 패리티가 붙은 2진수로 해석할 때 오류가 있는 것은?

① 0000_1010 ② 1010_1010
③ 1010_1011 ④ 1010_1100

4.3 조합 논리회로 빌딩블록

01 다음과 같이 동작하는 조합 논리회로의 이름을 적어라.

INPUTS									OUTPUT			
1	2	3	4	5	6	7	8	9	D	C	B	A
H	H	H	H	H	H	H	H	H	H	H	H	H
X	X	X	X	X	X	X	X	L	L	H	H	L
X	X	X	X	X	X	X	L	H	L	H	H	H
X	X	X	X	X	X	L	H	H	H	L	L	L
X	X	X	X	X	L	H	H	H	H	L	L	H
X	X	X	X	L	H	H	H	H	H	L	H	L
X	X	X	L	H	H	H	H	H	H	L	H	H
X	X	L	H	H	H	H	H	H	H	H	L	L
X	L	H	H	H	H	H	H	H	H	H	L	H
L	H	H	H	H	H	H	H	H	H	H	H	L

02 문제 1의 빌딩블록에서 입력과 출력을 해석하는 방법은?

① 입력 정논리–출력 정논리　② 입력 정논리–출력 부논리
③ 입력 부논리–출력 정논리　④ 입력 부논리–출력 부논리

03 문제 1의 빌딩블록에서 비트 1부터 9까지의 입력이 다음과 같을 때 출력을 구하라.

(1) H_LLLL_HLHH

(2) H_LLLH_HHHH

04 전화기 숫자 버튼을 누르면 BCD 코드가 만들어진다고 할 때, 이 버튼의 기능은?

① 디코더　② 인코더
③ 멀티플렉서　④ 디멀티플렉서

05 〈표 4-17〉 인에이블 제어선이 있는 디코더의 입력에 대하여 출력을 구하라.

(1) $E = 0, X_1X_0 = 11$

(2) $E = 1, X_1X_0 = 10$

06 입력과 출력이 정논리인 2×4 디코더의 입력이 다음과 같이 변할 때, 출력신호 값을 구하라. 입력신호는 D_1D_0이고, 출력신호는 $Y_3Y_2Y_1Y_0$이다.

입력	D_1	0	1	1	0	1
	D_0	0	1	0	1	0
출력	Y_3					
	Y_2					
	Y_1					
	Y_0					

07 마이크로제어기는 AD 변환기를 하나만 갖고 있지만, 여러 개의 아날로그 신호를 디지털 신호로 변환할 수 있다. 여러 개의 아날로그 신호 중 하나를 선택하여 AD 변환기의 입력으로 전달하는 빌딩블록을 포함하고 있기 때문이다. 이 빌딩블록의 기능은?

① 디코더 ② 인코더
③ 멀티플렉서 ④ 디멀티플렉서

08 멀티플렉서의 출력 논리식을 적어라.

(1) [그림 4-17(a)] 2×1 멀티플렉서
(2) [그림 4-18] 4×1 멀티플렉서

09 [그림 4-19] 디멀티플렉서의 출력 논리식을 적어라.

10 하나의 선으로 전송된 신호를 여러 곳 중 하나로 분배하는 빌딩블록은?

① 디코더 ② 인코더
③ 멀티플렉서 ④ 디멀티플렉서

11 회로도가 서로 같은 조합 논리회로의 번호를 모두 적어라.

① 디코더 ② 인코더
③ 멀티플렉서 ④ 디멀티플렉서

Chapter

05

순차 논리소자

5.1 래치

5.2 플립플롭

5.3 레지스터와 카운터

5.4 요약

Chapter

05

순차 논리소자

입력신호의 조합에 따라 출력을 결정하는 조합 논리회로는 데이터를 저장하는 기능이 없다. 이에 반하여 순차 논리회로는 데이터를 저장하는 기억소자(memory element)를 포함하고 있다. 기억소자는 회로에서 생성한 값을 저장해 두었다가 나중에 입력으로 사용할 수 있는 기능을 제공한다. 이 장에서는 디지털 시스템에 쓰이는 기억소자에 대하여 설명한다.

- 5.1 **래치**: 한 비트의 값을 저장하는 기억소자를 소개한다.
- 5.2 **플립플롭**: 클럭 에지에서 동작하는 여러 가지 형태의 기억소자를 소개한다.
- 5.3 **레지스터**: 여러 비트의 데이터를 저장하는 기억소자를 소개한다.

5.1 래치

래치(latch)는 제어 입력신호에 따라 0 또는 1을 계속 출력하는 논리소자이다. 출력이 정해지면 다음 제어 입력신호가 인가될 때까지 그 값을 유지한다. 이 동작을 '한 비트의 정보를 저장한다'고 표현한다. 이 절에서는 NOR 게이트와 NAND 게이트로 만든 데이터 기억소자를 소개한다.

- **5.1.1 NOR 래치**: NOR 게이트로 만든 래치를 소개한다.
- **5.1.2 NAND 래치**: NAND 게이트로 만든 래치를 소개한다.
- **5.1.3 클럭 제어 래치**: 클럭 펄스로 입력신호를 제어하는 래치를 소개한다.

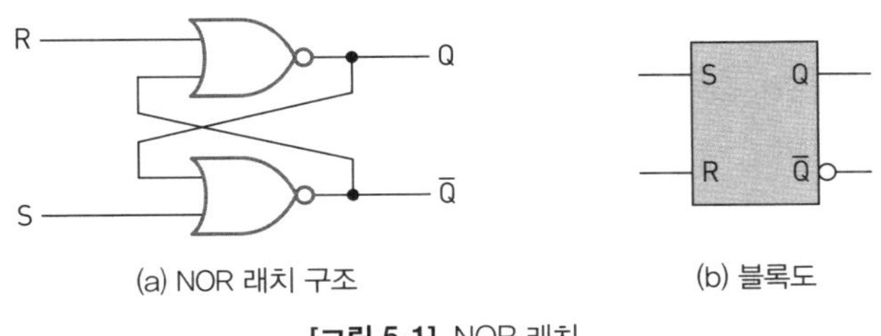

(a) NOR 래치 구조 (b) 블록도

[그림 5-1] NOR 래치

5.1.1 NOR 래치

한 비트 데이터를 저장하는 **NOR 래치**는 [그림 5-1]과 같이 두 개의 NOR 게이트 출력을 입력으로 서로 교차 연결하여 만든다. NOR 래치는 입력신호가 정논리로 동작한다.

- 입력신호 R(reset)은 값이 1일 때, 출력 Q를 0으로 만든다. 이것을 리셋이라고 한다.
- 입력신호 S(set)는 값이 1일 때, 출력 Q를 1로 만든다. 이것을 셋이라고 한다.
- 출력 Q와 부출력 $\overline{Q}$ 는 항상 반대 값을 가져야만 한다. 블록도에 작은 원을 붙여 부출력($\overline{Q}$)을 나타낸다.

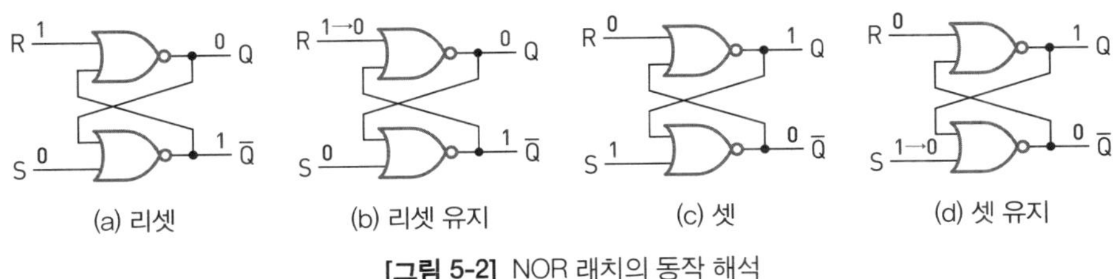

(a) 리셋 (b) 리셋 유지 (c) 셋 (d) 셋 유지

[그림 5-2] NOR 래치의 동작 해석

〈표 5-1〉 NOR 래치의 동작 특성표

S	R	Q	설명
0	0	Q_0	이전 값을 유지한다.
0	1	0	출력을 리셋한다. (Q=0)
1	0	1	출력을 세트한다. (Q=1)
1	1	불허	이와 같이 사용하는 것을 허용하지 않는다.

NOR 게이트는 입력 중 하나가 1일 때 출력이 0이고, 입력이 둘 다 0일 때 출력이 1이다. 이 특성을 생각하면서, NOR 래치의 동작을 해석해 보자. 〈표 5-1〉은 NOR 래치에 대한 동작 특성표이다.

- [그림 5-2(a)] 리셋(reset): R=1이고 S=0일 때
  - R=1이므로 다른 입력 조건과 관계없이, Q는 무조건 0으로 리셋된다.
  - 아래쪽 NOR 게이트는 입력이 둘 다 0이므로, $\overline{Q}$ 는 1이다.
  - Q=0, $\overline{Q}$ =1로 값이 리셋된 이후에 출력은 더 이상 변하지 않는다.
- [그림 5-2(b)] 유지(keep): 리셋 상태에서 R=1에서 0으로 변하고, S=0을 유지할 때
  - 이전 출력은 Q=0이고, $\overline{Q}$ =1이다.
  - $\overline{Q}$ 값이 위쪽 NOR 게이트로 입력되므로, Q는 0을 유지한다.
  - 아래쪽 NOR 게이트 입력은 모두 0이므로, $\overline{Q}$ 는 1을 유지한다.
  - 따라서 Q와 $\overline{Q}$ 의 값이 리셋 상태에서 변하지 않는다.
- [그림 5-3(c)] 셋(set): R=0이고 S=1일 때
  - S=0이므로 $\overline{Q}$ 는 무조건 0으로 변한다.
  - 위쪽 NOR 게이트는 입력이 둘 다 0이므로, 출력 Q를 1로 만든다.
  - Q=1, $\overline{Q}$ =0으로 값에 정해진 이후에 출력은 더 이상 변하지 않는다.
- [그림 5-3(d)] 유지(keep): 셋 상태에서 R=0이고 S=1에서 S=0으로 변할 때
  - 이전 출력은 Q=1이고, $\overline{Q}$ =0이다.
  - Q 값이 아래쪽 NOR 게이트로 입력되므로, $\overline{Q}$ 는 0을 유지한다.
  - 위쪽 NOR 게이트 입력은 모두 0이므로, Q는 1을 유지한다.
  - 따라서 Q와 $\overline{Q}$ 의 값이 셋 상태에서 변하지 않는다.
- R=1이고 S=1일 때 불허(허용하지 않음)
  - 입력신호가 둘 다 1일 때, 출력은 Q=0이고 $\overline{Q}$ =0이다.
  - NOR 래치 출력은 항상 반대 값을 가져야 한다는 조건에 위배된다.
  - 따라서 이와 같은 조건으로 사용하는 것을 허용하지 않는다.

[그림 5-3]은 NOR 래치의 동작 예이다. 초기에 Q 값은 0이라고 가정한다. S=1일 때, 출력 Q는 세트되고, R=1일 때 출력 Q는 리셋된다. S와 R의 값이 동시에 1일 수 없다. Q와 $\overline{Q}$ 는 항상 반대 값을 가져야 한다. 출력은 값이 셋 또는 리셋되고 나서 다음 출력을 바꿀 조건이 만들어질 때까지 이전 값을 유지한다. 래치의 출력이 상태(state)이다. 상태란 어떤 값이 일정 시간 동안 유지되는 것을 뜻한다.

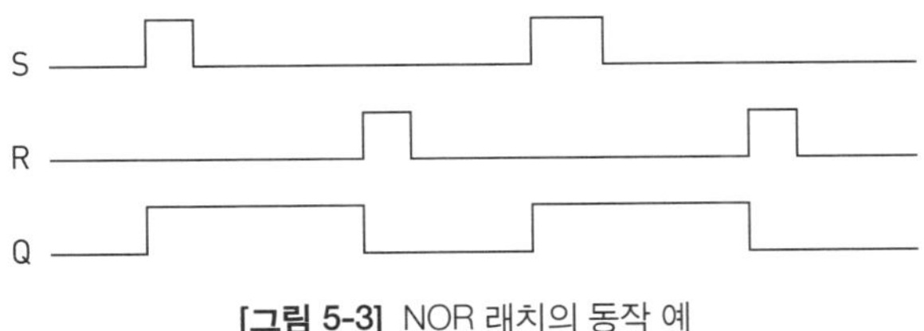

[그림 5-3] NOR 래치의 동작 예

5.1.2 NAND 래치

NOR 게이트 대신에 NAND 게이트 출력을 입력으로 서로 교차 연결하여 만든 것이 **NAND 래치**이다. NAND 래치는 입력신호가 부논리로 동작한다.

- 입력신호 $\overline{S}$ (set)는 값이 0일 때, 출력 Q를 1로 만든다는 의미이다.
- 입력신호 $\overline{R}$ (reset)는 값이 0일 때, 출력 Q를 0으로 만든다는 의미이다.
- 두 개의 출력 Q와 부출력 $\overline{Q}$ 는 항상 반대 값을 가져야만 한다.
- 블록도의 입력과 부출력($\overline{Q}$)에 작은 원을 붙여 부논리임을 나타낸다.

NAND 게이트는 입력 중 하나가 0일 때 출력이 1이고, 입력이 둘 다 1일 때 출력이 0이다. 이 특성을 생각하면서, NAND 래치의 동작을 해석해 보자. 〈표 5-2〉는 지금까지 설명을 정리한 NAND 래치에 대한 동작 특성표이다.

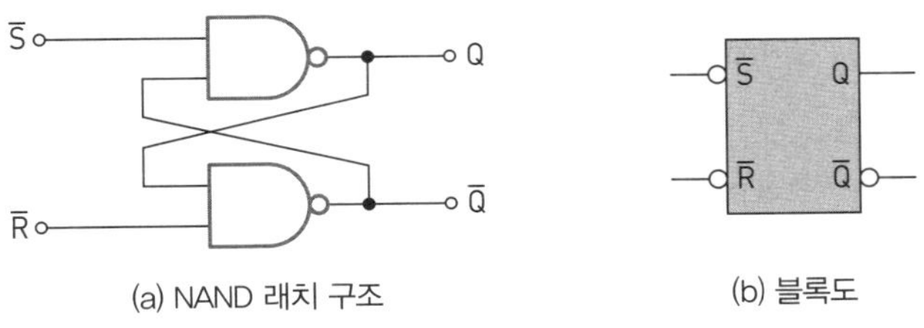

[그림 5-4] NAND 래치

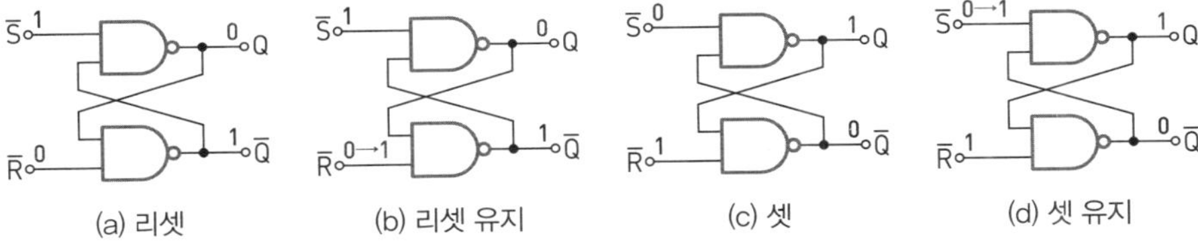

[그림 5-5] NAND 래치의 동작 해석

〈표 5-2〉 NAND 래치의 동작 특성표

$\overline{S}$	$\overline{R}$	Q	설명
1	1	Q_0	이전 값을 유지한다.
1	0	0	출력을 리셋한다. (Q=0)
0	1	1	출력을 세트한다. (Q=1)
0	0	불허	이와 같이 사용하는 것을 허용하지 않는다.

- [그림 5-5(a)] 리셋(reset): $\overline{R}$=0이고 $\overline{S}$=1일 때
  - $\overline{R}$=0이므로 다른 입력 조건과 상관없이, $\overline{Q}$는 무조건 1로 세트된다.
  - 위쪽 NAND 게이트는 입력이 둘 다 1이므로, Q는 0이다.
  - Q=0, $\overline{Q}$=1로 값이 리셋된 이후에 출력은 더 이상 변하지 않는다.
- [그림 5-5(b)] 유지(keep): 리셋 상태에서 $\overline{R}$=0에서 1로 변하고, $\overline{S}$=1을 유지할 때
  - 이전 출력은 Q=0이고, $\overline{Q}$=1이다.
  - $\overline{Q}$ 값이 위쪽 NAND 게이트로 입력되므로, Q는 0을 유지한다.
  - 아래쪽 NAND 게이트 입력으로 Q 값 0이 피드백되므로, $\overline{Q}$는 1을 유지한다.
  - 따라서 Q와 $\overline{Q}$의 값이 리셋 상태에서 변하지 않는다.
- [그림 5-5(c)] 셋(set): $\overline{R}$=1이고 $\overline{S}$=0일 때
  - $\overline{S}$=0이므로 Q는 무조건 1으로 변한다.
  - 아래쪽 NAND 게이트는 입력이 둘 다 1이므로, 출력 $\overline{Q}$를 0으로 만든다.
  - Q=1, $\overline{Q}$=0으로 값이 정해진 이후에 출력은 더 이상 변하지 않는다.
- [그림 5-5(d)] 유지(keep): 셋 상태에서 $\overline{R}$=1이고 $\overline{S}$=0에서 S=1로 변할 때
  - 이전 출력은 Q=1이고, $\overline{Q}$=0이다.
  - Q 값이 아래쪽 NAND 게이트로 입력되므로, $\overline{Q}$는 0을 유지한다.
  - 위쪽 NAND 게이트로 $\overline{Q}$가 피드백 되어 Q는 1을 유지한다.
  - 따라서 Q와 $\overline{Q}$의 값이 셋 상태에서 변하지 않는다.
- $\overline{R}$=0이고 $\overline{S}$=0일 때 불허(허용하지 않음)
  - 입력신호가 둘 다 0일 때, Q=1이고 $\overline{Q}$=1이다.
  - NAND 래치의 출력은 항상 반대 값을 가져야 하다는 조건에 위배된다.
  - 따라서 이와 같은 입력 조건으로 사용하는 것을 허용하지 않는다.

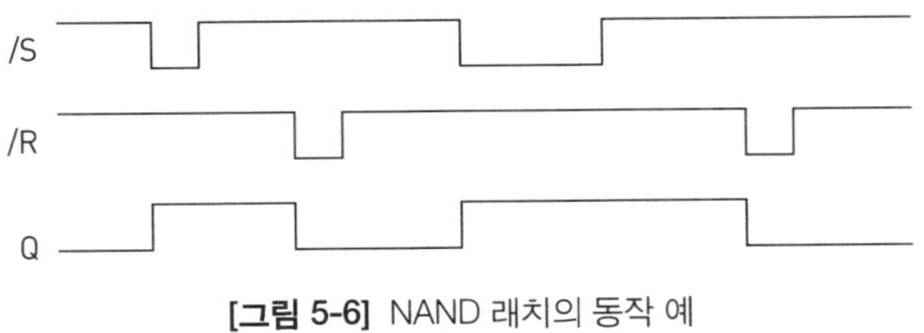

[그림 5-6] NAND 래치의 동작 예

[그림 5-6]은 NAND 래치의 동작 예이다. 초기에 Q 값은 0이라고 가정한다. $\overline{S}$=0일 때, 출력 Q는 세트되고, $\overline{R}$=0일 때 출력 Q는 리셋된다. $\overline{S}$와 $\overline{R}$의 값이 동시에 0일 수 없다. Q와 $\overline{Q}$는 항상 반대 값을 가져야 한다. 출력은 값이 세트 또는 리셋되고 나서 다음 출력을 바꿀 조건이 될 때까지 이전 값을 유지한다.

5.1.3 클럭 제어 래치

[그림 5-7(a)]는 NOR 래치 앞에 AND 게이트를 붙여 CP(Clock Pulse) 신호로 입력 S와 R을 제어하는 회로이다. 2-입력 AND 게이트는 한쪽 입력이 1일 때, 나머지 입력을 출

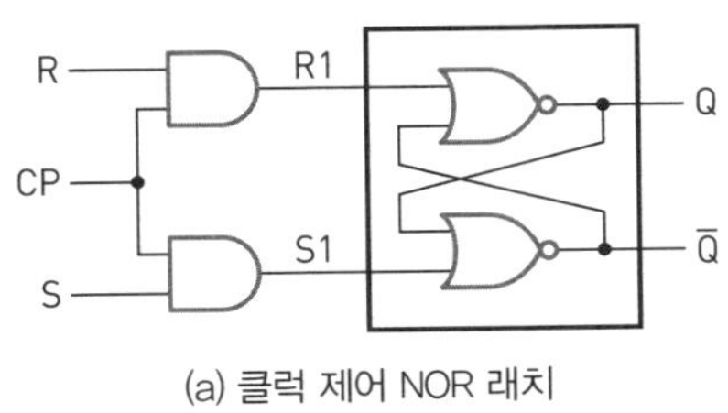

(a) 클럭 제어 NOR 래치

(b) 클럭 제어 NAND 래치

[그림 5-7] 클럭 제어 SR 래치

〈표 5-3〉 클럭 제어 NOR 래치 특성표

CP	S	R	S1	R1	Q
0	x	x	0	0	Q_0
1	0	0	0	0	Q_0
1	0	1	0	1	0
1	1	0	1	0	1
1	1	1	1	1	불허

〈표 5-4〉 클럭 제어 NAND 래치 특성표

CP	S	R	$\overline{S1}$	$\overline{R1}$	Q
0	x	x	1	1	Q_0
1	0	0	1	1	Q_0
1	0	1	1	0	0
1	1	0	0	1	1
1	1	1	0	0	불허

력으로 전달한다. [그림 5−7(a)] 클럭 제어 NOR 래치는 CP 값에 따라 다음과 같이 동작한다.

- CP=0일 때: R1=0, S1=0이 되어 NOR 래치가 현재 상태를 유지한다.
- CP=1일 때: 외부 입력신호 S와 R을 S1과 R1으로 전달한다. 이때 전체 회로는 NOR 래치로 동작한다.

〈표 5−3〉은 [그림 5−7(a)] 회로의 동작을 정리한 것이다. CP=0일 때, 입력 S, R과 상관없이 내부의 S1=0, R1=0이다. 따라서 출력 Q는 이전 상태를 유지한다. CP=1일 때, 입력 S와 R이 내부의 S1과 R1로 전달되므로, 일반 NOR 래치로 동작한다.

[그림 5−7(b)]는 NAND 래치의 앞에 두 개의 NAND 게이트를 붙인 회로이다. 2-입력 NAND 게이트는 한쪽 입력이 1일 때, 출력은 나머지 입력신호의 반대 값(NOT)이다. [그림 5−7(b)]의 클럭 제어 NAND 래치는 CP 값에 따라, 다음과 같이 동작한다.

- CP=0일 때: $\overline{S1}$ =1, $\overline{R1}$ =1이 되어 NAND 래치가 현재 상태를 유지한다.
- CP=1일 때: 외부 입력신호 S와 R의 반대 값을 $\overline{S1}$ 와 $\overline{R1}$ 로 전달한다. 이때 전체 회로는 NAND 래치로 동작한다.

〈표 5−4〉는 [그림 5−7(b)] 회로의 동작을 정리한 것이다. CP=0일 때, 입력 S, R과 상관없이 내부의 $\overline{S1}$ =1, $\overline{R1}$ =1이다. 따라서 출력 Q는 이전 상태를 유지한다. CP=1일 때, 입력 S와 R의 반대 값이 내부의 $\overline{S1}$ 과 $\overline{R1}$ 로 전달되므로, 일반 NAND 래치로 동작한다.

처음에 NOR 래치는 정논리 입력으로 동작하고, NAND 래치는 부논리 입력으로 동작하였지만, NOR 래치는 AND 게이트로 S와 R 입력을 제어하고, NAND 래치는 NAND 게이트로 S와 R 입력을 제어함으로써, 둘 다 정논리 입력으로 동작하도록 만든 것이다.

[그림 5−8]은 클럭 제어 입력이 있는 SR 래치의 동작 예이다. CP=0일 때, 입력 S와 R의 값은 무시되고, CP=1일 때 래치 기능으로 동작한다.

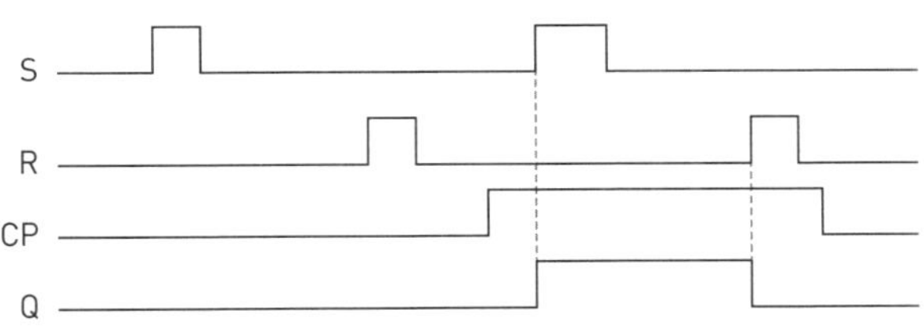

[그림 5-8] 클럭 제어 SR 래치의 동작 예

> **5.1 래치 요약**
>
> 래치는 한 비트 데이터를 저장하는 논리소자이다. 래치는 출력을 0으로 만드는 리셋(R)과 1로 만드는 세트(S) 입력을 갖는다. 출력이 정해지면 다음에 출력을 변경시키는 입력이 인가될 때까지 출력이 변하지 않는다. 이 동작을 한 비트를 저장한다고 표현한다. NOR 게이트 또는 NAND 게이트로 래치를 만들 수 있다. 클럭 펄스로 래치의 입력신호를 제어함으로써, 클럭 펄스가 1인 구간에 래치로 동작하고, 클럭 펄스가 0인 구간에서 출력이 변하지 않게 만들 수 있다.

5.2 플립플롭

래치는 클럭 펄스가 1인 구간에서 입력신호에 따라 출력이 변한다. 래치와 동작 방법은 같으나, 클럭 펄스의 에지(edge)에서 출력이 변하도록 만든 것이 플립플롭(flip−flop)이다. 이 절에서는 클럭 펄스로 출력을 제어하는 방법을 제시하고, 플립플롭의 종류를 소개한다.

- **5.2.1 클럭 펄스**: 디지털 시스템에서 사용되는 클럭 펄스를 소개한다.
- **5.2.2 플립플롭**: 클럭 펄스에 따라 출력이 변하는 플립플롭의 동작 특성을 소개한다.
- **5.2.3 플립플롭 종류**: 입력신호 종류에 따라 네 가지 플립플롭이 있다. 이것들의 동작 방법을 소개한다.
- **5.2.4 비동기 리셋 입력**: 플립플롭의 초기값을 결정하는 리셋 입력을 소개한다.

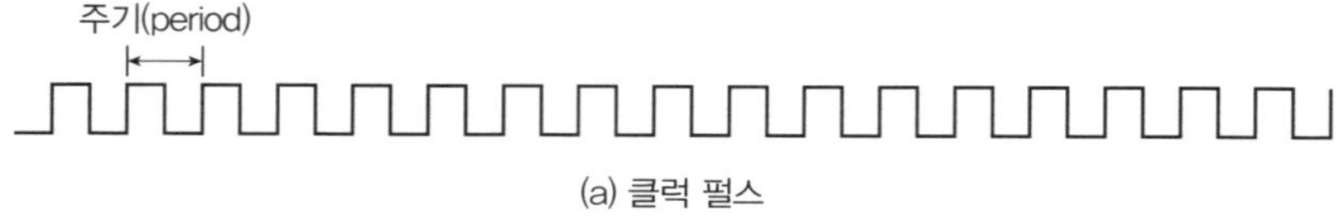

(a) 클럭 펄스

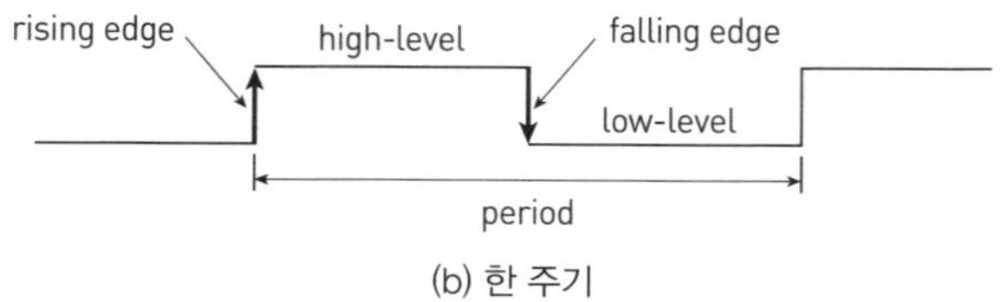

(b) 한 주기

[그림 5-9] 클럭 펄스의 모양과 한 주기의 분해

5.2.1 클럭 펄스

발진기(oscillator)는 디지털 회로에 전기가 공급되고 있는 한 계속해서 [그림 5-9(a)]와 같이 0과 1을 반복하는 **클럭 펄스(clock pulse)**를 생성한다. 클럭 펄스 한 개의 시간 구간을 **주기(period)**라고 한다. 주기의 단위는 초(seconds)이다. 디지털 시스템은 한 주기 동안에 한 가지 동작을 수행하고, 이 동작들이 모여 전체 시스템 동작을 구성한다. **클럭 주파수(clock frequency)**는 클럭 펄스가 1초에 주기를 몇 번 반복하는지 나타낸다. 주파수의 단위는 Hz이고, 값은 (1/주기)이다.

예제 5-1 한 개의 주기마다 한 개의 동작을 수행하는 디지털 시스템이 있다. 이 시스템의 클럭 주기가 1마이크로초(μsec)일 때, 1초에 몇 개의 동작을 수행하는가?

풀이

1초에 수행하는 동작 수는 주파수와 같다.
주파수 = 1/주기(시간) = $1/10^{-6}$ = 1×10^{6} = 1,000,000 Hz
따라서 1,000,000개의 동작을 수행한다.

클럭 펄스는 디지털 시스템에 포함되어 있는 기억소자의 출력이 변하는 시간을 제어한다. [그림 5-9(b)]는 클럭 한 주기를 분해한 것이다. 클럭 펄스의 한 주기를 다음과 같이 네 가지로 구분할 수 있다.

- **상승 에지**(rising edge 또는 positive edge): 클럭 신호가 논리 값 0에서 논리 값 1로 변하는 순간이다.
- **높은 레벨**(high-level): 클럭 신호가 논리 값 1을 유지하는 부분에 해당한다.
- **하강 에지**(falling edge 또는 negative edge): 클럭 신호가 논리 값 1에서 논리 값 0으로 변하는 순간이다.
- **낮은 레벨**(low-level): 클럭 신호가 논리 값 0을 유지하는 부분에 해당한다.

일반적으로 레벨에서 출력이 변하는 기억소자를 래치(latch)라고 하고, 에지에서 출력이 변하는 기억소자를 플립플롭(flip−flop)이라고 한다.

5.2.2 플립플롭

플립플롭(FF, flip-flop)은 한 비트 정보를 저장하는 기억소자이다. [그림 5−10]은 플립플롭의 일반 모습을 표현한 것이고, 이것은 입력신호(IS, input signal), 클럭 펄스(CP, clock pulse), 그리고 두 개의 출력신호를 갖는다. 플립플롭 종류에 따라 입력신호는 한 개 또는 두 개이다. 두 개의 출력은 항상 반대 값을 갖는다. 따라서 하나를 정상 출력 Q로 표현하고 나머지 하나를 부출력 $\overline{Q}$ 로 표현한다. 부출력신호 $\overline{Q}$ 는 항상 정상 출력의 반대 값을 나타낸다. 부출력을 사용하지 않을 때 플립플롭 그림에서 부출력 표현을 생략하기도 한다. 플립플롭 출력 Q는 클럭이 변하는 시간에 맞추어 입력신호 값에 따라 변한다. 플립플롭은 다음과 같은 두 가지 사항에 따라 그 출력을 결정한다.

- 플립플롭이 동작하는 시기
- 입력신호 종류에 따른 플립플롭의 동작 방법

여기에서는 플립플롭 동작 시기와 타이밍에 대하여 설명하고, 다음 절에서 입력신호 종류에 따른 플립플롭 동작 방법을 설명한다.

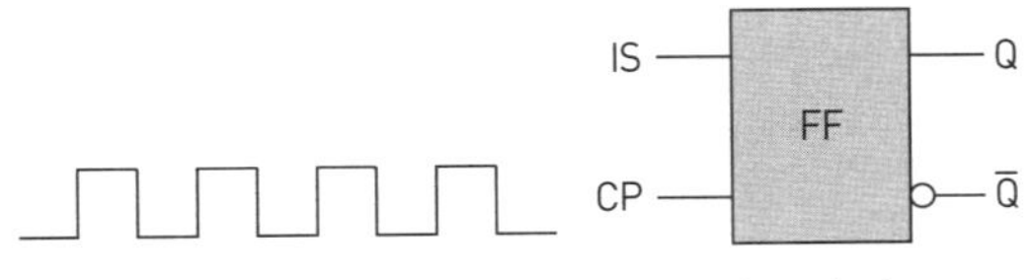

[그림 5-10] 플립플롭의 일반 형태와 클럭 펄스

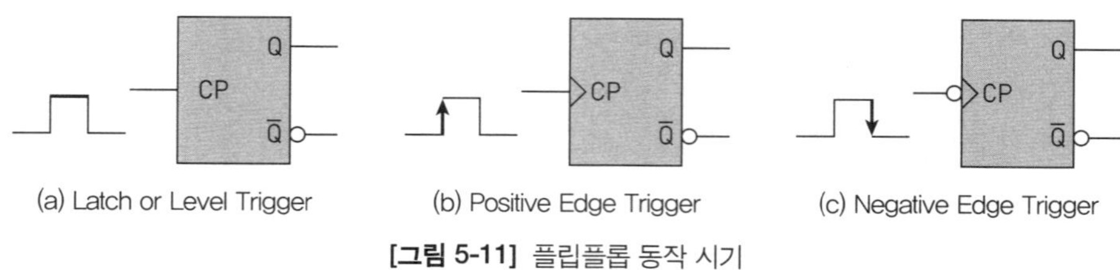

[그림 5-11] 플립플롭 동작 시기

클럭 펄스는 플립플롭 출력이 변하는 시간을 제어한다. 어느 한 순간에 플립플롭 출력 값을 **현재상태**(current state)라고 하고, 클럭 펄스가 인가된 후에 변경될 출력 값을 **다음 상태**(next state)라고 한다. 클럭 펄스에 따른 플립플롭 동작 시기를 [그림 5-11]과 같이 세 가지 방법으로 구분할 수 있다.

- **래치**(latch) 또는 **레벨 트리거 플립플롭**(level-trigger FF): 클럭이 높은 레벨 상태일 때 입력신호에 따라 출력이 변한다. 일반적으로 플립플럽 클럭 입력에 아무 표시도 하지 않는다.
- **상승 에지 플립플럽**(positive-edge triggered FF): 클럭 펄스의 상승 에지에서 입력신호 값에 따라 출력이 변한다. 일반적으로 클럭 입력에 작은 삼각형을 그려 클럭의 상승 에지에서 동작하는 플립플롭임을 표시한다.
- **하강 에지 플립플럽**(positive-edge triggered FF): 클럭 펄스의 하강 에지에서 입력신호 값에 따라 출력이 변한다. 일반적으로 클럭 입력에 작은 삼각형과 함께 작은 동그라미를 그려 클럭의 하강 에지에서 동작하는 플립플롭임을 표시한다.

플립플롭 출력은 동작 시기에서 입력신호 값에 따라 변한다. [그림 5-12]는 상승 에지 플립플롭에 대한 동작 타이밍을 표현한 것이다. [그림 5-12(a)]는 시간을 나노초 정도로 정밀하게 표현한 타이밍 다이어그램이다. 입력신호는 플립플롭 동작 시기에 해당하는 상승

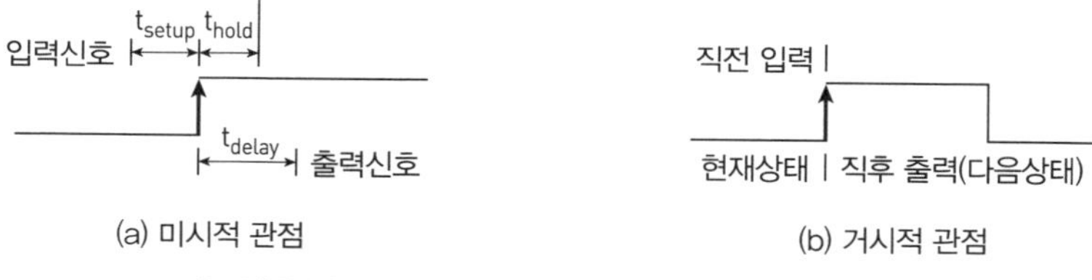

[그림 5-12] 상승 에지 플립플럽의 입력과 출력 타이밍

에지보다 셋업 시간(t_{setup}) 이전에 안정되어야 하고, 상승 에지 이후에 유지 시간(t_{hold}) 동안 변하지 않아야 한다. 이 조건을 만족할 때, 클럭 펄스의 상승 에지부터 지연 시간(t_{delay})이 지난 후 출력신호 값이 변한다. 이 과정을 거시적으로 본 타이밍이 [그림 5-12(b)]이다. 거시적으로 해석할 때 플립플롭은 클럭의 상승 에지 직전 입력 값에 따라 상승 에지 직후에 출력 값이 변한다. 다음은 플립플롭의 동작을 요약한 것이다.

- 플립플롭의 현재상태는
- 클럭이 인가되기 직전의 입력 값에 따라
- 클럭이 인가된 직후에 다음상태로 변한다.

입력 값을 참조하는 방법은 다음 절에서 소개하는 플립플롭 종류에 따라 다르다.

5.2.3 플립플롭 종류

입력신호에 따른 플립플롭의 종류는 SR-플립플롭, D-플립플롭, JK-플립플롭, T-플립플롭이 있다. 편의상 네 가지 모두 상승 에지 플립플롭으로 설명한다. 레벨 트리거 또는 하강 에지 방식의 플립플롭도 있으며, 각 경우에 다음상태로 변하는 동작 시기가 달라진다. 에지 트리거 방식인 플립플롭은 클럭이 인가되기 직전 입력신호에 따라 출력신호가 변한다. 이후 설명에서 다음상태(Q)는 클럭이 인가된 직후 출력이다. Q_0는 클럭이 인가되기 이전의 현재상태이다. 종류별 플립플롭 동작은 다음과 같다.

〈표 5-5〉 SR-FF 특성표

CP	S	R	다음상태 Q	설명
↑	0	0	Q_0	유지(Keep)
↑	0	1	0	리셋(Reset, Clear)
↑	1	0	1	세트(Set)
↑	1	1	NA	불허(Not Allowed)

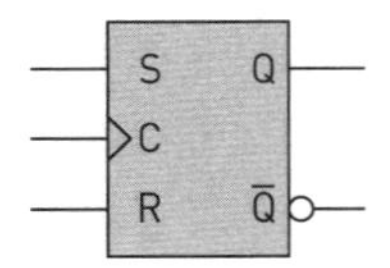

[그림 5-13] SR-플립플롭

〈표 5-5〉는 **SR-플립플롭(SR-FF)**의 특성표이고, [그림 5-13]은 SR-플립플롭의 외부 모습이다. SR-플립플롭은 입력선이 S(set)와 R(reset) 두 개이다. 이 플립플롭은 다음과 같이 동작한다.

- 클럭이 변할 때 S=0이고 R=0이면, 현재상태 Q_0를 그대로 유지한다.
- 클럭이 변할 때 S=0이고 R=1이면, 다음상태는 0(reset)이다.
- 클럭이 변할 때 S=1이고 R=0이면, 다음상태는 1(set)이다.
- 클럭이 변할 때 S=1이고 R=1이면, 사용할 수 없도록 불허(NA, not allowed)로 규정하고 있다. 즉, SR-플립플롭은 S와 R의 값이 동시에 1이 되도록 사용할 수 없다.

[그림 5-14]는 입력 S, R과 클럭 펄스 CP가 입력으로 주어졌을 때, 출력 Q의 변화를 그린 타이밍 다이어그램이다. 이 예제에 입력 S와 R이 동시에 1이 되는 구간이 없다. 동작 해석은 다음과 같다.

- t_0에서 출력 Q의 초기값은 0이라고 가정한다. 이 플립플롭은 클럭 펄스의 상승 에지에서만 출력이 변한다. 그 시점을 t_1부터 t_6으로 표시하였다. 이 순간 이외에는 출력이 변하지 않는다.
- t_1 직전에 입력 S=1이고 R=0이다. 따라서 t_1 직후에 출력 Q는 1로 세트된다.
- t_2 직전에 입력 S=0이고 R=1이다. 따라서 t_2 직후에 출력 Q는 0으로 리셋된다.

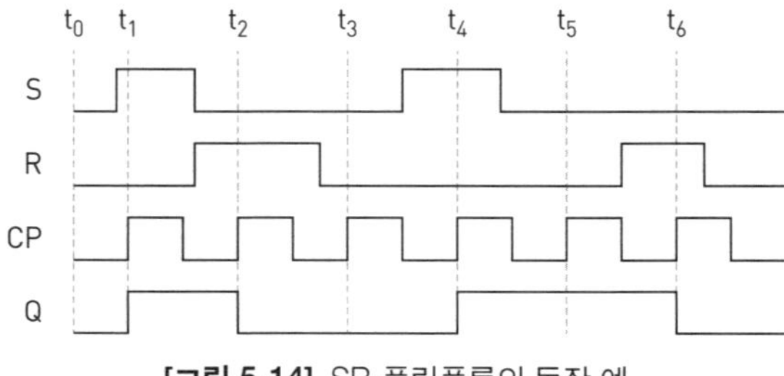

[그림 5-14] SR-플립플롭의 동작 예

- t_3 직전에 입력 S=0이고 R=0이다. 따라서 출력 Q는 0을 유지한다.
- t_4 직전에 입력 S=1이고 R=0이다. 따라서 t_4 직후에 출력 Q는 1로 세트된다.
- t_5 직전에 입력 S=0이고 R=0이다. 따라서 출력 Q는 1을 유지한다. t_3 때와 비교해 보면, 입력 값은 같지만, 현재 상태가 다르기 때문에 출력도 달라진다.
- t_6 직전에 입력 S=0이고 R=1이다. 따라서 t_6 직후에 출력 Q는 0으로 리셋된다.
- 부출력 $\overline{Q}$ 는 항상 정상 출력 Q의 반대 값을 나타낸다.

앞으로 플립플롭의 동작을 설명할 때, 부출력을 사용하지 않으면 부출력 동작을 별도로 설명하지 않는다.

〈표 5-6〉은 **D-플립플롭(D-FF)**의 특성표이고, [그림 5-15]는 D-플립플롭의 외부 모습이다. D-플립플롭은 입력선이 D 하나이다. D-플립플롭은 다음과 같이 동작한다.

- 클럭의 상승 에지 직전 입력 값에 따라 상승 에지 직후에 출력의 다음상태가 결정된다. 이것을 간단하게 클럭의 상승 에지에서 입력이 출력으로 나타난다고 표현한다.
- 클럭이 인가된 후에 입력 값이 그대로 출력에 나타나므로 입력 값이 지연(delay)되는 효과가 있다.

〈표 5-6〉 D-FF 특성표

CP	D	다음상태 Q	설명
↑	0	0	리셋(Reset, Clear)
↑	1	1	세트(Set)

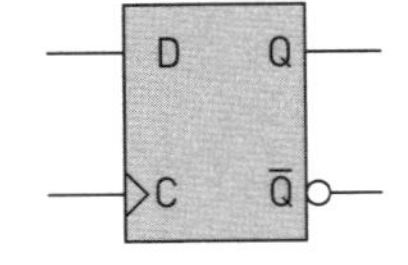

[그림 5-15] D-플립플롭

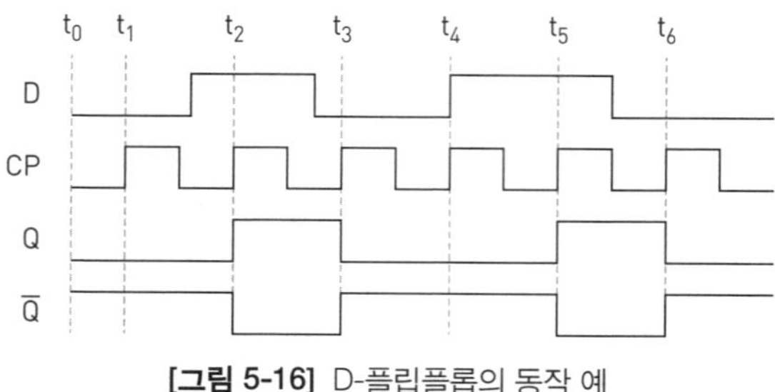

[그림 5-16] D-플립플롭의 동작 예

D-플립플롭은 플립플롭 중에 동작이 가장 간단하므로 가장 많이 사용된다. [그림 5−16]은 입력 D와 클럭 펄스 CP가 그림과 같이 입력으로 주어졌을 때, 출력 Q의 변화를 그린 타이밍 다이어그램이다. 상승 에지 플립플롭의 동작을 해석할 때 클럭 펄스의 상승 에지 직전 입력에 따라 상승 에지 직후에 플립플롭 출력이 변한다는 것이 중요하다. 동작 해석은 다음과 같다.

- t_0에서 출력 Q의 초기값은 0이라고 가정한다. 이 플립플롭은 클럭 펄스의 상승 에지에서만 출력이 변한다. 그 시점을 t_1부터 t_6으로 표시하였다. 이 순간 이외에는 출력이 변하지 않는다.
- t_1 직전에 입력 D 값이 0이다. 따라서 출력 Q는 0을 유지한다.
- t_2 직전에 입력 D 값이 1이다. 따라서 t_2 직후에 출력 Q는 1로 변한다.
- t_3 직전에 입력 D 값이 0이다. 따라서 t_3 직후에 출력 Q는 0으로 변한다.
- t_4 직전에 입력 D 값이 0이다. 따라서 출력 Q는 0을 유지한다. t_4 직후에 입력 D가 1로 변하지만 거시적 관점의 해석에 따라 이것은 회로의 동작에 영향을 주지 않는다.
- t_5 직전에 입력 D 값이 1이다. 따라서 t_5 직후에 출력 Q는 1로 변한다.
- t_6 직전에 입력 D 값이 0이다. 따라서 t_6 직후에 출력 Q는 0으로 변한다.

〈표 5-7〉 JK-FF 특성표

CP	J	K	다음상태 Q	설명
↑	0	0	Q_0	유지(Keep)
↑	0	1	0	리셋(Reset, Clear)
↑	1	0	1	세트(Set)
↑	1	1	$\overline{Q_0}$	토글(Toggle)

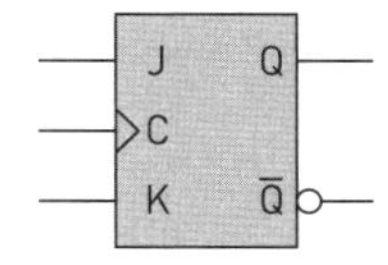

[그림 5-17] JK-플립플롭

〈표 5-7〉은 **JK-플립플롭(JK-FF)**의 특성표이고, [그림 5-17]은 JK-플립플롭의 외부 모습이다. JK-플립플롭은 입력선이 J와 K 두 개이다. 이 플립플롭은 다음과 같이 동작한다.

- (J=0, K=0), (J=0, K=1), (J=1, K=0)일 때의 동작은 SR 플립플롭의 동작과 같다.
- 클럭이 변할 때 입력 값이 J=1이고 K=1이면, 다음상태는 현재상태의 반대이다. 이것을 동작 특성표에 $\overline{Q_0}$ 로 표현한다. 이렇게 출력의 상태가 현재상태의 반대로 변하는 것을 토글(toggle)이라고 한다.

[그림 5-18]은 입력 J, K와 클럭 펄스 CP가 입력으로 주어졌을 때, 출력 Q의 변화를 그린 타이밍 다이어그램이다. 동작 해석은 다음과 같다.

- t_0에서 출력 Q의 초기값은 0이라고 가정한다. 이 예제에서도 클럭 펄스의 상승 에지에서만 출력이 변한다. 그 시점을 t_1부터 t_6으로 표시하였다. 이 순간 이외에는 출력이 변하지 않는다.
- t_1 직전에 입력 J=1이고 K=0이다. 따라서 t_1 직후에 출력 Q는 1로 세트된다.
- t_2 직전에 입력 J=0이고 K=1이다. 따라서 t_2 직후에 출력 Q는 0으로 리셋된다.
- t_3 직전에 입력 J=0이고 K=0이다. 따라서 출력 Q는 0을 유지한다.

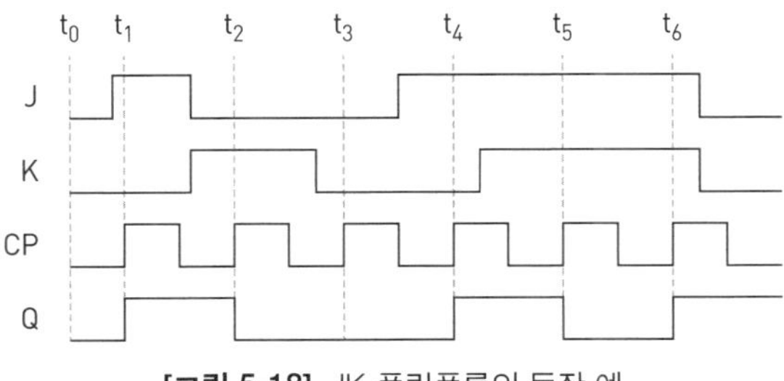

[그림 5-18] JK-플립플롭의 동작 예

- t_4 직전에 입력 J=1이고 K=0이다. 따라서 t_4 직후에 출력 Q는 1로 세트된다. 여기까지는 SR-플립플롭과 동작이 같다.
- t_5 직전에 입력 J=1이고 K=1이다. 따라서 t_5 직후에 현재 출력 1이 토글되어 0으로 변경된다.
- t_6 직전에 입력 J=1이고 K=1이다. 따라서 t_6 직후에 현재 출력 0이 토글되어 1으로 변경된다. 입력 조건은 t_5 때와 같지만, 현재상태가 다르기 때문에 토글된 결과도 다르다.

〈표 5-8〉은 **T-플립플롭(T-FF)**의 특성표이고, [그림 5-19]는 T-플립플롭의 외부 모습이다. T-플립플롭은 입력선이 T 하나이다. 이 플립플롭은 다음과 같이 동작한다.

- 클럭이 변할 때 T=0이면, 다음상태는 현재상태를 그대로 유지한다. 즉, 값이 변하지 않는다.
- 클럭이 변할 때 T=1이면, 출력은 토글한다. 즉, 현재상태의 반대 값을 출력한다.

[그림 5-20]은 입력 T와 클럭 펄스 CP가 입력으로 주어졌을 때, 출력 Q의 변화를 그린 타이밍 다이어그램이다. 동작 해석은 다음과 같다.

- t_0에서 출력 Q의 초기값은 0이라고 가정한다. 클럭 펄스의 상승 에지에서만 출력이 변한다. 그 시점을 t_1부터 t_6으로 표시하였다. 이 순간 이외에는 출력이 변하지 않는다.
- t_1 직전에 입력 T=0이다. 따라서 출력 Q는 현재 상태인 0을 유지한다.
- t_2 직전에 입력 T=1이다. 따라서 t_2 직후에 출력 Q는 1로 토글한다.

〈표 5-8〉 T-FF 특성표

CP	T	Q	설명
↑	0	Q_0	유지(Keep)
↑	1	$\overline{Q_0}$	토글(Toggle)

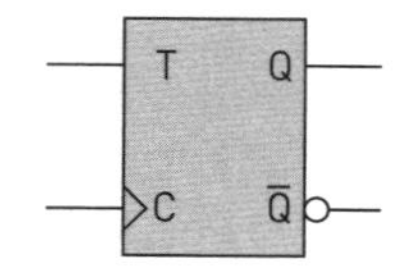

[그림 5-19] T-플립플롭

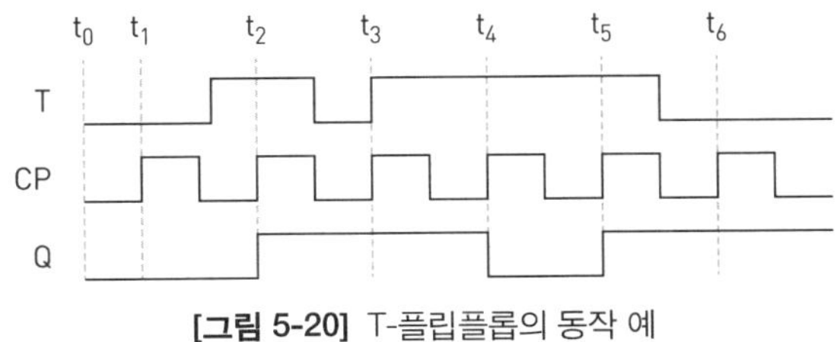

[그림 5-20] T-플립플롭의 동작 예

- t_3 직전에 입력 T=0이다. t_3 직후에 입력이 1로 변하지만 이것은 출력에 영향을 주지 않는다. 따라서 출력 Q는 1을 유지한다.
- t_4 직전에 입력 T=1이다. 따라서 t_4 직후에 출력 Q는 0으로 토글한다.
- t_5 직전에 입력 T=1이다. 따라서 t_5 직후에 출력 Q는 1로 토글한다.
- t_6 직전에 입력 T=0이다. 따라서 출력은 이전 상태를 유지한다.

5.2.4 비동기 리셋 입력

지금까지 설명한 플립플롭 입력은 클럭 신호가 인가될 때 유효한 값으로 작용한다. 이것을 '입력은 클럭에 동기되어(synchronized to clock) 동작한다'고 표현한다. 플립플롭은 클럭과 관계없이 동작하는 **비동기 리셋**(**asynchronous reset**) 입력신호를 가질 수 있다. 비동기라는 말은 '입력신호가 변하는 즉시 플립플롭 출력에 영향을 준다'는 의미이다.

〈표 5-9〉 비동기 리셋 기능이 있는 D-FF 특성표

$\overline{R}$	CP	D	Q	설명
0	x	x	0	비동기 리셋
1	↑	0	0	리셋
1	↑	1	1	세트

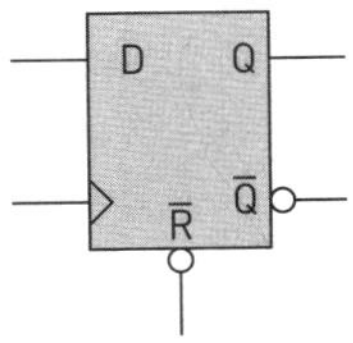

[그림 5-21] 리셋 기능이 있는 D-플립플롭

〈표 5-9〉는 비동기 리셋 기능을 가진 D-플립플롭 특성표이고, [그림 5-21]은 비동기 리셋 신호를 추가한 D-플립플롭 기호이다. $\overline{R}$ 은 리셋(reset)을 나타내고, 리셋은 출력을 0으로 만든다는 의미이다. 일반적으로 리셋은 부논리로 동작하기 때문에 이름에 /를 붙인다. [그림 5-21]의 D-플립플롭은 다음과 같이 동작한다.

- $\overline{R}$ =0이 되면 그 순간에 D-플립플롭 출력은 0으로 변한다.
- $\overline{R}$ 이 0을 유지하는 동안 다른 입력신호와 관계없이 플립플롭은 계속해서 0을 출력한다.
- $\overline{R}$ =1인 동안에 일반 D-플립플롭과 같이 동작한다.

[그림 5-22]는 비동기 리셋 기능이 있는 D-플립플롭 동작 예이다. 동작 해석은 다음과 같다.

- t_0부터 t_1 구간은 /R=0이므로, 비동기 리셋이 적용되는 구간이다. 출력 Q는 0이다.
- t_2에서 클럭의 상승 에지 직전 D=1이므로, 출력 Q는 클럭 이후에 1로 세트된다.
- t_3에서도 클럭의 상승 에지 직전 D=1이므로, 출력 Q는 클럭 이후에 1로 세트된다. 결과적으로 1을 유지한다.
- t_4부터 t_5 구간은 /R=0이다. 따라서 출력 Q는 t_4에서 즉시 0으로 리셋된다. 이 구간 안에 포함되는 클럭의 상승 에지는 무시된다.
- t_6에서 클럭의 상승 에지 직전 D=0이므로, 출력 Q는 클럭 이후에 0으로 리셋된다.

여기에서는 비동기 리셋 기능이 있는 D-플립플롭을 예로 들었으나, 비동기 리셋 신호는 임의의 플립플롭에 적용될 수 있다. 비동기 세트(asynchronous set) 기능이 있는 플립플

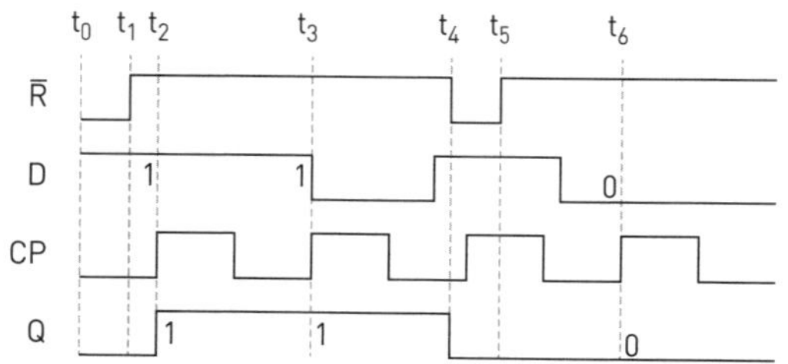

[그림 5-22] 비동기 리셋 기능이 있는 D-플립플롭의 동작 예

롭도 있다. 이 신호는 클럭 신호와 관계없이 비동기로 플립플롭 출력을 1로 만든다.

예제 5-2 다음과 같은 신호가 인가될 때, D-플립플롭 또는 D-래치의 출력을 구하라. 단, 초기 출력을 0으로 가정한다.

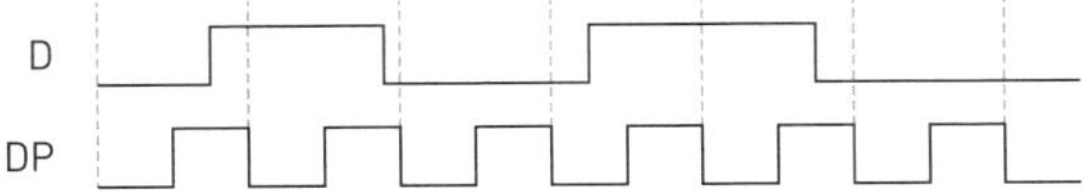

(1) 상승 에지 D-플립플롭
(2) 하강 에지 D-플립플롭
(3) 레벨 트리거 D-래치

풀이

(1) 클럭 펄스의 상승 에지를 기준으로 이전 입력이 클럭 이후 출력으로 나타난다.

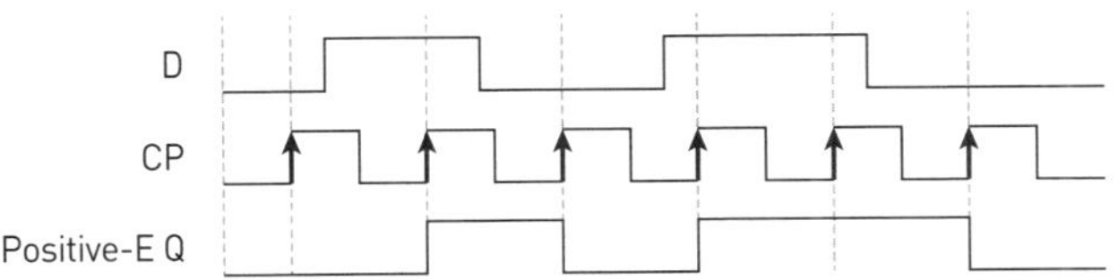

(2) 클럭 펄스의 하강 에지를 기준으로 이전 입력이 클럭 이후 출력으로 나타난다.

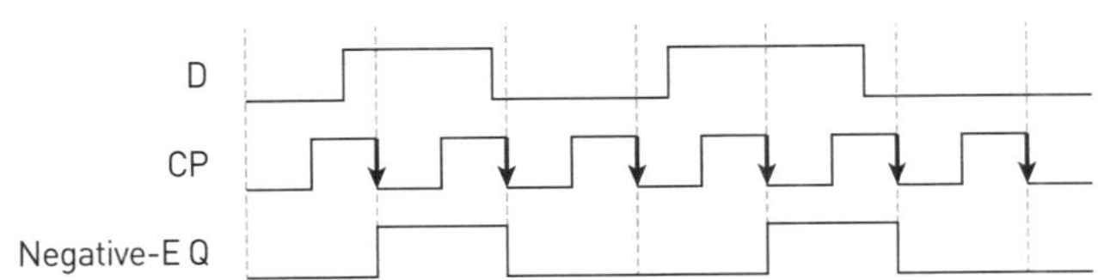

(3) 클럭 펄스가 높은 레벨인 구간에서 입력신호에 따라 출력이 변한다. 이 구간에서 입력이 변할 때, 출력이 클럭에 동기되지 않는다.

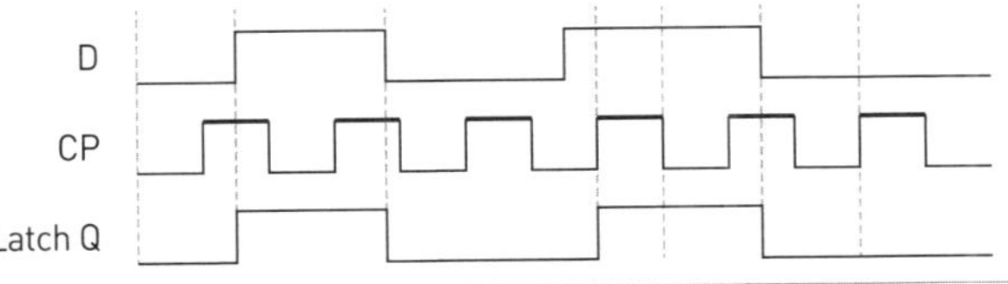

5.2 플립플롭 요약

플립플롭은 클럭의 신호 레벨이 변하는 순간인 클럭 에지(edge)에서 출력이 변하도록 만든 기억 소자이다. 에지 구동 방식의 플립플롭은 클럭이 인가되는 직전 입력 값에 따라 클럭이 인가된 직후에 출력이 변경된다. 플립플롭 종류는 SR-플립플롭, D-플립플롭, JK-플립플롭, T-플립플롭이 있다. 비동기 리셋 입력은 클럭 펄스와 관계없이 플립플롭 출력을 0으로 만든다.

5.3 레지스터와 카운터

플립플롭은 데이터 한 비트를 저장한다. 플립플럽 여러 개가 모이면 데이터 여러 비트를 저장할 수 있다. 이 절에서는 플립플롭 여러 개로 만든 빌딩블록을 소개한다.

- 5.3.1 **레지스터**: 데이터 여러 비트를 저장하는 레지스터를 소개한다.
- 5.3.2 **시프트 레지스터**: 데이터를 직렬 또는 병렬로 변환하는 레지스터를 소개한다.
- 5.3.3 **카운터**: 숫자를 세는 기능을 가진 레지스터를 소개한다.

5.3.1 레지스터

레지스터(register)는 여러 비트를 저장하는 빌딩블록으로, 저장하는 비트 수만큼 플립플롭을 포함하고 있다. [그림 5-23]은 D-플립플롭 네 개로 만든 가장 간단한 레지스터이다. 레지스터를 구성하는 플립플롭은 한 개의 소자처럼 동작하도록, 클럭 입력이 함께 연결되어 있다. 그러므로 플립플롭의 출력은 모두 동시에 변한다.

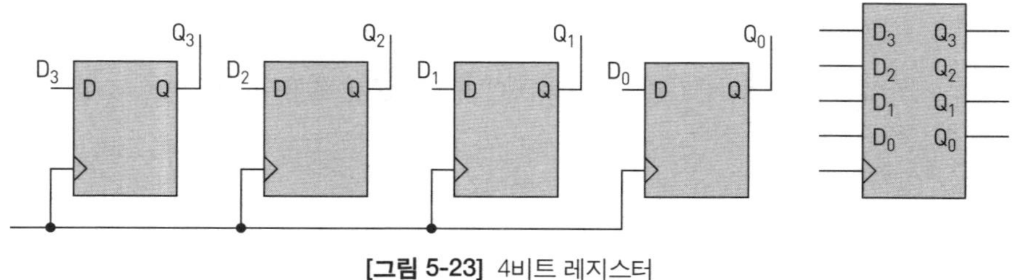

[그림 5-23] 4비트 레지스터

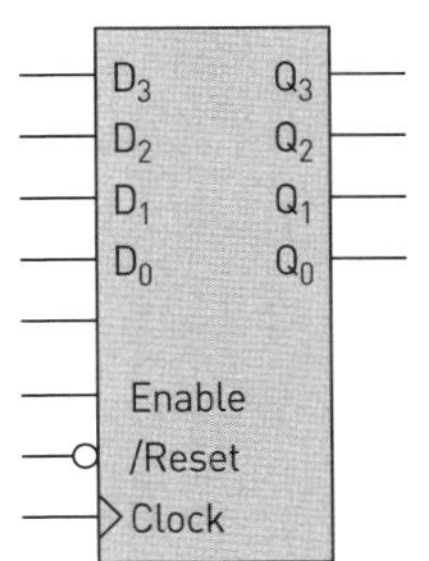

/Reset	Enable	Clock	Q	기능
0	X	X	0	비동기 리셋
1	0	X	Q_0	현재상태 유지
1	1	↑	D	동기 적재

[그림 5-24] 비동기 리셋과 동기 적재 기능이 있는 4비트 레지스터

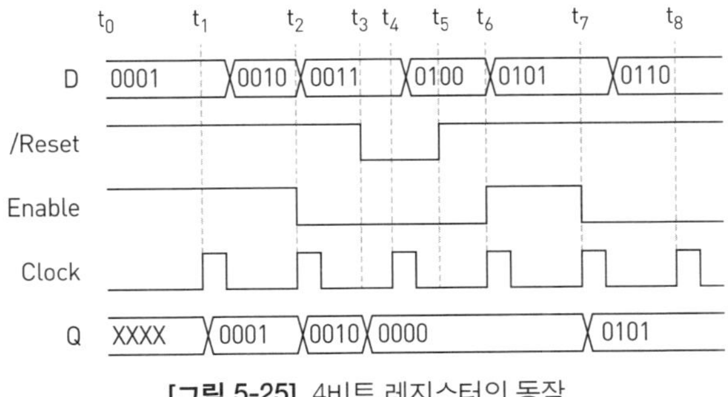

[그림 5-25] 4비트 레지스터의 동작

[그림 5-24]는 비동기 리셋과 동기 적재 기능이 있는 4비트 레지스터의 모양과 동작 특성표이다. Enable은 정논리이고, /Reset은 부논리 제어신호이다. 이 레지스터는 다음과 같이 동작한다.

- /Reset이 0일 때, 클럭의 상태와 관계없이 출력은 즉시 0으로 변한다.
- /Reset이 1이고 Enable이 0일 때, 출력은 현재상태를 유지한다.
- /Reset이 1이고 Enable이 1일 때, 클럭의 상승 에지에서 입력신호 D의 값을 출력 Q로 전달한다.

[그림 5-25]는 이 레지스터의 동작 예이다. 4비트 신호가 동시에 변하는 것을 나타내기 위하여 입력 D와 출력 Q를 두 줄로 표현하였고, 각 구간의 D와 Q 값을 2진수로 적어 넣었다. 해석은 다음과 같다.

- t_0에서 초기값은 D=0001이고, Q는 임의의 값(XXXX)이라고 가정하였다.
- t_1에서 /Reset=1이고 Enable=1이다. 클럭 상승 에지 직전에 입력 D의 값(0001)이 레지스터에 적재되어, 클럭의 상승 에지 직후에 출력 Q의 값이 0001로 변한다.
- t_2에서도 /Reset=1이고 Enable=1이다. 클럭 상승 에지 직전에 입력 D의 값(0010)이 레지스터에 적재되어, 클럭 상승 에지 이후에 출력 Q의 값이 0010으로 변한다.
- t_3에서 비동기 /Reset 입력이 0으로 변함과 동시에 출력 Q는 0000으로 변한다. 이때 입력 D는 아무 일도 하지 못한다.
- 비동기 /Reset 입력이 t_5까지 유지되므로, t_4의 클럭 상승 에지는 레지스터 출력에 아무 영향을 주지 못하고, 출력 Q는 계속 0000을 유지한다.
- t_6에서 /Reset=1이고 Enable=0이다. 출력 Q는 이전 값인 0000을 계속 유지한다. 이와 같이 입력은 클럭 상승 에지의 직전 값을 참조해야 하고, 출력은 클럭 상승 에지의 직후에 변한다는 것에 주의해야 한다.
- t_7에서 /Reset=1이고 Enable=1이다. 입력 D의 값(0101)이 클럭 상승 에지 이후에 출력 Q로 나타난다.
- t_8에서 /Reset=1이고 Enable=0이다. 출력 Q는 이전 값인 0101을 계속 유지한다.

지금까지 간단한 레지스터의 기능을 설명하였다. 컴퓨터의 중앙처리장치 안에 여러 개의 레지스터가 있으며 이것들은 [그림 5-24] 형태의 구조와 기능을 갖고 있다. 다만 데이터가 8, 16 또는 32비트일 수 있다. 중앙처리장치는 데이터를 임시로 저장하는 용도로 레지스터를 사용한다.

5.3.2 시프트 레지스터

레지스터에 저장된 데이터를 왼쪽 또는 오른쪽으로 자리 이동(shift)하는 레지스터를 **시프트 레지스터(shift register)**라고 한다. D-플립플롭을 사용한 가장 간단한 시프트 레지스터는 [그림 5-26]과 같이 만들어져 있다. 왼쪽에 있는 플립플롭 출력이 오른쪽 플립플롭 입력에 연결되어 있다. 따라서 클럭이 인가될 때마다 각 플립플롭 출력이 오른쪽 플립플롭 출력으로 나타나게 되어, 플립플롭 값이 오른쪽으로 자리 이동하는 효과를 보인다.

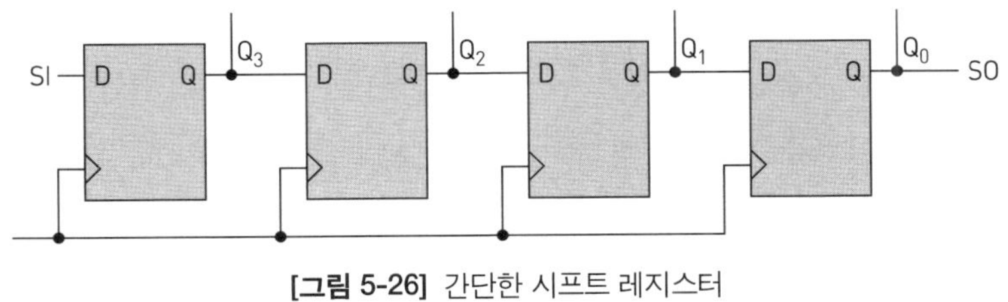

[그림 5-26] 간단한 시프트 레지스터

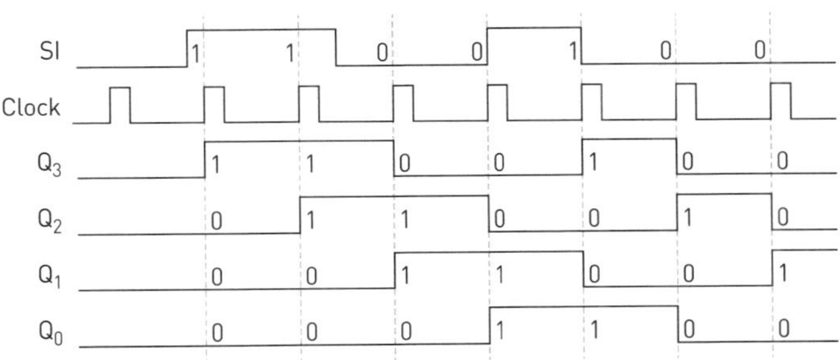

[그림 5-27] 시프트 레지스터의 동작

[그림 5-27]은 시프트 레지스터의 동작 타이밍 다이어그램이다. 클럭 상승 에지에서 입력(SI, Serial In)은 Q_3으로, Q_3 출력은 Q_2로, Q_2 출력은 Q_1로, 그리고 Q_1 출력은 Q_0으로 전달된다. 전체적으로 보면 왼쪽에서 오른쪽으로 값이 전달되기 때문에 오른쪽 시프트(shift right) 기능을 수행한다.

[그림 5-28]은 병렬 적재 기능이 있는 4비트 양방향 시프트 레지스터이다. 이 레지스터는 값을 적재하는 일반 레지스터 기능과 데이터를 왼쪽 또는 오른쪽으로 이동하는 시프트 레지스터 기능을 모두 갖고 있다. 레지스터 출력을 0으로 만들기 위한 비동기 /Reset 제어선과 레지스터 기능을 선택하기 위한 두 비트의 선택선(S_1S_0)을 갖고 있다. 이 레지스터는 다음과 같이 동작한다.

- /Reset이 0인 구간에서, 출력은 비동기 리셋된다.
- /Reset이 1이면, 이 레지스터 기능은 선택선 S_1S_0에 의해 결정된다.
  - S_1S_0 = 00이면, 출력은 이전상태를 유지하고 변하지 않는다.
  - S_1S_0 = 01이면, 오른쪽으로 시프트한다. $D_{SR}Q_2Q_1Q_0$가 출력 $Q_3Q_2Q_1Q_0$으로 나

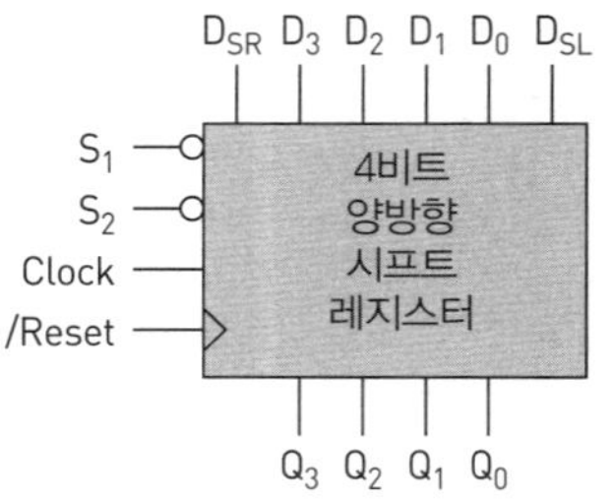

/Reset	clk	S_1 S_0	Q_3 Q_2 Q_1 Q_0	기능
0	X	X X	0 0 0 0	비동기 리셋
1	↑	0 0	Q_3 Q_2 Q_1 Q_0	현재상태 유지
1	↑	0 1	D_{SR} Q_3 Q_2 Q_1	오른쪽 시프트
1	↑	1 0	Q_2 Q_1 Q_0 D_{SL}	왼쪽 시프트
1	↑	1 1	D_3 D_2 D_1 D_0	병렬 적재

[그림 5-28] 4비트 양방향 시프트 레지스터

타난다.

- S_1S_0 = 10이면, 왼쪽으로 시프트한다. $Q_2Q_1Q_0D_{SL}$가 출력 $Q_3Q_2Q_1Q_0$으로 나타난다.
- S_1S_0 = 11이면, 입력을 출력으로 적재하는 레지스터로 동작한다. $D_3D_2D_1D_0$가 출력 $Q_3Q_2Q_1Q_0$으로 나타난다.

예제 5-3 [그림 5-28]의 4비트 양방향 시프트 레지스터의 입력 조건이 다음과 같다. 클럭 펄스가 인가된 직후 출력의 값을 구하라.

(1) R = 1, S_1S_0 = 00, D_{SR}_$D_3D_2D_1D_0$_D_{SL} = 1_0110_1, Q = 1001
(2) R = 1, S_1S_0 = 01, D_{SR}_$D_3D_2D_1D_0$_D_{SL} = 1_0110_1, Q = 1001
(3) R = 1, S_1S_0 = 10, D_{SR}_$D_3D_2D_1D_0$_D_{SL} = 1_0110_1, Q = 1001
(4) R = 1, S_1S_0 = 11, D_{SR}_$D_3D_2D_1D_0$_D_{SL} = 1_0110_1, Q = 1001

풀이

(1) 현재상태 유지: 출력이 변하지 않는다. Q = $Q_3Q_2Q_1Q_0$ = 1001
(2) 오른쪽 시프트: MSB에 D_{SR}이 들어오고, 출력이 오른쪽으로 이동한다.
Q = D_{SR}_$Q_3Q_2Q_1$ = 1100
(3) 왼쪽 시프트: LSB에 D_{SL}이 들어오고, 출력이 왼쪽으로 이동한다.
Q = $Q_3Q_2Q_1$_D_{SL} = 0011
(4) 병렬 적재: 입력이 출력으로 나타난다. Q = $D_3D_2D_1D_0$ = 0110

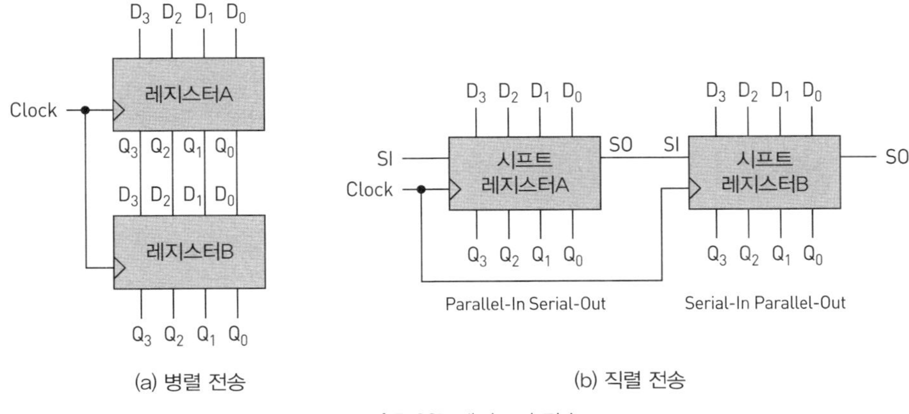

[그림 5-29] 레지스터 전송

[그림 5-29]는 레지스터에 저장된 데이터를 다른 레지스터로 전달하는 두 가지 방법을 보여준다. [그림 5-29(a)]는 병렬 전송을 위한 회로 연결 방법을 보여준다. 레지스터A 출력이 레지스터B 입력으로 연결되어 있다. 레지스터 비트 수만큼 연결선이 필요하고, 한 번의 클럭 펄스 구간에 데이터를 전송할 수 있다. [그림 5-29(b)]는 직렬 전송을 위한 회로 연결을 보여준다. 이때는 시프트 레지스터가 사용된다. 레지스터A는 병렬입력 직렬출력(Parallel-In Serial-Out) 시프트 레지스터이고, 레지스터B는 직렬입력 병렬출력(Serial-In Parallel-Out) 시프트 레지스터이다. 레지스터A 직렬출력(Serial Out)이 레지스터B 직렬입력(Serial In)으로 연결된다. 네 개의 클럭 펄스가 인가되어야 4비트 데이터가 모두 전송된다.

5.3.3 카운터

카운터(counter)는 클럭 펄스가 인가됨에 따라 미리 정해진 순서로 상태를 반복하는 레지스터의 일종이다. 2진 카운터(binary counter)는 미리 정해진 순서가 2진수 순서이다. n비트 2진 카운터는 0부터 2^n-1까지 값을 순환적으로 반복해서 센다.

4비트 2진 카운터의 동작은 [그림 5-30(a)]와 같이 0000부터 1111까지(즉, 0부터 15까지) 16개의 상태를 갖는 상태도로 표현할 수 있다. 클럭이 0에서 1로 변할 때 상태가 변하는 4비트 2진 카운터의 동작은 [그림 5-30(b)]와 같이 변한다. 클럭이 변할 때마다 출

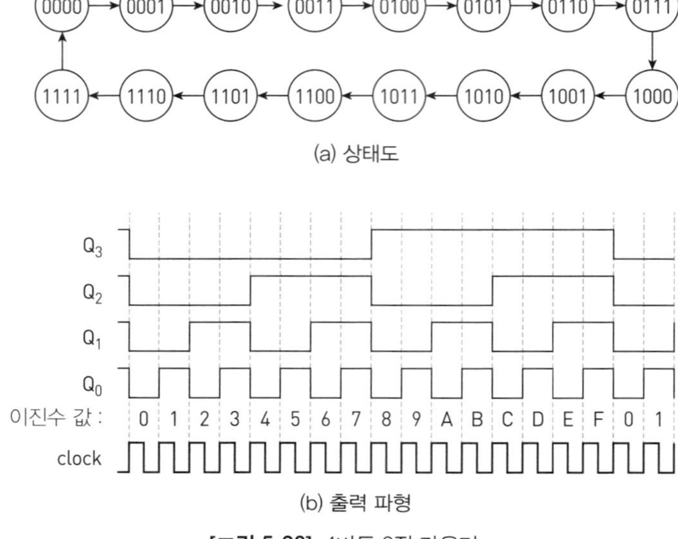

(a) 상태도

(b) 출력 파형

[그림 5-30] 4비트 2진 카운터

력($Q_3Q_2Q_1Q_0$) 값을 16진수로 읽으면, 0, 1, 2, ..., D, E, F, 0, 1, ...의 순서로 변하는 것을 알 수 있다. 이 파형을 다음과 같이 해석할 수 있다.

- 카운터 출력 Q_0는 클럭의 상승 에지에서 토글한다.
- 카운터 출력 Q_1은 이전 단의 출력 Q_0=1일 때 클럭의 상승 에지에서 토글한다.
- 카운터 출력 Q_2는 이전 단의 출력 Q_1Q_0=11일 때 클럭의 상승 에지에서 토글한다.
- 카운터 출력 Q_3은 이전 단의 출력 $Q_2Q_1Q_0$=111일 때 클럭의 상승 에지에서 토글한다.

카운터 출력은 클럭 주파수를 낮추는 효과가 있다. [그림 5−30(b)]를 보면, Q_0 주파수는 클럭 주파수의 1/2이고, Q_1 주파수는 1/4, Q_2 주파수는 1/8, Q_3 주파수는 1/16이다.

[그림 5−31]은 플립플롭으로 만든 4비트 카운터 회로도이다. JK-플립플롭은 입력 JK=11일 때 토글한다. 이전 단의 출력이 모두 1일 때 토글하도록 JK-플립플롭을 연결한 것이다. 카운트 인에이블(count enable) 신호가 1일 때, 전체 회로가 카운터로 동작한다. 이 신호가 0일 때, 회로 출력이 변하지 않는다.

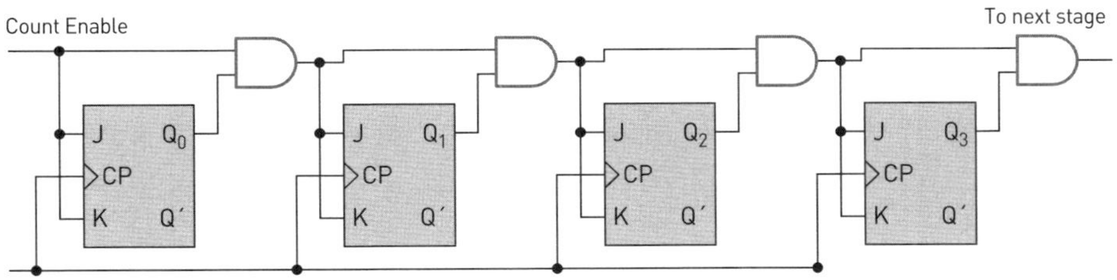

[그림 5-31] JK-플립플롭으로 만든 4비트 2진 카운터

[그림 5-31]의 카운터는 2진수 값이 증가하는 순서로 값이 변하는 상향 카운터(up counter)이다. 만약 상태가 반대 방향으로 변하도록 만들면, 2진수 값이 감소하는 하향 카운터(down counter)를 만들 수 있다. 그리고 제어신호에 따라 수를 세는 방향을 선택하도록 만든 상하향 카운터(up−down counter)도 만들 수 있다.

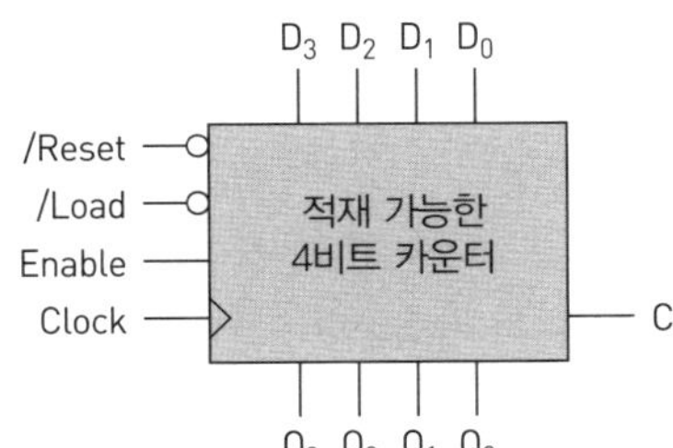

/Reset	Enable	/Load	Clock	기능
0	X	X	X	비동기 리셋
1	0	X	X	현재상태 유지
1	1	0	↑	동기 병렬 적재
1	1	1	↑	카운트

(a) 입출력 신호 및 기능

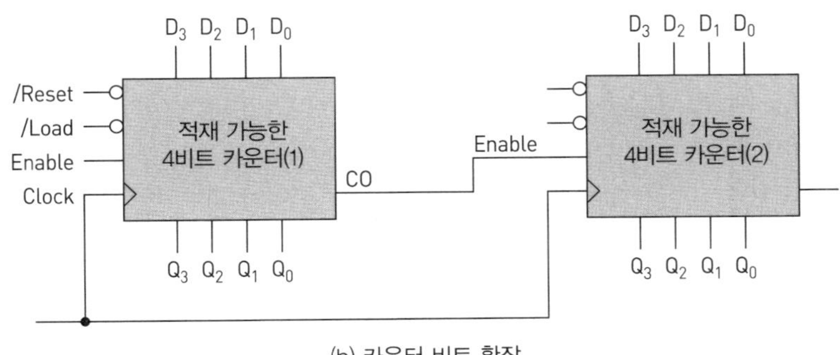

(b) 카운터 비트 확장

[그림 5-32] 병렬 적재 가능한 4비트 카운터

[그림 5−32(a)]는 병렬 적재가 가능한 4비트 2진 카운터이다. 이것은 레지스터와 카운터 기능을 모두 갖고 있다. 블록도 왼쪽의 /Reset, /Load, Enable, Clock은 제어신호이고, 위의 $D_3D_2D_1D_0$는 내부 레지스터로 인가되는 입력신호이다. 그리고 아래의 $Q_3Q_2Q_1Q_0$는 카운터의 출력신호이다. 이 카운터의 기능은 다음과 같다.

- /Reset이 0일 때, 클럭 신호와 상관없이 출력은 비동기로 리셋된다.
- /Reset이 1이고 Enable이 0일 때, 카운터 출력은 변하지 않고 현재상태를 유지한다.
- /Reset이 1이고 Enable이 1이고 /Load가 0일 때, 레지스터처럼 동작하여 클럭의 상승 에지에서 입력 D가 출력 Q에 나타난다.
- /Reset이 1이고 Enable이 1이고 /Load가 1일 때, 카운터 기능으로 동작하여 클럭의 상승 에지에서 출력 Q의 값이 증가한다.

CO(Carry Out)는 출력 Q($Q_3Q_2Q_1Q_0$)가 1111일 때만 1이고, Q가 다른 값일 때 0이다. 따라서 클럭이 계속해서 공급된다면, CO는 16개 클럭마다 한 번씩 1을 출력한다. 이 신호는 4비트 카운터를 여러 개 연결하여 카운터 비트 수를 확장할 때 사용된다. 이때 [그림 5−42(b)]와 같이 CO를 다음 단의 Enable로 연결한다. 16진 카운터의 CO는 클럭 16개마다 값이 1이므로, 두 번째 카운터는 클럭을 16개마다 한 번씩 카운트한다.

예제 5-4 [그림 5−32(a)]의 카운터 입력과 출력이 다음과 같다. 클럭 펄스가 인가된 직후 출력 값을 구하라. 단, x는 don't care이다.

(1) /R = 0, Enable= x, /Load = x, $D_3D_2D_1D_0$ = 1100, $Q_3Q_2Q_1Q_0$ = 0101, CO = 0
(2) /R = 0, Enable= 0, /Load = x, $D_3D_2D_1D_0$ = 1100, $Q_3Q_2Q_1Q_0$ = 0101, CO = 0
(3) /R = 0, Enable= 1, /Load = 0, $D_3D_2D_1D_0$ = 1100, $Q_3Q_2Q_1Q_0$ = 0101, CO = 0
(4) /R = 0, Enable= 1, /Load = 1, $D_3D_2D_1D_0$ = 1100, $Q_3Q_2Q_1Q_0$ = 0101, CO = 0
(5) /R = 0, Enable= 1, /Load = 1, $D_3D_2D_1D_0$ = 1100, $Q_3Q_2Q_1Q_0$ = 1110, CO = 0

풀이

(1) 비동기 리셋: 출력은 즉시 0이 된다. Q = 0000, CO = 0
(2) 현재상태 유지: 출력이 변하지 않는다. Q = 0101, CO = 0
(3) 동기 병렬 적재: 입력(D)이 출력으로 나타난다. Q = 1100, CO = 0
(4) 카운트: 출력이 증가된다. Q = 0110, CO = 0

(5) 카운트: 출력이 증가된다. Q = 1111, CO = 1

2진 n비트 카운터는 0부터 2^n-1까지 센다. 그리고 설계 방법에 따라 0부터 N−1(단, N < 2^n)까지 세도록 카운터를 만들 수 있다. 이 카운터를 **N진 카운터**(modulo-N counter)라고 한다. 카운터로 인가되는 클럭 주파수가 fHz로 고정되어 있다면, N진 카운터의 출력 주파수는 (f/N)Hz이다. 예를 들어, 클럭 주파수가 1MHz일 때, 0부터 999까지 세는 1000진 카운터로 이 클럭을 세면, 카운터의 출력 주파수는 1KHz이다. 이와 같이 주파수가 알려진 클럭 펄스를 셈으로써 시간을 측정할 수 있다. 카운터를 이용하여 시간을 측정하는 장치를 **타이머**(timer)라고 한다.

5.3 레지스터 요약

레지스터는 플립플롭 여러 개를 동시에 동작하도록 연결한 논리소자이고, 디지털 시스템에서 2진 데이터를 저장하는 기능으로 사용된다. 시프트 레지스터는 데이터를 왼쪽 또는 오른쪽으로 자리 이동하는 레지스터이고, 병렬 데이터를 직렬로 변환하거나, 직렬 데이터를 병렬로 변환하는데 사용된다. 카운터는 미리 정해진 상태를 반복하는 레지스터이다. 2진 카운터는 일반적으로 2진수 순서로 클럭 펄스를 센다. 카운터는 외부에서 발생하는 이벤트를 세거나 시간을 재는 용도로 사용된다.

5.4 요약

이 장에서 소개한 주요 용어와 개념은 다음과 같다.

- 기억소자(memory element): 출력을 변하게 만드는 입력 조건이 변하지 않는 한 현재 출력을 유지하는 소자
- 래치(latch): 제어 입력신호에 따라 0 또는 1을 계속 출력하는 기억소자
- 플립플롭(FF, flip−flop): 한 비트의 정보를 저장하는 기억소자
- 클럭 펄스(clock pulse): 0과 1을 계속 반복하는 신호
- 상태(state): 일정 시간 동안 변하지 않고 유지되는 기억소자 출력
- 현재상태(current state): 현재 시간에 기억소자가 저장하고 있는 값

- 다음상태(next state): 클럭이 인가된 후 변경될 기억소자의 값
- 비동기 리셋(asynchronous reset): 클럭과 관계없이 즉시 출력을 0으로 만드는 제어 신호
- 레지스터(register): 플립플롭 여러 개를 연결하여 여러 비트를 저장하는 빌딩블록
- 시프트 레지스터(shift register): 레지스터에 저장된 데이터를 왼쪽 또는 오른쪽으로 자리 이동하는 레지스터
- 카운터(counter): 클럭 펄스가 인가됨에 따라 미리 정해진 순서로 상태를 바꾸는 레지스터
- N진 카운터(modulo−N counter): 0부터 N−1까지 수를 세고 다시 0으로 돌아가는 카운터
- 타이머(timer): 인가되는 클럭 주파수가 일정하여 시간을 재는 용도로 사용하는 카운터

순차 논리소자와 관련하여 다음과 같은 동작을 해석할 수 있어야 한다.

- 플립플롭과 레지스터 같은 동기 순차 논리소자의 동작 시기를 정확하게 이해해야 한다. 클럭이 인가될 때 클럭의 직전 입력에 따라 직후 출력이 변한다.
- 입력신호에 따른 D-FF, SR-FF, JK-FF, T-FF의 동작 특성을 알고 있어야 한다. 가장 간단한 D-FF은 입력 D의 값이 클럭이 인가된 이후에 출력으로 나타난다.
- 레지스터, 시프트 레지스터, 카운터의 동작을 해석할 수 있어야 한다.

이 장에서는 2진 데이터를 저장하는 소자를 소개하였다. 제6장에서는 동기 순차 논리회로의 동작에 대하여 설명한다. 순차 논리회로의 동작을 표현하는 방법인 상태도를 소개하고, 데이터 처리 장치로써 레지스터 간에 데이터를 전달하는 회로에 대하여 설명한다.

연습문제 EXERCISE

5.1 래치

01 2-입력 게이트에 대한 설명 중 잘못된 것은?

① NOR 게이트 입력 중 하나가 1이면, 출력은 0이다.
② NAND 게이트 입력 중 하나가 0이면, 출력은 1이다.
③ AND 게이트 입력 중 하나가 1이면, 출력은 다른 나머지 입력과 같다.
④ NAND 게이트 입력 중 하나가 1이면, 출력은 다른 나머지 입력과 같다.

02 NOR 래치 입력으로 사용할 수 없는 조합은?

① S=0, R=0 ② S=0, R=1
③ S=1, R=0 ④ S=1, R=1

03 NAND 래치 입력으로 사용할 수 없는 조합은?

① /S=0, /R=0 ② /S=0, /R=1
③ /S=1, /R=0 ④ /S=1, /R=1

04 그림과 같이 입력신호 A=0, B=1일 때, 회로의 출력 X, Y의 값을 구하라.

(1)

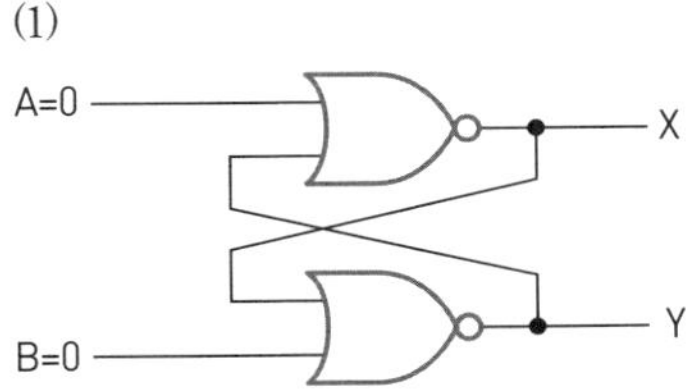

(2)

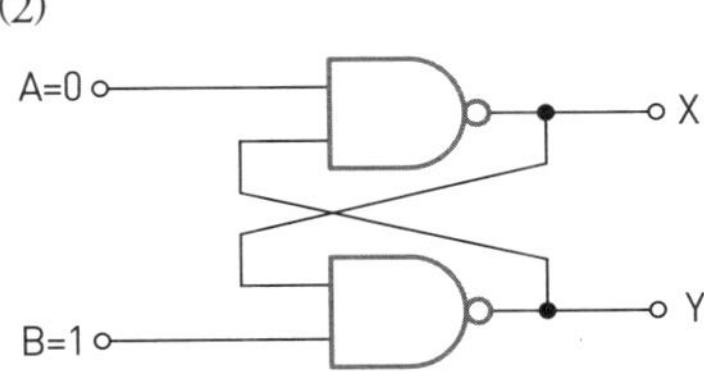

05 클럭 제어 SR 래치의 입력이 다음과 같을 때, 출력 Q의 파형을 그려라. 단 출력(Q)의 초기값을 0으로 가정한다.

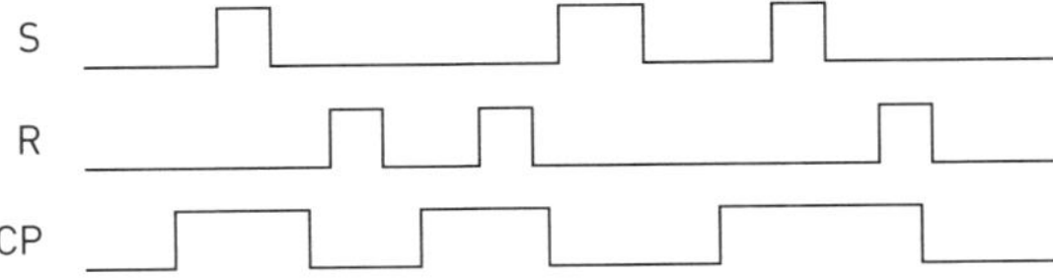

5.2 플립플롭

01 조합 논리회로와 순차 논리회로의 차이점을 올바르게 표현한 것은?

① 순차 논리회로는 피드백 경로가 없다.
② 순차 논리회로는 기억소자를 포함한다.
③ 순차 논리회로는 멀티플렉서를 포함한다.
④ 순차 논리회로는 입력신호의 조합에 의해 출력이 결정된다.

02 순차 논리회로에서 상태(state)를 올바르게 표현한 것은?

① 순차 논리회로에 포함된 기억소자의 현재 값이다.
② 순차 논리회로에 포함된 입력신호의 현재 값이다.
③ 순차 논리회로에 포함된 출력신호의 현재 값이다.
④ 순차 논리회로에 포함된 논리 게이트의 현재 값이다.

03 플립플롭의 셋업(setup) 시간은?

① 클럭 에지 이후에 출력이 지연되어 나타나는 시간
② 클럭 에지가 낮은 레벨에서 높은 레벨로 변하는 시간
③ 클럭 에지보다 입력신호가 먼저 안정되어야 하는 시간
④ 클럭 에지 이후에 입력신호가 변하지 않고 유지되어야 하는 시간

04 거시적으로 해석할 때 플립플롭의 동작을 올바로 설명하는 것을 선택하라.

(1) 클럭 신호가 인가되는 시점의 (직전, 직후)의 입력신호에 따라,
(2) 클럭 신호가 인가되는 시점의 (직전, 직후)의 출력이 변한다.

05 다음은 SR-플립플롭의 동작 특성표이다. 잘못된 해석은?

CP	S	R	Q
↑	0	0	Q
↑	0	1	0
↑	1	0	1
↑	1	1	NA

① 클럭 상승 에지가 아닌 때는 출력이 변하지 않는다.
② 클럭 상승 에지에서 S=1이고 R=0이면 출력이 1로 세트된다.
③ 클럭 상승 에지에서 S=0이고 R=0이면 출력이 변하지 않는다.
④ 클럭 상승 에지에서 S=1이고 R=1이면 출력이 반대 값으로 변한다.

06 비동기 리셋 기능을 가진 상승 에지 D-플립플롭의 출력 파형을 그려라. /R이 0이면, 비동기적으로 출력이 0으로 변한다. /R이 1이면, 플립플럽의 동작에 영향을 주지 않는다.

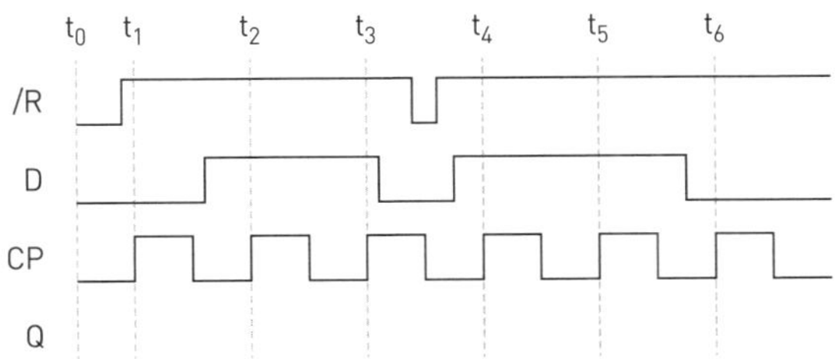

07 하강 에지(falling-edge)에서 동작하는 JK-FF의 출력 파형을 그려라. 단, 초기값을 0으로 가정한다.

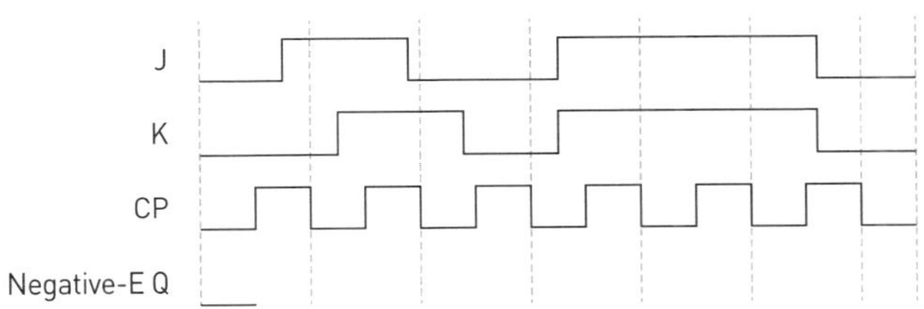

08 그림과 같이 JK-플립플롭의 J와 K를 연결하여 하나의 입력으로 사용하는 것과 동등한 소자는?

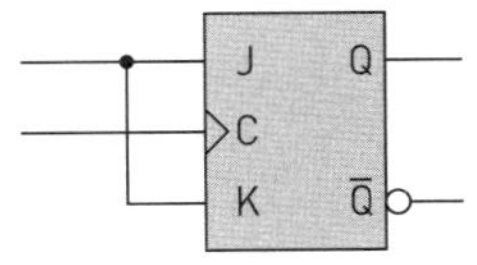

① D-플립플롭 ② SR-플립플롭
③ JK-플립플롭 ④ T-플립플롭

09 플립플롭의 출력이 토글한다는 것의 의미는?

① 출력이 1로 변한다. ② 출력이 0으로 변한다.
③ 특정한 조건을 사용할 수 없다. ④ 출력이 현재 상태의 반대 값으로 변한다.

5.3 레지스터

01 다음 설명에 해당하는 소자의 이름을 적어라.

(1) 여러 비트의 데이터를 저장하는 소자

(2) 직렬 데이터를 병렬 데이터로 또는 그 반대로 변환하는 소자

(3) 2진수 순서대로 상태를 변화하는 소자

02 동기식 레지스터의 출력은 어떻게 변하는가?

① 입력신호가 변하면 즉시 출력이 변한다.

② 적재 제어신호가 변하면 즉시 출력이 변한다.

③ 클럭이 인가된 직전 입력 값에 따라 직후의 출력이 변한다.

④ 클럭이 인가된 직후 입력 값에 따라 직후의 출력이 변한다.

03 동기식 레지스터에 사용되는 부논리 비동기 리셋 입력의 기능은?

① 리셋 입력이 0이 되자마자 레지스터 출력을 0으로 만든다.

② 리셋 입력이 0이 되자마자 레지스터 출력을 1으로 만든다.

③ 클럭의 상승 에지에 동기되어 레지스터 출력을 0으로 만든다.

④ 클럭의 하강 에지에 동기되어 레지스터 출력을 0으로 만든다.

04 [그림 5-24]와 같이 동작하는 레지스터의 입력이 다음과 같을 때 출력 파형을 구하라.

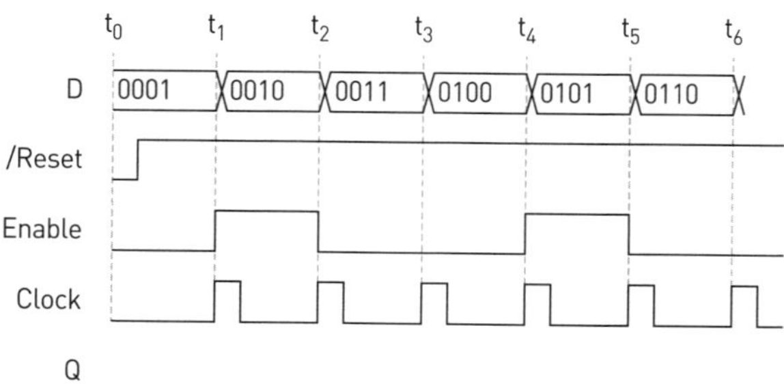

05 [그림 5-26] 시프트 레지스터 회로에서 SI = 1, $Q_3Q_2Q_1Q_0$ = 1001이다. 클럭 신호가 한 번 인가된 후 레지스터의 출력을 적어라.

06 병렬 데이터를 직렬로 변환하거나 직렬 데이터를 병렬로 변환할 때 사용되는 소자는?

① 인코더

② 멀티플렉서

③ 2진 카운터

④ 시프트 레지스터

07 [그림 5-29(b)]에서 직렬 입력 SI = 0이고, 시프트 레지스터 A의 출력 $Q_3Q_2Q_1Q_0$ = 1100이고, B의 출력 $Q_3Q_2Q_1Q_0$ = 1111이다. 이후 네 개의 클럭 펄스가 인가될 때마다 시프트 레지스터 A와 B의 출력을 적어라.

08 카운터에 입력되는 클럭의 주파수가 1MHz일 때, 주파수가 1KHz인 출력 펄스를 얻기 위해서 몇 진 카운터를 사용해야 하는가?

① 500 ② 999
③ 1000 ④ 1001

09 [그림 5-32(a)] 카운터의 입력신호와 현재상태가 다음과 같을 때, 클럭이 인가된 다음의 출력을 적어라.

(1) /Reset = 1, /Load = 0, Enable = 0, $D_3D_2D_1D_0$ = 0110, $Q_3Q_2Q_1Q_0$ = 1000
(2) /Reset = 1, /Load = 0, Enable = 1, $D_3D_2D_1D_0$ = 0110, $Q_3Q_2Q_1Q_0$ = 1000
(3) /Reset = 1, /Load = 1, Enable = 1, $D_3D_2D_1D_0$ = 0110, $Q_3Q_2Q_1Q_0$ = 1000

10 시스템 클럭을 이용하여 시간을 측정하는데 적합한 소자는?

① 디코더 ② 멀티플렉서
③ 레지스터 ④ 카운터

Chapter

06

순차 논리회로

6.1 순차 논리회로 소개

6.2 디지털 시스템

6.3 처리장치

6.4 요약

Chapter

06 순차 논리회로

디지털 시스템은 제어장치(control unit)와 처리장치(processing unit)로 구성되어 있다. 제어장치는 처리장치가 올바른 동작을 실행하도록 제어신호를 제공한다. 처리장치는 레지스터에 저장되어 있는 데이터를 계산하여 새로운 값을 생성한다. 제어장치와 처리장치는 모두 조합 논리소자와 순차 논리소자를 포함하고 있다. 이 장에서는 디지털 시스템의 일반 구조와 처리장치의 데이터 처리 과정을 설명한다.

- 6.1 **순차 논리회로 소개**: 동기 순차 논리회로의 구조와 동작 표현 방법에 대하여 설명한다.
- 6.2 **디지털 시스템**: 제어장치와 처리장치의 기능을 제시하고, 타이밍 신호 발생기를 소개한다.
- 6.3 **처리장치**: 레지스터에 저장되어 있는 데이터를 처리하는 구조에 대하여 설명한다.

6.1 순차 논리회로 소개

순차 논리회로는 기억소자인 플립플롭 또는 레지스터를 포함하고 있다. 기억소자에 저장된 값이 출력에 영향을 준다. 이 절에서는 순차 논리회로의 구조와 동작 표현에 대하여 설명한다.

- 6.1.1 **순차 논리회로 구조**: 순차 논리회로의 특성을 제시하고 클럭에 맞추어 내부 상태가 변하는 동기 순차 논리회로를 소개한다.
- 6.1.2 **순차 논리회로 동작 표현**: 동기 순차 논리회로의 동작을 상태도로 표현하는 방법

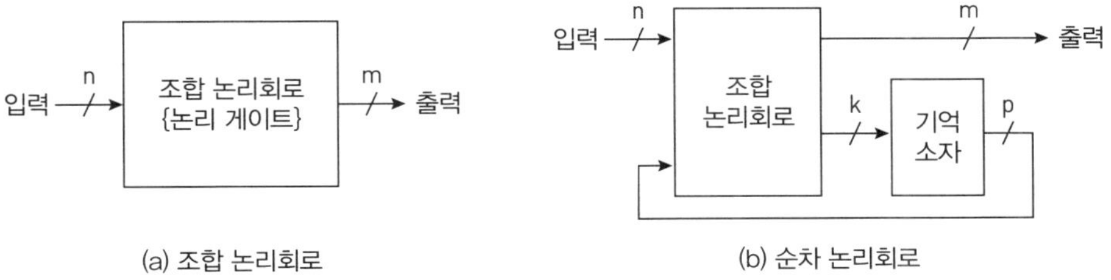

(a) 조합 논리회로

(b) 순차 논리회로

[그림 6-1] 조합 논리회로와 순차 논리회로

을 설명한다.

- 6.1.3 **순서 검출기**: 임의의 순서로 입력되는 신호를 검출하는 순차 논리회로를 설계하는 과정을 소개한다.

6.1.1 순차 논리회로 구조

[그림 6-1]은 조합 논리회로와 순차 논리회로의 구조를 비교하여 보여준다. 입력의 조합에 따라 출력을 결정하는 조합 논리회로는 같은 입력 값에 대하여 항상 같은 값을 출력한다. **순차 논리회로**는 [그림 6-1(b)]와 같이 **기억소자**(memory elements)를 포함한다. 기억소자의 출력이 상태(state)이다. 순차 논리회로의 기억소자는 플립플롭 또는 레지스터이다. '저장한다'는 것은 일단 기억소자의 상태가 0 또는 1로 결정된 이후에 다음에 상태를 바꾸는 조건이 발생하기 전까지 그 값을 유지한다는 의미이다. 순차 논리회로는 다음과 같이 동작한다.

- 기억소자 출력이 피드백(feedback)되어 조합 논리회로의 입력으로 사용된다.
- 순차 논리회로의 출력은 회로의 입력과 현재상태에 의하여 결정된다.
- 기억소자의 다음상태도 역시 회로의 입력과 현재상태에 의해 결정된다.

그러므로 순차 논리회로에 인가되는 입력 값이 같더라도, 그 순간의 현재상태가 다를 수 있으므로 출력과 다음상태가 다를 수 있다.

디지털 시스템에 포함된 기억소자의 동작 시간을 일치시키는 클럭이 있고 없음에 따라, 순차 논리회로를 다음과 같이 두 가지로 구분할 수 있다.

- **동기 순차 논리회로(synchronous sequential logic circuit)**: 디지털 시스템에 포함된 기억소자들의 클럭 입력에 모두 같은 클럭 신호가 인가되어, 기억소자들이 모두 같은 시간에 동작한다. 이 교재에서는 클럭 상승 에지에서 기억소자 상태가 변하는 것으로 가정한다.
- **비동기 순차 논리회로(asynchronous sequential logic circuit)**: 디지털 시스템에 포함된 기억소자들이 동작하는 시간이 서로 다르다. 비동기 순차회로는 공통으로 연결되는 하나의 클럭 신호를 사용하지 않는다. 회로에 포함된 기억소자들의 동작 시간이 서로 다르므로, 동기 순차 논리회로에 비하여 회로를 설계하고 제어하는 것이 어렵고 복잡하다.

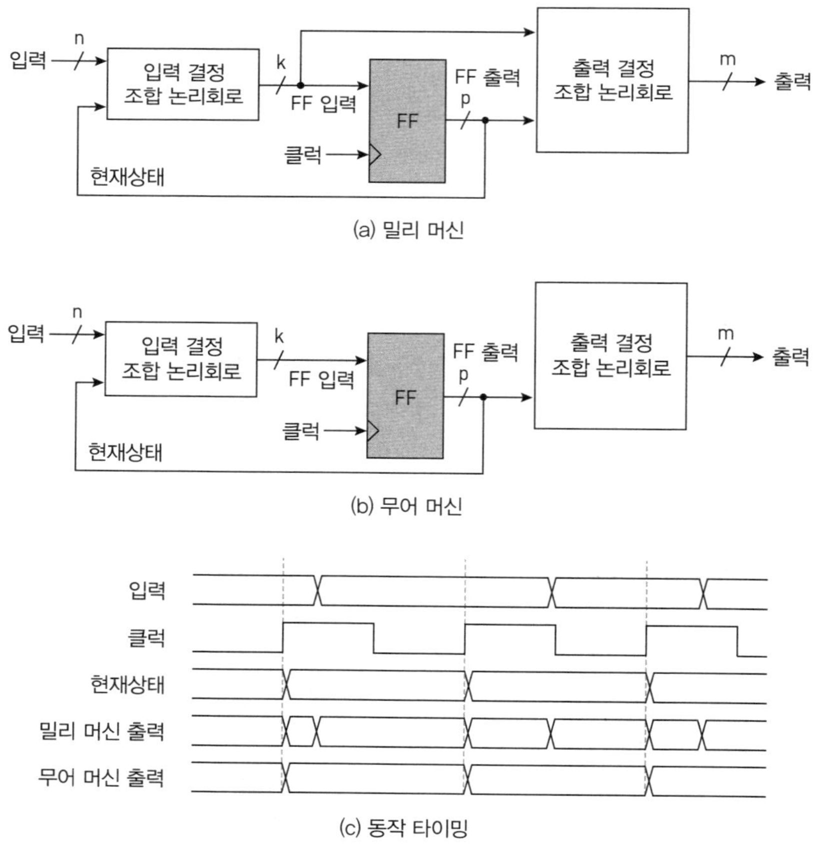

[그림 6-2] 동기 순차 논리회로

이 교재는 비동기 순차 논리회로를 다루지 않는다. 컴퓨터를 포함한 대부분의 디지털 시스템은 동기 순차 논리회로이다. 동기 순차 논리회로는 [그림 6-2]와 같이 구성되어 있다.

- **입력 결정 조합 논리회로**: 입력신호와 기억소자의 출력을 입력으로 받아 다음상태와 회로 출력을 결정하기 위한 신호를 출력한다.
- **플립플롭(기억소자)**: 회로 상태를 결정한다. 플립플롭들은 같은 시간에 상태가 변하도록 클럭 신호를 공유한다. 이것이 동기식이라는 의미이다. 플립플롭 출력이 **현재상태**(current state)이다. 클럭이 인가된 후 동기식으로 변할 플립플롭 출력이 **다음상태**(next state)이다. 플립플롭이 p개일 때 상태의 최대 수는 2^p이다.
- **출력 조합 논리회로**: 동기 순차 논리회로의 출력을 결정한다.

[그림 6-2(c)]는 동작 타이밍의 예시이다. 입력신호는 외부에서 공급되므로 시스템 클럭과 상관없이 임의의 시간에 변할 수 있다. 이것을 비동기라고 표현한다. 현재상태는 클럭에 동기되어 변한다. 동기 순차 논리회로는 출력을 결정하는 방법에 따라 다음과 같이 두 가지로 구분된다.

- **밀리**(Mealy) **머신**: [그림 6-2(a)]와 같이 출력이 입력과 현재상태에 의해 결정된다. 그러므로 밀리 머신은 [그림 6-2(c)]와 같이 입력이 변할 때 또는 현재상태가 변할 때 출력도 함께 변한다. 이것이 출력신호의 타이밍 제어를 어렵게 만든다.
- **무어**(Moore) **머신**: [그림 6-2(b)]와 같이 출력이 현재상태에 의해서만 결정된다. 무어 머신의 출력은 현재상태에 따라 결정되므로, [그림 6-2(c)]와 같이 출력이 변하는 시간이 현재상태가 변하는 시간과 같다. 그러므로 대부분의 디지털 시스템은 무어 머신으로 구현한다.

6.1.2 순차 논리회로 동작 표현

동기 순차 논리회로 동작은 [그림 6-3]과 같이 상태도(state diagram), 상태표(state table), 입력과 출력 논리식, 논리회로도로 표현할 수 있다. 이것들 중 하나가 주어지면 나머지를 구할 수 있다. 동기 순차 논리회로 설계는 [그림 6-3]의 왼쪽에서 오른쪽 방향으로 수행하고, 분석은 그 반대 방향으로 수행한다.

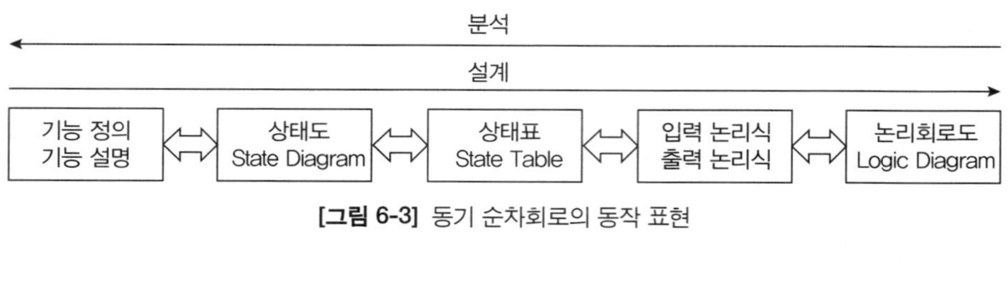

[그림 6-3] 동기 순차회로의 동작 표현

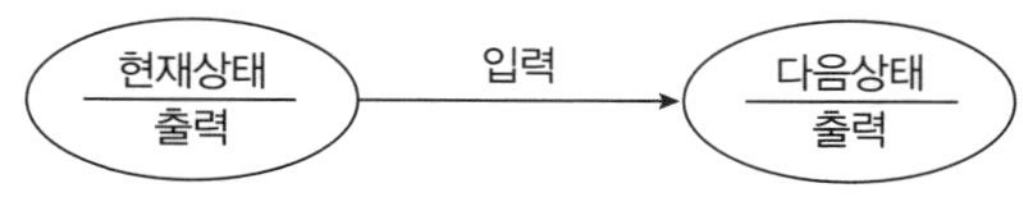

[그림 6-4] 무어 머신의 상태도

〈표 6-1〉 상태표 형식

현재상태	입력	출력	다음상태
…	…	…	…

상태도(state diagram)는 동기 순차 논리회로의 동작을 표현하는 방법이다. 무어 머신에 대한 상태도는 [그림 6-4]와 같이 현재상태에서 입력을 받아 다음상태로 변하는 것으로 표현한다. 원으로 상태를 표현하고, 화살표로 상태의 변화를 표현한다. 상태도는 상태 수만큼 원을 포함한다. 무어 머신은 상태만으로 출력을 결정하므로, 원 안에 상태와 출력을 적는다. 상태도는 동기 순차 논리회로의 동작을 이해하기 쉽게 표현하는 방법이지만, 회로를 설계하기에 편리한 형태는 아니다.

상태표(state table)는 상태도를 표 형식으로 나타낸 것이다. 상태표는 〈표 6-1〉과 같은 항목으로 구성되어 있다. 상태도는 상태표로 변환될 수 있다. 동기 순차 논리회로의 입력으로 사용되는 신호는 다음과 같다.

- **현재상태**(current state): 플립플롭 출력이다. 회로에 포함된 플립플롭 수만큼의 비트가 할당된다.
- **입력**(input): 외부에서 순차 논리회로로 인가되는 신호이다. 외부에서 인가되는 입력신호 수만큼 비트가 할당된다.

플립플롭 수가 p개이면, 최대 2^p개의 상태를 나타낼 수 있다. 외부 입력이 n비트일 때 입력의 가능한 조합은 2^n이다. 외부 입력이 n비트이고 현재상태가 p비트일 때, 상태표의 열(row) 수는 $2^{(n+p)}$개이다. 이 두 가지 신호의 조합에 대하여 다음과 같은 출력신호를 생성한다.

- **출력**(output): 출력 결정회로의 출력신호이다. 무어 머신의 출력은 현재상태에 의해서만 결정된다.
- **다음상태**(next state): 플립플롭 입력 값에 따라 변하게 될 플립플롭 출력이 다음상태이다. 다음상태 역시 회로에 포함된 플립플롭 수만큼 비트가 할당된다.

상태표는 무어 머신의 다음상태를 결정하기 위한 플립플롭 입력 논리식과 출력 논리식을 유도하는데 사용된다. 플립플롭 입력식은 현재상태와 입력에 대한 논리함수이고, 출력 논리식은 현재상태에 대한 논리함수이다. 입력 논리식과 출력 논리식을 결정한 후, 동기 순차 논리회로의 세부 논리회로도를 그릴 수 있다.

예제 6-1 다음 상태도에 대한 상태표를 구하라.

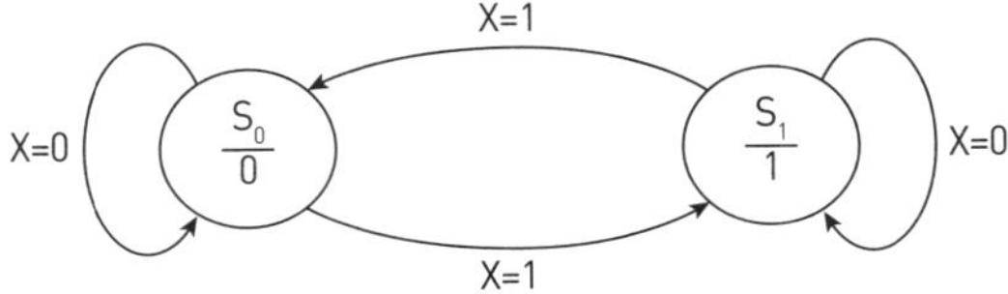

풀이

현재상태	입력(X)	출력(Y)	다음상태
S_0	0	0	S_0
S_0	1	0	S_1
S_1	0	1	S_1
S_1	1	1	S_0

- 현재상태가 S_0일 때
  - 출력은 0이다.
  - 입력이 0이면 현재상태를 유지하고, 입력이 1이면 상태를 S_1로 변경한다.

• 현재상태가 S_1일 때
  – 출력은 1이다.
  – 입력이 0이면 현재상태를 유지하고, 입력이 1이면 상태를 S_0으로 변경한다.

6.1.3 순서 검출기

순차 논리회로는 이전 입력에 따른 시스템 상태를 기억하는 능력이 있다. 입력이 어떤 순서로 들어왔는지를 상태에 대응시켜 기억한다. 동기 순차 논리회로는 **순서 검출기(sequence detector)**를 구현하는데 사용할 수 있다. 순서 검출기는 입력신호가 특정한 순서로 들어오는 것을 검출하여 출력을 생성하는 회로이다.

이 절에서는 다음과 같이 동작하는 2-입력 검출기를 예로 들어 동기 순차 논리회로의 동작 표현과 설계 과정을 설명한다.

- 현재 출력이 0일 때, 1이 연속해서 2번 입력되면 출력을 1로 변경하고,
- 현재 출력이 1일 때, 0이 연속해서 2번 입력되면 출력을 0으로 변경한다.

입력도 한 비트이고 출력도 한 비트이므로, 간단하게 입력신호를 x, 출력신호를 y로 정한다. [그림 6-5]는 2-입력 검출기의 외부 모습이다. 동기 순차 논리회로이므로 내부 플립플롭을 제어하기 위한 클럭 펄스(CP)와 초기값을 0으로 설정하기 위한 비동기 리셋 신호($\overline{R}$)를 외부에서 인가한다.

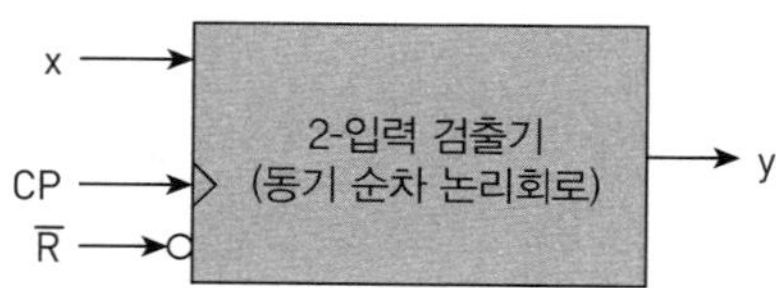

[그림 6-5] 2-입력 검출기의 입출력신호

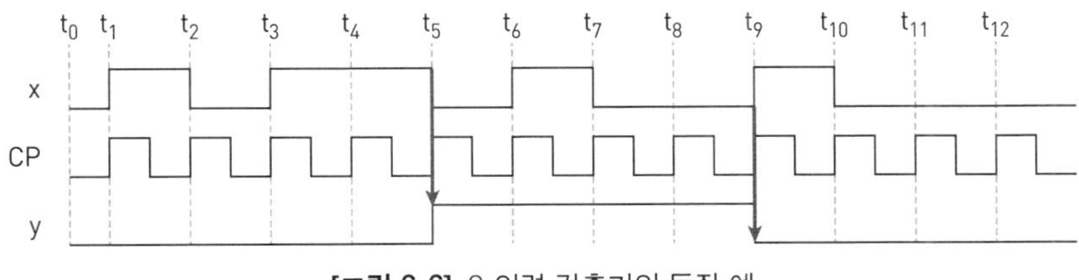

[그림 6-6] 2-입력 검출기의 동작 예

[그림 6-6]은 임의의 입력 예제 순서열에 대한 2-입력 검출기의 동작을 타이밍 다이어그램으로 표시한 것이다. 동기 순차 논리회로는 클록의 직전 입력 값에 따라 클록 직후에 출력이 변한다는 것을 고려하여 이것을 해석해 보자.

- t_0에서 출력 y 값은 0이라고 가정하고, 아직 1이 한번도 입력되지 않았다고 가정한다.
- t_1에서 입력 x는 0이다. 아직 출력이 변하지 않는다.
- t_4와 t_5에서 연속으로 1이 2번 입력된다. 그러므로 t_5 이후에 출력이 1로 변한다.
- 이후 t_6에서 0이 입력되고, t_7에서는 1이 입력되고, t_8에서 0이 한 번 입력된다. 그 동안 출력은 변하지 않는다.
- t_9에서 입력이 2번 연속해서 0이다. 따라서 t_9 이후에 출력이 0으로 변한다.
- 그 이후 t_{10}에서 1이 한 번 입력되므로, 이 입력은 무시되고, 출력이 변하지 않는다.

이와 같이 2-입력 검출기는 0 또는 1이 두 번 연속해서 입력될 때 출력을 변경하고, 하나만 입력되는 것을 무시한다.

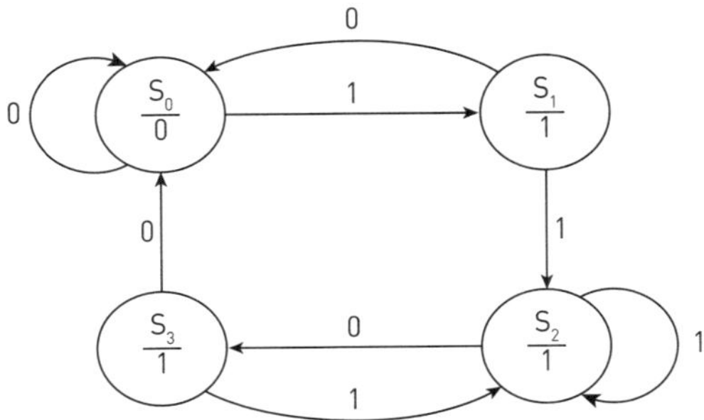

[그림 6-7] 2-입력 검출기의 상태도

2-입력 검출기의 동작을 상태도로 표현해 보자. 먼저 상태를 정의하고, 상태도를 구한다. 처음부터 상태를 2진수로 표현하는 것보다 일단 상태를 기호로 표현하는 것이 더 편리하다. 2-입력 검출기의 상태를 다음과 같이 정한다.

- S_0(출력 0): 0이 연속해서 2번 입력되었을 때의 상태이고, 0을 출력한다. 시스템이 리셋된 후 초기 상태이다.
- S_1(출력 0): S_0 상태에서 1이 하나 입력된 상태이고, 0을 출력한다.
- S_2(출력 1): 1이 연속해서 2번 입력된 상태이다. 이때 출력은 1이다.
- S_3(출력 1): S_2 상태에서 0이 하나 입력된 상태이다. 이때 출력은 1이다.

2-입력 검출기의 상태도는 입력 값에 따른 상태의 변화를 표현한다. 입력이 한 비트이므로 각 상태마다 0과 1에 해당하는 두 가지 입력을 고려해야 한다. 2-입력 검출기에 대한 상태도는 [그림 6-7]과 같다.

- 현재상태가 S_0(출력 0)일 때
  - 만일 입력 값이 0이면, 상태를 S_0으로 유지한다.
  - 만일 입력 값이 1이면, 상태를 S_1로 변경한다.
- 현재상태가 S_1(출력 0)일 때
  - 만일 입력 값이 0이면, 다시 S_0 상태로 돌아간다.
  - 만일 입력 값이 1이면, S_2 상태로 변경한다.
- 현재상태가 S_2(출력 1)일 때
  - 만일 입력 값이 0이면, 상태를 S_3으로 변경한다.
  - 만일 입력 값이 1이면, S_2 상태를 유지한다.
- 현재상태가 S_3(출력 1)일 때
  - 만일 입력 값이 0이면, 상태를 S_0으로 변경한다.
  - 만일 입력 값이 1이면, S_2 상태로 변경한다.

[그림 6-8]은 입력 순서열에 대한 상태 변화를 추가한 타이밍 다이어그램이다. S_0과 S_2가 0 또는 1이 두 번 연속 입력되어 출력이 바뀌는 상태이고, S_1과 S_3은 1 또는 0이 한 개만 입력된 상태이다. 상태 변화를 점검해 봄으로써 [그림 6-7]의 상태도가 2-입력 검출기의 동작을 올바로 반영하고 있음을 확인할 수 있다. 상태도는 시스템 상태의 변화를 알아 보

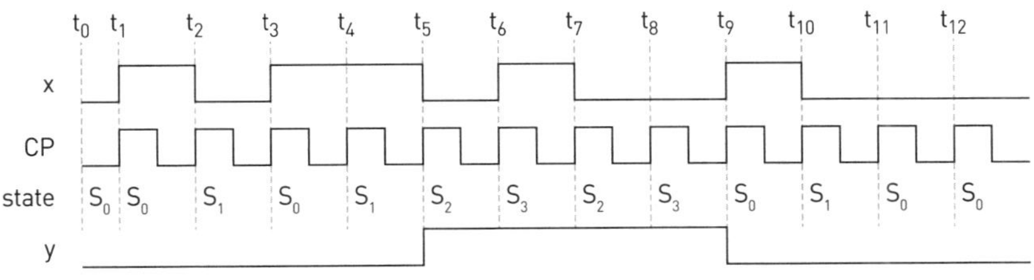

[그림 6-8] 상태를 표시한 2-입력 검출기의 동작 예

기 쉽게 만들어져 있지만, 이것으로 회로 설계에 필요한 플립플롭 입력식과 출력식을 구하기는 불편한 형태이다.

플립플롭 입력식과 출력식을 구하기 위하여 상태도를 상태표로 변환한다. 또한 기호로 표시된 상태에 2진수가 할당되어야 한다. 상태가 S_0부터 S_3까지 4개이므로, 상태를 2비트 코드로 나타낼 수 있다. 네 개의 상태에 서로 다른 2진수를 할당해야 한다. 여기에서는 간단하게 상태 기호에 2진수 순서대로 코드를 부여하기로 한다.

$$S_0 = 00, \qquad S_1 = 01, \qquad S_2 = 10, \qquad S_3 = 11$$

〈표 6-2〉 2-입력 검출기의 상태표

현재상태		입력	출력	다음상태	
상태	Q_1 Q_0	x	y	상태	Q_1 Q_0
S_0	0 0	0	0	S_0	0 0
S_0	0 0	1	0	S_1	0 1
S_1	0 1	0	0	S_0	0 0
S_1	0 1	1	0	S_2	1 0
S_2	1 0	0	1	S_3	1 1
S_2	1 0	1	1	S_2	1 0
S_3	1 1	0	1	S_0	0 0
S_3	1 1	1	1	S_2	1 0

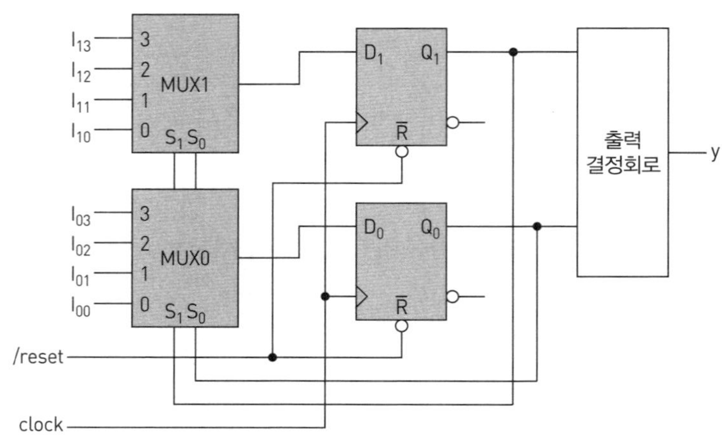

[그림 6-9] 멀티플렉서 구현의 일반 회로

〈표 6-2〉는 [그림 6-7]의 상태도를 상태표로 표현한 것이다. 현재상태와 입력에 대하여 출력과 다음상태를 표현하고 있다. 그리고 상태 기호와 함께 상태에 할당한 2진수도 함께 표현하고 있다. 상태는 2비트 코드이므로, 두 개의 플립플롭으로 표현할 수 있다.

상태를 구현하기 위하여 네 종류의 플립플롭(SR, D, JK, T) 중에서 임의의 하나를 사용할 수 있다. 상태표는 현재상태가 다음상태로 변하는 조건을 표현하고 있다. 상태를 구현하기 위하여 '현재생태를 다음상태로 만들려면, 플립플롭 입력신호를 어떻게 인가해야 하는가'에 대한 지식이 필요하다. D-플립플롭은 입력 값이 클럭이 인가된 후 출력으로 나타난다. 즉, 다음상태를 그대로 D-플립플롭의 입력으로 만들어주면 된다. 여기에서는 동작 개념이 가장 간단한 D-플립플롭을 사용해 보자. 두 개의 D-플립플롭 입력을 D_1D_0라 하고, 출력을 Q_1Q_0라고 하자. D-플립플롭 출력이 2-입력 검출기의 현재상태이다.

D-플립플롭으로 상태를 구현하는 순서검출기는 멀티플렉서를 이용하여 구현할 수 있다. [그림 6-9]는 상태가 4개인 무어 머신을 구현하는 동기 순차 논리회로의 일반 형태이다. MUX1과 MUX0의 선택선(S_1S_0)에 플립플롭의 출력(Q_1Q_0)이 같이 연결된 것이다. (MUX0의 어떤 출력이 MUX1의 S_1S_0에 연결된 것이 아니다.) 이 회로에서 다음과 같은 부분이 항상 같다.

- 두 개의 멀티플렉서를 사용하여 플립플롭 입력을 결정한다. MUX0는 D_0 입력을 결정하고, MUX1은 D_1 입력을 결정한다.
- 플립플롭의 출력(Q_1Q_0)은 현재상태이다. 현재상태를 멀티플렉서 선택선(S_1S_0)에 연결한다.
- 현재상태에 따라 멀티플렉서 입력 중 하나를 플립플롭 입력으로 연결한다. 예를 들어, Q_1Q_0=00일 때, MUX0의 I_{00}을 D_0에 연결하고, MUX1의 입력 I_{10}을 D_1에 연결한다.

구현하려는 상태도에 따라 [그림 6-9]의 다음과 같은 부분이 달라진다.

- 멀티플렉서 입력: 상태 변화를 결정하기 위한 입력을 정한다.
- 출력 결정회로: 현재상태에 대한 출력 논리식을 정한다.

멀티플렉서 입력을 결정하는 방법에 따라 다음상태가 결정된다. 〈표 6-3〉은 멀티플렉서 입력을 결정하기 쉽도록 〈표 6-2〉의 상태표를 다시 적은 것이다. 편의상 MUX1과 MUX0의 출력을 나누어 표시하였다. 그 해석은 다음과 같다.

- 현재상태가 S_0(Q_1Q_0=00)일 때,
  - D_1은 항상 0이다. 그러므로 MUX1의 I_{10}에 0을 연결한다.
  - D_0은 x=0일 때 0이고 x=1일 때 1이다. 그러므로 MUX0의 I_{00}에 x를 연결한다.
- 현재상태가 S_1(Q_1Q_0=01)일 때,
  - D_1은 x=0일 때 0이고 x=1일 때 1이다. 그러므로 MUX1의 I_{11}에 x를 연결한다.

〈표 6-3〉 멀티플렉서 출력을 강조한 상태표

현재상태 (Q_1Q_0)	입력 (x)	다음상태 (Q_1)	MUX1 출력
S_0	0	0	MUX1=0
S_0	1	0	
S_1	0	0	MUX1=x
S_1	1	1	
S_2	0	1	MUX1=1
S_2	1	1	
S_3	0	0	MUX1=x
S_3	1	1	

현재상태 (Q_1Q_0)	입력 (x)	다음상태 (Q_0)	MUX0 출력
S_0	0	0	MUX0=x
S_0	1	1	
S_1	0	0	MUX0=0
S_1	1	0	
S_2	0	1	MUX0=x′
S_2	1	0	
S_3	0	0	MUX0=0
S_3	1	0	

- D_0은 항상 0이다. 그러므로 MUX0의 I_{01}에 0을 연결한다.
- 현재상태가 $S_2(Q_1Q_0=10)$일 때,
  - D_1은 항상 1이다. 그러므로 MUX1의 I_{12}에 1을 연결한다.
  - D_0은 x=0일 때 1이고 x=1일 때 0이다. 그러므로 MUX0의 I_{02}에 x′를 연결한다.
- 현재상태가 $S_3(Q_1Q_0=11)$일 때,
  - D_1은 x=0일 때 0이고 x=1일 때 1이다. 그러므로 MUX1의 I_{13}에 x를 연결한다.
  - D_0은 항상 0이다. 그러므로 MUX0의 I_{03}에 0을 연결한다.
- 출력 y는 상태 S_2와 S_3에서 1이다.
  - 그러므로 출력에 대한 논리식은 다음과 같다.
  - $y = S_2 + S_3 = Q_1Q_0' + Q_1Q_0 = Q_1(Q_0' + Q_0) = Q_1$

[그림 6-10]은 2-입력 검출기의 논리회로도이다.

이 절에서는 2-입력 검출기를 예로 들어 동기 순차 논리회로의 동작을 상태도와 상태표로 표현하고, 그것을 논리회로도로 구현하는 과정을 살펴보았다. 이 절의 목적은 동기 순차 논리회로의 동작을 상태도와 상태표로 표현할 수 있고, 그것이 플립플롭과 조합회로를 사용하여 구현된다는 것을 보여주는 것이다. 상태표를 논리회로도로 변환하는 과정을 모두 학습하기에 여기 설명만으로 많이 부족하다. 더 많은 예제가 필요하다. 이 주제에 대하

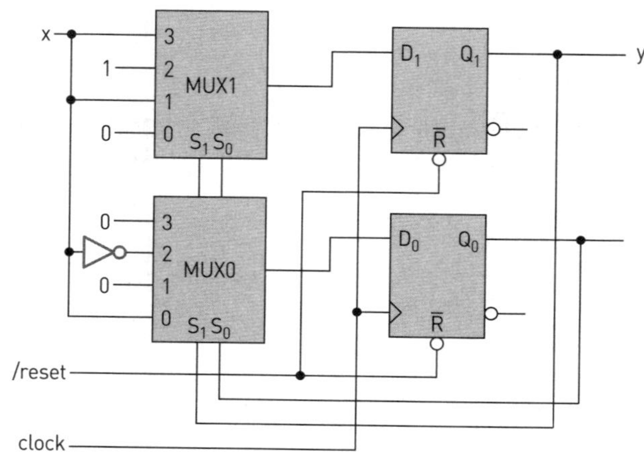

[그림 6-10] 2-입력 검출기의 논리회로도

여 더 학습하려면 논리회로 교재를 참고하기 바란다.

예제 6-2 다음은 1이 연속해서 세 번 입력될 때 1을 출력하는 1–1–1 검출기의 상태도이다.

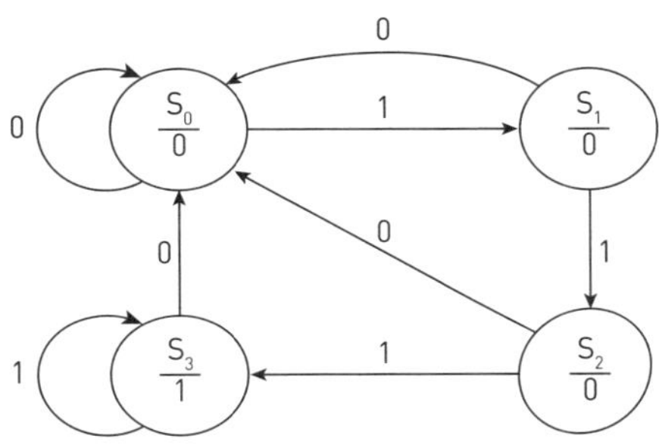

[그림 6-11] 1-1-1 검출기

(1) 다음과 같은 입력 파형에 대한 출력 파형을 구하라.

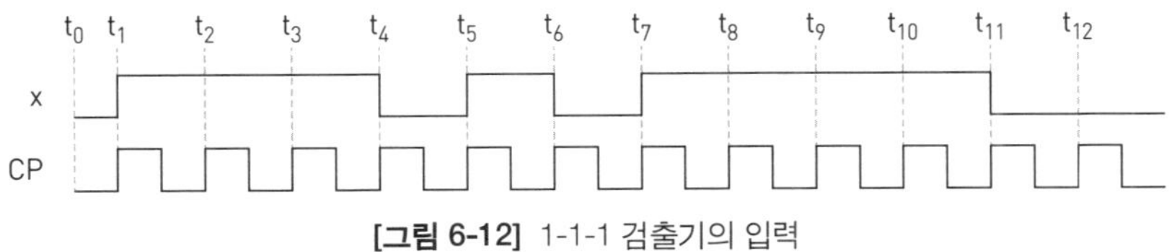

[그림 6-12] 1-1-1 검출기의 입력

(2) S_0=00, S_1=01, S_2=10, S_3=11로 상태를 할당하고, 상태표를 구하라.

(3) 멀티플렉서로 동기 순차 논리회로를 구현하라.

풀이

(1) 1이 연속 세 번 입력된 후 출력이 1로 변한다.

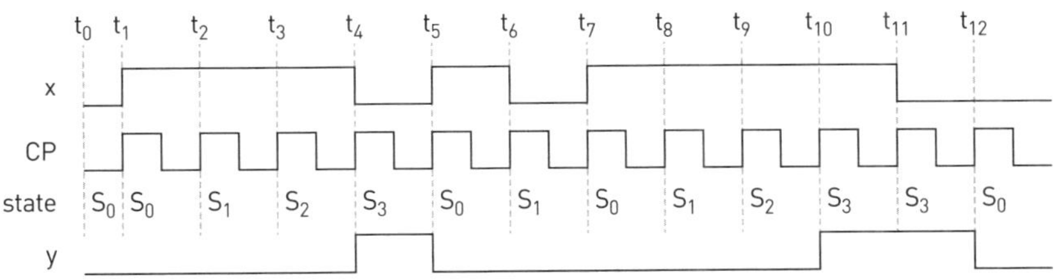

[그림 6-13] 입력 파형에 대한 상태 변화 및 출력

(2) 〈**표 6-4**〉 1-1-1 검출기 상태표

현재상태		입력	출력	다음상태	
상태	Q_1 Q_0	x	y	상태	Q_1 Q_0
S_0	0 0	0	0	S_0	0 0
S_0	0 0	1	0	S_1	0 1
S_1	0 1	0	0	S_0	0 0
S_1	0 1	1	0	S_2	1 0
S_2	1 0	0	0	S_0	0 0
S_2	1 0	1	0	S_3	1 1
S_3	1 1	0	1	S_0	0 0
S_3	1 1	1	1	S_3	1 1

(3) 〈**표 6-5**〉 1-1-1 검출기 멀티플렉서 출력

현재상태 (Q_1Q_0)	입력 (x)	다음상태 (Q_1)	MUX1 출력
S_0	0	0	MUX1=0
S_0	1	0	
S_1	0	0	MUX1=x
S_1	1	1	
S_2	0	0	MUX1=x
S_2	1	1	
S_3	0	0	MUX1=x
S_3	1	1	

현재상태 (Q_1Q_0)	입력 (x)	다음상태 (Q_0)	MUX0 출력
S_0	0	0	MUX0=x
S_0	1	1	
S_1	0	0	MUX0=0
S_1	1	0	
S_2	0	0	MUX0=x
S_2	1	1	
S_3	0	0	MUX0=x
S_3	1	1	

출력 논리식: $y = S_3 = Q_1 \cdot Q_0$

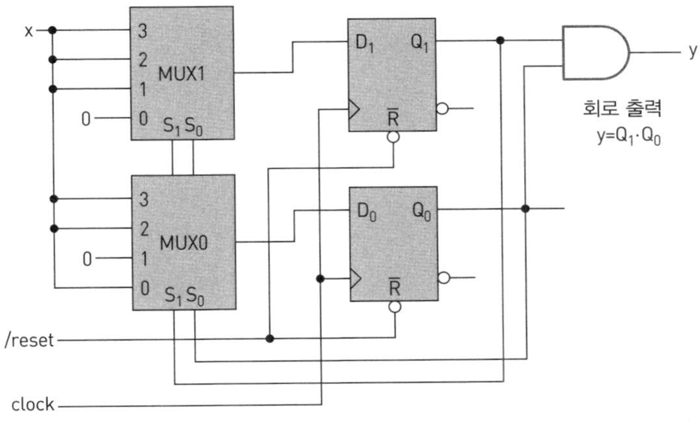

[그림 6-14] 1-1-1 검출기 회로도

6.1 순차 논리회로 소개 요약

순차 논리회로는 기억소자를 포함하고 있다. 기억소자 출력이 현재상태이다. 동기 순차 논리회로는 기억소자들이 하나의 시스템 클럭을 공유한다. 따라서 시스템 상태가 클럭 펄스에 동기되어 동시에 변한다. 동기 순차 논리회로의 동작은 상태도에 의하여 표현된다. 상태도는 상태를 노드로 그리고 입력 값을 에지로 표현한 그래프이며, 상태 변화를 추적하기에 적합한 도구이다. 동기 순차 논리회로는 입력신호가 특정한 순서로 들어오는 것을 검출하는 순서검출기를 구현하는데 사용될 수 있다.

6.2 디지털 시스템

컴퓨터 중앙처리장치는 디지털 시스템이다. 디지털 시스템은 여러 가지 빌딩블록을 연결하여 데이터를 처리하도록 만든 동기 순차 논리회로이다. 이 절에서는 디지털 시스템의 구조와 동작 원리에 대하여 설명한다.

- 6.2.1 **디지털 시스템 구조**: 처리장치와 처리장치로 구성되는 디지털 시스템의 구조를 설명한다.
- 6.2.2 **타이밍 신호 발생기**: 클럭 펄스를 시간 구간으로 구분하는 타이밍 신호 발생기를 소개한다.

6.2.1 디지털 시스템 구조

시스템 규모가 커지면 전체를 기능 단위로 나누어 구현하는 것이 편리하다. **디지털 시스템**은 외부에서 명령을 받아 데이터를 처리하고 결과를 출력하는 시스템이다. [그림 6-15]는 제어장치와 처리장치로 구성되어 있는 디지털 시스템의 구조이다. 입출력 신호는 다음과 같다.

- 명령(command): 디지털 시스템이 명령에 해당하는 동작을 수행하도록 지시한다.
- 데이터 입력: 디지털 시스템이 처리할 데이터를 공급한다.
- 데이터 출력: 디지털 시스템이 처리한 결과를 제공한다.
- 리셋(reset): 디지털 시스템 안에 있는 기억소자를 초기화 한다.
- 시스템 클럭(system clock): 디지털 시스템 안에 있는 기억소자의 동작 시간을 제어한다.

제어장치는 외부에서 명령을 받고 처리장치에서 상태(status) 정보를 받아 처리장치로 제어신호를 전달한다. **처리장치**는 제어신호의 통제에 따라 데이터를 입력받고, 처리하고, 결과를 출력한다. 처리한다는 것은 계산을 수행하는 것을 말한다. 처리장치는 내부 상태를 제어장치로 전달할 수 있다. 제어장치는 이것을 참조하여 조건부 동작(conditional operation)을 수행하도록 제어신호를 생성한다.

제어장치와 처리장치 모두 무어머신 형태의 동기 순차 논리회로이다. 이것을 [그림 6-16(a)]와 같이 레지스터 파일과 조합 논리회로를 포함하고 있는 모델로 표현할 수 있다. 여러 개의 레지스터 모임을 **레지스터 파일**(register file)이라고 한다. 레지스터는 클럭 펄

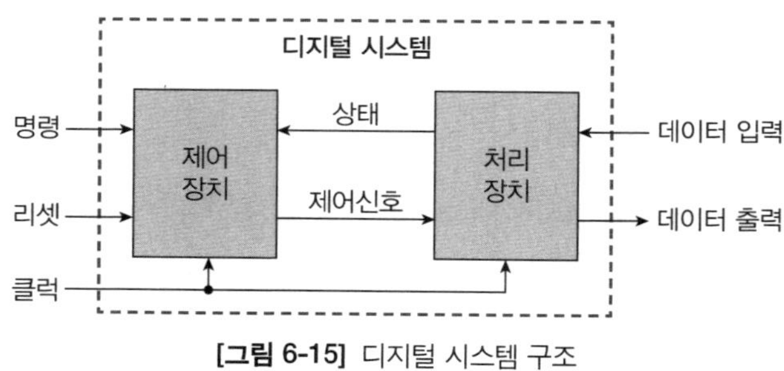

[그림 6-15] 디지털 시스템 구조

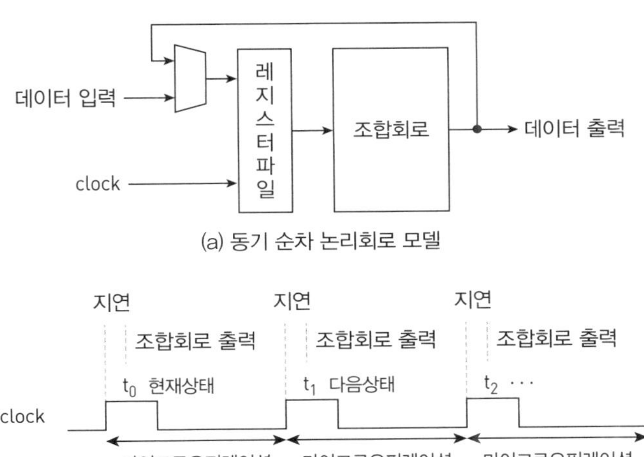

[그림 6-16] 동기 순차 논리회로 동작

스에 동기되어 그 값이 변한다.

[그림 6-16(b)]는 클럭 펄스에 따른 동기 순차 논리회로의 상태 변화를 보여준다. 현재 시간 구간을 t_0이라고 한다면, 레지스터 출력이 현재상태이다. 이 값은 조합 논리회로로 전달되고, 전파 지연 시간이 지난 후 안정적인 데이터 출력이 결정된다. 다음 클럭인 t_1의 상승 에지에서, 데이터 출력은 피드백되어 레지스터 파일에 저장되고, 이 값이 t_1에서 회로의 현재상태이다. 디지털 시스템은 이와 같이 클럭이 인가될 때마다 회로의 현재상태를 변경하는 동작을 반복한다. 한 개의 클럭 구간의 길이는 레지스터 동작에 필요한 셋업 시간, 유지 시간, 전파 지연 시간과 조합 논리회로의 지연 시간을 모두 수용할 수 있을 만큼 충분히 길어야 한다.

한 개의 클럭 구간에서 수행하는 레지스터 간 데이터 전달 동작을 **마이크로오퍼레이션(micro-operation)**이라고 한다. 이것은 디지털 시스템이 수행하는 가장 작은 단위의 동작이다. 디지털 시스템은 한 개의 클럭 구간마다 마이크로오퍼레이션을 수행하며, 이것들이 연속 동작하여 시스템 기능을 수행한다.

6.2.2 타이밍 신호 발생기

제어장치는 마이크로오퍼레이션이 실행되는 시간 구간을 구분하는 **타이밍 신호 발생기**(timing signal generator)를 포함하고 있다. 시스템 클럭은 사각 펄스가 무한히 반복되지만, 펄스에 번호를 붙여 몇 번째 펄스인지 구별함으로써, 각 시간 구간마다 특정한 동작을 수행하도록 만들려는 것이다.

예를 들어, 디지털 시스템이 리셋된 이후에 클럭 펄스를 네 개의 구간으로 나누어 사용한다고 가정한다. 제어장치는 [그림 6-17(a)]와 같이 시간 구간 t_0, t_1, t_2, t_3이 반복되는 것으로 여기고, 각 시간 구간마다 특정 동작을 실행하도록 처리장치를 제어할 수 있다. 임의의 시간이 어떤 시간 구간에 해당하는지 구분하는 제어신호가 T_0, T_1, T_2, T_3이다. 이것을 **타이밍 신호**(timing signal)라고 한다. 간단한 타이밍 신호 발생기는 [그림 6-17(b)]와 같이 2비트 카운터와 2×4 디코더를 연결하여 만들 수 있다.

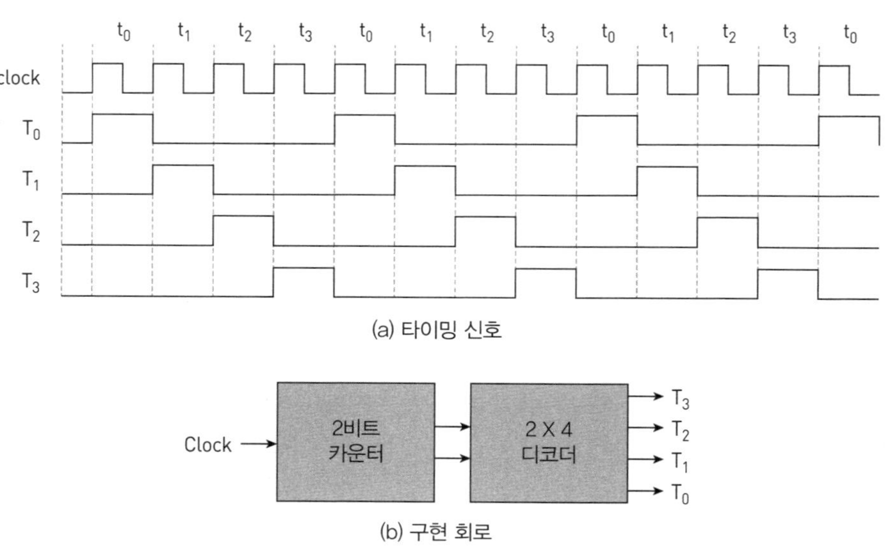

(a) 타이밍 신호

(b) 구현 회로

[그림 6-17] 타이밍 신호 발생기

6.2 디지털 시스템 요약

디지털 시스템은 제어장치와 처리장치로 구성된다. 제어장치는 외부에서 명령을 받고 처리장치에서 상태를 받아, 처리장치로 제어신호를 공급한다. 처리장치는 레지스터 파일과 조합회로 연산기로 구성되어 있다. 처리장치는 레지스터의 데이터를 계산하고 그 결과를 레지스터에 다시 저장한다. 한 개의 클럭 구간에서 수행되는 데이터 전달 동작을 마이크로오퍼레이션이라고 한다. 제어장치는 내부에 클럭 펄스를 구분하는 타이밍 신호 발생기를 포함하고 있다.

6.3 처리장치

디지털 시스템의 처리장치는 레지스터에 저장되어 있는 데이터를 연산기에서 계산하는 과정을 반복 수행한다. 이 절에서는 처리장치의 구조와 동작에 대하여 설명한다.

- 6.3.1 **레지스터 간 데이터 전송**: 간단한 레지스터 간 데이터 전송부터 시작하여 점차 처리장치의 내부 구조와 연산 처리 동작을 소개한다.
- 6.3.2 **레지스터 전송 언어**: 레지스터 간 데이터 전송 과정을 표현하는 방법을 정리한다.

6.3.1 레지스터 간 데이터 전송

레지스터 간 데이터 전송은 한 개 이상의 레지스터에 저장되어 있는 데이터를 조합 논리회로에서 처리하여 다른 레지스터로 전달하는 과정이다. 여기에서는 레지스터 간 데이터 전송 하드웨어는 어떻게 연결하는지, 어떤 신호를 주고받음으로써 데이터를 전달하는지, 데이터 전송을 어떻게 표현하는지에 대하여 설명한다.

[그림 6-18]은 5장에서 소개한 인에이블 기능이 있는 4비트 레지스터이다. 여기에서는 이 레지스터로 만든 회로에서 데이터를 전송하는 방법을 설명한다. [그림 6-19(a)]는 레지스터 R1에서 레지스터 R2로 데이터를 전달하는 회로 연결을 보여준다. 회로도의 선에 표시한 빗금은 여러 비트임을 나타낸다. 회로 연결은 다음과 같다.

- 회로 전체를 리셋 상태로 만드는 /reset 신호가 있고, 이것이 레지스터들의 리셋(/Clr)

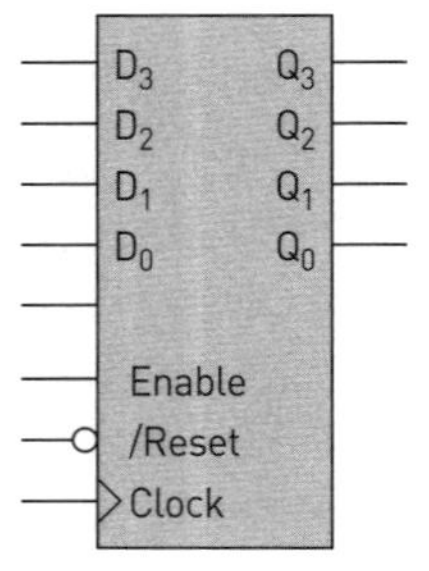

/Reset	Enable	Clock	Q	기능
0	X	X	0	비동기 리셋
1	0	X	Q_0	현재상태 유지
1	1	↑	D	동기 적재

[그림 6-18] 4비트 레지스터

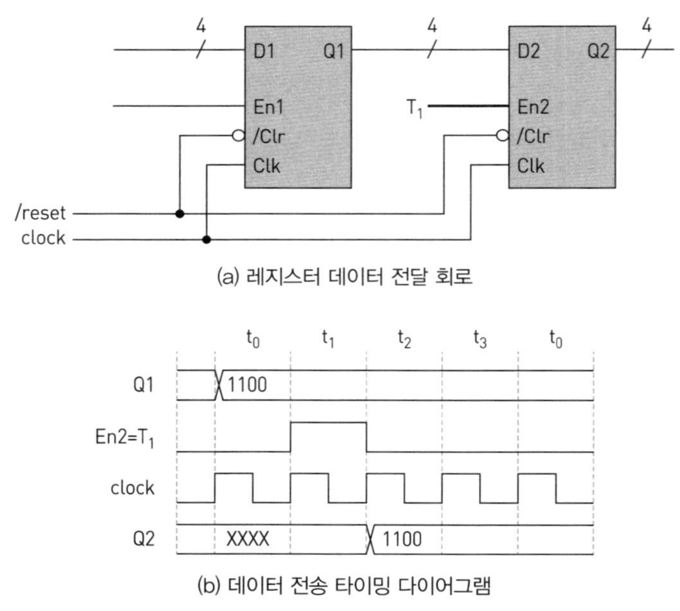

(a) 레지스터 데이터 전달 회로

(b) 데이터 전송 타이밍 다이어그램

[그림 6-19] 레지스터 간 데이터 전달

으로 연결되어 있다. 이 신호가 0일 때, 레지스터들은 즉시 0으로 리셋된다.

- 시스템 클럭(clock)은 두 개의 레지스터에 공통으로 연결되어 있다.
- 레지스터 R1의 출력 Q1이 레지스터 R2의 입력 D2로 연결되어 있다.
- 레지스터에 데이터를 적재할지 결정하는 제어신호 En1과 En2는 제어장치에서 생성되어 각 레지스터로 연결된다.

이 설명 중에서 처음 두 가지는 동기 순차 논리회로의 특성이다. 동기 순차 논리회로는 항상 리셋과 시스템 클럭을 공유한다. 그리고 각 레지스터의 동작 여부를 인에이블 제어선으로 결정한다. 앞으로 소개할 레지스터 전송 예제에서 리셋과 클럭의 연결에 대한 설명을 생략한다.

[그림 6-19(b)]는 데이터 전송이 실행되는 상황에 대한 타이밍 다이어그램이다. 타이밍 신호 발생기가 시간 구간을 결정하는 신호를 생성한다. 여기에서는 t_0, t_1, t_2, t_3 네 개의 시간 구간을 반복한다고 가정한다. 플립플롭은 클럭 직전 입력 값에 따라 클럭 직후에 출력이 변한다는 것을 참고하여 해석해 보자. 여기에 사용된 가정과 동작 해석은 다음과 같다.

- 시간 t_0에서 레지스터 R1의 출력이 1100로 결정되었다고 가정한다.
- 타이밍 신호 발생기의 출력 T_1이 레지스터 적재 신호 En2에 연결되어 있다고 가정한다. 따라서 시간 t_1 구간에서 En2 값이 1이다.
- R2 초기값은 임의의 값 XXXX이다. 시간 t_1 구간에서 R2가 인에이블 되므로, t_1에서 t_2로 넘어가는 클럭 에지 직전 D2 값(1100)이 클럭 에지 직후에 R2로 적재되어 Q2로 나타난다.

제어신호 T_1 값이 1일 때, R1 출력을 R2로 적재하는 동작을 다음과 같이 표현한다.

$$T_1\text{: R2} \leftarrow \text{R1}$$

콜론 앞에 동작을 수행할 조건 논리식을 적고, 콜론 뒤에 클럭 구간에서 수행할 동작을 적는다. 콜론 앞 조건식이 참일 때, 콜론 뒤 동작이 발생한다. 이 동작은 한 개의 클럭 구간에서 수행되므로 하나의 마이크로오퍼레이션에 해당한다.

이제는 [T_1: R2 ← R1]와 같은 마이크로오퍼레이션을 보면, 이것이 실행되기 위하여, [그림 6-19(a)]와 같은 하드웨어 연결이 필요하고, [그림 6-19(b)]와 같은 과정으로 데이터가 전달된다는 것을 머리 속에 그릴 수 있어야 한다.

[그림 6-20]은 레지스터를 이용한 병렬 덧셈 회로와 덧셈을 수행하는 타이밍 다이어그램을 보여준다. 여기에서 R0, R1, R2는 4비트 레지스터이다. [그림 6-20(a)] 회로도에서 연산기(ALU)는 덧셈을 수행하는 조합 논리회로이다. 그러므로 연산기는 클럭과 상관없이

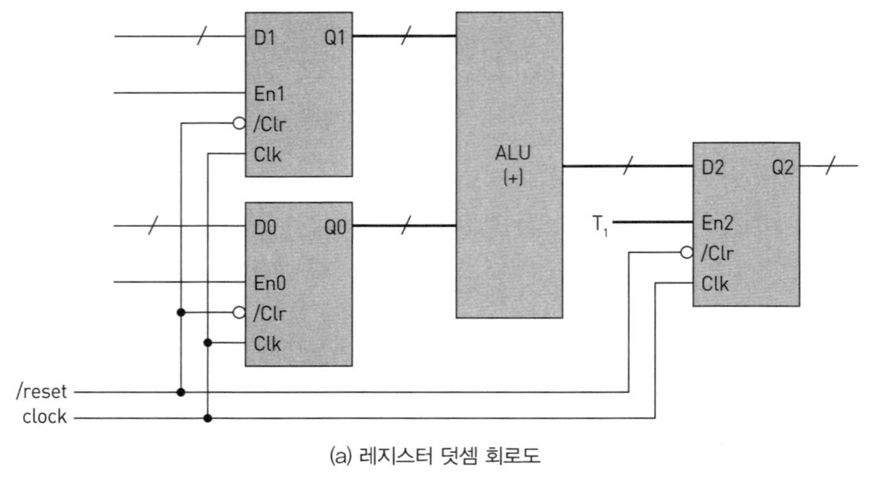

(a) 레지스터 덧셈 회로도

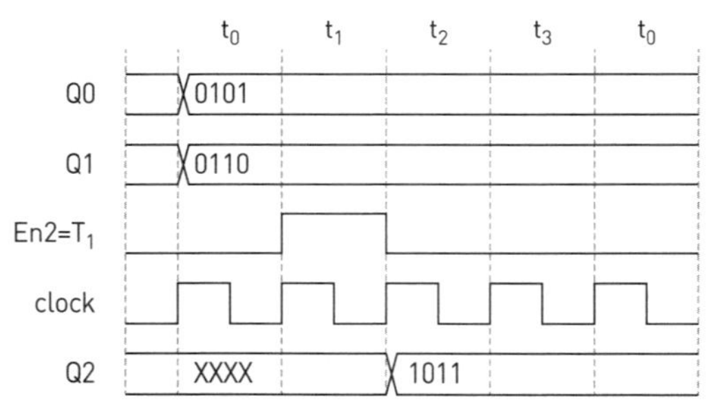

(b) 타이밍 다이어그램

[그림 6-20] 레지스터를 이용한 덧셈

입력이 정해지면 약간의 지연 시간이 지난 후 더한 결과를 출력한다. 회로 연결은 다음과 같다.

- 레지스터 R0와 R1의 출력이 연산기(ALU) 입력으로 연결되고, 연산기 출력이 R2 입력으로 연결되어 있다.
- 레지스터 R2의 적재 인에이블 신호 En2에 타이밍 신호 발생기에서 생성한 T_1이 연결되어 있다.

[그림 6-20(b)]는 레지스터의 데이터를 더하는 타이밍 다이어그램의 예이다. 여기에 사용된 가정과 동작 해석은 다음과 같다.

- 시간 t_0에서 R0 값은 0101이고, R1 값은 0110이라고 가정한다. R0와 R1의 출력이 연산기로 연결되어 있다. 연산기는 조합 논리회로이므로 약간의 지연 시간을 거친 후 두 수를 더한 1011을 출력으로 내놓는다.
- 시간 t_1 구간에서 En2 값이 1이다.
- R2 초기값은 임의의 값 XXXX이다. 시간 t_1 구간에서 R2가 인에이블 되므로, 시간 t_2가 시작하는 시점에 연산기 출력이 R2에 적재된다.

이 회로에서 수행하는 마이크로오퍼레이션을 다음과 같이 표현할 수 있다.

$$T_1: R2 \leftarrow R0 + R1$$

제어신호 T_1 값이 1일 때, R0와 R1을 더한 값이 R2에 적재된다는 의미이다.

레지스터가 여러 개일 때, 두 개의 레지스터 간 데이터를 전송하는 문제를 생각해 보자. 임의의 레지스터 쌍 간에 데이터를 전송하려면 모든 레지스터들 간에 데이터 선이 연결되어 있어야 한다. 이렇게 만들면 회로가 너무 복잡해지기 때문에 일반적으로 [그림 6-21(a)]와 같은 **버스**(bus) 구조를 채택한다. 버스는 레지스터들이 공유하는 데이터 선이다. 다만 한 순간에 한 개의 레지스터만 버스에 데이터를 실을 수 있다. [그림 6-21(a)] 회로는 다음과 같이 연결되어 있다.

- 레지스터 출력은 3상태 버퍼(tri-state buffer)를 통하여 버스에 연결되어 있다. 3상태 버퍼는 선택된 하나의 레지스터 출력만 버스로 연결하는 멀티플렉서 기능을 한다.
- 제어장치는 3상태 버퍼의 제어선(RB0, RB1, RB2, RB3) 중 하나를 1로 세트하여, 버스에 데이터를 실을 레지스터를 선택한다. 단, 한 순간에 이 제어신호들 중 하나만 1이고, 나머지는 0이어야 한다.
- 버스는 레지스터의 입력(D0, D1, D2)으로 연결되어 있다. 레지스터 R3의 입력 D3에 외부에서 공급되는 데이터를 저장할 수 있도록 외부 데이터 선(External)이 연결되어 있다.
- 제어장치는 레지스터 인에이블 제어선(En0, En1, En2, En3) 중 하나를 1로 세트하여, 데이터를 적재할 레지스터를 선택한다.

[그림 6-21b)]는 다음과 같은 마이크로오퍼레이션에 대한 타이밍 다이어그램이다.

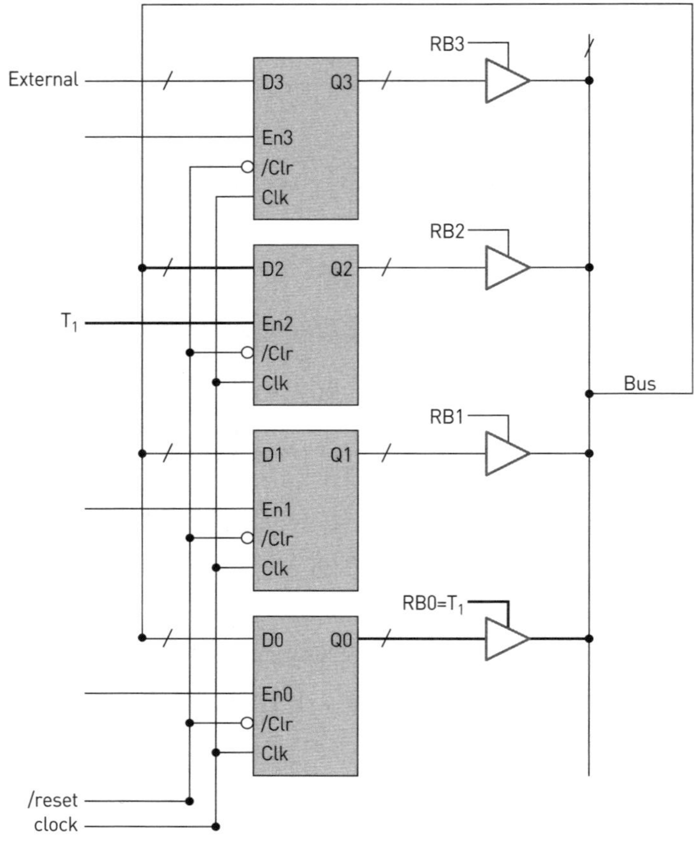

(a) 버스 연결 회로도

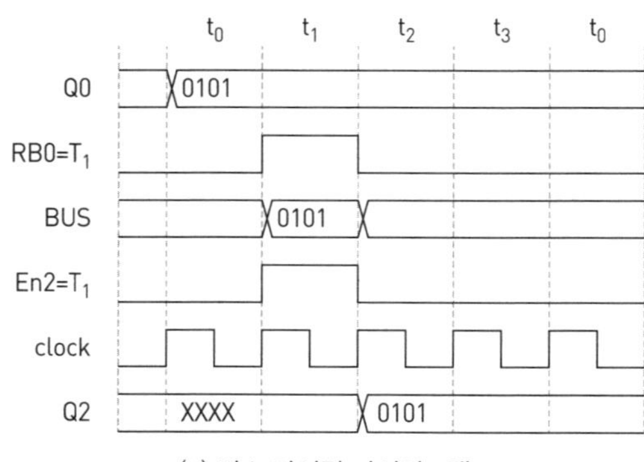

(b) 버스 타이밍 다이어그램

[그림 6-21] 버스 연결

$$T_1: R2 \leftarrow R0$$

콜론 앞 부분은 동작 조건을 나타내는 논리식이다. 이 예에서는 타이밍 신호 발생기의 출력 T_1이 RB0와 En2로 연결되어 있다고 가정한다. 타이밍 다이어그램은 다음과 같이 해석된다.

- 시간 t_0에서 레지스터 R0 값이 0101이라고 가정한다.
- 시간 t_1에서 3상태 버퍼의 제어선 RB0가 세트된다. 그러므로 제어신호 T_1이 1인 동안에 R0 출력 0101이 버스에 나타난다. 이 값은 D2로 전달된다.
- 시간 t_1 동안 En2가 인에이블된다. 따라서 D2 값은 시간 t_2가 시작할 때 R2로 적재된다.

[그림 6-22(a)]는 조금 더 일반화 한 디지털 시스템의 처리장치의 구조를 보여준다. 이 회로는 다음과 같이 연결되어 있다.

- 연산기(ALU) 입력으로 연결되는 두 개의 버스 ABus와 BBus가 있다. 연산기는 일단 덧셈만 가능하다고 가정한다.
- 레지스터 출력은 ABus 또는 BBus로 연결될 수 있다. 레지스터 출력을 ABus로 연결하는 제어신호가 R0A, R1A, R2A, R3A이고, BBus로 연결하는 제어신호가 R0B, R1B, R2B, R3B이다.
- 연산기는 ABus와 BBus의 값을 더하여 결과를 RBus로 출력한다.
- RBus는 레지스터 R0, R1, R2의 입력으로 연결된다. 레지스터 R3는 외부에서 공급되는 데이터를 적재할 수 있다.
- 제어신호 레지스터 인에이블 En0, En1, En2, En3으로 데이터를 적재할 레지스터를 결정한다.

[그림 6-22(b)]는 시간 구간 T_1에서 R0+R1을 계산하여 R2에 저장하는 동작에 대한 타이밍 다이어그램이다. 이 마이크로오퍼레이션을 다음과 같이 표현한다.

$$T_1: R2 \leftarrow R0 + R1$$

타이밍 신호 발생기의 T_1이 R0A, R1B, En2에 연결되어 있다. 이 동작의 해석은 다음과 같다.

- 시간 t_0에서 레지스터 R0 값은 0101, 레지스터 R1 값은 0110이라고 가정한다.
- 시간 t_1에서 제어신호 R0A, R1B, En2가 동시에 1이다.
- R0A에 의하여 레지스터 R0 값 0101이 ABus에 실린다.
- R1B에 의하여 레지스터 R1 값 0110이 BBus에 실린다.
- 연산기는 덧셈 결과인 1011을 RBus에 출력한다.
- 시간 t_2가 시작할 때 RBus 값이 레지스터 R2로 적재된다.

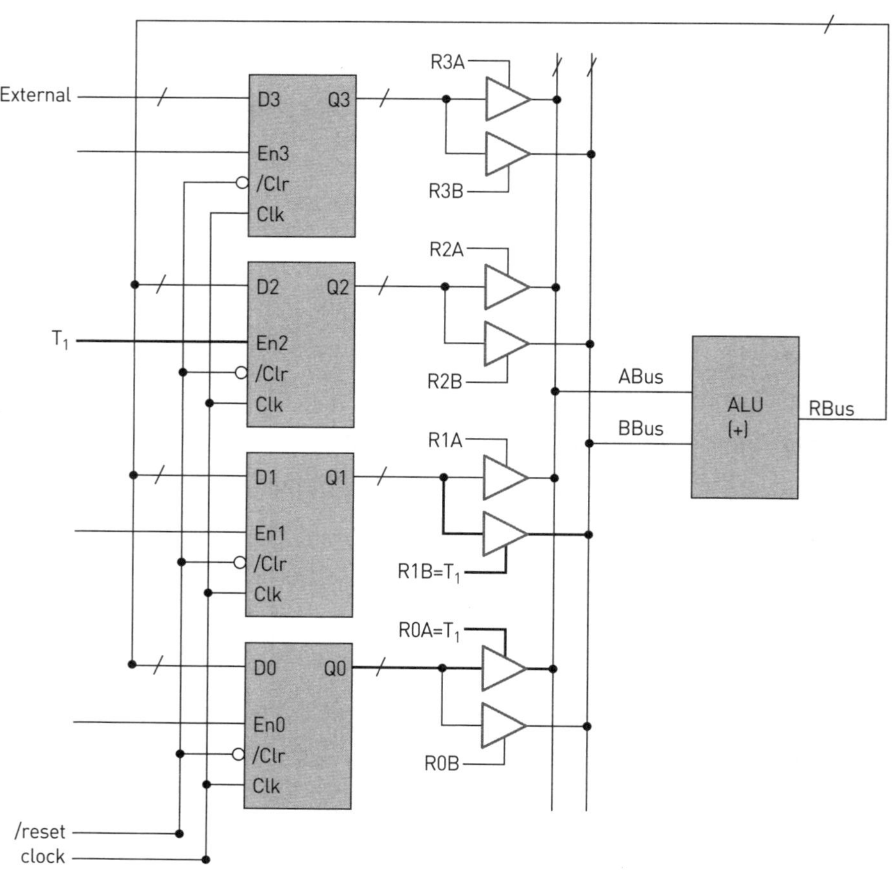

(a) 버스 연산 회로도

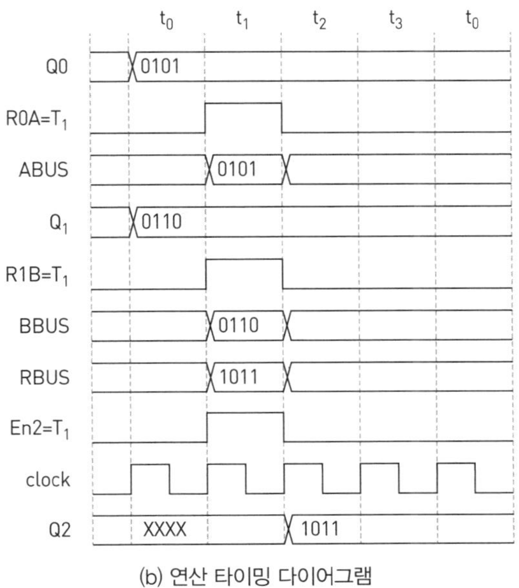

(b) 연산 타이밍 다이어그램

[그림 6-22] 디지털 시스템의 처리장치 구조

[그림 6−22(a)]는 일반 처리장치의 구조를 보여준다. 이 회로는 제어신호를 인가하는 방법에 따라 외부 신호를 레지스터에 적재할 수 있고, 한 레지스터의 값을 다른 레지스터로 옮길 수도 있고, 두 개의 레지스터에 저장된 값을 더하여 다른 레지스터로 적재할 수도 있다.

6.3.2 레지스터 전송 언어

하드웨어 설계자는 마이크로오퍼레이션을 표현하기 위하여 **레지스터 전송 언어(register transfer language)**를 사용한다. 이것은 하드웨어 동작을 표현하는 의사 코드(pseudo−code)의 일종이다. 레지스터 전송 언어는 콜론(:), 레지스터 이름, 화살표, 콤마(,), 논리식과 산술식으로 구성된다.

- **콜론(:)**: 마이크로오퍼레이션과 수행 조건을 구분한다. 수행 조건을 콜론 앞에 적고, 마이크로오퍼레이션을 콜론 뒤에 적는다. 조건은 논리식으로 표현한다.

- **레지스터 이름**: 문자와 숫자의 조합으로 마이크로오퍼레이션이 수행되는 레지스터를 표현한다. 레지스터의 일부 비트만 지정할 때 괄호 안에 해당 비트를 나타내는 숫자를 적는다.
- **화살표**: 데이터를 전달하는 방향을 나타낸다.
- **콤마(,)**: 한 개의 시간 구간에서 여러 개의 마이크로오퍼레이션이 동시에 수행될 때 마이크로오퍼레이션을 구분한다.
- **논리식과 산술식**: 콜론 오른쪽에 나타나며, 조합 논리회로 연산기의 동작을 나타낸다.

레지스터 전송 언어로 마이크로오퍼레이션을 표현한 예는 다음과 같다. 예제에 나타난 MAR, MBR, PC, IR 등은 중앙처리장치에 있는 레지스터 이름이다.

- MAR ← PC: 조건은 표현되어 있지 않으며, 단지 PC 값을 MAR로 전달한다는 것만 나타내고 있다.
- IR ← MBR[7:0]: MBR의 크기가 몇 비트인지 표현되어 있지 않으나, MBR의 일부인 7번 비트부터 0번 비트까지 8비트 데이터를 레지스터 IR로 전달한다는 것을 나타내고 있다.
- $R_2 \leftarrow R_1, R_1 \leftarrow R_2$: R_1과 R_2는 레지스터 이름이다. 한 개의 클럭 구간에서 R_1과 R_2의 데이터를 서로 교환하는 것을 나타낸다. 즉, 두 가지 동작을 동시에 수행한다. 동작 조건은 표현되어 있지 않다.
- T_2+T_3: $R_3 \leftarrow R_1+R_2$: 제어신호 T_2가 1이거나 또는 제어신호 T_3이 1일 때, R_1과 R_2를 더하여 R_3에 저장하는 것을 나타낸다. 조건의 '+'는 OR 연산을 의미하고, 동작의 '+'는 덧셈 연산을 의미한다. 즉, 콜론 오른쪽의 동작은 T_2가 1일 때도 수행하고 T_3이 1일 때도 수행한다.
- if (START = 1), R1 ← 0: 레지스터 전송문의 실행 조건을 if (조건) 형태로 표현하기도 한다. 이 예는 조건을 결정하는 신호 START가 1이면, 레지스터 R_1을 0으로 초기화 하는 마이크로오퍼레이션을 나타낸다.

지금까지 레지스터 전송문의 표현 방법을 설명하였다. 하드웨어 설계자는 구현하려는 회로의 동작을 여러 개의 레지스터 전송문으로 표현하고 나서, 이것들을 모두 수용할 수 있는 회로를 설계한다.

6.3 처리장치 요약

처리장치는 여러 개의 레지스터와 연산기로 구성되어 있다. 처리장치는 한 개의 클럭 구간 동안에 레지스터의 데이터를 연산하여 새로운 데이터를 생성하고, 이 결과는 다음 클럭이 인가될 때 레지스터에 적재된다. 제어장치에서 생성된 타이밍 신호는 데이터 처리 과정에 참여하는 레지스터와 연산기의 동작을 결정하는데 사용된다. 디지털 하드웨어의 동작을 표현하기 위하여 의사코드의 일종인 레지스터 전송 언어를 사용한다.

6.4 요약

이 장에서 소개한 주요 용어와 개념은 다음과 같다.

- 순차 논리회로(sequential logic circuit): 회로 입력과 기억소자 상태에 따라 출력을 결정하는 논리회로
- 동기 순차 논리회로(synchronous sequential logic circuit): 회로에 포함된 기억소자들이 클럭에 맞추어 함께 동작하는 순차 논리회로
- 상태도(state diagram): 동기 순차 논리회로의 동작을 표현하는 그래프. 그래프 노드는 상태를 나타내고 에지는 상태 변화를 나타낸다.
- 상태표(state table): 동기 순차 논리회로의 동작을 표현하는 표. 입력과 현재상태의 조합에 대하여 다음상태와 출력의 관계를 표현한다.
- 디지털 시스템(digital system): 숫자 데이터를 계산하는 순차 논리회로
- 처리장치(processing unit): 디지털 시스템 중에서 데이터 처리를 담당하는 부분
- 제어장치(control unit): 디지털 시스템의 처리장치로 제어신호를 공급하는 부분
- 레지스터 파일(register file): 같은 기능을 수행하는 여러 개의 레지스터 모임
- 마이크로오퍼레이션(micro-operation): 디지털 시스템의 최소 단위 동작에 해당하며 한 개의 클럭 구간에서 레지스터에 저장된 데이터를 처리하는 동작
- 타이밍 신호 발생기(timing signal generator): 클럭 펄스를 구별하여 몇 번째 시간 구간에 해당하는지 나타내는 제어신호를 생성하는 회로
- 버스(bus): 디지털 시스템에 포함된 여러 구성 요소들이 공유하는 데이터 전송 선
- 레지스터 전송 언어(register transfer language): 동작 조건, 레지스터 이름, 화살표, 논

리식 또는 산술식으로 레지스터 간 수행하는 동작을 표현하는 방법

다음과 같은 순차 논리회로의 동작을 표현하고 해석하는 방법을 알고 있어야 한다.

- 동기 순차 논리회로의 동작을 상태도와 상태표로 표현하는 방법
- 레지스터들 간에 수행되는 마이크로오퍼레이션을 레지스터 전송 언어로 표현하는 방법
- 레지스터 전송 언어로 표현된 동작을 수행하는 하드웨어 구조에 대한 개념

2장부터 6장까지 소개한 수의 표현과 논리회로 부분은 컴퓨터 구조를 이해하는 기초 지식에 해당한다. 다음 장부터 컴퓨터 구조에 대한 설명을 시작한다. 제7장에서는 컴퓨터가 프로그램을 실행하는 과정을 검토함으로써 컴퓨터 구성 요소의 기능을 설명한다.

연습문제 EXERCISE

6.1 순차 논리회로 소개

01 동기(synchronous) 순차 논리회로와 비동기(asynchronous) 순차 논리회로를 구별하는 요소는?

① 클럭 입력 ② 플립플롭 입력
③ 플립플롭 출력 ④ 비동기 리셋

02 동기(synchronous) 순차회로의 의미를 가장 바르게 표현한 것은?

① 출력이 입력과 회로의 상태에 의해 결정된다.
② 멀티플렉서를 포함하고 있는 순차 논리회로이다.
③ 클럭이 인가되기 직전의 입력 값에 따라 플립플롭의 출력이 변한다.
④ 클럭 신호에 맞추어 회로에 포함된 플립플롭들이 같은 시간에 변한다.

03 밀리 머신에 비하여 무어 머신의 장점은?

① 출력이 입력의 변화를 반영한다.
② 다음상태가 입력에 의해 결정된다.
③ 출력이 시스템 클럭과 동기되어 변한다.
④ 다음상태가 입력과 현재상태에 의해 결정된다.

04 그림의 상태도에서 현재상태가 10이라고 할 때, 입력이 1, 1, 0, 1의 순서로 들어온 후 최종 상태와 그때의 출력은?

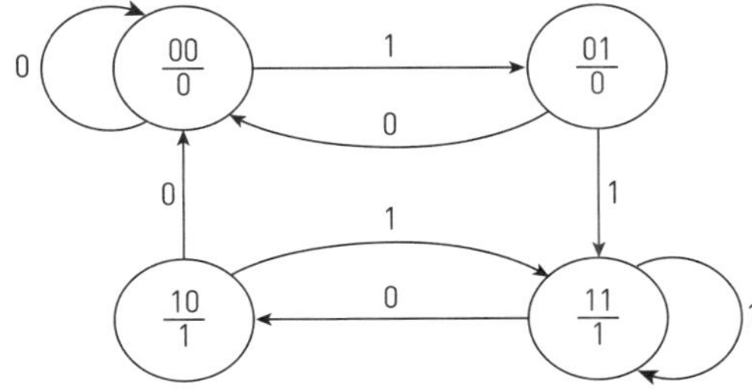

① 상태 = 00, 출력 = 0 ② 상태 = 01, 출력 = 0
③ 상태 = 10, 출력 = 1 ④ 상태 = 11, 출력 = 1

05 그림은 입력신호가 초기상태에서 1 → 0 → 1로 변하는 것을 검출하여 출력 1을 생성하는 순차 논리회로의 상태도이다.

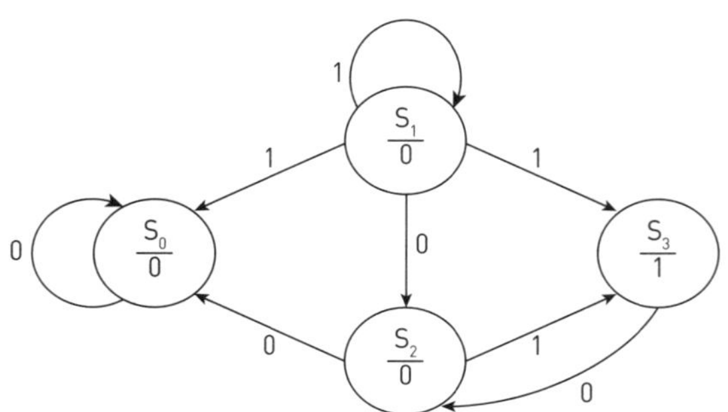

(1) 초기상태가 S0이고, 입력이 다음과 같이 변할 때 상태의 변화와 출력을 구하라. (예시와 같이 현재 입력에 대한 상태와 출력을 다음 칸에 적는다.)

일련번호	0	1	2	3	4	5	6	7	8	9	10	11
입력(x)	0	1	0	0	1	0	1	0	1	1	0	x
현재상태	S_0	S_0	S_1									
출력(y)	0	0	0									

(2) 상태도에 대한 상태표를 구하라.

(3) 각 상태에 S_0=00, S_1=01, S_2=10, S_3=11의 2진수를 할당한다. 멀티플렉서를 사용한 동기 순차 논리회로를 구현하기 위한 멀티플렉서 입력 값을 결정하라.

(4) 출력 논리식을 구하라.

(5) 멀티플렉서에 의한 동기 순차 논리회로의 회로도를 그려라.

6.2 디지털 시스템

01 디지털 시스템을 처리장치와 제어장치로 구분할 때 제어장치로 입력되는 신호가 아닌 것은?

① 제어신호　　② 외부 명령

③ 시스템 클럭　　④ 처리장치 상태

02 디지털 시스템의 처리장치에 포함되는 구성 요소를 모두 선택하라.

① 연산기　　② 상태 제어기

③ 레지스터 파일　　④ 타이밍 신호 발생기

03 디지털 시스템의 구성 요소인 제어장치의 기능은?

① 산술 연산을 수행한다.

② 시스템 클럭을 생성한다.

③ 타이밍 신호를 생성한다.

④ 산술 연산의 결과를 상태 레지스터에 저장한다.

04 마이크로오퍼레이션에 대한 설명으로 올바른 것은?

① 타이밍 신호 발생기가 수행하는 동작이다.

② 한 개의 논리 게이트를 통과하는 동작이다.

③ 처리장치의 조합회로 부분에서 수행하는 동작이다.

④ 한 개의 클럭 사이클 구간 동안 수행하는 동작이다.

05 타이밍 신호 발생기의 역할은?

① 마이크로오퍼레이션을 구분한다.

② 처리장치의 레지스터에 적재되는 데이터를 공급한다.

③ 시스템 클럭에 대하여 몇 번째 클럭인지 시간 구간을 구별한다.

④ 처리장치에서 제어장치로 전달되는 상태의 발생 시기를 알려준다.

06 디지털 시스템의 제어장치가 클럭을 8개의 구간으로 나누어 사용할 때, 제어장치에 포함되어야 할 2진 카운터의 출력 비트 수와 디코더의 입력과 출력 비트 수는?

6.3 처리장치

01 처리장치가 데이터를 처리한다는 말의 의미는?

① 레지스터에 저장된 데이터를 계산한다.

② 레지스터의 데이터를 기억장치에 저장한다.

③ 기억장치에서 데이터를 읽어 레지스터에 적재한다.

④ 동작 실행 시기를 결정할 타이밍 신호를 생성한다.

02 [그림 6-19]에서 En1에 T_0가 연결되어 있고, En2에 T_1이 연결되어 있다고 가정한다. /reset의 값은 1이다.

(1) D1 = 0001, Q1 = 0010일 때, 시간 구간 t_0이 지난 후 레지스터 R1의 출력은?

(2) 문제 (1)이 실행된 이후에 시간 구간 t_1이 지난 후 레지스터 R2의 출력은?

03 [그림 6-20]에서 En0에 T_0가 연결되어 있고, En1에 T_1이 연결되어 있고, En2에 T_2가 연결되어 있다고 가정한다. /reset의 값은 1이다.

(1) D0 = 0011, D1 = 0110 일 때, 시간 구간 t_0이 지난 후 레지스터 R0의 출력은?

(2) 문제 (1)이 실행된 이후에 시간 구간 t_1이 지난 후 레지스터 R1의 출력은?

(3) 문제 (2)가 실행된 이후에 시간 구간 t_2가 지난 후 레지스터 R2의 출력은?

04 [그림 6-21]에 제어신호가 다음과 같이 연결되어 있다고 가정한다.

$$/reset = 1, En3 = T_0, En0 = T_1, RB3 = T_1$$

(1) External의 값이 1000일 때, 시간 구간 t_0이 지난 후 레지스터 R3의 출력은?

(2) 문제(1)이 실행된 이후에 시간 구간 t_1이 지난 후 레지스터 R0의 출력은?

05 [그림 6-22]에서 다음과 같은 마이크로오퍼레이션이 수행되기 위한 입력신호의 값을 적어라.

(1) T_0: R3 ← 1001

(2) T_1: R0 ← R1 + R2 (단, R1은 ABus로 출력하고, R2는 BBus로 출력한다.)

06 여러 개의 레지스터 중 하나의 출력을 버스에 연결하기 위하여 필요한 소자는?

① 연산기
② 3상태 버퍼
③ OR 게이트
④ AND 게이트

07 레지스터 전송 언어에 사용되는 영문자는 무엇을 표현하는가?

① 레지스터
② 제어신호
③ 클럭 펄스
④ 연산 종류

08 레지스터 전송 언어에 나타나는 콤마(,)의 의미는?

① OR 조건을 나타낸다.
② AND 조건을 나타낸다.
③ 동작이 동시에 발생한다.
④ 동작이 차례로 발생한다.

09 다음 마이크로오퍼레이션을 잘못 해석한 것은?

T_1: R1 ← R2, R2 ← R1 (T_1은 제어신호, R1, R2는 레지스터)

① 한 개의 클럭 구간 안에서 수행된다.
② 실행 후 두 레지스터의 값이 바뀐다.
③ 제어신호 T_1의 값이 1일 때 이 동작이 실행된다.
④ R1 ← R2 동작이 수행되고 나서, R2 ← R1 동작이 수행된다.

컴퓨터 구성 요소

Chapter

07

컴퓨터 구성 요소

컴퓨터는 프로그램을 실행하는 기계이다. 컴파일러는 고급언어 프로그램을 기계어 프로그램으로 번역한다. 기계어 프로그램은 명령어들이 의미 있는 순서로 나열된 것이다. 입출력장치는 프로그램을 기억장치로 적재한다. 중앙처리장치는 명령어를 하나씩 가져와 실행하고 결과를 기억장치에 저장한다. 입출력장치는 처리결과를 외부로 보낸다. 이 장에서는 컴퓨터 구성 요소들이 어떻게 서로 역할을 분담하여 프로그램을 실행하는지 설명한다.

- 7.1 **프로그램 실행**: 고급 언어 프로그램을 기계어로 번역한 모습을 제시하고, 명령어 사이클 개념을 소개한다.
- 7.2 **컴퓨터 구성 요소**: 컴퓨터 구성 요소인 중앙처리장치, 주기억장치, 입출력장치의 역할을 설명한다
- 7.3 **시스템 버스**: 구성 요소를 서로 연결하는 시스템 버스에 대하여 설명한다.
- 7.4 **명령어**: 명령어를 표현하는 방법과 종류를 제시한다.

7.1 프로그램 실행

컴퓨터는 프로그램을 실행한다. 데이터를 처리하여 결과물을 얻으려고 할 때, 해야 일을 컴퓨터가 이해할 수 있는 언어로 차례대로 나열한 것이 프로그램이다. 일반적으로 프로그램은 C 언어와 같은 고급 언어(high-level language)로 작성한다. 컴퓨터는 고급 언어 프로그램을 직접 실행할 수 없고, 기계어(machine language) 프로그램을 실행할 수 있다. 컴파일러(compiler)는 고급 언어 프로그램을 기계어 프로그램으로 번역한다. 컴퓨터가 이

해하는 기계어를 고급 언어와 상대되는 용어로 저급 언어(low-level language)라고 한다. 이 절에서는 컴퓨터가 기계어 프로그램을 실행하는 방법을 설명한다.

- 7.1.1 **기계어 프로그램**: 고급 언어 프로그램이 기계어로 변환되어 기억장치에 적재된 모습을 제시한다.
- 7.1.2 **프로그램 내장형 컴퓨터**: 주기억장치에 적재되어 있는 명령어를 하나씩 실행하는 명령어 사이클의 개념을 설명한다.

7.1.1 기계어 프로그램

이 절에서는 고급 언어 프로그램을 기계어 프로그램으로 번역한 결과를 제시하고, 기계어 프로그램의 특성에 대하여 설명한다. 기계어 프로그램은 명령어(instructions)를 의미 있게 나열한 것이다. 명령어는 프로그래머가 컴퓨터에 지시할 수 있는 최소 단위 작업이다. 고급 언어로 표현한 한 개의 문장(statement)은 한 개 이상의 명령어로 번역될 수 있다.

[그림 7-1(a)]는 1부터 100까지 더하는 C 언어 프로그램이고, [그림 7-1(b)]는 이 프로그램을 Pentium 프로세서의 기계어로 번역한 것이고, [그림 7-1(c)]는 같은 프로그램을 AVR 프로세서 계열의 기계어로 번역한 것이다.

[그림 7-1(b)]와 [그림 7-1(c)]에서 번호는 편의상 차례대로 부여한 라인 번호이다. 주소 부분은 기계어 명령어가 배치된 주기억장치 주소이다. 기계어 코드 부분은 그 주소에 저장되어 있는 기계어 명령어이다. 어셈블리 언어 부분은 기계어 명령어에 대한 어셈블리 언어 명령어이다. 주소와 기계어 명령어는 16진수로 표현되어 있다. 기계어는 2진수 코드로 만들어져 있다. 2진수로 표현된 기계어 명령어를 **기계 코드**(machine code)라고 한다. 코드는 한정된 개체의 집합에 속한 원소에게 부여한 2진수이다. 기계어 명령어도 일종의 2진수 코드이다.

기계어로 표현된 명령어는 2진수로 만들어져 있으므로, 사람이 그 의미를 이해하기 매우 어렵다. 명령어의 의미를 쉽게 이해할 수 있도록, 각 명령어와 일대일로 대응되면서 그 의미를 쉽게 기억할 수 있는 기호를 도입한다. 명령어 코드를 대신하여 기호로 표현한 명령어를 **니모닉 코드**(mnemonic code)라고 한다. 니모닉 코드로 표현한 기계어를 **어셈블리어**(assembly language 또는 **어셈블리 언어**)라고 하고, 어셈블리어로 작성한 프로그램

```
int n = 1;
int sum = 0;
while (n <= 100) {
    sum = sum + n;
    n = n + 1;
}
```

(a) C 언어 프로그램

번호	주소	기계어 코드	어셈블리 언어	
1.	0041138E	c745f800000001	mov	dword ptr [n],1
2.	00411395	c745ec00000000	mov	dword ptr [sum],0
3.	0041139C	837df864	cmp	dword ptr [n],64h
4.	004113A0	7f14	jg	wmain+46h (4113B6h)
5.	004113A2	8b45ec	mov	eax, dword ptr [sum]
6.	004113A5	0345f8	add	eax, dword ptr [n]
7.	004113A8	8945ec	mov	dword ptr [sum], eax
8.	004113AB	8b45f8	mov	eax, dword ptr [n]
9.	004113AE	83c001	add	eax, 1
10.	004113B1	8945f8	mov	dword ptr [n],eax
11.	004113B4	ebe6	jmp	wmain+2Ch (41139Ch)

(b) Pentium 프로세서의 기계어 프로그램

번호	주소	기계어 코드		어셈블리 언어	
1.	000067	e001		LDI	R16, LOW(1)
2.	000068	e010		LDI	R17, HIGH(1)
3.	000069	e020		LDI	R18, LOW(0)
4.	00006a	e030		LDI	R19, HIGH(0)
5.	00006b	3605	_0x3:	CPI	R16, LOW(101)
6.	00006c	e0e0		LDI	R30, HIGH(101)
7.	00006d	071e		CPC	R17, R30
8.	00006e	f42c		BRGE	_0x5
9.	00006f	0f20		ADD	R18, R16
10.	000070	1f31		ADC	R19, R17
11.	000071	5f0f		SUBI	R16, LOW(-1)
12.	000072	4f1f		SBCI	R17, HIGH(-1)
13.	000073	cff7		RJMP	_0x3
14.	000074		_0x5:		

(c) AVR 프로세서의 기계어 프로그램

[그림 7-1] 고급 언어 프로그램과 기계어 프로그램

을 어셈블리 프로그램이라고 한다. 어셈블리 프로그램을 기계어 프로그램으로 번역하는 프로그램을 **어셈블러**(assembler)라고 한다.

[그림 7-1]에서 볼 수 있듯이, 기계어와 어셈블리어는 프로세서 종류마다 서로 다르다. 프로세서를 설계하는 사람이 그 프로세서가 실행하는 기계어와 어셈블리어를 정의한다. 지금은 [그림 7-1]의 기계어와 어셈블리어를 이해할 필요는 없다. 다만, Pentium 프로세서 어셈블리어는 데이터 이동(move), 비교(compare), 더하기(add), 분기(jump) 정도의 명령어들이 나열되어 있고, AVR 프로세서 어셈블리어는 적재(load), 비교, 분기(branch), 더하기(add), 빼기(subtract) 정도의 명령어들이 나열된 것으로 대략 짐작해 보는 것만으로 충분하다. 어셈블리어로 표현된 명령어를 정확하게 이해하려면 각 프로세서 제조회사가 제공하는 명령어 설명서(instruction manual)를 찾아보아야 한다.

7.1.2 프로그램 내장형 컴퓨터

현대의 모든 컴퓨터는 기계어 프로그램을 주기억장치에 저장하고, 중앙처리장치에서 실행한다. 헝가리 출신 미국의 수학자 폰 노이만(Von Neumann)이 1946년에 다음과 같은 개념을 처음으로 제안하였으며, 이러한 컴퓨터를 **프로그램 내장형 컴퓨터**(stored program computer 또는 Von Neumann computer)라고 한다.

- 프로그램과 데이터를 주기억장치에 저장한다.
- 컴퓨터는 프로그램을 구성하는 명령어를 하나씩 중앙처리장치로 가져와 실행한다.

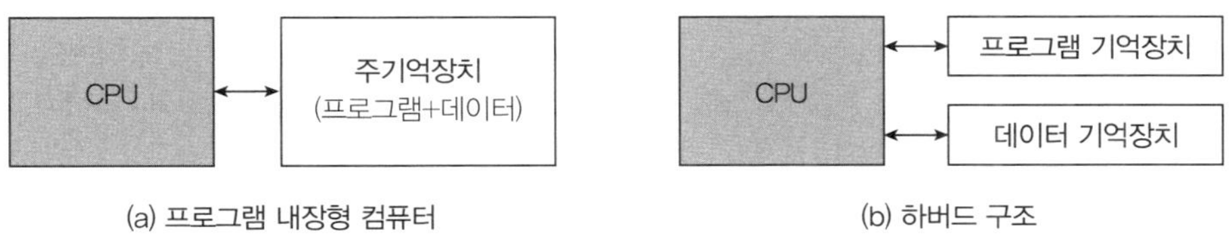

[그림 7-2] 프로그램 내장형 컴퓨터의 개념

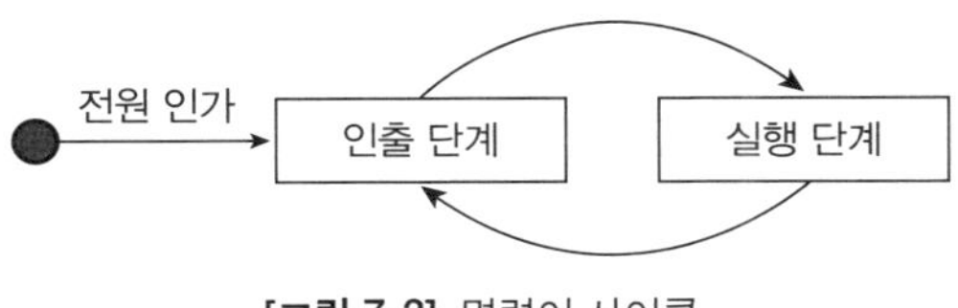

[그림 7-3] 명령어 사이클

프로그램 내장형 컴퓨터는 [그림 7-2]와 같은 구조를 갖는다. [그림 7-2(a)]는 중앙처리장치와 주기억장치 사이에 데이터를 전송하는 채널이 한 개이다. 따라서 중앙처리장치는 명령어와 데이터를 동시에 가져올 수 없다. [그림 7-2(b)]와 같이 주기억장치를 프로그램 기억장치와 데이터 기억장치로 분리하면, 명령어와 데이터를 동시에 액세스할 수 있다. 액세스(access)는 기억장치에서 데이터를 읽거나 기억장치에 데이터를 쓰는 동작을 말한다. 이 구조를 **하버드 구조**(Harvard architecture)라고 한다.

중앙처리장치는 컴퓨터에 전원을 인가한 후 [그림 7-3]과 같이 두 가지 단계를 무한히 반복함으로써 프로그램을 실행한다. 이 과정을 **명령어 사이클**(instruction cycle) 또는 머신 사이클(machine cycle)이라고 한다. 첫 번째를 명령어 **인출 단계**(fetch stage), 두 번째를 명령어 **실행 단계**(execute stage)라고 한다. 각 단계에서 수행하는 일은 다음과 같다.

- **인출 단계**: 주기억장치에서 명령어 하나를 중앙처리장치로 가져온다.
- **실행 단계**: 인출한 명령어를 해독하고 그 의미에 해당하는 동작을 실행한다.

인출 단계에서 중앙처리장치가 수행하는 일은 명령어 종류와 상관없이 항상 같다. 실행 단계에서 중앙처리장치는 명령어가 의미하는 일을 수행한다. 이때 처리할 데이터를 주기억장치에서 가져올 수도 있다.

7.1 프로그램의 실행 요약

컴파일러는 고급 언어로 작성된 프로그램을 기계어 프로그램으로 번역한다. 기계어 프로그램은 주기억장치에 적재된 후 중앙처리장치에서 실행된다. 사람은 기계어 대신에 어셈블리어를 사용한다. 프로세서 종류 별로 기계어가 다르게 정의되어 있다. 현대의 모든 컴퓨터는 폰 노이만이 제안한 프로그램 내장형 구조로 만들어져 있다. 컴퓨터가 명령어를 처리하는 과정을 명령어 사이클로 설명할 수 있다. 명령어 사이클은 인출 단계와 실행 단계로 구성되어 있다. 인출 단계에서 기억장치에 저장된 명령어를 중앙처리장치로 가져오고, 실행 단계에서 그 명령어를 해독하고 실행한다.

7.2 컴퓨터 구성 요소

컴퓨터는 중앙처리장치, 주기억장치, 입출력장치로 구성되어 있다. 중앙처리장치는 프로그램을 실행하며 컴퓨터의 모든 동작을 제어한다. 주기억장치는 프로그램과 데이터를 저장한다. 입출력장치는 컴퓨터 내부와 외부의 데이터 전송을 담당한다. 이 절에서는 각 구성 요소의 구조를 제시하고 주요 기능을 설명한다.

- 7.2.1 **중앙처리장치**: 프로그램 카운터와 명령어 레지스터를 소개하고 중앙처리장치의 내부 구조를 제시한다.
- 7.2.2 **주기억장치**: 주기억장치의 내부 구조를 제시하고 주소와 데이터 선으로 주기억장치를 액세스 하는 방법을 설명한다.
- 7.2.3 **입출력장치**: 입출력장치 구조를 제시하고, 입출력 포트 개념을 소개한다.
- 7.2.4 **AVR 마이크로제어기**: 범용 마이크로제어기의 내부 구조를 소개한다.

7.2.1 중앙처리장치

중앙처리장치는 명령어 사이클을 반복하여 수행함으로써 프로그램을 실행한다. 명령어 사이클의 각 단계를 처리하기 위하여 필요한 구성 요소가 무엇인지 알아보자.

인출 단계에서 중앙처리장치는 주기억장치에서 명령어를 하나씩 가져온다. 이 동작을 수행하기 위하여 다음에 실행할 명령어가 저장된 기억장소 주소를 저장할 레지스터와 인출한 명령어를 저장할 레지스터가 필요하다. 이 레지스터가 **프로그램 카운터**(PC, Program Counter)와 **명령어 레지스터**(IR, Instruction Register)이다. 프로그램 내장형 컴퓨터가 명령어를 실행하려면 반드시 이 두 가지 레지스터를 포함하고 있어야 한다. 각 레지스터의 기능은 다음과 같다.

- **프로그램 카운터(PC)**: 다음에 실행할 명령어가 들어있는 기억장소 주소를 저장한다. 프로그램을 구성하는 명령어들은 주기억장치에 차례대로 저장되어 있으므로, 프로그램 카운터 값은 명령어를 인출한 다음에 그 명령어 길이만큼 증가한다. 프로그램 카운터는 명령어를 인출한 후에 항상 다음에 실행할 명령어가 저장된 기억장소 주소를 가리키도록 수정된다. 따라서 인출 단계가 끝나면 프로그램 카운터는 '다음에 실행할 명령어의 주소'를 저장한다.
- **명령어 레지스터(IR)**: 인출 단계에서 프로그램 카운터가 지정한 기억장소에서 인출한 명령어를 저장한다. 명령어 레지스터는 '현재 실행 중인 명령어'를 저장한다.

인출 단계에서 수행하는 일을 레지스터 전송 언어로 표현하면 다음과 같다.

인출 단계: IR ← Mem[PC], PC ← PC + [명령어의 길이]

주기억장치의 PC 번지에 있는 명령어를 IR에 저장하고, 이와 동시에 PC의 값을 다음 명령어를 가리키도록 증가시킨다.

실행 단계는 명령어 레지스터에 저장된 명령어를 해독하고 실행한다. 중앙처리장치에서 명령어를 해독하는 부분을 **제어장치(CU, Control Unit)**라고 하고, 명령어를 실행하는 부분을 **처리장치(PU, Processing Unit)**라고 한다. 처리장치는 내부 레지스터(internal registers)와 연산기(Arithmetic and Logic Unit, ALU 또는 산술논리연산장치)로 구성되어 있다. 각 구성 요소의 기능은 다음과 같다.

- **제어장치**: 명령어 레지스터에 저장된 명령어를 해독하고, 필요한 제어신호(control signals)를 생성한다. 제어장치는 컴퓨터 안에서 사용되는 모든 제어신호를 생성한다. 제어장치는 중앙처리장치 내부의 구성 요소를 제어하는데 필요한 제어신호 이외에 중앙처리장치 외부의 주기억장치와 입출력장치를 제어하기 위한 제어신호도 생성한다.
- **내부 레지스터**: 중앙처리장치가 명령어를 처리하기 위하여 중앙처리장치 안에 데이터를 저장하는 임시 기억장치가 필요한데, 이것들이 내부 레지스터이다. 프로세서 종류별로 내부 레지스터의 이름, 수, 용도가 서로 다르다.
- **연산기**: 중앙처리장치 안에서 데이터를 연산하는 기능을 담당한다. 주로 레지스터 또는 주기억장치에 저장된 데이터에 대한 산술연산과 논리연산을 수행한다. 일반적으로 조합 논리회로로 만들어져 있으며, 두 개의 데이터를 입력으로 받아 하나의 출력을 산출한다.

[그림 7-4]는 단순하게 표현한 중앙처리장치 내부 구조이다. 각 구성 요소는 내부 버스(internal bus)로 연결되어 있다.

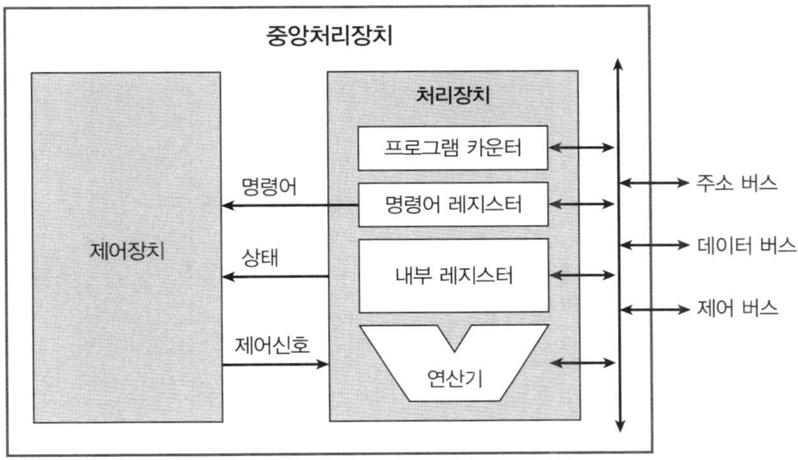

[그림 7-4] 중앙처리장치 내부 구조

7.2.2 주기억장치

여기에서는 컴퓨터 동작 원리를 개략적으로 이해할 수 있는 수준에서 기억장치 내부 구조와 동작 원리에 대하여 설명한다. 기억장치 특성과 캐시 기억장치, 가상 기억장치와 같은 자세한 사항은 '11장 기억장치'에서 다룬다. 주기억장치(main memory)는 중앙처리장치와 항상 연결되어 있어서 중앙처리장치가 필요할 때 바로 액세스할 수 있다.

주기억장치는 중앙처리장치가 처리해야 할 프로그램과 데이터를 저장한다. 기억장치는 주소를 지정하여 내부 데이터를 액세스하는 1차원 배열로 생각할 수 있다. 주기억장치는 [그림 7-5(a)]와 같이 외부에 n비트 **주소선**(address lines), k비트 **데이터선**(data lines), 그리고 **읽기**(memory read)와 **쓰기**(memory write) 제어선(control lines)을 통하여 외부와 연결되어 있다. 각 선의 용도는 다음과 같다.

- **주소선**: 기억장치에 대한 입력신호로 작용하며, 기억장치에 포함되어 있는 여러 개의 기억장소 중 하나를 지정한다. 주소선이 n비트일 때, 기억장치는 2^n개의 기억장소를 포함한다.
- **데이터선**: 기억장치와 외부 다른 장치 (예를 들면 중앙처리장치) 간에 데이터를 주고받는 채널이다. 데이터선이 k비트인 것은 한 개의 기억장소에 k비트의 데이터를 저장한다

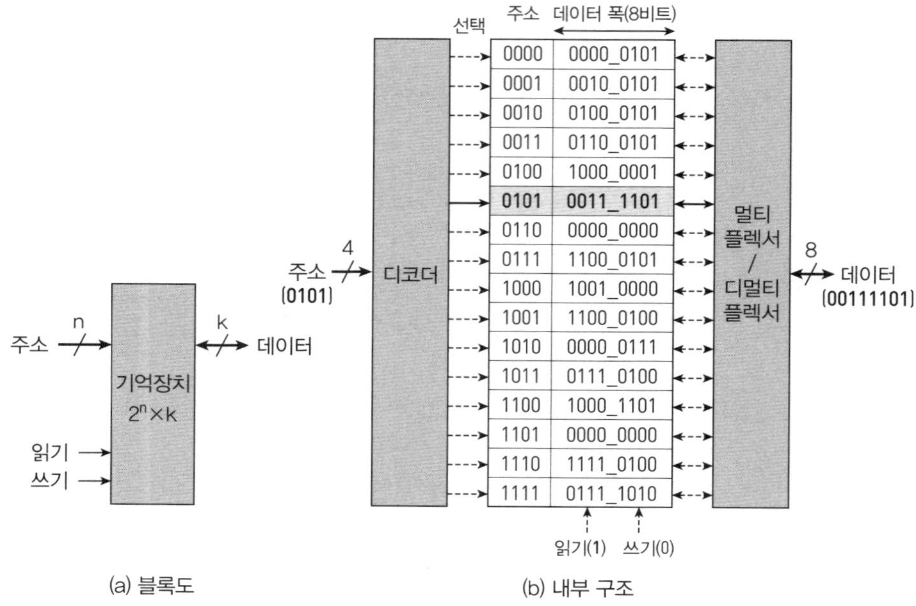

[그림 7-5] 기억장치의 구조

는 의미이다. 일반적으로 k는 8의 배수이다.

- **제어선**: 기억장치의 제어선은 읽기와 쓰기 제어신호가 있다. 만일 읽기 제어신호가 인가되면, 주소선으로 지정된 기억장소에 저장된 데이터가 읽혀 나온다. 만일 쓰기 제어신호가 인가되면, 데이터가 주소선으로 지정된 기억장소에 저장된다.

중앙처리장치는 다음과 같은 두 가지 방법으로 기억장치를 액세스한다. 일반적으로 적재와 저장 동작 중 하나를 한 가지 용어로 지칭할 때 액세스라고 표현한다.

- **적재**(load): 기억장치의 한 장소에서 데이터를 읽어 중앙처리장치 레지스터로 가져온다. 주소선에 특정한 기억장치 주소가 인가되고, 기억장치 읽기 제어신호가 인에이블 된다.
- **저장**(store): 중앙처리장치 레지스터에서 기억장치의 한 기억장소로 데이터를 저장한다. 주소선에 기억장치 주소가 인가되고, 데이터선에 저장될 데이터 값이 실리고, 기억장치 쓰기 제어신호가 인에이블 된다.

각 동작에 대한 레지스터 전송 표현은 다음과 같다.

Register ← Mem[Address] // 적재
Mem[Address] ← Register // 저장

기억장치 용량은 (기억장소 수×데이터 폭)으로 표현한다. [그림 7-5(b)]는 기억장치의 내부 구조를 보여준다. 괄호 안의 2진수 숫자는 현재 인가된 신호 값이다. 그 해석은 다음과 같다.

- 주소선은 4비트이고, 기억장소 수는 $2^4 = 16$개이다.
- 데이터선은 8비트이다. 기억장치 용량은 16×8비트이다.
- 주소선의 값이 0101이다. 기억장치는 디코더를 갖고 있으며, 디코더 출력으로 동작할 기억장소를 선택한다(그림의 실선).
- 읽기 제어신호가 1이고 쓰기 제어신호가 0이므로, 이 기억장치는 읽기 모드로 동작하고 있다.
- 기억장소 0101 번지의 데이터 값(0011_1101)이 스위치로 동작하는 멀티플렉서를 지나 데이터선으로 출력된다.

실제로 기억장치는 수많은 기억장소를 포함하고 있지만, 이해를 돕기 위하여 [그림 7-6(b)]에 기억장소를 16개만 할당하였다. 기억장소 수가 많아지더라도 주소선에 할당되는 비트 수가 증가하며 동작 원리는 같다.

예제 7-1 [그림 7-5(b)]에 대하여 질문에 답하라.

(1) 주소선=1010, 읽기=0, 쓰기=1, 데이터선=1101_0000일 때, 기억장치의 동작을 설명하라.
(2) 주소선=1101, 읽기= 1, 쓰기= 0일 때, 데이터선에 어떤 값이 출력되는가?

풀이

(1) 기억장소 1010 번지의 이전 값 0000_0111이 1101_0000으로 갱신된다.
(2) 기억장소 1101 번지의 값 0000_0000이 데이터선으로 출력된다.

예제 7-2 용량이 다음과 같은 기억장치의 주소선 수와 데이터선 수를 구하라.

(1) 16M×16비트
(2) 4G×8비트

풀이

(1) 16M=2^{24}이므로, 주소선은 24비트, 데이터선은 16비트
(2) 4G=2^{32}이므로, 주소선은 32비트, 데이터선은 8비트

일반적으로 중앙처리장치가 제공하는 데이터 비트 수와 주기억장치 데이터선의 비트 수가 같다. 중앙처리장치는 자신이 제공하는 데이터 비트 수만큼 데이터를 한 번에 액세스할 수 있다. 중앙처리장치가 한 번에 액세스하는 데이터를 **단어**(word)라고 한다. 컴퓨터 개발 초기에 문자를 8비트(한 바이트)로 표현하였기 때문에 단어 크기는 바이트의 배수이다. 중앙처리장치 레지스터의 비트 수도 단어 크기와 같은 것이 일반적이다. 예를 들어, 32비트 프로세서는 내부 레지스터 크기도 32비트, 기억장치에서 한 번에 액세스하는 데이터 크기도 32비트, 데이터 버스 비트 수도 32비트이다.

7.2.3 입출력장치

이 절에서는 컴퓨터 시스템에서 입출력장치(input/output device, I/O device) 또는 주변장치(peripheral)의 역할, 종류, 연결 방법, 입출력 방식에 대하여 간단히 설명한다. 자세한 입출력 동작에 대하여 '12장 입출력'에서 다룬다.

입출력장치는 컴퓨터와 외부 세계를 연결한다. 컴퓨터는 외부에서 데이터를 받아 처리하고 그 결과를 외부로 제공한다. 컴퓨터로 데이터를 제공하는 장치가 입력장치이고, 컴퓨터가 처리한 데이터를 내보내는 장치가 출력장치이다. 외부 기억장치로 사용되는 디스크와 같이 입력과 출력을 겸하는 장치도 있다. 다음과 같은 다양한 종류의 입출력장치가 있다.

- 입력장치: 키보드, 마우스, 마이크, 카메라, 터치 스크린, 스캐너
- 출력장치: 모니터, 프린터, 플로터, 스피커

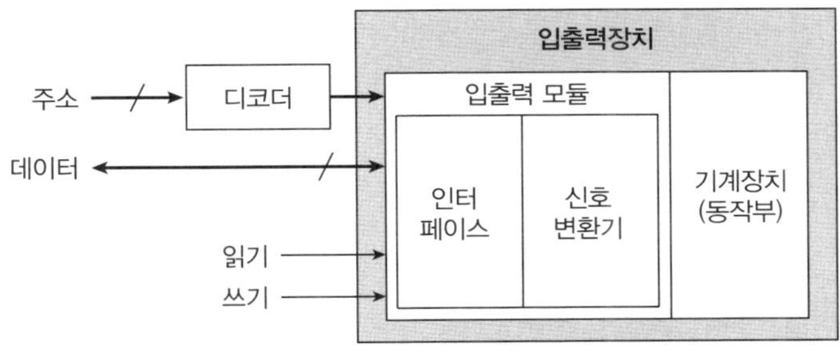

[그림 7-6] 입출력장치 구조

- 입출력장치: 보조 기억장치(디스크, USB 메모리 등), 네트워크 어댑터

입출력장치는 기계 동작을 수반하기 때문에, 대부분 동작 속도가 전기 신호로 동작하는 중앙처리장치나 주기억장치보다 느리다.

입출력장치는 그 종류가 너무나 다양하여 한 가지 형태로 그 구조를 표현하기 어렵지만, 공통으로 [그림 7−6]과 같은 세 가지 구성 요소를 포함하고 있는 것으로 볼 수 있다. 각 부분의 역할은 다음과 같다.

- **인터페이스**(interface): 입출력장치를 컴퓨터 시스템과 연결한다. 입출력장치와 중앙처리장치의 차이점인 동작 방식, 데이터 전송 속도, 데이터 형식을 조절한다.
- **신호변환기**(transducer): 전기 신호를 입출력장치 고유의 기계 동작으로 변환하거나, 그 반대의 변환을 수행한다.
- **기계장치**(actuator): 실제 입출력장치 고유 기능을 수행한다. 예를 들어 프린터 동작부는 기계장치를 구동하여 종이를 공급하고 글자를 인쇄한다.

한 개의 컴퓨터에 여러 개의 입출력장치가 동시에 연결된다. 컴퓨터는 입출력장치를 구별하기 위하여 장치마다 고유 주소를 할당한다. 입출력장치에게 할당한 주소를 입출력 주소(I/O address) 또는 **입출력 포트**(I/O port)라고 한다. 일반적으로 한 개의 장치는 여러 개의 포트를 사용한다. 컴퓨터는 입출력장치마다 서로 다른 주소 영역을 할당한다. 이 과정에 디코더(decoder)를 사용한다.

중앙처리장치가 볼 때 입출력장치와 주기억장치는 구동 원리가 같다. 즉, 주소와 읽기 또는 쓰기 제어신호를 주고 데이터를 액세스한다. 그러므로 기억장치와 입출력장치의 외부 신호선 구성이 같다. 입출력장치는 [그림 7-6]의 왼편에 있는 신호선으로 컴퓨터 시스템에 연결된다. 연결에 사용되는 신호와 역할은 다음과 같다.

- **주소선**(address lines): 입출력장치는 주소선을 디코드하여 자신에게 할당된 주소, 즉 입출력 포트를 선택한다.
- **데이터선**(data lines): 입출력장치는 중앙처리장치와 데이터선을 통하여 데이터를 주고받는다. 일반적으로 8비트 단위로 데이터를 송수신한다.
- **제어선**(control lines): 기억장치와 마찬가지로 입출력 동작을 제어하기 위하여 읽기(I/O read)와 쓰기(I/O write) 제어신호를 사용한다. 읽기 제어신호가 인가되었을 때 입출력장치에서 컴퓨터로 데이터를 전송하고, 쓰기 제어신호가 주어졌을 때 컴퓨터에서 입출력장치로 데이터를 전송한다.

7.2.4 AVR 마이크로제어기

마이크로제어기(micro-controller)는 하나의 칩 안에 중앙처리장치와 기억장치, 그리고 여러 가지 주변장치를 모두 포함하고 있는 반도체 소자로서 주로 소형 시스템의 제어장치로 사용된다.

여기에서는 AVR 마이크로제어기의 구성 요소를 살펴보고자 한다. [그림 7-7]은 AVR 계열의 Atmega128 마이크로제어기 구조를 간단하게 표현한 것이다. 이 장치의 특징은 다음과 같다.

- 기억장치가 프로그램 기억장치와 데이터 기억장치로 나뉘어져 있는 하버드 구조이다.
- 프로그램은 플래시 프로그램 기억장치(Flash Program Memory)에 저장된다. 이 부분은 전기가 끊어지더라도 저장된 내용을 보존한다. 프로그램 기억장치의 용량은 64K×16비트이다. 바이트 단위로 128K바이트이다.
- 프로그램이 처리하는 데이터를 저장하는 별도의 데이터 기억장치(SRAM Data Memory)를 포함하고 있다. 이 부분은 전기가 끊어지면 내용이 지워진다. 용량은 4K×8비트이다.

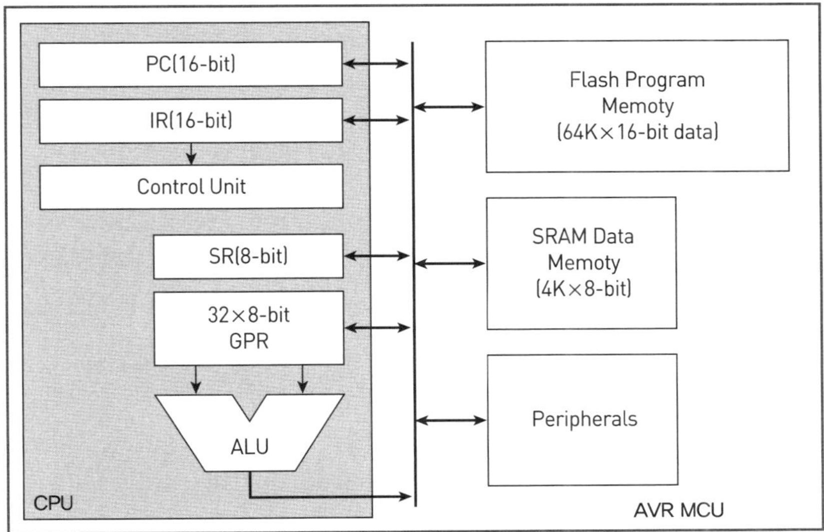

[그림 7-7] AVR 계열 프로세서 구조

- 프로그램 카운터(PC) 크기는 16비트이고, 프로그램 기억장치로 주소를 제공한다.
- 대부분의 명령어는 크기가 16비트이고, 기억장치 주소를 포함하는 명령어만 길이가 32비트이다. 인출된 명령어는 크기가 16비트인 명령어 레지스터(IR)에 저장된다.
- 명령어 레지스터는 제어장치(Control Unit)로 명령어를 전달한다. 제어장치는 명령어를 해독하여 프로그램 실행을 제어하는데 필요로 하는 모든 제어신호를 생성한다.
- 8비트 상태 레지스터(SR, Status Register)를 포함하고 있다.
- 32개의 8비트 범용 레지스터(GPR, General Purpose Registers)를 포함하고 있다. 이름은 R0, R1, …, R31이다. 이것들은 프로그램이 처리하는 데이터를 임시로 저장한다.
- 칩 안에 여러 가지 주변장치(Peripherals)를 포함하고 있다. 내부 발진기, 인터럽트 제어기, 직렬통신 제어기, 타이머, 아날로그 비교기, EEPROM 등이 주변장치의 예이다. 이것들은 모두 입출력장치에 해당한다.

7.2 컴퓨터 구성 요소 요약

중앙처리장치는 제어장치와 처리장치로 구성되어 있고, 처리장치는 레지스터와 연산기를 포함한다. 프로그램 내장형 컴퓨터의 기능을 수행하기 위하여 중앙처리장치는 두 개의 레지스터를 필요로 한다. 프로그램 카운터는 다음에 실행할 명령어가 저장되어 있는 기억장소 주소를 저장하고, 명령어 레지스터는 현재 실행 중인 명령어를 저장한다. 주기억장치는 많은 기억장소를 보유하고 있는 일차원 배열 형태이고, 주소에 의하여 기억장소의 데이터를 액세스하는 구조이다. 컴퓨터 시스템과 데이터를 주고받는 입출력장치는 그 종류가 다양하다. 중앙처리장치는 입출력 포트로 각 입출력장치를 구별한다.

7.3 시스템 버스

컴퓨터 시스템은 중앙처리장치, 주기억장치, 입출력장치로 구성되어 있으며, 이 장치들이 서로 데이터를 주고받음으로써 프로그램을 실행한다. 컴퓨터 구성 요소를 서로 연결하는 신호선의 모임을 **시스템 버스**(system bus)라고 한다. 이 절에서는 시스템 버스를 기능 별로 분류하고 제어신호 종류를 제시한다.

- 7.3.1 **시스템 버스 구성**: 주소 버스, 데이터 버스, 제어 버스의 기능을 소개한다.
- 7.3.2 **제어신호 종류**: 제어 버스에 속하는 여러 가지 제어신호를 소개한다.
- 7.3.3 **버스 계층**: 동작 속도에 따라 장치들을 다른 버스에 연결하는 구조를 제시한다.

7.3.1 시스템 버스 구성

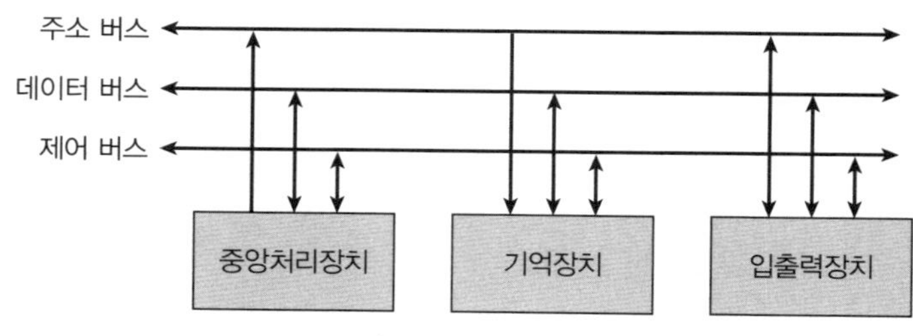

[그림 7-8] 시스템 버스

시스템 버스는 구성 요소를 서로 연결하는 통신 경로(communication channel)이며, 여러 신호선의 모임이다. 한 개의 신호선은 한 번에 한 비트의 데이터를 전달한다. 컴퓨터 시스템은 [그림 7-8]과 같이 구성 요소들이 신호선을 공유한다. 시스템 버스 구조에서 한 번에 한 개의 장치만 데이터를 전송할 수 있다. 시스템 버스를 구성하는 신호선을 기능에 따라 **주소 버스**(address bus), **데이터 버스**(data bus), **제어 버스**(control bus)로 구분한다.

- **주소 버스**(address bus): 기억장치 주소 또는 입출력장치 포트를 지정한다. 주소 버스 폭(width, 주소 버스에 할당된 비트 수)은 기억장치의 최대 용량과 관련이 있다. 주소 버스 폭이 n비트일 때, 이 시스템에 부착할 수 있는 최대 기억장치 용량은 2^n이다.
- **데이터 버스**(data bus): 시스템 구성 요소 간에 데이터를 전달하는 경로이다. 데이터 버스 폭은 일반적으로 8의 배수이며, 기억장치 단어 크기, 레지스터 크기와 같다.
- **제어 버스**(control bus): 신호선 중에서 주소 버스와 데이터 버스를 제외한 나머지 신호선을 모은 것을 제어 버스라고 한다. 제어 버스에 속하는 제어신호는 각 비트 별로 고유 기능을 갖는다.

컴퓨터 구성 요소는 시스템 버스를 통하여 서로 데이터를 교환한다. 중앙처리장치와 기억장치, 중앙처리장치와 입출력장치, 그리고 입출력장치와 기억장치 간의 데이터 통신이 가능하다. 대부분 중앙처리장치가 데이터 통신을 제어한다.

7.3.2 제어신호 종류

주소 버스와 데이터 버스를 구성하는 신호선은 그룹으로 동작하지만, 제어 버스에 속한 신호선은 하나하나 용도가 다르다. 제어 버스는 일반적으로 다음과 같은 제어신호를 포함한다.

- **기억장치 읽기**(memory read): 기억장치에서 데이터를 읽는다.
- **기억장치 쓰기**(memory write): 기억장치로 데이터를 기록한다.
- **입출력 읽기**(input 또는 I/O read): 입출력 포트에서 데이터를 읽는다.
- **입출력 쓰기**(output 또는 I/O write): 입출력 포트로 데이터를 기록한다.

- **인터럽트 요청**(interrupt request): 입출력 준비를 마친 입출력장치가 중앙처리장치에게 입출력 동작을 시작할 것을 요청한다.
- **인터럽트 확인**(interrupt acknowledge): 인터럽트 요청을 받은 중앙처리장치가 입출력 동작을 시작할 것임을 입출력장치에게 알려준다.
- **버스 요청**(bus request): DMA 제어기(DMA Controller)가 중앙처리장치를 거치지 않고 직접 기억장치를 액세스하기 위하여 자신이 직접 버스를 사용할 수 있도록 허락해 줄 것을 중앙처리장치에게 요청한다.
- **버스 승인**(bus grant): 중앙처리장치가 버스 사용을 요청한 DMA 제어기에게 버스 사용권이 허가되었음을 알려준다.
- **시스템 클럭**(system clock): 컴퓨터 시스템의 모든 동작을 동기화한다.
- **리셋**(reset): 컴퓨터 시스템의 모든 구성 요소를 초기화한다. 이 신호에 의하여 컴퓨터 시스템은 부팅을 시작한다.
- **전력선**(power lines): 시스템의 모든 구성 요소에게 동작 전원을 공급한다.
- **접지**(Signal ground): 전압 레벨의 기준점으로 사용된다.

전력선과 접지는 제어 버스의 신호선에서 제외하기도 한다. 각 제어신호의 기능은 이후 교재를 학습해 나가면서 이해할 수 있을 것이다. 여기에 소개된 제어신호 이외에도 프로세서 별로 자신만의 동작을 수행하기 위하여 특별한 제어신호들을 더 갖고 있을 수 있다.

7.3.3 버스 계층

시스템 버스에 여러 장치를 연결할 수 있다. 어떤 장치가 시스템 버스를 사용하고자 할 때 다른 장치도 시스템 버스를 사용하려고 할 수 있다. 따라서 시스템 버스에 연결된 장치가 많아질수록 시스템 버스를 사용하려는 경쟁이 심해지고, 그 결과 데이터 전송 속도가 느려지는 현상이 발생한다.

이 문제를 해결하기 위하여, 최근의 컴퓨터 시스템은 [그림 7-9]와 같이 버스를 계층으로 구성한다. 상대적으로 속도가 빠른 중앙처리장치와 기억장치를 시스템 버스에 연결하고, 중앙처리장치나 기억장치보다 속도가 느린 입출력장치들을 입출력 버스에 연결한다. 브리지(bridge)는 두 개의 버스를 서로 연결하는 중재장치이다.

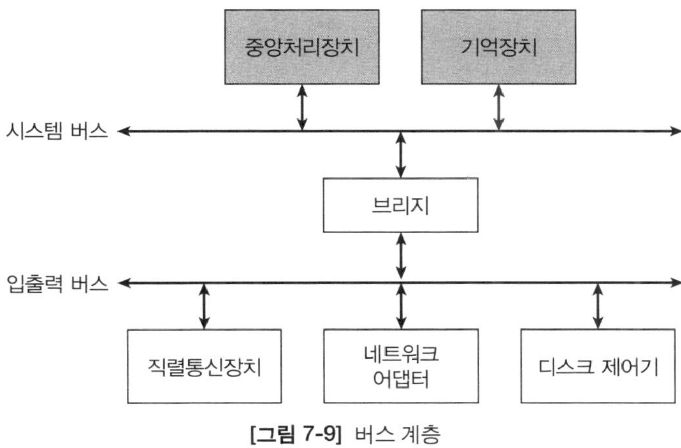

[그림 7-9] 버스 계층

컴퓨터 시스템의 종류에 따라 버스를 3계층으로 구성할 수도 있다. 각 버스의 이름은 컴퓨터 시스템마다 다르다. 예를 들면, 지역 버스(local bus), 확장 버스(expansion bus), 고속 버스(high-speed bus), 저속 버스(low-speed bus), 장치 버스(peripheral bus)와 같은 이름을 사용하고 있다. 중앙처리장치와 가까울수록 버스에 연결된 장치의 동작 속도가 빠르다.

7.3 시스템 버스 요약

시스템 버스는 컴퓨터 구성 요소를 서로 연결하는 신호선의 모임이다. 시스템 버스는 주소, 데이터, 제어 버스로 구분한다. 주소 버스의 비트 수는 주기억장치 용량과 관련이 있다. 데이터 버스 비트 수는 중앙처리장치가 한 번에 처리하는 단어의 비트 수에 해당한다. 제어 버스는 주기억장치와 입출력장치에 대한 읽기와 쓰기 제어 신호, 그리고 시스템 클럭 및 전력선으로 구성되어 있다.

7.4 명령어

컴퓨터는 프로그램을 실행하며, 프로그램은 명령어의 집합이다. 컴퓨터는 명령어를 하나씩 중앙처리장치로 가져온 후(인출 단계), 그 명령어를 해석하여 실행한다(실행 단계). 프로세서가 실행할 수 있는 명령어를 모두 모아 나열한 것을 **명령어 집합**(instruction set)

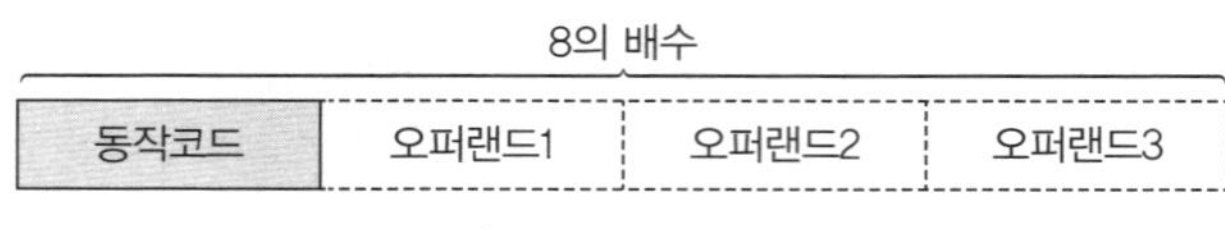

[그림 7-10] 명령어 형식

이라고 한다. 명령어 집합은 프로그램을 실행하는데 충분한 명령어를 포함하고 있어야 한다. 이 절에서는 명령어를 표현하는 방법을 설명하고 명령어 종류를 소개한다.

- 7.4.1 **명령어 구성 요소**: 명령어 구성 요소를 제시하고 명령어 형식을 소개한다.
- 7.4.2 **명령어 종류**: 명령어를 기능에 따라 세 가지 유형으로 나누고 각 유형에 속하는 명령어를 소개한다.
- 7.4.3 **오퍼랜드**: 명령어의 처리 대상인 오퍼랜드 종류를 제시한다.

7.4.1 명령어 구성 요소

명령어는 컴퓨터가 해야 할 일을 지시하는 것이므로 중앙처리장치가 수행할 동작과 그 동작을 수행할 대상을 포함하도록 설계되어야 한다. 명령어 구성 요소 중에서 동작을 나타내는 부분을 **동작코드**(operation code, 줄여서 opcode 또는 연산코드)라고 하고, 동작의 대상을 **오퍼랜드**(operand, 또는 **피연산자**)라고 한다. 명령어는 한 개의 동작코드와 필요에 따라 0개부터 최대 3개의 오퍼랜드로 구성되어 있다.

명령어는 2진수 패턴으로 만들어져 기억장치에 저장된다. 기억장치가 8의 배수 크기로 구성되어 있으므로, 명령어 길이도 8의 배수로 제한하는 것이 일반적이다. 명령어 구성 요소를 2진수에 배치한 형태를 **명령어 형식**(instruction format)이라고 한다. [그림 7-10]은 명령어 형식을 그림으로 표현한 것이다. 오퍼랜드 필드는 최대 3개이므로 점선으로 표현하였다. 한 가지 의미로 해석되는 2진수 열을 필드(field)라고 한다. 명령어 형식은 명령어 전체 길이, 필드 구성과 크기, 각 필드의 의미를 표현해야 한다.

7.4.2 명령어 종류

프로세서는 프로그램을 수행하는데 필요한 명령어를 모두 제공해야 한다. 명령어는 동작코드의 기능에 따라 다음과 같은 세 가지 종류로 구분할 수 있다.

- **데이터 전달 명령어**(data transfer instructions): 데이터 값을 조작하지 않고 단순히 컴퓨터 구성 요소 간에 데이터를 전달한다. 내부 레지스터, 주기억장치, 입출력장치 임의의 쌍에 대한 데이터 전달 명령어가 있을 수 있다.
- **데이터 처리 명령어**(data process instructions): 내부 레지스터나 기억장치에 저장되어 있는 데이터에 대하여 산술 또는 논리 연산을 수행하여 값을 계산하고, 계산 결과를 다시 레지스터나 기억장치로 저장한다. 데이터 처리는 대부분 연산기에서 수행된다.
- **프로그램 제어 명령어**(program control instructions): 명령어 실행 순서를 변경한다. 프로그램 실행 순서를 변경한다는 것은 궁극적으로 프로그램 카운터 값을 변경하는 것이다.

기계어 명령어뿐만 아니라 고급언어 프로그램을 구성하는 문장도 이와 같은 세 가지 종류로 구별할 수 있다. 1부터 100까지 더하는 C언어 프로그램도 다음과 같이 세 가지 종류의 명령어로 구성된 것으로 해석할 수 있다.

```
int n = 1;                  // 데이터 전달 명령어
int sum = 0;                // 데이터 전달 명령어
while (n <= 100) {          // 프로그램 제어 명령어
    sum = sum + n;          // 데이터 처리 명령어
    n = n + 1;              // 데이터 처리 명령어
}
```

데이터 전달 명령어는 컴퓨터 구성 요소의 한 장소에서 다른 장소로 데이터를 복사한다. 이 그룹에 속한 명령어는 [그림 7-11]과 같이 데이터를 옮기라는 동작코드, 데이터를 가져올 장소인 소스 오퍼랜드(source operand), 데이터를 저장할 장소인 목적지 오퍼랜드(destination operand)를 포함하고 있어야 한다. 데이터 전달 명령어에 대한 동작코드 예는 다음과 같다.

동작코드	목적지 오퍼랜드	소스 오퍼랜드

[그림 7-11] 데이터 전달 명령어 형식

동작코드	소스/목적지 오퍼랜드

(a) 단항 연산 명령어 형식

동작코드	목적지 오퍼랜드	소스 오퍼랜드1	소스 오퍼랜드2

(b) 이항 연산 명령어 형식

[그림 7-12] 데이터 처리 명령어 형식

- **적재**(load): 기억장치 한 장소에서 레지스터로 데이터를 가져온다.
- **저장**(store): 레지스터에서 기억장치 한 장소로 데이터를 저장한다.
- **입력**(input): 입출력 포트에서 레지스터로 데이터를 입력한다.
- **출력**(output): 레지스터에서 입출력 포트로 데이터를 출력한다.

데이터 처리 명령어는 데이터 값을 연산하여 새로운 결과를 산출한다. 데이터 처리는 주로 연산기에서 수행되며 연산 방법에 따라 소스 오퍼랜드는 한 개 또는 두 개일 수 있다. 소스 오퍼랜드와 목적지 오퍼랜드는 기억장치, 레지스터 또는 입출력 포트일 수 있다. 데이터 처리 명령어에 대한 동작코드의 그룹별 예는 다음과 같다.

- **단항 연산 명령어**(unary operator instruction): 한 개의 항으로 계산을 수행하는 명령어로써, 부호 바꾸기, 증가, 감소, NOT 명령어가 그 예이다. 이 그룹의 명령어는 [그림 7-12(a)]와 같이 오퍼랜드가 하나이다.
- **이항 연산 명령어**(binary operator instruction): 두 개의 항으로 계산을 수행하는 명령어로써, 사칙 연산과 논리 연산이 대표적인 예이다. 이 그룹의 명령어들은 [그림 7-12(b)]와 같은 명령어 형식을 갖는다.

프로그램 제어 명령어는 명령어 실행 순서를 변경한다. 중앙처리장치는 일반적으로 나열된 순서대로 명령어를 실행하지만, 프로그램 제어 명령어를 만나면 프로그램 카운터 값을 변경하여 실행 순서를 바꾼다. 이 그룹의 명령어는 [그림 7-13(a)]와 같이 동작코드와 분기 목적지 주소(branch target address)로 구성된다. 동작코드는 실행 순서를 변경하라는 의미이고, 분기 목적지 주소는 프로그램 카운터에 적재될 값이다. 프로그램 제어 명령어의 예는 다음과 같다.

동작코드	분기 목적지 주소

(a) 분기 명령어 형식

동작코드

(b) 복귀 명령어 형식

[그림 7-13] 프로그램 제어 명령어 형식

- **무조건 분기**(unconditional branch): 프로그램 카운터 값을 분기 목적지 주소로 변경하여 항상 분기 목적지로 분기한다.
- **조건 분기**(conditional branch): 특정한 조건을 검사하여 분기 여부를 결정한다. 조건을 검사한다는 것은 데이터 처리 명령어의 연산 결과로 발생하는 상태를 검사하는 것이다. 예를 들면, 연산 결과값이 0인지, 0이 아닌지, 양수인지, 음수인지를 검사하는 것이다. 만일 검사 결과가 참(true)이면, 분기 목적지 주소로 이동한다. 만일 검사 결과가 거짓(false)이면, 현재 실행 중인 조건 분기 명령어의 다음 위치에 있는 명령어를 실행한다.
- **서브루틴 호출** 또는 **함수 호출**(subroutine call 또는 function call): 서브루틴 호출 명령어는 프로그래밍 언어의 함수 호출에 해당하는 명령어로써, 서브루틴으로 이동하라는 동작코드와 서브루틴의 시작 주소를 분기 목적지 주소로 포함한다. 중앙처리장치는 서브루틴 호출 명령어를 만나면 다음에 실행할 명령어의 주소를 저장하고 프로그램 카운터에 서브루틴의 시작 주소를 적재한다.
- **복귀**(subroutine return): 서브루틴 또는 함수 실행을 마치고 그 서브루틴을 호출한 곳으로 돌아갈 때 저장해 두었던 주소로 복귀한다. 명령어의 형식은 [그림 7-13(b)]와 같이 동작코드만으로 구성되어 있다.

예제 7-3 다음 레지스터 전송문은 어느 그룹의 명령어에 해당하는가?

(1) R1 ← Mem[400]

(2) R2 ← R3 + Mem[401]

(3) PC ← 1004

(4) Mem[402] ← R2

(5) if (ZERO) PC ← 1100

풀이

(1) 데이터 전달: 기억장치 400번지 값을 레지스터 R1으로 적재한다.
(2) 데이터 처리: 레지스터 R3와 기억장치 401번지 값을 더하여 레지스터 R2에 저장한다.
(3) 프로그램 제어: 프로그램 카운터에 1004번지를 저장한다. 프로그램 카운터 값을 변경하는 명령어는 프로그램 제어 명령어에 속한다.
(4) 데이터 전달: 레지스터 R2를 기억장치 402번지에 저장한다.
(5) 프로그램 제어: 조건 ZERO가 참이면, 프로그램 카운터에 기억장치 주소 1100을 적재한다. 조건 ZERO가 거짓이면, 프로그램 카운터는 변하지 않는다.

7.4.3 오퍼랜드

명령어가 처리하려는 동작의 대상을 **오퍼랜드**(operand)라고 한다. 명령어가 실제로 처리하는 데이터를 **유효 데이터**(effective data)라고 한다. 오퍼랜드는 유효 데이터를 저장하고 있는 저장장소일 수도 있고, 유효 데이터 자체일 수도 있다. 예를 들어, 명령어의 오퍼랜드가 기억장치 주소일 때, 유효 데이터는 그 기억장치 주소에 저장되어 있는 데이터이다. 명령어에 표현된 오퍼랜드는 다음 중 한 가지이다.

- **즉치 데이터**(immediate data): 실제로 처리되는 값이다. 유효 데이터는 오퍼랜드 자체이다.
- **레지스터 이름**: 오퍼랜드에 레지스터 이름이 나타난다. 실제로 레지스터 번호에 해당하는 2진수이다. 유효 데이터는 레지스터에 저장된 값이다.
- **기억장치 주소**: 오퍼랜드에 기억장치 주소가 나타난다. 유효 데이터는 기억장치 주소에 저장되어 있는 데이터이다.
- **입출력 포트**: 오퍼랜드에 입출력 포트 번호가 나타난다. 유효 데이터는 해당 입출력 포트가 제공하는 값이다.

[그림 7-14]는 표현 가능한 여러 가지 명령어 형식의 예이다. 각 명령어 표현을 해석하는 방법은 다음과 같다.

(1) R3 ← R3 + 1: 단항 연산 명령어이다. 동작코드는 INC(increment)이다. 오퍼랜드는 한 개이고 레지스터 이름 또는 레지스터 번호이다.
(2) R3 ← R3 + 5: 이항 연산 명령어이다. 동작코드는 ADD이다. 오퍼랜드 R3은 레지스

[그림 7-14] 명령어 형식의 예

터 이름이고, 레지스터 R3은 목적지 오퍼랜드와 소스 오퍼랜드 두 가지 용도로 사용된다. 나머지 한 개의 오퍼랜드는 그 자체가 유효 데이터이다. 이것을 즉치 데이터(immediate data)라고 한다.

(3) Mem[1004] ← R1: 동작코드는 STORE이다. 목적지 오퍼랜드 1004는 기억장치 주소이고, 소스 오퍼랜드는 레지스터 이름이다.

(4) R1 ← Port[1004]: 입출력 포트 1004번지에서 레지스터 R1으로 데이터를 입력(INPUT)하는 명령어이다. 목적지 오퍼랜드는 레지스터 이름이고, 소스 오퍼랜드는 입출력 포트이다.

(5) R3 ← R1 + Mem[1004]: 레지스터 R1과 기억장치 1004번지의 값을 더하여(ADD) 레지스터 R3에 저장하는 명령어이다. 목적지 오퍼랜드와 소스 오퍼랜드1은 레지스터 이름이고, 소스 오퍼랜드2는 기억장치 주소이다.

중앙처리장치가 실제로 처리하는 유효 데이터는 일정한 길이를 갖는 2진수이다. 명령어는 이 데이터를 부호 없는 수(unsigned number), 정수(signed number), 실수(real number), 또는 문자로 해석할 수 있다. 각 데이터의 특징은 다음과 같다.

- **부호 없는 수**: 0을 포함한 양수만을 표현한다. 비트 수에 따라 표현할 수 있는 수의 범위가 한정되어 있으며, 주로 8비트, 16비트, 또는 32비트를 할당한다. 컴퓨터는 기억장치 주소와 문자 코드를 부호 없는 수로 취급하여 처리한다.

- **정수**: 0을 포함한 양수와 음수를 표현한다. 비트 수에 따라 표현할 수 있는 정수의 범위가 한정되어 있다. 컴퓨터는 일반적으로 8비트, 16비트 또는 32비트의 정수를 처리한다.
- **실수**: 소수점이 있는 수를 표현하며 부동 소수점 수(floating-point number)라고도 한다. 컴퓨터가 처리하는 실수는 32비트와 64비트로 표준화되어 있다. 비트 수에 따라 표현할 수 있는 수의 범위도 제한되어 있다.
- **문자**: 8비트 아스키코드와 16비트 유니코드로 문자를 표현한다. 명령어는 문자 코드를 부호 없는 수와 같이 취급한다.

중앙처리장치가 의미가 같은 동작을 처리하더라도 오퍼랜드 종류, 유효 데이터 종류와 크기가 다르면 동작코드가 서로 달라야 한다. 예를 들면, 기억장치에서 8비트 데이터를 레지스터로 적재하는 명령어와 16비트 데이터를 적재하는 명령어의 동작코드는 서로 다르다.

7.4 명령어 요약

명령어 집합은 하드웨어와 소프트웨어를 연결한다. 명령어는 동작코드와 오퍼랜드로 구성되어 있다. 명령어는 동작에 따라 데이터 전달, 데이터 처리, 프로그램 제어 명령어로 구분된다. 데이터 전달 명령어는 데이터를 한 장소에서 다른 장소로 복사 이동한다. 데이터 처리 명령어는 연산기에서 계산하여 새로운 데이터를 만들어낸다. 프로그램 제어 명령어는 프로그램의 프로그램 카운터에 새로운 값을 적재함으로써 실행 순서를 변경한다. 오퍼랜드는 명령어가 처리하는 동작의 대상이다. 오퍼랜드는 명령어에 포함되어 있는 즉치 데이터, 레지스터 번호, 기억장치 주소 또는 입출력 포트일 수 있다.

7.5 요약

이 장은 프로그램을 실행하는 기계로써 컴퓨터 구성 요소를 소개하고, 구성 요소 기능을 설명하고, 명령어 구성과 종류에 대하여 설명하였다. 다음과 같은 용어들을 소개하였다.

- 기계어 프로그램(machine program): 컴퓨터가 실행할 수 있는 2진수로 표현된 프로그램

- 어셈블리 프로그램(assembly program): 사람이 이해하기 쉽도록 기계어 명령어에 일대일로 대응하는 기호로 표현한 프로그램
- 명령어 사이클(instruction cycle): 컴퓨터가 일정한 상태를 반복하면서 명령어를 실행하는 과정
- 인출 단계(fetch stage): 기억장치에 저장된 명령어를 중앙처리장치로 가져오는 과정
- 실행 단계(execution stage): 중앙처리장치가 명령어를 해석하여 그 명령어가 의도하는 동작을 수행하는 과정
- 중앙처리장치(central processing unit): 프로그램을 실행하며 컴퓨터의 모든 동작을 제어하는 컴퓨터 구성 요소
- 프로그램 카운터(program counter): 다음에 실행할 명령어가 들어있는 기억장소 주소를 저장하는 레지스터
- 명령어 레지스터(instruction register): 현재 실행 중인 명령어를 저장하는 레지스터
- 제어장치(control unit): 명령어를 해석하여 제어신호를 생성하는 중앙처리장치 구성 요소
- 내부 레지스터(internal register): 프로그램을 실행하기 위하여 데이터를 임시로 저장하는 중앙처리장치 내부의 기억장치
- 연산기(arithmetic and logic unit): 모든 연산을 담당하는 중앙처리장치 구성 요소
- 주기억장치(main memory): 중앙처리장치와 온라인으로 연결되어 있으며 프로그램과 데이터를 저장하는 기억장치
- 주소선(address lines): 기억장치의 기억장소 주소를 지정하는 선
- 데이터선(data lines): 기억장치의 데이터를 전달하는 선
- 적재(load): 기억장치에서 주기억장치 레지스터로 데이터를 전송하는 동작
- 저장(store): 주기억장치 레지스터에서 기억장치로 데이터를 전송하는 동작
- 단어(word): 중앙처리장치가 기억장치에서 한 번의 동작으로 액세스하는 데이터
- 입출력장치(input/output devices): 컴퓨터와 외부 간에 데이터를 주고받는 장치
- 입출력 포트(input/output port): 입출력 장치에 할당되는 주소
- 시스템 버스(system bus): 컴퓨터 구성 요소가 신호를 주고 받는 선들의 모임
- 브리지(bridge): 고속 시스템 버스와 저속 시스템 버스를 연결하는 장치
- 명령어 집합(instruction set): 프로세서가 실행할 수 있는 명령어의 집합
- 동작코드(operation code): 명령어에서 동작을 나타내는 부분

- 오퍼랜드(operand): 명령어가 수행하는 동작의 대상
- 명령어 형식(instruction format): 명령어 구성 요소를 배치한 형태
- 데이터 전달 명령어(data transfer instructions): 데이터 값을 한 장소에서 다른 장소로 복사하여 전달하는 명령어
- 데이터 처리 명령어(data process instructions): 데이터를 연산하여 새로운 값을 생성하는 명령어
- 프로그램 제어 명령어(program control instructions): 프로그램의 실행 순서를 변경하는 명령어
- 유효 데이터(effective data): 명령어가 실제로 처리하는 데이터

컴퓨터 기본 동작과 관련하여 다음과 같은 처리 과정을 이해하고 있어야 한다.

- 명령어 사이클을 구성하는 인출 단계와 실행 단계에 따라 명령어를 실행하는 과정
- 기억장치와 입출력장치에서 주소를 제공하여 읽기와 쓰기를 하는 과정

다음 장에서는 중앙처리장치 구성 요소를 더 자세히 소개한다. 중앙처리장치에 포함되어 있는 레지스터의 기능을 설명하고, 예상하지 못한 상황에 대비하는 인터럽트 기능을 소개한다.

연습문제 EXERCISE

7.1 프로그램 실행

01 올바른 것을 선택하거나 빈 칸을 채워라.

(1) 컴퓨터는 ____________(을)를 실행하는 기계이다.

(2) 프로세서 종류 별로 명령어 집합은 (같다. 다르다.)

(3) 명령어는 근본적으로 (2진수 코드, 문자열)로 표현된다.

(4) 기계어를 사람이 알아보기 쉽게 문자로 표현한 것을 __________________(이)라고 한다.

(5) 내장형 컴퓨터 개념을 처음 만든 사람은 (폰 노이만, 튜링)이다.

02 프로그램 내장형 컴퓨터의 특징을 모두 선택하라.

① 프로그램을 기억장치 안에 저장한다.

② 프로그램을 중앙처리장치 안에 저장한다.

③ 명령어를 중앙처리장치로 가져와서 실행한다.

④ 명령어 실행이 끝나면 기억장치에서 그 명령어를 제거한다.

03 하버드 구조에 대한 올바른 설명은?

① 입출력장치를 입력용과 출력용으로 분리한다.

② 중앙처리장치를 처리장치와 실행장치로 분리한다.

③ 기억장치를 프로그램용과 데이터용으로 분리한다.

④ 데이터 기억장치를 전역변수용과 지역변수용으로 분리한다.

04 설명이 올바르면 O표, 틀리면 X표 하라.

(1) 프로세서 종류가 다르더라도 기계어 명령어는 같다. ( )

(2) 프로세서 종류가 다르더라도 어셈블리 명령어는 같다. ( )

(3) C 프로그램이 종류가 다른 프로세서에서 실행되는 것은 컴파일러 덕분이다. ( )

(4) 하버드 구조는 폰 노이만 구조의 중앙처리장치 조직을 개선하였다. ( )

05 명령어 사이클을 구성하는 단계는?

① {입력단계, 실행단계} ② {입력단계, 출력단계}

③ {인출단계, 저장단계} ④ {인출단계, 실행단계}

7.2 컴퓨터 구성 요소

01 올바른 것을 선택하라.

(1) PC의 값은 (현재 실행 중인, 다음에 실행할) (명령어 코드, 명령어의 주소)이다.
(2) IR의 값은 (현재 실행 중인, 다음에 실행할) (명령어 코드, 명령어의 주소)이다.

02 인출 단계에서 수행하는 일을 레지스터 전송 언어로 표현한 것은?

① IR ← Mem[PC], PC ← PC + [명령어의 길이]
② Mem[PC] ← IR, PC ← PC + [명령어의 길이]
③ PC ← Mem[IR], IR ← IR + [명령어의 길이]
④ Mem[IR] ← PC, IR ← IR + [명령어의 길이]

03 중앙처리장치 구성 요소 중에서 명령어를 해독하고 제어신호를 생성하는 것은?

① 연산기 ② 레지스터 ③ 제어장치 ④ 시스템 버스

04 중앙처리장치 내부에 있는 기억장치는?

① 연산기 ② 레지스터 ③ 제어장치 ④ 시스템 버스

05 중앙처리장치 내부에서 데이터 조작을 담당하는 구성 요소는?

① 연산기 ② 레지스터 ③ 제어장치 ④ 시스템 버스

06 주소선이 n비트인 기억장치의 기억장소 수는?

① n ② $\log_2 n$ ③ 2^n ④ 2^{2n}

07 중앙처리장치가 기억장치를 한 번에 액세스하는 데이터 크기를 지칭하는 용어는?

① 바이트 ② 단어(워드) ③ 킬로 바이트 ④ 메가 바이트

08 [그림 7-6]에서 주소선=1100, 읽기=1, 쓰기=0일 때, 데이터선으로 출력되는 값은?

09 주소선 수와 데이터선 수가 다음과 같을 때 기억장치 용량을 구하라.

(1) 주소선 16비트, 데이터선 8비트
(2) 주소선 26비트, 데이터선 8비트

10 입출력장치 구성 요소 중 하나인 입출력 모듈의 기능은?

① 전기 신호를 기계 동작으로 변경한다.
② 입출력장치에게 할당된 주소를 디코드한다.
③ 입출력장치로 전송되는 데이터를 저장한다.
④ 시스템과 연결하는 입출력 인터페이스를 제공한다.

11 올바른 것을 선택하거나 빈칸을 채워라.

(1) 컴퓨터는 입출력장치를 (주소, 데이터)로 구별한다.
(2) 입출력장치에게 부여된 주소를 ___________________라고 한다.

12 입출력장치 주소를 결정하는 조합 논리회로 빌딩블록은?

① 디코더 ② 인코더
③ 레지스터 ④ 멀티플렉서

7.3 시스템 버스

01 시스템 버스를 세 가지로 구분할 때 해당하지 않는 것은?

① 데이터 버스 ② 주소 버스 ③ 제어 버스 ④ 입출력 버스

02 시스템 버스의 세 가지 종류 중에서 기능이 다른 여러 신호를 한 가지로 묶어 분류한 것은?

① 데이터 버스 ② 주소 버스 ③ 제어 버스 ④ 입출력 버스

03 기억장치 저장 단위가 바이트이고 주소 버스 폭이 32비트일 때, 연결할 수 있는 기억장치의 최대 용량은?

04 시스템 버스를 계층적으로 구성하는 이유는?

① 버스에 연결되는 장치들의 용량이 다르기 때문이다.
② 버스에 연결되는 장치들의 속도가 다르기 때문이다.
③ 버스에 연결되는 장치들의 데이터 폭이 다르기 때문이다.
④ 버스에 연결되는 장치들이 사용하는 전력이 다르기 때문이다.

05 고속 버스와 저속 버스를 연결하는 장치는?

① 게이트 ② 브리지
③ 네트워크 ④ 인터페이스

7.4 명령어

01 명령어 구성 요소 중 동작을 나타내는 부분은?

① 오퍼랜드(operand) ② 동작코드(opcode)
③ 유효 주소(effective address) ④ 유효 데이터(effective data)

02 명령어 구성 요소 중 동작의 대상을 나타내는 부분은?

① 오퍼랜드(operand) ② 동작코드(opcode)
③ 유효 주소(effective address) ④ 유효 데이터(effective data)

03 명령어 종류별 기능을 설명하라.

(1) 데이터 전달 명령어
(2) 데이터 처리 명령어
(3) 프로그램 제어 명령어

04 데이터 전달 명령어에 표현되지 않는 것은?

① 동작코드 ② 소스 오퍼랜드
③ 목적지 오퍼랜드 ④ 분기 목적지 주소

05 명령어에 표현되는 오퍼랜드 수가 가장 많은 명령어는?

① 분기 명령어 ② 데이터 전달 명령어
③ 단항 데이터 처리 명령어 ④ 이항 데이터 처리 명령어

06 프로그램 제어 명령어는 어느 레지스터의 값을 변경하는가?

① 스택 포인터 ② 범용 레지스터
③ 프로그램 카운터 ④ 명령어 레지스터

07 프로그램 제어 명령어 종류 중에서 목적지 주소를 필요로 하지 않는 명령어는?

① 조건 분기 명령어 ② 무조건 분기 명령어
③ 서브루틴 호출 명령어 ④ 서브루틴 복귀 명령어

08 빈칸에 들어갈 용어를 순서대로 나열한 것은?

______________는 명령어가 처리하고자 하는 동작의 대상이고, ______________는 명령어가 실제로 처리하는 데이터이다.

① 오퍼랜드, 유효 데이터 ② 유효 주소, 유효 데이터
③ 유효 데이터, 오퍼랜드 ④ 유효 데이터, 유효 주소

09 유효 데이터가 저장되지 않는 곳은?

① 명령어 ② 연산기 ③ 기억장치 ④ 레지스터

10 명령어에 포함되어 있는 오퍼랜드는 몇 개인가?

① 1개 ② 2개 ③ 3개 ④ 명령어마다 다르다.

11 올바른 것을 선택하라.

(1) 데이터 전달 명령어는 데이터 값을 (변경하여, 변경하지 않고) 데이터를 전달한다.
(2) 데이터 처리 명령어는 데이터 값을 (변경하여, 변경하지 않고) 데이터를 전달한다.
(3) 프로그램 제어 명령어는 (PC, IR) 값을 변경한다.
(4) 연산기를 사용하는 명령어 종류는 (데이터 전달, 데이터 처리) 명령어이다.

12 레지스터 전송문 "R2 ← R1 + Mem[1004]"을 보고 알 수 있는 것은?

① 처리하려는 데이터가 정수이다.
② 레지스터 R1과 R2의 크기는 16비트이다.
③ 중앙처리장치의 레지스터 전체 수는 두 개이다.
④ 명령어 형식은 오퍼랜드 필드를 세 개 포함하고 있다.

13 레지스터 전송문 "R3 ← R1 + R2"에서 유효 데이터는 어떻게 해석되는가?

① 부호 없는 수 ② 정수
③ 실수 ④ 알 수 없다.

Chapter 08

중앙처리장치

8.1 중앙처리장치 구조

8.2 레지스터

8.3 인터럽트

8.4 제어장치

8.5 요약

Chapter

08 중앙처리장치

컴퓨터는 중앙처리장치, 기억장치, 입출력장치로 구성된다. 중앙처리장치(CPU, Central Processing Unit)는 컴퓨터의 모든 데이터 처리와 제어를 담당하는 핵심 요소이다. 중앙처리장치는 제어장치(CU, Control Unit)와 처리장치(PU, Processing Unit)로 구성되어 있다. 처리장치는 내부 레지스터(internal registers)에 저장된 데이터를 연산기(ALU, Arithmetic and Logic Unit)에서 계산한다. 중앙처리장치는 프로그램을 실행하는 기능 이외에 갑작스러운 사건(event)에 대응하는 기능이 있다. 이것을 인터럽트 처리(interrupt processing)라고 한다. 이 장에서는 중앙처리장치 구성 요소와 그 기능에 대하여 설명한다.

- 8.1 **중앙처리장치 구조**: 제어장치와 처리장치의 기능을 설명한다.
- 8.2 **레지스터**: 레지스터를 제어용과 명령어 실행용으로 구분하여 설명하고, 상태 레지스터와 스택 포인터를 소개한다.
- 8.3 **인터럽트**: 컴퓨터가 비정상 사건에 대응하는 인터럽트 개념을 소개하고, 중앙처리장치가 인터럽트를 처리하는 과정을 설명한다.
- 8.4 **제어장치**: 제어장치를 구현하는 두 가지 방법인 하드와이어드 제어 구조와 마이크로프로그램 제어 구조를 소개하고, 명령어 사이클을 세분화 한다.

8.1 중앙처리장치 구조

컴퓨터는 프로그램을 실행하고, 프로그램은 일련의 명령어들로 구성되어 있다. 중앙처리

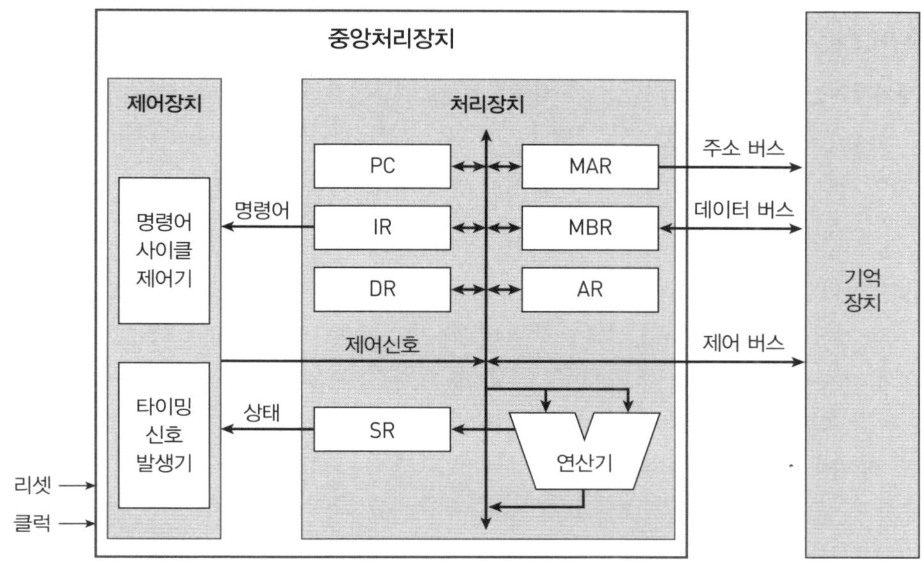

[그림 8-1] 중앙처리장치 구조

장치가 명령어를 실행하는 과정을 다음과 같이 요약할 수 있다.

- 중앙처리장치는 한 개의 명령어를 실행하는 명령어 사이클을 반복하여 프로그램을 진행한다.
- 명령어 사이클은 인출 단계와 실행 단계로 구성되어 있다.
- 인출 단계는 주기억장치에 저장된 명령어를 중앙처리장치로 가져온다.
- 중앙처리장치는 프로그램 카운터(PC)와 명령어 레지스터(IR)를 필요로 한다.
- 실행 단계는 명령어를 해석하고 실행한다.

[그림 8-1]은 제어장치와 처리장치로 구분한 중앙처리장치 구조를 보여준다. 이 절에서는 제어장치와 처리장치의 구조와 기능을 소개한다.

- 8.1.1 **제어장치**: 제어장치의 순서제어와 동작제어 기능을 소개한다.
- 8.1.2 **처리장치**: 레지스터 종류를 제시하고, 연산기 구조와 기능을 간단하게 소개한다.

8.1.1 제어장치

제어장치는 처리장치에서 명령어와 상태를 받아, 컴퓨터의 모든 동작을 제어하는 제어신호를 생성한다. 제어장치는 프로그램 흐름을 제어하는 **순서제어**(sequence control)와 명령어 실행을 제어하는 **동작제어**(operation control) 기능을 수행한다.

- **순서제어**: 제어장치는 프로그램에 나타난 명령어들이 차례대로 실행되도록 제어한다. 일반적으로 현재 처리하는 명령어가 끝나면 다음에 있는 명령어를 실행하지만, 프로그램 제어 명령어를 만나면 실행 순서를 변경하기도 한다.
- **동작제어**: 제어장치는 각 명령어를 실행하도록 만든다. 실행 단계에서 제어장치는 명령어가 의도하는 동작을 수행할 수 있도록 컴퓨터의 다른 부분(연산기, 레지스터, 기억장치, 입출력장치)을 제어한다.

순서제어를 위하여 제어장치는 명령어 사이클을 진행하고, 클럭 신호를 입력으로 받아 명령어 사이클을 구동하는데 필요한 타이밍 정보를 생성한다. 명령어 인출 단계에서 프로그램 카운터의 값을 다음에 실행할 명령어가 저장된 기억장치 주소를 가리키도록 수정하여, 명령어들이 순서대로 실행될 수 있도록 만든다. 분기 명령어를 실행할 때, 프로그램 카운터 값을 분기 목적지 주소로 변경한다.

동작제어를 위하여 제어장치는 명령어 레지스터(IR)를 해독하여 현재 실행하고 있는 명령어가 무엇인지 알아내고, 그 동작을 실행하도록 제어신호를 생성한다. 조건 분기 명령어를 실행할 때, 제어장치는 명령어를 실행할지 결정할 조건을 검사해야 하는데, 레지스터 일종인 상태 레지스터(SR, Status Register)에서 이 조건 정보를 구한다.

[그림 8-1]에 제어장치 내부 구조와 제어장치의 입력과 출력 신호가 표시되어 있다. 제어장치 기능을 요약하면 다음과 같다.

- 명령어 사이클 제어기는 상태도를 운영하여 현재 어떤 명령어 사이클 단계인지 구분한다.
- 타이밍 신호 발생기는 몇 번째 클럭이 진행 중인지 구분한다.
- 명령어 레지스터를 입력으로 받아 현재 실행하고 있는 명령어를 해독한다.
- 상태 레지스터를 입력으로 받아 조건 분기 여부를 결정한다.

'8.4 제어장치'에서 제어장치 기능, 하드와이어드 제어장치와 마이크로프로그램 제어장치의 구조와 특징, 명령어 사이클에 대하여 설명한다.

8.1.2 처리장치

처리장치(processing unit)는 여러 가지 용도의 레지스터와 연산기로 구성되어 있다.

- 레지스터: 프로그램을 실행할 때 필요한 주소와 데이터를 저장하는 임시 기억장치이다.
- 연산기: 컴퓨터 안에서 모든 데이터 처리, 즉 연산을 담당한다.

레지스터는 여러 비트의 정보를 저장할 수 있는 순차 논리소자 빌딩블록으로, 중앙처리장치 안에 있는 기억장치이고, 컴퓨터 안에 있는 기억장치 중에 액세스 속도가 가장 빠르다. 프로세서를 설계할 때 레지스터 수와 기능을 결정하는 것은 중요한 요소이다. 중앙처리장치는 명령어를 실행하기 위하여 레지스터를 다양한 용도로 활용한다. 레지스터는 명령어 실행을 보조하는 제어용 레지스터와 명령어 실행에 직접 사용되는 명령어 실행용 레지스터로 구분할 수 있다.

- **제어용 레지스터**: 중앙처리장치가 프로그램을 진행시키는 용도로 사용한다. 이 그룹에 속하는 레지스터의 예는 프로그램 카운터(PC), 명령어 레지스터(IR), 상태 레지스터(SR) 등이 있다. 어셈블리 프로그래머에게 보이지 않지만 중앙처리장치가 내부적으로 사용하는 기억장치 주소 레지스터(MAR)와 기억장치 버퍼 레지스터(MBR)도 이 그룹에 속한다. 프로그래머는 이 레지스터들을 직접 사용할 수 없고, 간접적으로 사용한다.
- **명령어 실행용 레지스터**: 프로그래머가 데이터를 처리하는 어셈블리 프로그램을 작성할 때 직접 사용하는 레지스터들이다. 프로그램에서 임시로 데이터를 저장하거나 기억장치 주소를 저장할 목적으로 이 레지스터들을 사용한다. 이 그룹에 속하는 레지스터는 다시 데이터 레지스터(DR, Data Register)와 주소 레지스터(AR, Address Register)로 분류된다. 데이터 레지스터와 주소 레지스터 두 가지 용도로 모두 사용할 수 있는 레지스터를 범용 레지스터(GPR, General Purpose Register)라고 한다.

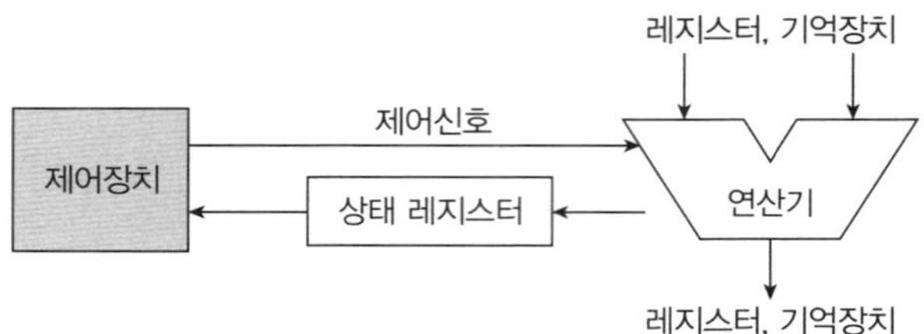

[그림 8-2] 연산기 주변 회로

고급 언어 프로그램에 포함된 변수는 일반적으로 기억장치에 할당된다. 컴파일러는 고급 언어 프로그램을 기계어 프로그램으로 번역하면서 가능한 기억장치를 적게 사용하도록 만든다. 데이터를 기억장치에서 레지스터로 임시로 옮겨놓고 가능한 오랫동안 사용하도록 번역함으로써, 프로그램 실행 속도를 개선할 수 있다.

연산기는 중앙처리장치 안에서 데이터 처리를 담당한다. 연산기는 데이터 처리 명령어와 관련된 데이터 연산을 담당한다. 연산기는 [그림 8-2]와 같이 레지스터 또는 기억장치에서 두 개의 데이터를 가져오고, 그 결과를 레지스터 또는 기억장치로 저장한다. 연산기는 여러 종류의 연산을 수행하는 능력을 갖고 있으며, 그 중 한 가지를 선택하여 연산을 수행한다. 제어장치는 명령어를 해독하여 연산기가 수행할 연산을 선택하는 제어신호를 생성하여 연산기로 전달한다. 연산기에 상태 레지스터가 연결되어 있다. 상태 레지스터는 여러 비트로 구성되어 있으며, 비트마다 고유한 의미가 부여되어 있다. 상태 레지스터의 출력은 제어장치로 입력되고, 제어장치는 조건 분기 명령어를 처리할 때, 상태 레지스터를 참조하여 프로그램 카운터의 값을 변경할지 결정한다.

8.1 중앙처리장치 구조 요약

중앙처리장치는 제어장치와 처리장치로 구성된다. 제어장치는 순서제어와 동작제어를 수행한다. 순서제어는 명령어 사이클을 운영하여 프로그램을 진행시키는 것이고, 동작제어는 명령어에 대한 제어신호를 생성하여 그 동작이 수행되도록 만드는 것이다. 처리장치는 레지스터와 연산기로 구성된다. 제어용 레지스터는 제어장치가 프로그램 실행을 제어하기 위하여 사용한다. 명령어 실행용 레지스터는 기억장치 주소 또는 처리할 데이터를 저장한다. 연산기는 데이터 처리를 담당한다.

8.2 레지스터

중앙처리장치는 명령어를 실행하기 위하여 여러 가지 형태의 레지스터를 운영한다. 이 절에서는 레지스터 종류와 기능, 그리고 레지스터를 활용하는 방법에 대하여 설명한다.

- 8.2.1 **제어용 레지스터**: 프로그램 카운터, 명령어 레지스터 이외에 기억장치를 액세스 하는데 사용되는 기억장치 주소 레지스터(MAR)와 기억장치 버퍼 레지스터(MBR)를 소개한다.
- 8.2.2 **상태 레지스터**: 처리장치의 상태를 플래그로 저장하여 제어장치로 전달하는 상태 레지스터를 소개한다.
- 8.2.3 **명령어 실행용 레지스터**: 데이터 레지스터와 주소 레지스터를 구분한다.
- 8.2.4 **주소 레지스터**: 포인터 개념을 소개하고, 기억장치를 액세스 하는 방법을 설명한다.
- 8.2.5 **스택 포인터**: 시스템 스택을 소개하고 스택을 액세스하는데 사용되는 스택 포인터를 소개한다.

8.2.1 제어용 레지스터

제어용 레지스터는 프로세서가 자체적으로 프로그램을 진행시키는데 사용하는 레지스터이다. 이미 앞에서 소개한 바 있는 프로그램 카운터(PC)와 명령어 레지스터(IR)가 이 그룹에 속한다.

기억장치는 프로그램과 데이터를 저장하고 있으므로, 명령어 인출 단계에서만 기억장치를 사용하는 것이 아니다. 명령어 실행 단계에서도 데이터를 액세스하기 위하여 기억장치를 사용한다. 따라서 중앙처리장치는 기억장치를 액세스하기 위하여 [그림 8-1]과 같이 **기억장치 주소 레지스터(MAR, Memory Address Register)**와 **기억장치 버퍼 레지스터(MBR, Memory Buffer Register)**를 사용한다. 이 레지스터의 용도는 다음과 같다.

- **기억장치 주소 레지스터(MAR)**: 기억장치를 액세스할 주소를 저장한다. 기억장치를 액세스하려면 일단 주소가 이 레지스터에 적재되어야 한다. 이 레지스터 출력이 시스템의 주소 버스에 연결되어 있다.
- **기억장치 버퍼 레지스터(MBR)**: 기억장치 읽기 동작을 할 때, 기억장소의 데이터를 일

단 이 레지스터로 적재한 다음에 목적지 레지스터로 옮긴다. 기억장치 쓰기 동작을 할 때, 소스 레지스터의 데이터를 일단 이 레지스터로 적재한 다음에 기억장소로 옮긴다. 이 레지스터는 데이터 버스에 연결되어 있다.

기억장치를 액세스할 때 항상 기억장치 주소 레지스터와 기억장치 버퍼 레지스터를 거쳐야 한다. 기억장치를 읽고 쓰는 과정은 다음과 같다.

```
// 데이터 읽기
1. MAR ← 주소 레지스터          // 주소 레지스터의 값을 MAR로 적재한다.
2. MBR ← Mem[MAR]             // 기억장치를 읽어 데이터를 MBR에 저장한다.
3. 데이터 레지스터 ← MBR        // MBR의 값을 목적지 레지스터에 저장한다.

// 데이터 쓰기
1. MAR ← 주소 레지스터          // 주소 레지스터의 값을 MAR로 적재한다.
2. MBR ← 데이터 레지스터        // 기록할 데이터를 MBR에 저장한다.
3. Mem[MAR] ← MBR             // 기억장치에 MBR의 값을 기록한다.
```

중앙처리장치가 기억장치를 액세스하기 위하여 내부적으로 기억장치 주소 레지스터와 기억장치 버퍼 레지스터를 사용하기 때문에, 어셈블리 프로그래머는 이 레지스터들이 있다는 것을 알지 못한다. 프로세서는 여기에서 소개한 레지스터들 이외에 컴퓨터 시스템을 제어하기 위한 자신만의 레지스터들을 더 갖고 있을 수 있다. 최신 프로세서는 운영체제를 지원하는 기능이 포함되어 있고 운영체제 자체가 사용자로부터 보호되어야 하므로, 운영체제만 사용할 수 있는 제어 레지스터들이 별도로 마련되어 있다. 이것들도 제어용 레지스터에 속한다.

8.2.2 상태 레지스터

상태 레지스터(SR, Status Register)도 제어용 레지스터의 일종으로 볼 수 있다. 중앙처리장치는 프로그램 실행 순서를 변경할지 결정하기 위하여 상태 레지스터를 참조한다. 상태 레지스터는 각 비트 별로 의미가 있으며, 각 비트를 깃발이란 뜻으로 플래그(flag)라고

7	6	5	4	3	2	1	0
IE	SV		OV	P	C	Z	S

[그림 8-3] 8비트 상태 레지스터의 예

한다. 플래그는 조건 또는 이벤트가 활성화된 상태(true, 1)인지, 아니면 활성화되어 있지 않은 상태(false, 0)인지 표현한다. 상태 레지스터는 연산기에서 연산 결과를 나타내는 **조건 플래그**(condition flags)와 중앙처리장치 동작을 제어하기 위한 **제어 플래그**(control flags)로 구성되어 있다. [그림 8-3] 상태 레지스터에서 비트 0부터 4는 조건 플래그이고 비트 6, 7은 제어 플래그이다. 비트 5는 사용하지 않는다.

조건 플래그는 연산기가 동작할 때마다 연산 결과를 반영하여 그 값을 결정한다. 프로세서 대부분이 공통으로 갖고 있는 조건 플래그는 다음과 같다.

- **부호 플래그**(S, sign flag): 최근에 수행한 산술 연산 결과의 부호 비트(sign bit)를 저장한다. 부호 비트는 2진수의 MSB(Most Significant Bit)이다. 이 비트 값이 1이면 연산 결과가 음수이고, 0이면 연산 결과가 양수이다.
- **제로 플래그**(Z, zero flag): 최근에 수행한 산술 연산 결과가 0일 때 1로 세트된다. 연산 결과가 0이면 1, 0이 아니면 0으로 설정된다.
- **자리올림수**(C, carry flag): 최근에 수행한 산술 연산이 2진수 덧셈이고, 덧셈에서 자리올림수가 발생할 때 세트된다.
- **패리티 비트**(P, parity bit): 최근에 수행한 연산 결과에 대한 짝수 또는 홀수 패리티를 정한다. 패리티는 2진수의 1의 개수를 세어 패리티 비트와 합하여 전체 1의 개수를 짝수 또는 홀수로 맞추는 것이다. 일반적으로 짝수 패리티로 맞춘다.
- **오버플로우**(OV, overflow flag): 최근에 수행한 정수 산술 연산 결과에 오버플로우가 발생하였는지 표시한다. 오버플로우는 정수 연산 결과가 데이터 비트 수로 표현할 수 있는 정수 표현 범위를 초과한 것이다.

예제 8-1 덧셈 연산 0110_0101+0101_0100의 결과로 결정되는 S, Z, C, P, OV 플래그 값을 구하라. 패리티는 짝수 패리티로 맞추는 것으로 가정한다.

풀이

```
덧셈:      0110_0101
         + 0101_0100
         -----------
           1011_1001
```

- MSB가 1이므로, S = 1
- 결과값이 0이 아니므로, Z = 0
- 자리올림수가 발생하지 않았으므로, C = 0
- 결과값의 1의 수가 5개로 홀수이므로, P = 1
- 양수 두 개를 더했는데 결과값이 음수이므로 오버플로우, OV = 1

상태 레지스터는 연산기 동작과 관련이 없으면서 컴퓨터 시스템 자체를 제어하기 위한 플래그도 포함하고 있다. [그림 8-3]은 두 가지 플래그만 포함하고 있으나, 프로세서는 자신만의 제어 플래그를 더 정의하여 사용할 수 있다.

- **인터럽트 가능 플래그(IE, interrupt enable flag)**: 이 비트가 1로 세트되어 있으면 중앙처리장치는 외부 인터럽트 요청을 인식할 수 있다.
- **운영체제 모드 플래그(SV, supervisor mode flag)**: 중앙처리장치가 운영체제 모드(kernel mode, 또는 supervisor mode)와 사용자 모드(user mode) 중에서 어느 모드로 프로그램을 실행 중인가를 나타낸다.

인터럽트 가능 플래그는 '8.3 인터럽트'에서 다시 설명한다. 운영체제 모드 플래그는 컴퓨터가 현재 운영체제에 해당하는 프로그램을 수행하고 있는지 아니면 사용자 프로그램(또는 응용 프로그램)에 해당하는 프로그램을 수행하고 있는지 구별한다.

8.2.3 명령어 실행용 레지스터

일반적으로 프로그램은 기억장치에 저장되어 있는 데이터를 레지스터로 옮겨 계산하고, 그 결과를 다시 기억장치로 저장한다. **데이터 레지스터**(data register)는 프로그램이 처리하는 데이터를 임시 저장하고, **주소 레지스터**(address register)는 기억장치를 액세스하기 위한 기억장소 주소를 저장한다. 프로세서를 만들 때, 레지스터를 데이터 저장용과 주소 저장용으로 구분할 수도 있고, 하나의 레지스터를 필요에 따라 둘 중 한 가지로 사용하도록 만들 수도 있다. 후자를 **범용 레지스터**(GPR, General Purpose Register)라고 한다. 초기 마이크로프로세서는 데이터 레지스터와 주소 레지스터를 구분하는 경향이 있었으나, 최근 프로세서는 프로그램 작성의 유연성을 높이기 위하여 통상 8개에서 32개의 범용 레지스터를 갖도록 설계하고 있다.

데이터 레지스터는 중앙처리장치가 처리하는 데이터를 임시로 저장한다. 초기 컴퓨터는 데이터 레지스터를 하나만 갖고 있었으며, 이것을 **누산기**(accumulator)라고 하였다. 탁상용 계산기는 입력한 데이터나 계산 결과를 표시하는 창이 하나이다. 버튼을 눌러 값을 입력하면 이 값은 계산기 창에 표시되고, 더하기 연산 버튼을 누른 후 다른 값을 입력하면 이 값도 같은 창에 표시된다. 등호(=)를 누르면 두 수의 합이 다시 같은 창에 표시된다. 계산기 창과 같이 계산 결과를 누적하는 레지스터가 누산기이다.

요즘의 프로세서는 여러 개의 범용 레지스터를 갖고 있다. 예를 들어, R0~R31까지 32개의 범용 레지스터를 갖고 있는 프로세서는 어느 한 순간에 최대 32개의 데이터를 저장할 수 있다. 데이터 레지스터로 사용할 수 있는 레지스터가 많아지면, 임시 데이터를 많이 사용할 수 있으므로, 프로그램 작성하기가 편리해진다.

8.2.4 주소 레지스터

주소 레지스터(address register)는 기억장치를 액세스할 주소를 저장한다. 주소 레지스터가 가리키는 곳에서 기억장치를 액세스하기 때문에 기억장치 주소를 **포인터**(pointer)라고도 한다. 컴퓨터 프로그래밍 관련 용어로 사용될 때 포인터는 기억장치 주소를 의미한다. 주소 레지스터를 사용하는 방법을 설명하기 전에, 다음 예제를 통하여 명령어에 기억장치 주소와 레지스터 번호를 표현하는데 필요한 비트 수를 알아보자.

예제 8-2 기억장치 용량이 64K바이트이고, 범용 레지스터가 32개이고 R0부터 R31로 표현한다고 가정하자.

(1) 명령어에 기억장치 주소를 표현하기 위하여 필요한 비트 수는?

(2) 명령어에 레지스터 중 하나를 표현하기 위하여 필요한 비트 수는?

풀이

(1) 2^{16} = 64K바이트이므로, 기억장치 주소를 표현하는데 16비트가 필요하다.

(2) 2^5 = 32이고 명령어에 레지스터 번호를 표현하므로, 레지스터를 구별하는데 5비트가 필요하다.

이 예를 통하여, 명령어에 기억장치 주소를 표현하는 것이 레지스터를 표현하는 것보다 훨씬 더 많은 비트가 필요함을 알 수 있다.

기억장치에 저장되어 있는 데이터를 레지스터로 적재하는 방법을 크게 두 가지로 구분할 수 있다. [그림 8-4]는 두 가지 주소지정방식을 그림으로 표현한 것이다. [예제 8-2]의 조건에 따라 명령어에 표현된 비트 필드의 길이를 표시하였다. [그림 8-4(a)] 명령어(LDM, Load from memory)는 기억장치 주소를 명령어 안에 직접 표현하고 있다. [그림 8-4(b)] 명령어(LDR, Load register indirect)는 레지스터 R3을 주소 레지스터로 사용하고, R3에 주소가 저장되어 있다. 후자의 방법이 명령어를 표현하는데 비트를 적게 사용한다.

레지스터가 기억장소 주소를 저장하고 있을 때, "레지스터가 기억장소를 가리킨다"라고 표현하고, 레지스터에서 해당 기억장소로 화살표를 그린다. 예를 들어, [그림 8-5(a)]는 레지스터 R1 값이 1200h이다. 이것은 기억장소 주소로 사용될 수도 있고 아닐 수도 있다. [그

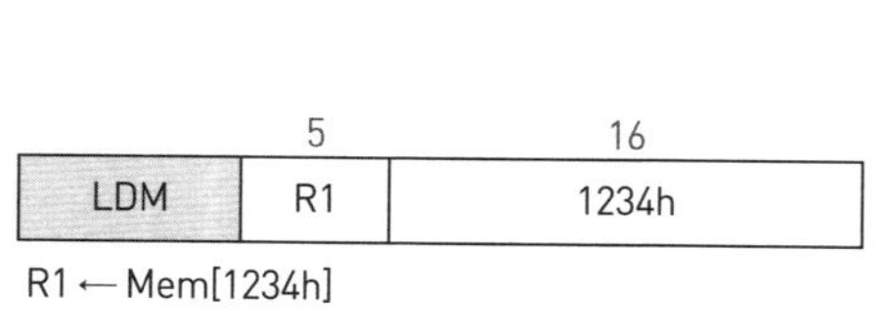

(a) 직접 주소지정방식

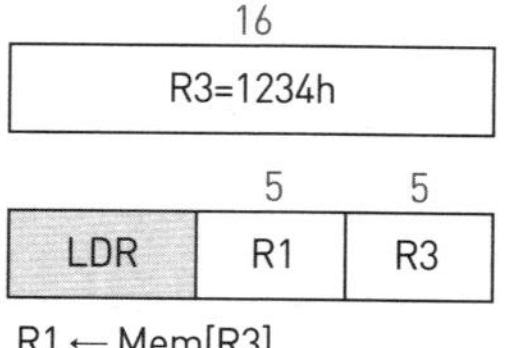

(b) 레지스터 간접 주소지정방식

[그림 8-4] 기억장치 액세스 방법

R3	XX
R2	XX
R1	1200h
R0	XX

주소	데이터
1203h	0B
1202h	9C
1201h	6A
1200h	23

(a) 주소에 의한 표현

R3
R2
R1
R0

주소	데이터
1203h	0B
1202h	9C
1201h	6A
1200h	23

(b) 포인터 표현

[그림 8-5] 포인터 개념

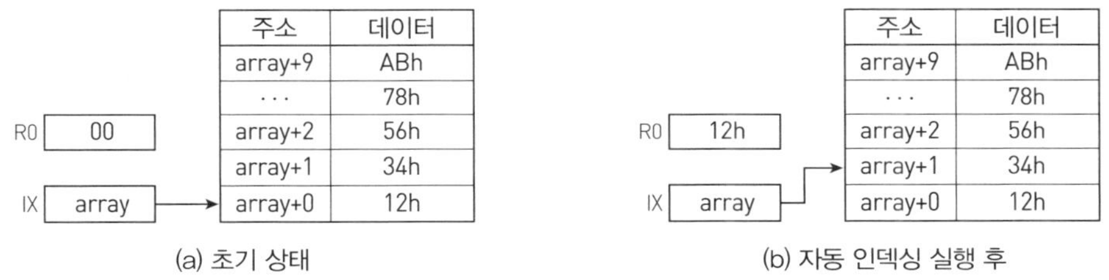

(a) 초기 상태 (b) 자동 인덱싱 실행 후

[그림 8-6] 인덱스 레지스터

림 8−5(b)]는 레지스터 R1이 기억장소 1200h 번지를 가리킨다는 것을 화살표로 표현한 것이다. 당연히 레지스터 R1 값은 1200h이다.

고급 프로그래밍 언어는 기억장치에 연속으로 배치된 여러 개의 데이터를 배열(array)로 선언하여 액세스한다. 원소가 10개인 배열 array[10]을 차례대로 액세스하여 배열의 합을 구하는 과정을 예로 들어 보자. 주소 레지스터의 일종인 **인덱스 레지스터(index register)**를 사용하면 이런 동작을 편리하게 구현할 수 있다. [그림 8−6]의 IX가 인덱스 레지스터이다. [그림 8−6(a)]와 같이 IX 초기값으로 array가 배정된 기억장소의 시작 주소로 설정하고, 합을 저장할 레지스터 R0를 0으로 초기화한다. IX가 가리키는 배열의 원소를 액세스하고 나서 IX 값을 자동으로 증가시킨다. 이 동작을 다음과 같은 레지스터 전송 언어로 표현할 수 있다.

$$R0 \leftarrow R0 + Mem(IX),\ IX \leftarrow IX + 1$$

이와 같이, 하나의 명령어로 기억장치 액세스와 주소 변경을 모두 수행하는 방법을 **자동 인덱싱(auto-indexing)**이라고 한다. [그림 8−6(b)]는 자동 인덱싱 실행 후 상태를 보여준다. 자동 인덱싱을 배열 크기만큼 반복 실행하여, 배열의 합을 구할 수 있다.

8.2.5 스택 포인터

컴퓨터는 기억장치에서 일부 영역을 할당하여 **시스템 스택**(system stack)을 운영하고, 이 영역을 액세스하기 위하여 **스택 포인터**(SP, Stack Pointer)라는 특수한 주소 레지스터를 사용한다. 스택은 데이터를 차례대로 쌓아 두었다가 마지막에 들어간 데이터부터 꺼내 사용하는 LIFO(Last-In-First-Out) 형태의 자료 구조이다. 스택은 한 곳으로만 액세스할 수 있으며, 이 부분을 스택 탑(stack top)이라고 한다. 스택 탑을 가리키는 주소 레지스터가 스택 포인터이다. 스택은 데이터를 임시로 저장하기에 아주 적합한 장소이다.

스택 포인터는 스택 영역 중에서 마지막 데이터가 추가된 곳을 가리키고 있다. 데이터를 저장할 때마다, 스택 포인터 값이 증가하도록 만들 수도 있고, 스택 포인터 값이 감소하도록 만들 수도 있다. 전자는 스택 포인터보다 주소 값이 적은 영역이 데이터가 채워진 부분이고, 후자는 스택 포인터보다 주소 값이 큰 영역이 데이터가 채워진 부분이다. 일반적으로 후자를 더 사용하며, 이 교재에서도 이 방법을 채택한다. 데이터를 추가할 때마다, 스택은 주소 값이 감소하는 방향으로 자란다.

[그림 8-7]은 기억장치 용량을 64K바이트로 가정할 때 시스템 스택과 스택 포인터를 보여주고 있다. [그림 8-7(a)]는 기억장치 임의의 영역을 스택으로 사용하는 예이다. [그림 8-7(b)]는 기억장치 영역의 마지막 부분부터 주소가 감소하는 방향으로 스택을 배정한 예이다. 이 교재에서는 [그림 8-7(b)]와 같은 구조의 스택을 사용하는 것으로 가정한다. 프로그램은 기억장치 주소 0번지부터 필요한 만큼 공간을 사용한다. 만일 중간에 빈 영역

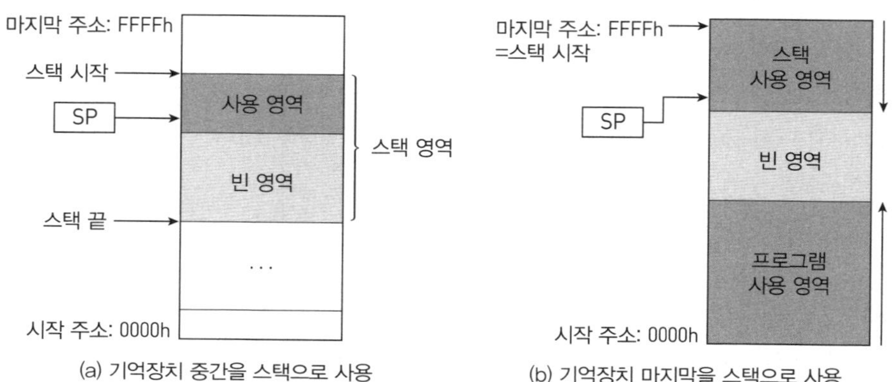

[그림 8-7] 시스템 스택 구조

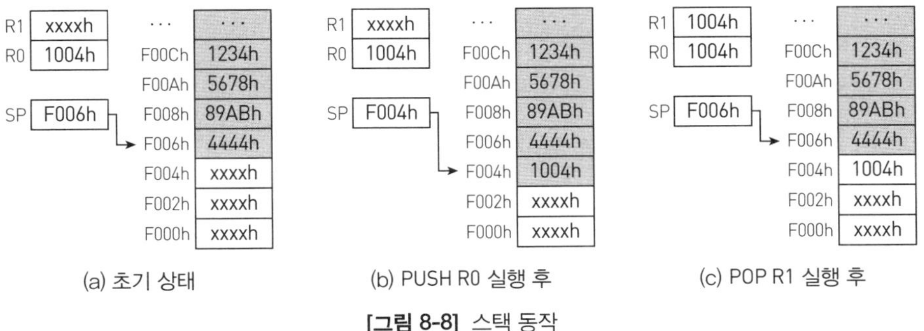

[그림 8-8] 스택 동작

이 없다면, 기억장소가 부족한 것으로 시스템 오류가 발생한다.

스택은 **푸시(PUSH)**와 **팝(POP)** 두 가지 동작으로 액세스한다. 푸시는 스택에 데이터를 추가하는 동작이고, 팝은 스택에서 데이터를 제거하는 동작이다. 중앙처리장치는 푸시 동작과 팝 동작을 수행하는 기계 명령어를 갖고 있으며, 이 명령어에 해당하는 기호는 대부분 PUSH와 POP이다. PUSH 명령어는 스택에 저장할 오퍼랜드를 지정해야 하며, POP 명령어는 스택에서 제거한 데이터를 저장할 오퍼랜드를 지정해야 한다. 대부분 오퍼랜드로 레지스터를 지정한다. 두 가지 명령어의 형식은 다음과 같다.

```
PUSH 오퍼랜드        // 오퍼랜드를 스택에 저장하라.
POP 오퍼랜드         // 스택에서 데이터를 제거하고 오퍼랜드에 저장하라.
```

일반적으로 스택에 저장되는 데이터 크기는 레지스터 크기, 데이터 버스 폭과 같다. 즉, 스택은 단어(word) 단위로 데이터를 액세스한다. 만일 기억장치가 8비트 단위로 구성되어 있고 레지스터 크기가 16비트이면, 두 개의 기억장소에 한 개의 데이터를 저장한다. [그림 8-8(a)]는 어느 순간의 레지스터와 스택의 모습이다. 이 예는 다음과 같이 가정하고 있다.

- 범용 레지스터 R0와 R1의 크기는 16비트이다.
- 기억장치는 바이트 단위로 주소를 지정하며, 스택은 16비트 단위로 데이터를 액세스한다.
- 기억장치 주소는 16비트이다. 따라서 스택 포인터 크기도 16비트이다.
- 현재 스택 포인터 값은 F006h이고, 스택 포인터가 가리키는 장소까지 데이터가 저장되어 있다. [그림 8-8(a)]의 회색 부분이 스택에 데이터가 저장된 부분이다.

중앙처리장치는 [PUSH 오퍼랜드] 명령어를 다음과 같은 두 단계의 동작으로 실행한다.

SP ← SP - [단어 크기] // 스택 포인터를 단어 크기만큼 감소시킨다.
Mem[SP] ← 오퍼랜드 // 스택에 오퍼랜드를 저장한다.

[그림 8-8(b)]는 초기 상태에서 PUSH R0 명령어를 실행한 상태이다. 스택 포인터의 값이 F004h로 감소하였고, 기억장치 F004h 번지에 레지스터 R0의 값 1004h를 저장한다.

중앙처리장치는 [POP 오퍼랜드] 명령어를 다음과 같은 두 단계의 동작으로 실행한다.

오퍼랜드 ← Mem[SP] // 스택에서 데이터를 제거하여 오퍼랜드에 저장한다.
SP ← SP + [단어 크기] // 스택 포인터를 단어 크기만큼 증가시킨다.

[그림 8-8(c)]는 [그림 8-8(b)] 상태에서 POP R1 명령어를 실행한 상태이다. 레지스터 R1 값을 1004h로 변경하고, 스택 포인터 값을 F006h로 증가한다. 스택 F004h 번지에 이전 값 1004h가 남아 있으나, 이 값은 이제 의미가 없는 쓰레기(garbage) 값이다. 이후 다른 푸시 명령어를 실행하면서 이 값을 다른 값으로 덮어 쓴다.

예제 8-3 [그림 8-8(c)] 상태에서 다음 명령어들을 연속 실행할 때 최종 상태를 그려라.

```
POP    R0
POP    R1
PUSH   R0
```

풀이

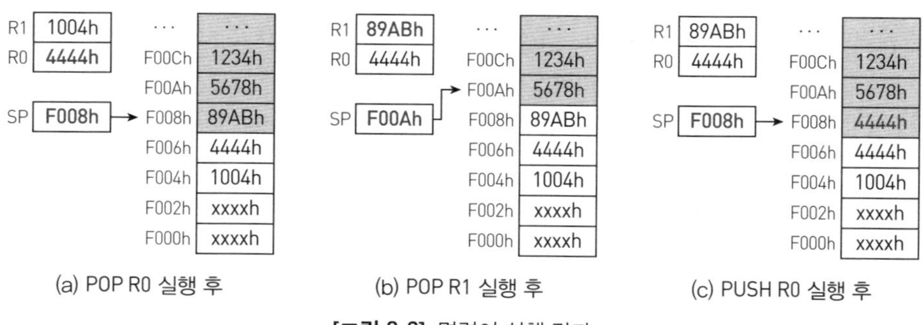

[그림 8-9] 명령어 실행 결과

(a) POP R0 실행 후: Mem[SP] 값인 4444h를 R0에 저장하고, SP는 F008h로 증가한다.
(b) POP R1 실행 후: Mem[SP] 값인 89ABh를 R1에 저장하고, SP는 F00Ah로 증가한다.
(c) PUSH R0 실행 후: SP를 먼저 감소하여 F008h로 만들고, R0=4444h를 Mem[SP]에 저장한다.

8.2 레지스터 요약

레지스터는 제어용과 명령어 실행용으로 구분된다. 제어용 레지스터는 프로그램 카운터(PC), 명령어 레지스터(IR), 기억장치 주소 레지스터(MAR), 기억장치 버퍼 레지스터(MBR)가 있다. 상태 레지스터(SR)도 제어용 레지스터이다. 상태 레지스터는 연산 결과를 플래그에 저장하여 제어장치로 전달한다. 명령어 실행용 레지스터는 데이터 레지스터와 주소 레지스터가 있다. 두 가지로 모두 사용할 수 있는 레지스터를 범용 레지스터라고 한다. 주소 레지스터를 포인터라고도 한다. 스택 포인터(SP)는 시스템 스택을 액세스하는 주소 레지스터이다. 스택을 액세스하기 위하여 푸시(PUSH)와 팝(POP) 명령어를 사용한다.

8.3 인터럽트

인터럽트(interrupt)는 중앙처리장치가 컴퓨터 내부 또는 외부에서 발생할 수 있는 갑작스러운 사건에 대하여 대응하는 기능이다. 이 절에서는 컴퓨터가 인터럽트를 처리하기 위해 필요한 사항을 제시하고 인터럽트 처리 과정을 설명한다.

- 8.3.1 **인터럽트 개념**: 인터럽트 개념과 종류를 소개한다.
- 8.3.2 **인터럽트 처리 기능**: 중앙처리장치가 인터럽트를 처리하기 위하여 필요로 하는 기능을 설명한다.
- 8.3.3 **인터럽트 서비스 루틴**: 인터럽트 서비스 루틴의 구조를 설명한다.

8.3.1 인터럽트 개념

우리가 생활하다 보면 의도와 관계없이 갑작스러운 사건이 발생하는 경우가 있다. 수업 시간에서도 예상하지 못했던 일이 발생하기도 한다. 그 예는 다음과 같다.

- 인터럽트 요청: 강의를 진행하는 중에 갑자기 학생이 질문한다면,
- 상태 저장: 강사는 설명하던 것을 잠시 멈추고 현재 강의 진도를 기억해 두고,
- 인터럽트 서비스: 학생의 질문에 답변한 다음에,
- 인터럽트 서비스에서 복귀: 질문 전에 강의하던 내용으로 돌아와 계속 강의를 진행한다.

컴퓨터에서도 이와 같은 사건이 발생할 수 있다. 컴퓨터가 프로그램을 실행하는 것을 방해하는 사건을 **인터럽트**(interrupt)라고 한다. 인터럽트는 컴퓨터 내부에서 발생할 수도 있고 컴퓨터 외부에서 발생할 수도 있다. **내부 인터럽트**(internal interrupt)는 프로그램을 실행할 수 없는 상황이 발생했을 때 중앙처리장치가 자체적으로 생성한다. 내부 인터럽트의 종류는 다음과 같다.

- **하드웨어 고장**(hardware failure): 컴퓨터도 기계이기 때문에 구성 요소가 고장 날 수 있고, 데이터를 전달하는 과정에 일부의 비트가 달라질 수도 있다. 갑자기 컴퓨터 전원이 꺼질 수도 있다. 이런 사건이 발생하면 프로그램을 실행할 수 없다.
- **실행할 수 없는 명령어**(undefined instruction): 컴퓨터는 기억장치에서 명령어를 인출하여 해석하고 실행한다. 기억장치에서 인출한 명령어 비트 패턴이 중앙처리장치가 실행할 수 있는 명령어로 정의되어 있지 않다면, 그 명령어를 실행할 수 없다.
- **명령어 실행 오류**(execution error): 중앙처리장치가 인출한 명령어는 정상이지만, 명령어를 실행할 수 없는 때도 있다. 인출한 명령어가 나누기인데, 나누는 수가 0인 예가 이에 해당한다.
- **사용 권한 위배**(access privilege violation): 운영체제는 컴퓨터를 보호하기 위하여 기억장치나 파일을 사용할 때 여러 가지 권한을 정의하여 실행 여부를 제한하고 있다. 예를 들면, 사용자가 운영체제만 사용할 수 있는 자원을 액세스하거나 읽기 전용 파일을 갱신하려고 할 때 인터럽트가 발생한다.

외부 인터럽트(external interrupt)는 주로 입출력장치가 생성한다. 가장 중요한 외부 인터럽트는 타이머 인터럽트와 입출력 인터럽트이다. 크게 보면 타이머도 입출력장치 중 하나이므로, 타이머 인터럽트도 외부 인터럽트의 일종이지만, 컴퓨터 시스템에서 매우 중요한 역할을 담당하고 있기 때문에 별도로 구분하기도 한다.

- **타이머 인터럽트(timer interrupt)**: 컴퓨터는 주기적으로 수행하는 일이 있다. 타이머는 일정한 시간 간격으로 중앙처리장치에게 인터럽트를 요청한다. 컴퓨터는 이 사건을 기반으로 시간을 측정하고, 프로세스 실행 시간을 측정하여 프로세스를 스케줄하고, 주기적으로 수행할 작업을 실행시키는 등 중요한 운영체제 작업을 수행한다.
- **입출력 인터럽트(I/O interrupt)**: 입출력장치가 데이터를 전송할 상태가 되었다는 것을 중앙처리장치에게 알리는 인터럽트이다. 중앙처리장치는 속도가 느린 입출력장치가 데이터를 전송할 준비를 마쳤는지 검사하는 시간을 없앨 수 있다.

인터럽트 처리를 위하여 중앙처리장치는 다음과 같은 기능을 제공해야 한다.

- 인터럽트 가능 플래그로 인터럽트 허용 여부 결정
- 인터럽트 요청과 중앙처리장치의 인터럽트 확인
- 프로그램 실행 상태 저장과 인터럽트 서비스 루틴으로 제어 이동
- 인터럽트 서비스 루틴 실행과 복귀

8.3.2 인터럽트 처리 기능

여기에서는 인터럽트를 처리하기 위하여 중앙처리장치가 제공해야 할 하드웨어 요소에 대하여 설명한다. 이에 해당하는 것은 인터럽트 가능 플래그, 인터럽트 제어 명령어, 인터럽트 요청과 인터럽트 승인 제어신호, 인터럽트 단계이다.

중앙처리장치의 상태 레지스터는 제어 플래그의 한 가지 종류인 **인터럽트 가능 플래그(IE, Interrupt Enable flag)**를 포함하고 있다. 이 플래그가 1로 세트되어 있으면 중앙처리장치가 인터럽트 요청을 인식하고, 0으로 리셋되어 있으면 중앙처리장치는 인터럽트 요청을 인식하지 않는다.

프로그래머는 프로세서가 인터럽트 요청을 허가할지 허가하지 않을지 결정하기 위하여 인터럽트 가능 플래그를 세트 또는 리셋할 수 있어야 한다. 이를 위하여 중앙처리장치는 다음과 같은 명령어를 제공해야 한다.

- **STI(set interrupt enable flag)**: 인터럽트 가능 플래그를 세트한다. 이 명령어를 실행하면, 중앙처리장치는 인터럽트를 인식한다.

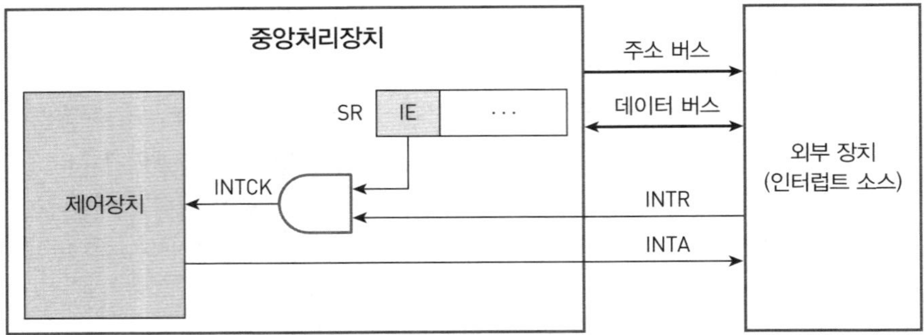

[그림 8-10] 인터럽트 요청과 확인

[그림 8-11] 인터럽트를 고려한 명령어 사이클

- **CLI(clear interrupt enable flag)**: 인터럽트 가능 플래그를 리셋한다. 이 명령어를 실행하면, 중앙처리장치는 인터럽트를 인식하지 않는다.

[그림 8-10]은 임의의 외부 장치가 인터럽트를 요청하였을 때 인터럽트 처리와 관련된 제어신호를 보여준다. 인터럽트 소스가 인터럽트를 요청하고 나서 제어장치가 인터럽트를 인식하는 과정은 다음과 같다.

1. 인터럽트 소스는 인터럽트 요청선(INTR, Interrupt Request)을 1로 세트하여 중앙처리장치에게 인터럽트를 요청한다.
2. 제어장치는 인터럽트 요청선과 인터럽트 가능 플래그(IE)를 AND 연산한 신호(INTCK)를 검사한다. 만일 IE = 0이면, INTR = 1이더라도 제어장치는 인터럽트 요청을 인식하지 않는다. 만일 IE = 1이면, 중앙처리장치는 인터럽트 요청을 인식한다.
3. 인터럽트 요청이 확인되면, 제어장치는 인터럽트 확인선(INTA, Interrupt Acknowledge)을 1로 세트하여 인터럽트를 건 장치에게 인터럽트 요청을 확인하였음을 알려준다.

실질적으로 컴퓨터에는 인터럽트 소스가 여러 개이다. 이런 환경을 다중 인터럽트(multiple interrupt)라고 한다. '제12장 입출력'에서 다중 인터럽트를 다룬다.

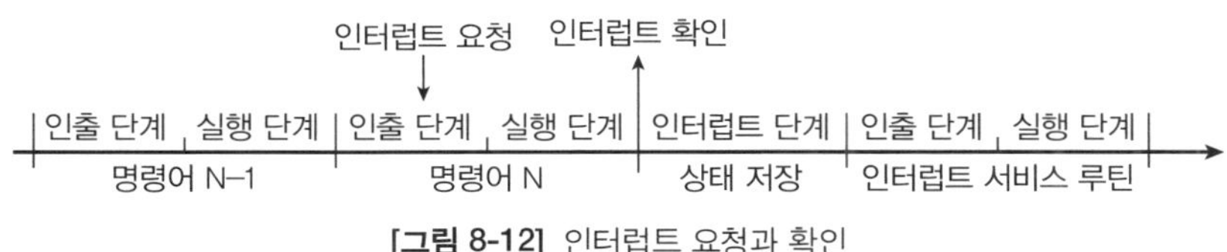

[그림 8-12] 인터럽트 요청과 확인

인터럽트가 요청되었는지 검사하려면, 중앙처리장치는 명령어 사이클을 실행하는 도중에 인터럽트 요청선(INTCK)을 검사해야 한다. 이를 위하여 명령어 사이클은 [그림 8-11]과 같이 **인터럽트 단계**(interrupt stage)를 포함하도록 수정되어야 한다. 명령어 사이클의 실행 단계가 끝날 때마다 중앙처리장치는 인터럽트가 요청되었는지 검사한다. 만일 인터럽트가 요청되지 않았다면, 인출 단계로 이동하여 다음 명령어를 실행한다. 만일 인터럽트가 요청되었다면, 중앙처리장치는 새로 추가된 인터럽트 단계로 진입하여 인터럽트 서비스를 위하여 필요한 조치를 한다.

[그림 8-12]는 시간 축 상에서 본 인터럽트 처리 과정이다. 중앙처리장치는 현재 N번째 명령어(명령어 N)를 처리하고 있다. 인출 단계와 실행 단계 임의의 순간에 인터럽트가 요청될 수 있다. 중앙처리장치의 제어장치는 명령어 N에 대한 실행 단계를 마치고 인터럽트가 요청되었는지 검사한다. 인터럽트가 요청되었으므로, 중앙처리장치는 인터럽트 단계를 실행한다. 중앙처리장치는 인터럽트 단계에서 다음과 같은 세 가지 작업을 수행한다.

1. 현재 실행하던 프로그램으로 복귀할 때 필요한 정보인 콘텍스트(프로그램 카운터와 상태 레지스터)를 스택에 저장한다.
2. 인터럽트를 요청한 소스를 확인하고, 해당 인터럽트 서비스 루틴의 시작 주소를 구한다.
3. 프로그램 카운터에 인터럽트 서비스 루틴의 시작 주소를 적재한다.

인터럽트 소스는 인터럽트를 요청한 장치이다. 인터럽트 서비스 루틴도 기억장치에 적재되어 있는 프로그램이다. 위 마지막 동작 이후에 중앙처리장치는 명령어 인출 단계를 시작한다. 이때부터 인터럽트 서비스 루틴의 첫번째 명령어를 인출하면서 인터럽트 서비스 루틴을 실행한다.

중앙처리장치가 인터럽트 서비스 루틴의 마지막 명령어를 마치고 이전에 실행 중이던 프로그램으로 복귀하려고 할 때 필요한 최소한의 정보를 **콘텍스트**(context)라고 한다. 중앙처리장치는 일반적으로 콘텍스트를 스택에 저장한다. 인터럽트 처리와 관련된 콘텍스트는 프로그램 카운터와 상태 레지스터이다.

- 프로그램 카운터: 다음에 실행할 명령어의 주소를 갖고 있다. 프로그램을 중단하였다가 다시 실행하려면 프로그램 카운터의 값을 반드시 저장해야 한다.
- 상태 레지스터: 연산기를 사용하는 데이터 처리 명령어를 실행할 때마다 상태 레지스터의 값을 변경한다. 인터럽트는 임의의 시점에 요청될 수 있다. 그런데 인터럽트 서비스 루틴도 프로그램이므로 데이터 처리 명령어를 포함하고 있을 수 있고, 인터럽트 서비스 루틴 안에서도 상태 레지스터 값이 변경될 수 있다. 그러므로 원래 프로그램으로 복귀하였을 때, 상태 레지스터 값이 변경되지 않도록 반드시 상태 레지스터를 저장해야 한다.

지금까지 설명한 인터럽트 단계에서 중앙처리장치가 수행하는 일을 레지스터 전송 언어로 표현하면 다음과 같다.

```
SP ← SP - [단어 크기]        // PUSH PC
Mem[SP] ← PC
SP ← SP - [단어 크기]        // PUSH SR
Mem[SP] ← SR
PC ← ISR 시작 주소           // PC 갱신
```

인터럽트 서비스 루틴에서 복귀하는 명령어(IRET)는 궁극적으로 스택에서 상태 레지스터와 프로그램을 복구하는 일을 수행한다.

```
SR ← Mem[SP]                 // POP SR
SP ← SP + [단어 크기]
PC ← Mem[SP]                 // POP PC
SP ← SP + [단어 크기]
```

예제 8-4 [그림 8-13(a)]는 인터럽트 요청이 발생하였을 때, 컴퓨터 상태이다. 인터럽트 단계를 실행한 후, 컴퓨터 상태가 어떻게 변하는지 그림에 표시하라. 실행 중인 프로그램은 기억장치 1000h~1FFFFh번지에 적재되어 있고, 인터럽트 서비스 루틴은 0800h~08FFh 번지에 적재되어 있다.

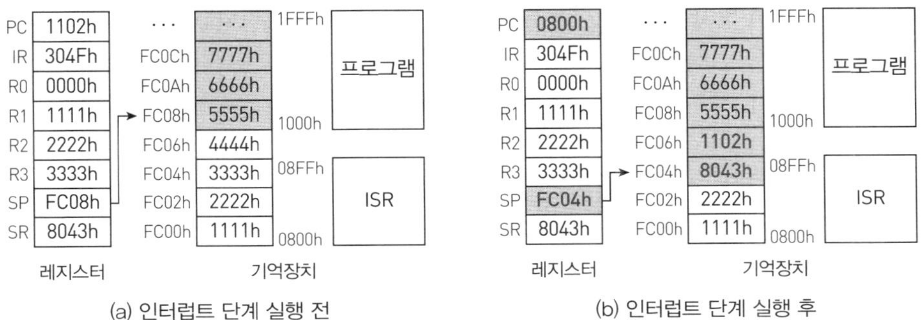

[그림 8-13] [예제 8-4]의 컴퓨터 상태

풀이

- [그림 8-13(a)] 인터럽트 단계 실행 전 상태
  - 단어 크기는 16비트이고, 레지스터 크기도 모두 16비트이다.
  - 기억장치는 바이트 단위로 주소가 지정되며, 스택은 16비트 단위로 액세스된다.
  - 중앙처리장치가 다음에 실행할 명령어의 주소는 PC=1102h이다.
  - 현재 중앙처리장치는 주소 1100h에 있는 명령어를 실행하고 있다. 이 명령어의 코드는 IR=304Fh이다.
  - 스택 포인터(SP)는 FC08h를 가리키고 있고, 그 이상의 주소에 해당하는 스택은 채워져 있다.
  - 상태 레지스터(SR)의 값이 8043h이다.
- [그림 8-13(b)] 인터럽트 단계 실행 후 상태
  - 인터럽트 단계의 동작은 다음과 같은 명령어를 실행하는 것과 같다.
  - PUSH PC : SP = SP - 2 = FC06h, Mem[SP] = PC = 1102h
  - PUSH SR : SP = SP - 2 = FC04h, Mem[SP] = SR = 8043h
  - PC ← ISR : PC ← 0800h

8.3.3 인터럽트 서비스 루틴

인터럽트 요청이 발생하면, 중앙처리장치는 그 인터럽트 소스가 원하는 일을 해결해 주어야 한다. 이것을 **인터럽트 서비스**(interrupt service)라고 한다. 인터럽트 서비스는 기억장치에 별도로 적재되어 있는 프로그램을 실행함으로써 이루어지는데, 이 프로그램을 **인터럽트 서비스 루틴**(ISR, Interrupt Service Routine) 또는 **인터럽트 핸들러**(interrupt handler)라고 한다. 즉, 인터럽트 서비스 루틴은 특수한 일을 수행하는 프로그램이고, 인터럽트 종류마다 하나씩 기억장치에 적재되어 있어야 한다.

여기에서는 지금까지 설명한 인터럽트 관련 요소들을 종합하여 인터럽트를 처리하는 과정을 정리하고, 인터럽트 서비스 루틴 안에서 수행하는 일에 대하여 설명한다. 전제 조건으로 인터럽트 서비스 루틴이 기억장치에 적재되어 있어야 하고, 인터럽트 가능 플래그가 1로 세트되어 있어야 한다. [그림 8-14]는 프로그램을 수행하고 있는 중에 인터럽트 소스가 인터럽트를 요청하여, 그 인터럽트를 처리하는 순서를 표현한 것이다.

① **프로그램 실행**: 현재 임의의 프로그램이 실행 중이다. 기억장치에 적재되어 실행하고 있는 프로그램을 프로세스라고 한다.

② **인터럽트 요청**: 중앙처리장치가 N번째 명령어를 실행하고 있는 도중에 인터럽트 소스가 인터럽트를 요청한다. 중앙처리장치는 N번째 명령어의 실행 단계를 마치고 나서 인터럽트 요청을 검사하고, 명령어 사이클의 인터럽트 단계로 들어간다.

③ **인터럽트 단계**: 인터럽트 소스에게 인터럽트가 확인되었음을 알리고(interrupt acknowledge), 콘텍스트(프로그램 카운터와 상태 레지스터)를 시스템 스택에 저장하고, 인터럽트 서비스 루틴의 시작 주소를 프로그램 카운터에 저장한다.

④ **인터럽트 서비스 루틴 실행**: 명령어 사이클에 따라 인터럽트 서비스 루틴의 명령어들을 실행한다.

⑤ **인터럽트 리턴**: 인터럽트 서비스 루틴의 마지막 명령어는 IRET(return from interrupt)이다. 이 명령어를 실행함으로써 콘텍스트(상태 레지스터와 프로그램 카운터)를 복구한다.

⑥ **프로그램 재개**: 중앙처리장치는 실행이 중단되었던 프로세스의 N+1번째 명령어부터 다시 실행한다.

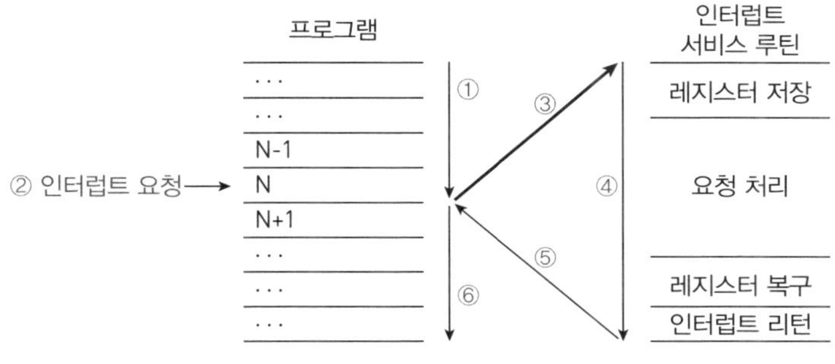

[그림 8-14] 인터럽트 처리 과정

인터럽트 서비스 루틴의 핵심은 인터럽트 소스가 요청한 일을 처리하는 것이다. 그렇지만, 인터럽트 서비스 루틴도 프로그램이므로, 인터럽트 서비스 루틴을 수행하면서 명령어 처리용 레지스터들을 사용한다. 기존에 실행 중이던 프로그램도 이 레지스터들을 사용하고 있었을 것이다. 인터럽트 서비스 루틴을 마치고 원래 프로그램으로 돌아갔을 때 레지스터들의 값이 변경된다면, 이전에 실행하던 프로그램을 정상적으로 실행하지 못하는 문제가 발생한다. 따라서 인터럽트 서비스 루틴은 먼저 자신이 사용할 레지스터들을 저장하고, 요청 처리를 마친 후 레지스터들을 복구해야 한다. 일반적으로 레지스터를 저장하고 복구할 때도 시스템 스택을 사용한다.

8.3 인터럽트 요약

인터럽트는 중앙처리장치의 내부 또는 외부에서 발생하는 갑작스러운 사건에 대처하기 위한 중요한 수단을 제공한다. 상태 레지스터에 포함되어 있는 인터럽트 가능 플래그(IE flag)는 중앙처리장치가 인터럽트를 허용하는지 여부를 표시한다. 명령어 사이클의 실행 단계가 끝날 때마다 중앙처리장치는 인터럽트 요청이 발생했는지 검사한다. 만일 인터럽트 요청이 있다면, 인터럽트 단계를 실행함으로써 프로그램 카운터의 값을 저장하고, 프로그램 카운터에 인터럽트 서비스 루틴의 시작 주소를 적재한다. 이후 중앙처리장치는 인터럽트 서비스 루틴을 수행하고 나서, 중단된 곳으로 복귀한다.

8.4 제어장치

제어장치는 순서제어와 동작제어를 담당하며 컴퓨터가 필요로 하는 모든 제어신호를 생성한다. 이 절에서는 제어장치 기능을 소개하고 제어장치를 구현하는 두 가지 방법을 소개한다.

- 8.4.1 **제어장치 기능**: 제어장치의 순서제어와 동작제어 기능을 설명한다.
- 8.4.2 **제어장치 구조**: 제어장치를 구현하는 두 가지 방법인 하드와이어드 제어장치와 마이크로프로그램 제어장치의 구조를 소개한다.
- 8.4.3 **명령어 사이클**: 기본 명령어 사이클을 세분화한 형태를 제시한다.

8.4.1 제어장치 기능

컴퓨터 시스템은 프로그램을 실행하는 기계이고, 이를 위하여 컴퓨터 시스템은 [그림 8-15]와 같이 계층적으로 프로그램을 실행한다. 프로그램은 명령어가 나열된 것이고, 한 개의 명령어는 명령어 사이클을 구성하는 인출 단계와 실행 단계로 구성되어 있고, 각 단계는 여러 개의 마이크로오퍼레이션으로 구성되어 있다. 제어장치는 다음과 같은 두 가지 기능을 수행한다.

- **순서제어**(sequence control): 프로그램에 나타난 명령어들을 차례대로 실행시키는 것은 결국 명령어 사이클을 진행시키는 것이다. 제어장치는 현재 실행하고 있는 명령어 사이클의 어떤 단계가 실행 중인지 알고 있어야 하고, 각 단계의 동작을 마치면 다음 단계를 실행하도록 제어해야 한다.
- **동작제어**(operation control 또는 execution control): 명령어 사이클의 한 단계는 여러 개의 클럭 펄스를 사용하는 레지스터 전송 동작으로 구현할 수 있다. 한 개의 클

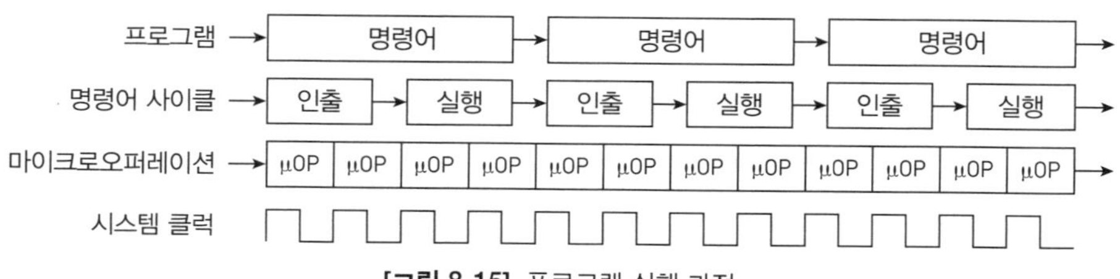

[그림 8-15] 프로그램 실행 과정

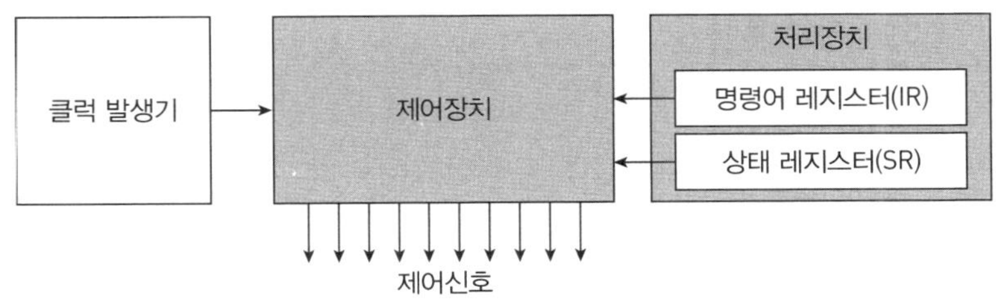

[그림 8-16] 제어장치의 입력과 출력

력 구간에서 수행하는 레지스터 동작이 **마이크로오퍼레이션**(micro-operation)이다. 제어장치는 매 클럭 구간마다 적절한 마이크로오퍼레이션을 수행할 수 있도록, 적절한 제어신호를 생성해야 한다.

[그림 8-16]은 제어장치의 입력과 출력을 보여준다. 제어장치는 입력신호를 다음과 같이 활용한다.

- 명령어 레지스터(IR): 제어장치는 명령어 레지스터의 동작 코드(opcode)를 해독하여 현재 실행하고 있는 명령어를 인식한다.
- 상태 레지스터: 조건 플래그와 제어 플래그를 사용하여 조건부로 생성해야 할 제어신호의 생성 여부를 판단한다. 연산기의 출력에 따른 조건 코드는 조건 플래그에 속하고, 시스템 버스 중에서 제어 버스를 통하여 입력되는 신호선들은 제어 플래그에 속한다.
- 클럭 발생기: 컴퓨터는 동기 순차 논리회로의 일종이다. 제어장치는 이 클럭을 기반으로 타이밍 신호를 생성한다.

제어장치 출력은 컴퓨터 구성 요소의 동작을 제어한다. 제어신호는 다음과 같이 사용된다.

- 내부 레지스터 동작제어: 내부 레지스터 적재와 버스로 출력하는 3상태 버퍼 제어
- 연산기 동작 결정: 연산기가 수행할 연산 종류 결정
- 제어버스 제어신호: 기억장치 읽기/쓰기, 입출력장치 입력/출력, 인터럽트 확인 등

8.4.2 제어장치 구조

제어장치는 논리회로를 사용하는 **하드와이어드 방식**(hardwired control)과 기억장치를

〈표 8-1〉 제어장치 특성 비교

구분	하드와이어드 제어장치	마이크로프로그램 제어장치
구현 방법	조합, 순서 논리소자, 상태 머신	제어 기억장치, 순서 제어기
구현 과정	상태도. 복잡하고 어렵다.	마이크로프로그래밍. 간단하고 쉽다.
동작 속도	빠르다.	느리다.
회로 수정	복잡하다.	하드웨어는 항상 같다. 간단하다.
적용 분야	RISC	CISC

사용하는 **마이크로프로그램 방식**(microprogrammed control)으로 구현할 수 있다. 〈표 8-1〉은 두 가지 제어장치의 특성을 비교한 것이다.

하드와이어드 방식은 명령어 사이클을 제어하는 상태 머신(state machine)으로 순서제어를 구현한다. 명령어 사이클에 해당하는 상태도를 상태표로 바꾸고, 논리식을 구하고, 순차회로로 구현한다. 이 방법은 동작 속도가 빠르다는 장점이 있다. 그렇지만, 설계 명세서가 변경되면 구현 과정을 다시 반복해야 하고, 기존 회로를 다시 구현해야 한다는 단점이 있다.

마이크로프로그램 방식은 제어 기억장치(control memory)와 순서 제어기(sequencer)를 사용하여 순서제어를 구현한다. 이 방법은 하드웨어 구현 과정이 간단하다. 설계 명세서가 변경되더라도, 회로는 변경되지 않으며 기억장치 데이터만 수정하면 충분하다. 그렇지만, 하드와이어드 구현보다 동작 속도가 느리다는 단점이 있다.

일반적으로 명령어 형식이 복잡한 CISC형 프로세서는 마이크로프로그램 방식으로 구현하고, 명령어 형식이 간단한 RISC형 프로세서는 하드와이어드 방식으로 구현하는 경향이 있다.

[그림 8-17]은 하드와이어드 제어장치의 구조이다. 외부에서 보면 [그림 8-16]과 같이 명령어 레지스터, 상태 레지스터, 시스템 클럭이 제어장치 입력으로 제공되고, 여러 개의 제어신호를 출력한다. 하드와이어드 제어장치는 내부에 **명령어 사이클 제어기**(instruction cycle controller), **타이밍 신호 발생기**(timing signal generator), **명령어 디코더**(instruction decoder), **제어신호 발생기**(control signal generator)를 포함하고 있다.

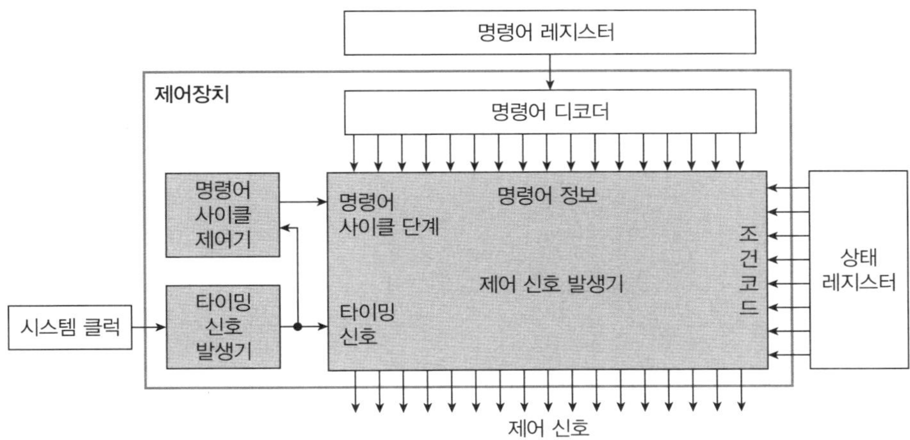

[그림 8-17] 하드와이어드 제어장치

- **명령어 사이클 제어기**: 상태도를 운영하여 명령어 사이클에 포함되어 있는 단계를 구분하는 신호를 생성한다.
- **타이밍 신호 발생기**: 클럭 펄스를 구분하여 몇 번째 클럭이 진행되고 있는지 나타내는 타이밍 신호를 생성한다.
- **명령어 디코더(명령어 해독기)**: 명령어 레지스터에 포함되어 있는 동작 코드를 디코드하여 현재 처리하고 있는 명령어가 어떤 종류인지 구별한다.
- **제어신호 발생기**: 명령어 사이클 단계, 클럭 진행 상태, 명령어 종류, 상태 레지스터가 제공하는 조건 코드를 조합하여 그 순간에 컴퓨터 시스템이 제어해야 할 제어신호를 구동한다.

[그림 8-18]은 마이크로프로그램에 의한 제어장치의 구조이다. 외부에서 본 제어장치의 입출력 신호는 하드와이어드 제어장치의 입출력 신호와 같다. 즉, 명령어 레지스터와 상태 레지스터를 입력으로 받아 제어신호를 생성한다. 마이크로프로그램 제어기는 **순서 제어기**(sequencing logic), **제어주소 레지스터**(CAR), **제어 기억장치**(Control Memory), **제어버퍼 레지스터**(CBR)로 구성되어 있다. 각 구성 요소가 수행하는 일은 다음과 같다.

- **제어주소 레지스터**(CAR, Control Memory Address Register): 제어 기억장치의 주소를 공급한다.

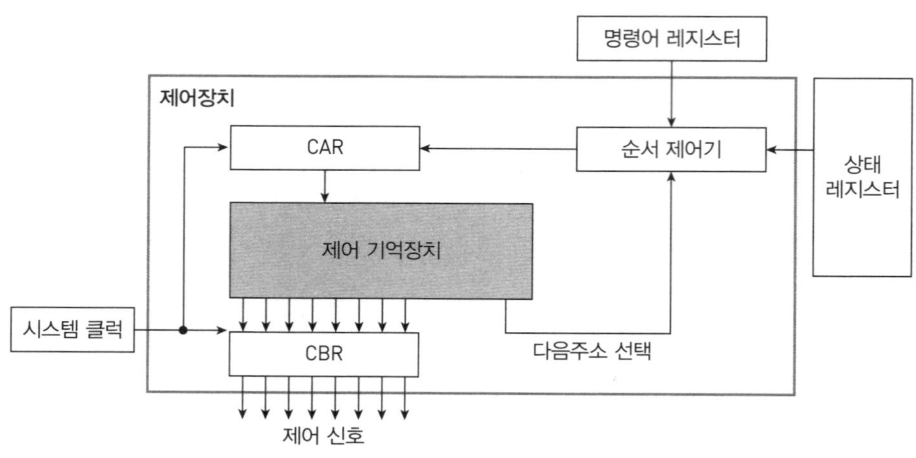

[그림 8-18] 마이크로프로그램 제어장치

- **제어 기억장치**(Control Memory): 기억장치 안에 제어신호를 저장한다. 한 개의 주소에 저장되어 있는 제어신호를 **제어 단어**(control word)라고 한다.
- **제어버퍼 레지스터**(CBR, Control Memory Buffer Register): 제어 단어 중 제어신호 필드를 시스템 클럭 신호에 맞춰 동기화하여 처리장치로 제어신호를 전달한다.
- **순서 제어기**(microprogram sequencer): 명령어 레지스터, 상태 레지스터, 그리고 제어 단어의 다음주소 선택 필드를 조합하여 제어주소 레지스터로 적재할 다음주소를 결정한다.

마이크로프로그램 제어장치도 순서제어와 동작제어를 수행한다. 제어 단어의 제어신호 필드가 동작제어를 담당하고 순서 제어기가 순서제어를 담당한다. 이 제어 방식의 순서제어는 제어주소 레지스터의 값을 변경하는 것이다.

마이크로프로그램 제어장치를 구현한다는 것은 제어 기억장치에 저장할 제어 단어를 작성하는 작업과 같다. 이 과정이 마치 어셈블리 언어로 프로그램을 작성하는 과정과 비슷하기 때문에, 제어 단어를 작성하는 것을 '아주 작은 프로그램'이란 의미로 **마이크로프로그래밍**(microprogramming)이라고 하고, 작성 결과를 **마이크로프로그램**(microprogram)이라고 한다. 이러한 의미에서 한 개의 제어 단어를 **마이크로명령어**(microinstruction) 또는 **마이크로코드**(micro-code)라고도 한다.

8.4.3 명령어 사이클

컴퓨터는 프로그램에 포함되어 있는 명령어들을 하나씩 중앙처리장치로 가져와 해독하고 실행하는 과정을 반복한다. 제어장치의 순서제어는 **명령어 사이클**(instruction cycle)을 진행시키는 것이다. 명령어 사이클은 여러 단계로 구성되어 있으며, 지금까지 인출 단계(fetch stage), 실행 단계(execution stage), 인터럽트 단계(interrupt stage)를 소개한 바 있다. 이 세 가지 단계는 모든 프로세서들이 기본적으로 채택하고 있다.

중앙처리장치를 설계할 때 명령어를 실행하는 과정의 복잡성에 따라 명령어 실행 단계를 더 세분화하기도 한다. [그림 8-19]는 여러 가지 명령어 사이클의 예이다. 프로세서 종류에 따라 더 복잡한 형태의 명령어 사이클도 있을 수도 있다. 추가된 명령어 사이클의 단계는 다음과 같은 동작을 수행한다.

- **해독 단계**(decode stage): 명령어 레지스터(IR)에 있는 명령어를 해독한다. 제어신호를 생성하는데 시간이 많이 소요될 때, 실행 단계에서 해독 단계를 분리하기도 한다.
- **기록 단계**(write back state): 명령어 실행 과정에서 실제로 연산을 수행하는 부분만 실행 단계에서 수행하고, 연산 결과를 레지스터에 기록하는 부분을 기록 단계에서 실행한다.
- **간접 단계**(indirect stage): 명령어를 실행하는 과정에서 처리할 데이터를 인출하기 위하여 기억장치를 한 번 더 액세스해야 하는 경우도 있을 수 있다. 이때 기억장치에서 데이터를 인출하는 과정을 분리하여 간접 단계에서 실행한다.

한 단계에서 다음 단계로 이동할 때 두 개의 단계 중 하나를 선택해야 한다면, 제어장치가 어느 경로를 선택할지 결정한다. 실행 단계 또는 기록 단계가 끝난 후, 인터럽트 요청이 발생하였으면 인터럽트 단계로 이동하고, 그렇지 않으면 인출 단계로 이동한다. [그림 8-19(d)] 4단계 명령어 사이클은 명령어를 인출한 후, 명령어를 실행하는데 데이터를 기억장치에서 인출할 필요가 있다면 간접단계로 이동하고, 그렇지 않다면 바로 실행 단계로 이동한다.

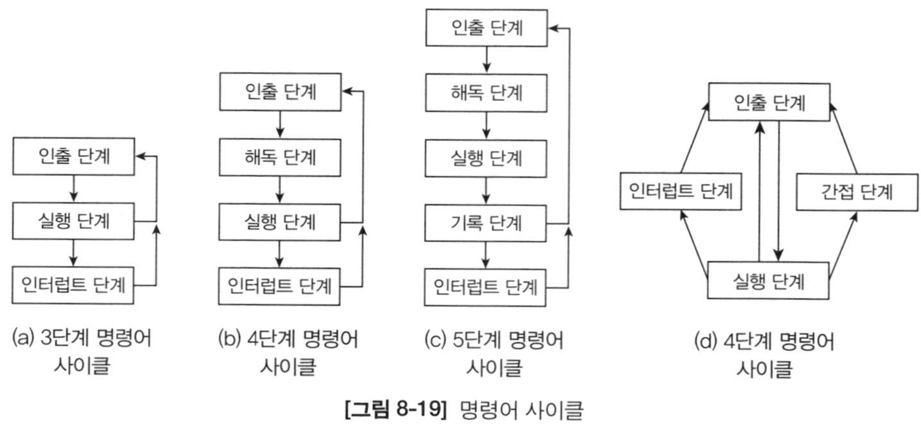

[그림 8-19] 명령어 사이클

> **8.4 제어장치 요약**
>
> 중앙처리장치는 매 클럭 사이클마다 한 개의 마이크로오퍼레이션을 수행하고, 마이크로오퍼레이션들이 모여 명령어 사이클의 단계를 형성하고, 이 단계들이 모여 명령어 사이클이 되고, 명령어 사이클에서 한 개의 명령어를 실행한다. 그리고 명령어들이 모여 프로그램을 이룬다. 제어장치를 두 가지 방식으로 구현할 수 있다. 하드와이어드 방식은 타이밍 신호 발생기, 명령어 사이클 제어기, 명령어 디코더, 제어신호 발생기로 구성되어 있다. 마이크로프로그램 제어기는 순서제어기와 제어기억장치로 구성되어 있다. 중앙처리장치 설계 구조에 따라 명령어 사이클은 세분화될 수 있다.

8.5 요약

이 장에서는 중앙처리장치 기능을 설명하고, 여러 가지 레지스터를 소개하고, 인터럽트 처리 기능을 설명하였다. 이 장에서 소개한 주요 용어는 다음과 같다.

- 제어장치(control unit): 중앙처리장치 안에서 제어를 담당하는 구성 요소
- 처리장치(processing unit): 중앙처리장치 안에서 데이터 처리를 담당하는 구성 요소
- 기억장치 주소 레지스터(MAR, Memory Address Register): 제어용 레지스터의 일종으로 기억장치와 연결되는 주소를 임시로 저장하는 레지스터
- 기억장치 버퍼 레지스터(MBR, Memory Buffer Register): 기억장치와 연결되는 데이터를 임시로 저장하는 레지스터

- 상태 레지스터(SR, Status Register): 연산 결과에 따른 상태와 시스템 제어 플래그를 저장하는 레지스터
- 포인터(pointer): 기억장치 주소를 저장하는 레지스터
- 인덱스 레지스터(index register): 배열과 같이 연속으로 저장된 데이터를 액세스하는 데 사용되는 주소 레지스터
- 시스템 스택(system stack): 중앙처리장치가 주기억장치의 일부를 할당하여 LIFO(Last-In First-Out) 형태로 운영하는 기억장치
- 스택 포인터(SP, Stack Pointer): 시스템 스택의 탑(top)을 가리키는 레지스터
- 인터럽트(interrupt): 중앙처리장치가 갑작스러운 사건에 대응하는 기능
- 내부 인터럽트(internal interrupt): 중앙처리장치가 명령어를 실행할 수 없는 상태일 때 자체로 생성하는 인터럽트
- 외부 인터럽트(external interrupt): 입출력장치가 입출력 동작을 요청하는 인터럽트
- 인터럽트 가능 플래그(IE, Interrupt Enable flag): 중앙처리장치가 인터럽트를 허용할지 결정하기 위하여 사용하는 제어 플래그
- 인터럽트 단계(interrupt stage): 인터럽트 요청이 있을 때 인터럽트 요청한 장치를 확인하고 인터럽트 서비스 루틴을 실행할 수 있도록 조치하는 명령어 사이클의 한 단계
- 인터럽트 콘텍스트(interrupt context): 인터럽트 요청이 있을 때 실행하던 곳으로 복귀하기 위하여 시스템 스택에 저장해야 할 프로그램 카운터와 상태 레지스터
- 인터럽트 서비스 루틴(ISR, Interrupt Service Routine): 인터럽트 요청을 해결하기 위하여 실행하는 프로그램
- 순서제어(sequence control): 프로그램을 진행시키는 제어장치 기능
- 동작제어(operation control): 제어신호를 생성하여 명령어 사이클의 단계에서 수행해야 할 작업이 실행되도록 만드는 제어장치 기능
- 하드와이어드 제어장치(hardwired control unit): 조합과 순차 논리회로로 만든 제어장치
- 마이크로프로그램 제어장치(microprogram control unit): 기억장치를 사용하여 만든 제어장치

이 장에서 소개한 중앙처리장치 기능과 관련하여 다음과 같은 절차를 이해하고 있어야 한다.

- 프로그램, 명령어, 명령어 사이클 단계로 세분화되는 명령어 실행 과정
- 스택 구조와 푸시와 팝 동작
- 인터럽트 요청부터 인터럽트 서비스에서 복귀까지 인터럽트 처리 과정

다음 장에서는 중앙처리장치에 있는 연산기와 산술 연산에 대하여 설명한다. 컴퓨터의 데이터 처리 명령어는 대부분 연산기에서 실행된다.

연습문제 EXERCISE

8.1 중앙처리장치 구조

01 중앙처리장치 구성 요소가 아닌 것은?

① 연산기 ② 레지스터 ③ 제어장치 ④ 클럭 발생기

02 중앙처리장치 기능을 제어장치와 처리장치로 구분할 때 처리장치에 속하는 것은?

① 레지스터, 연산기
② 레지스터, 기억장치
③ 레지스터, 순서제어기
④ 기억장치, 연산기

03 제어장치 순서제어 기능을 가장 올바르게 설명한 것은?

① 연산기의 기능을 선택한다.
② 기억장치로 읽기 또는 쓰기 제어신호를 보낸다.
③ 프로그램에 나타난 명령어들을 순서대로 실행한다.
④ 명령어 종류를 해석하여 그 명령어를 실행하도록 제어신호를 생성한다.

04 제어장치의 동작제어 기능을 가장 올바르게 설명한 것은?

① 연산기 기능을 선택한다.
② 기억장치로 읽기 또는 쓰기 제어신호를 보낸다.
③ 프로그램에 나타난 명령어들을 순서대로 실행한다.
④ 명령어 종류를 해석하여 그 명령어를 실행하도록 제어신호를 생성한다.

05 컴퓨터 기억장치 중에서 액세스 속도가 가장 빠른 장치는?

① 레지스터 ② 주기억장치
③ 디스크 ④ 가상 기억장치

06 연산기는 어떤 명령어 처리를 담당하는가?

① 데이터 전달 명령어 ② 데이터 처리 명령어
③ 프로그램 제어 명령어 ④ 인터럽트 제어 명령어

07 상태 레지스터 값은 어떤 명령어를 처리할 때 변경되는가?

① 데이터 전달 명령어 ② 데이터 처리 명령어
③ 프로그램 제어 명령어 ④ 무조건 분기 명령어

8.2 레지스터

01 기억장치로 연결되어 있고 기억장치 주소를 제공하는 레지스터는?

① SR(Status Register) ② SP(Stack Pointer)
③ MBR(Memory Buffer Register) ④ MAR(Memory Address Register)

02 중앙처리장치가 외부로 제공하는 데이터 버스에 연결되어 있는 레지스터는?

① SR(Status Register) ② IR(Instruction Register)
③ MBR(Memory Buffer Register) ④ MAR(Memory Address Register)

03 다음 레지스터 전송 언어가 나타내는 동작은?

MBR ← Mem[MAR]

① 명령어 인출 ② 기억장치 읽기
③ 기억장치 쓰기 ④ 레지스터 간 데이터 전송

04 다음 레지스터 전송 언어가 나타내는 동작은?

Mem[MAR] ← MBR

① 명령어 인출 ② 기억장치 읽기
③ 기억장치 쓰기 ④ 레지스터 간 데이터 전송

05 설명에 해당하는 조건 플래그의 기호를 적어라.

가. 부호 플래그	나. 제로 플래그	다. 자리올림수 플래그
라. 패리티 플래그	마. 오버플로우 플래그	

(1) 연산 결과에 대하여 1의 수를 짝수로 맞춘다.
(2) 최상위 비트에서 발생한 자리올림수를 저장한다.
(3) 가장 최근에 수행된 연산 결과가 0일 때 세트된다.

(4) 가장 최근에 수행된 연산 결과의 최상위 비트를 저장한다.
(5) 연산 결과로 생성된 수가 데이터 표현 범위를 초과하면 세트된다.

06 누산기(accumulator)는 어떤 레지스터인가?
① 데이터 레지스터 ② 주소 레지스터
③ 제어 레지스터 ④ 명령어 레지스터

07 프로그래머가 데이터와 주소 중 임의로 하나를 저장하기 위해 사용하는 레지스터는?
① 주소 레지스터 ② 제어 레지스터
③ 범용 레지스터 ④ 데이터 레지스터

08 포인터는 어떤 종류의 레지스터인가?
① 주소 레지스터 ② 제어 레지스터
③ 범용 레지스터 ④ 데이터 레지스터

09 올바른 것을 선택하라.
(1) 스택은 (기억장치의 일부, 컴퓨터 내 별도의 장치)이다.
(2) 스택은 (First−In−First−Out, Last−In−First−Out) 장치이다.
(3) 스택에 데이터를 액세스하는 위치는 (한 개, 두 개)이다.

10 스택 포인터(SP)는 어느 레지스터에 속하는가?
① 데이터 레지스터 ② 주소 레지스터
③ 제어 레지스터 ④ 명령어 레지스터

11 인덱스 레지스터는 어느 레지스터에 속하는가?
① 데이터 레지스터 ② 주소 레지스터
③ 제어 레지스터 ④ 명령어 레지스터

12 인덱스 레지스터의 주 용도는?
① 배열을 액세스한다. ② 스택의 기준점을 저장한다.
③ 서브루틴 시작 주소를 저장한다. ④ 스택 탑(stack top)을 저장한다.

13 컴퓨터 상태가 그림과 같고, 스택은 다음과 같이 운영된다. 문제의 명령어들을 연속으로 실행한 후, 스택의 최종 상태를 오른쪽에 그려라.

PUSH: SP ← SP-[단어의 크기]
Mem[SP] ← 오퍼랜드

POP: 오퍼랜드 ← Mem[SP]
SP ← SP+[단어의 크기]

```
POP   R3
PUSH  R0
PUSH  R2
PUSH  R1
POP   R0
```

레지스터	값	주소	값
R3	3333h	F00Eh	89abh
R2	2222h	F00Ch	789ah
R1	1111h	F00Ah	6789h
R0	0000h	F008h	5678h
		F006h	4567h
SP	F00Ch	F004h	3456h
		F002h	2345h
		F000h	1234h

레지스터	값	주소	값
R3		F00Eh	
R2		F00Ch	
R1		F00Ah	
R0		F008h	
		F006h	
SP		F004h	
		F002h	
		F000h	

8.3 인터럽트

01 성격이 다른 인터럽트는?

① 타이머 인터럽트
② 하드웨어 고장 인터럽트
③ 명령어 실행 오류 인터럽트
④ 실행할 수 없는 명령어 인터럽트

02 인터럽트 가능 플래그에 대한 설명으로 올바른 것을 모두 선택하라.

① 상태 레지스터 안에 포함되어 있다.
② 인터럽트 서비스 루틴 안에 포함되어 있다.
③ 시스템 초기화 후 이 플래그의 값은 1(인에이블 상태)이다.
④ 이 플래그의 값이 1(인에이블 상태)일 때, 중앙처리장치는 외부 인터럽트를 허가한다.

03 명령어 사이클의 인터럽트 단계에 대한 설명으로 올바른 것을 모두 선택하라.

① 명령어 인출 단계가 끝난 후 수행된다.
② 명령어 실행 단계가 끝난 후 수행된다.
③ 모든 명령어들이 실행될 때마다 수행된다.
④ 인터럽트 단계가 끝나면 실행 단계로 돌아간다.
⑤ 인터럽트 단계가 끝나면 인출 단계로 돌아간다.

04 중앙처리장치가 인터럽트 요청이 존재하는지 검사하는 시기는?

① 서브루틴 실행이 끝날 때
② 명령어 인출 단계가 끝날 때
③ 명령어 실행 단계가 끝날 때
④ 마이크로오퍼레이션 실행이 끝날 때

05 인터럽트 단계에서 수행하는 일이 아닌 것은?

① 콘텍스트를 스택에 저장한다.
② 인터럽트 소스가 요청한 일을 처리한다.
③ 인터럽트 서비스 루틴의 시작 주소를 구한다.
④ 프로그램 카운터에 인터럽트 서비스 루틴의 시작 주소를 적재한다.

06 인터럽트 단계로 이동할 때 다음 레지스터를 저장해야 하는 이유를 설명하라.

(1) 상태 레지스터
(2) 프로그램 카운터

07 인터럽트 처리 과정을 순서대로 나열하라.

가. 인터럽트 확인	나. 상태 저장	다. 인터럽트 요청
라. 인터럽트 복귀	마. 인터럽트 서비스	

08 인터럽트 서비스 루틴에 대한 설명으로 올바른 것을 모두 선택하라.

① 프로그램이다.
② 호출에 의하여 실행된다.
③ 인터럽트 벡터라고도 한다.
④ 인터럽트 핸들러라고도 한다.

09 인터럽트 서비스 루틴의 마지막 명령어는 무엇인가?

① 함수 호출
② 인터럽트 서비스 루틴 호출
③ 원래 프로그램으로 무조건 분기
④ 인터럽트에서 복귀

10 인터럽트 서비스 루틴에 대한 설명으로 올바른 것을 모두 선택하라.

① 인터럽트를 허용하기 전에 기억장치에 미리 적재되어야 한다.
② 인터럽트를 요청한 장치에서 적재하는 프로그램이다.
③ 일반 프로그램과 마찬가지로 명령어 사이클에 의하여 실행된다.
④ 인터럽트 서비스 루틴을 실행하는 도중에 상태 레지스터의 값이 변경될 수 있다.

8.4 제어장치

01 포함 관계가 올바른 것은? ("A ⊇ B"는 "A는 B의 모임으로 구성된다"는 의미이다.)

① 마이크로오퍼레이션 ⊇ 프로그램 ⊇ 명령어
② 명령어 ⊇ 마이크로오퍼레이션 ⊇ 프로그램
③ 프로그램 ⊇ 마이크로오퍼레이션 ⊇ 명령어
④ 프로그램 ⊇ 명령어 ⊇ 마이크로오퍼레이션

02 제어장치의 입력신호를 모두 선택하라.

① 명령어 레지스터 ② 프로그램 카운터
③ 상태 레지스터 ④ 기억장치 주소 레지스터

03 마이크로프로그램 제어장치와 하드와이어드 제어장치를 비교할 때, 마이크로프로그램 제어장치에 대한 설명에 해당하면 O, 그렇지 않으면 X표 하라.

(1) 기억장치로 구현한다. ( )
(2) 동작 속도가 빠르다. ( )
(3) 회로를 수정하기 편리하다. ( )
(4) CISC에서 주로 사용한다. ( )
(5) 회로를 간소화해야 한다. ( )

04 명령어 사이클에 대한 설명 중 틀린 것은?

① 인출 단계를 포함하고 있다.
② 실행 단계를 포함하고 있다.
③ 인터럽트 단계를 포함하고 있다.
④ 한 개의 클럭 동안에 실행된다.

05 명령어 사이클의 해독 단계(decode stage)에서 수행하는 일은?

① 기억장치에서 명령어를 가져온다.
② 인출한 명령어가 무엇인지 해석한다.
③ 기억장치에서 가져온 명령어를 실행한다.
④ 상태 레지스터에 저장된 조건 플래그의 의미를 해석한다.

06 하드와이어드 제어장치에서 명령어 레지스터에 저장된 명령어 종류를 구별하는 구성 요소는?

① 타이밍 신호 발생기 ② 제어신호 발생기
③ 명령어 디코더 ④ 명령어 사이클 제어기

07 하드와이어드 제어장치에 대한 설명 중 올바른 것에 O표, 틀린 것에 X표 하라.

(1) 명령어 사이클을 운영하는 상태도를 운영한다. ( )

(2) 마이크로프로그램 제어장치보다 동작이 빠르다. ( )

(3) 마이크로프로그램 제어장치보다 수정하기 쉽다. ( )

(4) 제어 기억장치를 포함하고 있다. ( )

08 질문에 해당하는 마이크로프로그램 제어장치의 구성 요소를 적어라.

(1) 제어신호를 저장한다.

(2) 제어 기억장치에 주소를 공급한다.

(3) 제어신호를 적재하여 실행부로 전달한다.

(4) 제어 주소 레지스터에 적재할 값을 선택한다.

연산기

Chapter

09

연산기

컴퓨터는 그 이름이 의미하듯이 기본적으로 계산하는 기계이다. 중앙처리장치 구성 요소의 하나인 연산기(산술논리연산장치, ALU, Arithmetic and Logic Unit)는 컴퓨터가 수행하는 모든 산술 연산을 담당한다. 이 장에서는 정수와 실수 표현 방법과 여러 가지 연산 방법을 설명한다.

- 9.1 **연산기 개요**: 연산기 기능을 요약하고 컴퓨터가 다루는 수의 종류를 소개한다.
- 9.2 **정수 표현**: 음수를 포함하는 정수를 표현하는 방법을 설명한다.
- 9.3 **논리 연산**: 데이터에 대한 NOT, AND, OR, XOR 연산을 설명한다.
- 9.4 **시프트 연산**: 논리 시프트 연산과 산술 시프트 연산을 소개한다.
- 9.5 **산술 연산**: 2진수에 대한 덧셈과 뺄셈 연산을 소개한다.
- 9.6 **실수 표현**: 실수 표현 원리를 설명하고 표준 표현법을 소개한다.

9.1 연산기 개요

중앙처리장치의 연산기는 계산하여 새로운 데이터를 산출한다. 연산기 주변의 회로는 [그림 9-1]과 같다. 연산기는 산술과 논리 연산 기능을 갖고 있지만, 한 순간에는 제어장치가 지정하는 한 가지 연산을 수행한다. 제어장치는 명령어를 해독하여 연산기에서 수행할 연산을 결정하는 제어신호를 제공한다. 연산기는 두 가지 신호를 입력받고, 두 가지 신호를 출력한다.

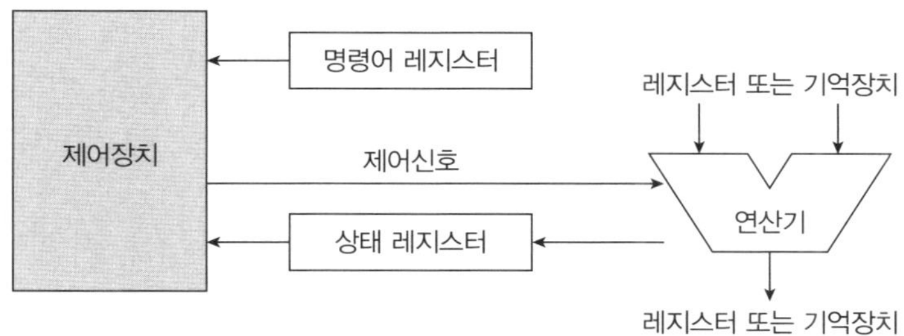

[그림 9-1] 연산기 주변 회로

- **처리할 데이터(입력)**: 일반적으로 두 개의 데이터를 받는다. 데이터는 레지스터에 저장된 값일 수도 있고, 기억장치에 저장된 값일 수도 있다.
- **제어신호(입력)**: 제어장치는 명령어 레지스터에 적재된 명령어 코드를 해석하여 연산기가 수행할 연산을 선택하는 제어신호를 제공한다.
- **연산 결과(출력)**: 입력 데이터에 대하여 선택된 연산을 수행한 결과를 산출한다. 이 값도 레지스터 또는 기억장치로 저장될 수 있다.
- **상태 정보(출력)**: 연산을 수행하면, 그 결과를 반영하여 상태 레지스터에 포함되어 있는 조건 플래그들이 변경된다. 조건 분기 명령어가 상태 레지스터를 사용한다.

연산 종류를 계산에 사용되는 항의 수로 나누기도 한다. 계산에 사용되는 항의 수가 한 개인 연산자를 **단항 연산자**(unary operator)라고 하고, 계산에 사용되는 항의 수가 두 개인 연산자를 **이항 연산자**(binary operator)라고 한다. 각각의 예는 다음과 같다.

- 단항 연산자: −(음수 만들기), 1의 보수(NOT), 왼쪽/오른쪽 시프트, 증가, 감소 등
- 이항 연산자: 사칙 연산(+, −, ×, /), 논리 연산(AND, OR, XOR), 비교(compare, test) 등

〈표 9-1〉 컴퓨터의 수

수의 종류	표현 방법	표현 범위	적용 연산
부호 없는 수	무게 수	$0 \sim 2^n-1$	사칙연산, 논리 연산, 논리 시프트
정수	2의 보수	$-2^{n-1} \sim 2^{n-1}-1$	사칙연산, 산술 시프트
실수	IEEE754 형식	소수점이 있는 수	실수 사칙연산

컴퓨터는 모든 데이터를 2진수로 표현한다. 사람은 수를 표현하기 위하여 숫자, 소수점, 부호를 사용한다. 그러나 컴퓨터는 직접 소수점과 부호를 표현할 수 없다. 컴퓨터는 0과 1로 수와 관련된 모든 것을 표현해야 한다. 〈표 9-1〉은 컴퓨터가 다루는 수를 요약한 것이다.

- **부호 없는 수**(unsigned number): 0을 포함하여 양수만을 표현한다.
- **부호 있는 수**(**정수**, signed number): 0과 양수, 음수를 모두 표현한다.
- **실수**(real number): 소수점을 포함하는 수를 표현한다. 컴퓨터는 실수를 표현할 때 소수점 위치가 고정되어 있지 않고 변하도록 표현하기 때문에 부동소수점 수(floating-point number)라고도 한다.

부호 없는 수를 표현하는 방법은 2장에서 다루었다. 9.2절에서 정수 표현 방법에 대하여 설명하고, 9.6절에서 실수 표현 방법에 대하여 설명한다. 부호 없는 수에 대하여 사칙연산, 논리 연산, 논리 시프트 연산을 수행하고, 정수에 대하여 사칙연산, 산술 시프트 연산을 수행한다. 그리고 실수에 대하여 실수 사칙 연산을 수행한다. 컴퓨터는 수를 8, 16, 32, 또는 64비트 저장 장소에 저장한다. 수의 종류와 비트 수에 따라 수의 표현 범위가 결정된다.

9.2 정수 표현

초기 컴퓨터는 여러 방법으로 정수를 표현하였고, 컴퓨터 종류마다 다른 표현 방법을 사용하였다. 요즘은 한 가지 방법으로 표준화되어 있다. 이 절에서는 정수 표현 방법을 설명한다.

- 9.2.1 **부호화 크기**(signed magnitude): 부호 비트를 제외한 나머지로 크기를 표현한다.
- 9.2.2 **보수**(complement): n자리 R진수에 대한 보수 개념을 소개한다.
- 9.2.3 **2의 보수**(2's complement): 양수에 대한 2의 보수로 음수를 표현한다. 이것이 정수를 표현하는 컴퓨터 표준이다.

[그림 9-2] 부호화 크기 표현

9.2.1 부호화 크기

부호화 크기(signed magnitude) 방법은 사람이 양수와 음수를 표현하는 방법과 개념이 가장 비슷하다. 이 방법은 [그림 9−2]와 같은 표현 방법을 사용한다. 데이터를 표현하는 n 비트 단어의 MSB를 **부호 비트**(sign bit)로 사용한다. 부호 비트가 0이면 양수이고, 부호 비트가 1이면 음수이다. 나머지 (n−1)비트는 수의 크기를 나타낸다. 수의 값을 (식 9−1)로 계산한다.

$$N = (-1)^{a_{n-1}} \times \sum_{i=0}^{n-2} a_i \times 2^i \quad \textbf{(식 9-1)}$$

예제 9-1 19와 −19에 대하여 부호화 크기 방법으로 표현한 8비트 2진수를 구하라.

풀이

- 19는 2진수로 10011_2이다. 숫자 앞에 0을 채워도 크기가 변하지 않으므로, +19는 8비트로 0001_0011_2이다.
- −19는 +19에 해당하는 8비트의 2진수에서 가장 왼쪽의 부호 비트를 1로 변경하여 표현한다. 따라서 부호화 크기로 표현한 −19는 1001_0011_2이다.

부호화 크기 방식으로 표현할 수 있는 가장 작은 8비트 수는 $1111_1111_2(-127_{10})$이고, 가장 큰 수는 $0111_1111_2(+127_{10})$이다. 부호화 크기 방법으로 나타낸 n비트 수의 표현 범위는 다음과 같다.

$$-(2^{n-1}-1) \sim +(2^{n-1}-1)$$

부호화 크기 방법은 사람이 사용하는 +, − 기호 대신에 0과 1을 사용하는 것이므로 이해가 쉽다. 그러나 컴퓨터로 부호화 크기로 표현된 수를 처리할 때는 다음과 같은 문제점이 있다.

- 0이 두 개이다. 8비트 수에서 0000_0000_2도 0이고, 1000_0000_2도 0이다.
- 덧셈과 뺄셈을 계산하기 위하여 부호를 별도로 고려해야 한다. 즉, 두 수의 부호가 같은지 다른지에 따라 계산 방법이 달라져야 한다.

이러한 단점 때문에 부호화 크기 방법은 표준으로 채택되지 않았다.

9.2.2 보수

보수(complement)란 서로 보호하는 수라는 의미이다. R진법의 수에 N에 대한 보수는 **(R-1)의 보수**와 **R의 보수** 두 가지가 있다. 예를 들면, 10진수에 대한 보수는 9의 보수와 10의 보수가 있고, 2진수에 대한 보수는 1의 보수와 2의 보수가 있다. 임의의 수 N이 n자리일 때, (R−1)의 보수를 C_{R-1}, R의 보수를 C_R이라고 하면, 각 보수는 다음과 같이 정의할 수 있다.

$$N + C_{R-1} = R^n - 1 \qquad \text{(식 9-2)}$$

$$N + C_R = R^n \qquad \text{(식 9-3)}$$

여기서 R^n의 값은 진법 R과 관계없이 항상 1000…0(1 다음에 0이 n개)로 표현되는 수이다. (식 9−2)와 (식 9−3)은 원래의 수와 보수는 서로 보호하여 완전한 수(R^n-1 또는 R^n)가 된다는 것을 의미한다. N에 대한 (R−1)의 보수가 C_{R-1}이면, C_{R-1}에 대한 (R−1)의 보수는 N이다. N에 대한 R의 보수가 C_R이면, C_R에 대한 R의 보수는 N이다. (R−1)의 보수와 R의 보수의 관계는 다음과 같다.

$$C_R = C_{R-1} + 1 \qquad \text{(식 9-4)}$$

예제 9-2 다음 수에 대한 (R−1)의 보수와 R의 보수를 구하라.

(1) 457_{10}

(2) 0011_1000_2

풀이

(1) 3자리 10진수이다.
  9의 보수: $(10^3 - 1) - 457 = 999 - 457 = 542$
  10의 보수: 9의 보수 + 1 = 543

(2) 8비트 2진수이다.
  1의 보수: $(2^8 - 1)$ − 0011_1000 = 1111_1111 − 0011_1000 = 1100_0111
  2의 보수: 1의 보수 + 1 = 1100_1000

10진수에 대한 9의 보수는 9에서 각 자리를 뺀 수이다. 2진수는 0과 1로만 구성되어 있다는 특수성으로 인하여, 원래의 수 N에서 1을 0으로 바꾸고 0을 1로 바꿈으로써 1의 보수를 구할 수 있다. 그러므로 각 비트에 NOT 게이트를 적용하여 1의 보수를 쉽게 구현할 수 있다. 2의 보수는 1의 보수에 1을 더하여 구한다.

예제 9-3 다음 8비트 2진수에 대한 1의 보수와 2의 보수를 구하라.

(1) 0101_1010
(2) 0000_0000

풀이

(1) 1의 보수: 1을 0으로, 0을 1로 변경한다. 0101_1010 → 1010_0101
  2의 보수: 1의 보수에 1을 더한다. 1010_0101 + 1 = 1010_0110
(2) 1의 보수: 1을 0으로, 0을 1로 변경한다. 0000_0000 → 1111_1111
  2의 보수: 1의 보수에 1을 더한다. 1111_1111 + 1 = 0000_0000

컴퓨터가 처리하는 숫자는 자리수가 제한되어 있기 때문에, 0에 대한 2의 보수는 다음과 같이 자리올림수는 없어지고 0000_0000만 남는다.

```
         11111111
      +  00000001
      -----------
제거 ← 100000000
```

정수를 표현하기 위하여 1의 보수를 사용할 수도 있다. 예를 들면, +19를 8비트 2진수

0001_0011로 표현하고, 0001_0011을 1의 보수로 변환한 1110_1100을 −19에 대한 표현으로 사용하는 것이다. 1의 보수는 변환이 쉽다는 편리성이 있으나, 예제 9−3(2)에서 알 수 있듯이, 1의 보수로 음수를 표현할 때 0에 대한 표현이 000…0과 111…1 두 가지라는 단점이 있다.

9.2.3 2의 보수

컴퓨터는 정수 표현의 표준으로 **2의 보수** 방법을 채택하고 있다. 부호 비트가 0인 2진수를 양수로 해석한다. 양수의 크기는 부호 비트를 제외한 나머지 부분을 2진수로 해석한 값이다. 부호 비트를 포함한 수 전체를 2의 보수로 변환한 것을 음수 표현으로 사용한다. 이렇게 하면 음수는 부호 비트 값이 1이다.

예제 9-4 10진수 43와 −43을 2의 보수 방법으로 표현한 8비트 2진수를 구하라.

풀이

43 / 2 = 21 … 1
21 / 2 = 10 … 1
10 / 2 = 5 … 0
5 / 2 = 2 … 1
2 / 2 = 1 … 0
1 / 2 = 0 … 1

따라서 $43_{10} = 10\_1011_2$

8비트 2진수로 표현하면, 43 = 0010_1011. (MSB의 값이 0인 수는 양수를 의미한다.)
−43은 43의 8비트 표현에 대한 2의 보수이다.
따라서 −43 = 1_0000_0000 − 0010_1011 = 1101_0101. (MSB가 1이므로 음수이다.)

정수를 n비트로 표현할 때, [그림 9−3]과 같이 MSB는 부호 비트이고, 나머지 부분은 수의 크기에 해당하는 정보를 표현한다. n비트 2진수로 표현한 정수의 값을 N이라고 하면, N의 값을 계산하는 공식을 (식 9−5)로 표시할 수 있다. 여기서 a_{n-1}은 부호 비트의 값이다.

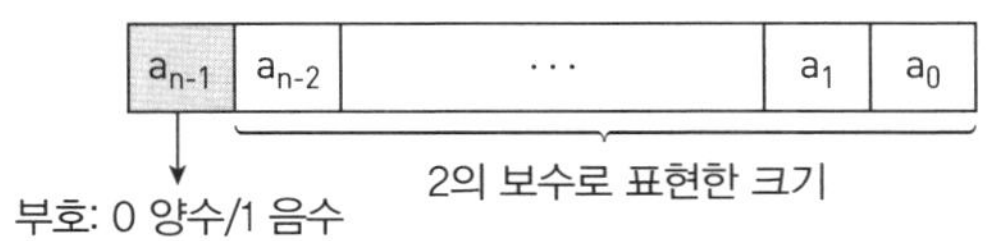

[그림 9-3] 2의 보수 표현

$$N = -2^{n-1} \times a_{n-1} + \sum_{i=0}^{n-2} a_i \times 2^i \qquad \textbf{(식 9-5)}$$

- 부호 비트(a_{n-1})가 0일 때: (식 9−5)의 첫 번째 항은 0이다. 따라서 전체 비트에 대한 2진수 크기가 N의 값이다.
- 부호 비트(a_{n-1})가 1일 때: (식 9−5)는 $N = -(2^{n-1} - K)$의 형태이다. 따라서 −N과 K는 서로 2의 보수이다. n−1비트의 2진수로 표현된 수(K)에 대하여 2의 보수를 구하면 $(2^{n-1} - K)$이고, 이것을 음수로 만든 것이 N의 값이다.

예제 9-5 8비트 정수의 값은 10진수로 얼마인가?

(1) 0110_1010

(2) 1001_0110

풀이

(1) 부호 비트가 0이므로 양수이다. 따라서 부호 비트를 제외하고 수의 값을 계산한다.

$0 + 1\times2^6 + 1\times2^5 + 0\times2^4 + 1\times2^3 + 0\times2^2 + 1\times2^1 + 0\times2^0$

$= 64 + 32 + 8 + 2 = 106$

(2) [풀이 1] 공식 적용

$-1\times2^7 + 0\times2^6 + 0\times2^5 + 1\times2^4 + 0\times2^3 + 1\times2^2 + 1\times2^1 + 0\times2^0$

$= -128 + 16 + 4 + 2 = -106$

[풀이 2] 부호 비트가 1이므로 음수이다.

1단계: 1001_0110에 대한 2의 보수 = 0110_1010

2단계: 보수의 크기 = $2^6 + 2^5 + 2^3 + 2^1 = 64 + 32 + 8 + 2 = 106$

3단계: 보수에 음수 적용. 1001_0110의 값은 −106

〈표 9-2〉 정수 표현 범위

비트 수	8비트	16비트	32비트
표현 범위	−128 ~ 127	−32,768 ~ 32,767	−2,146,483,648 ~ 2,146,483,647

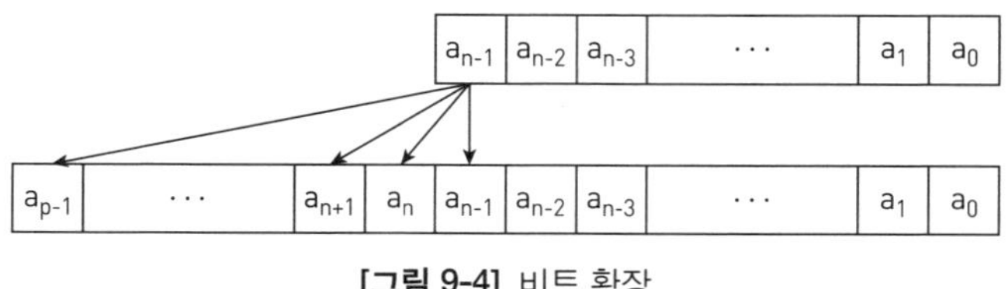

[그림 9-4] 비트 확장

2의 보수 표현에 의한 n비트 정수로 표현할 수 있는 수의 범위를 생각해 보자.

- 가장 큰 수는 MSB가 0이고, 나머지 (n−1)비트가 1인 수이다. 이 수의 값은 $(2^{(n-1)}-1)$이다.
- 가장 작은 수는 MSB가 1이고, 나머지 (n−1)비트가 0인 수이다. 이 수의 값은 $(-2^{(n-1)})$이다.

따라서 n비트로 표현할 수 있는 정수의 범위는 다음과 같다.

$$-2^{n-1} \sim +(2^{n-1}-1)$$

〈표 9−2〉는 8비트, 16비트, 32비트로 표현할 수 있는 정수의 범위이다. 프로그래밍 언어에서 정수형 변수는 그 컴퓨터의 단어 크기에 해당하는 비트 수를 갖는다. 그러므로 정수는 16비트 또는 32비트로 표현된다. 프로그램을 작성할 때, 정수로 표현하려는 수가 〈표 9−2〉의 범위를 초과하지 않도록 주의해야 한다.

컴퓨터에서 연산을 수행하다 보면, n비트 정수를 p비트(p>n)로 확장해야 할 때가 있다. 양수일 때는 앞에 0을 채워야 값이 변하지 않지만, 음수일 때는 앞에 1을 채워야 변하지 않는다. 이것을 한 가지로 설명하면, [그림 9−4]와 같이 확장되는 비트를 부호 비트로 채워야 수의 값이 변하지 않는다. 이 방법을 **부호 확장**(sign expansion)이라고 한다.

예제 9-6 +106과 −106에 대한 16비트 표현을 구하라.

풀이

- +106에 대한 8비트 표현은 0110_1010이고, 16비트 표현은 0000_0000_0110_1010이다.
- −106에 대한 8비트 표현은 1001_0110이고, 16비트 표현은 1111_1111_1001_0110이다.

컴퓨터가 정수 표현의 표준으로 2의 보수 방법을 채택한 이유는 가산기만으로 덧셈과 뺄셈을 계산할 수 있기 때문이다. 사람은 2의 보수로 표현된 음수를 해석하려면, 1의 보수로 변환하고 1을 더하는 과정을 거쳐야 하지만, 컴퓨터는 이와 같은 변환을 수행하지 않는다. 실제로 컴퓨터는 양수인지 음수인지 구분하지도 않는다.

9.2 정수 표현 요약

부호화 크기 방법은 MSB로 부호를 표현하고 나머지 비트로 크기를 표현한다. 이 방법은 개념상 사람이 다루는 수의 표현 방법과 같지만, 양수와 음수를 구분해서 덧셈과 뺄셈을 수행해야 한다는 단점 때문에 정수를 표현하는 표준으로 채택되지 못하였다. 2의 보수 방법은 MSB가 0인 2진수를 양수로 보고, 양수 전체에 대한 2의 보수를 음수 표현으로 정한다. 이 방법은 부호를 고려하지 않고 덧셈과 뺄셈을 할 수 있다는 장점이 있어서 표준으로 채택되었다. 정수를 표현하는 비트 수를 확장할 때 늘어나는 자리에 부호 비트를 채워야 수의 값이 변하지 않는다.

9.3 논리 연산

연산기는 레지스터 또는 기억장치에 저장되어 있는 단어 크기의 데이터를 연산한다. 연산기는 논리 연산을 수행할 때 데이터를 부호 없는 수(unsigned number)로 취급한다. 이 절에서는 단어 크기를 8비트로 가정하고, 다음과 같은 논리 연산에 대한 연산 방법과 응용 분야에 대하여 설명한다.

- **9.3.1 NOT 연산**: 오퍼랜드의 각 비트에 대하여 NOT 연산을 수행한다.
- **9.3.2 AND 연산**: 오퍼랜드의 각 비트 단위로 AND 연산을 수행한다.
- **9.3.3 OR 연산**: 오퍼랜드의 각 비트 단위로 OR 연산을 수행한다.

- 9.3.4 **XOR 연산**: 오퍼랜드의 각 비트 단위로 XOR 연산을 수행한다.

9.3.1 NOT 연산

NOT 연산은 오퍼랜드의 각 비트에 대하여 논리 NOT을 수행한다. 즉, 1을 0으로 바꾸고 0을 1로 바꾼다. NOT 연산을 수행한 결과는 소스 오퍼랜드에 대한 1의 보수와 같다.

예제 9-7 NOT 연산을 수행하는 명령어를 NOT이라고 할 때, 다음 명령어를 실행한 후 레지스터 R0 값을 구하라. 현재 R0 값은 0010_1011이다.

NOT R0 // R0 ← NOT R0

풀이

각 비트에 대하여 NOT을 수행하므로, R0의 결과값은 1101_0100이다.

9.3.2 AND 연산

두 개의 소스 오퍼랜드에 대하여 **AND 연산**을 수행하면, 값이 둘 다 1인 비트는 1이 되고, 그렇지 않은 비트는 0이 된다. 데이터 비트 중에서 일부 비트만 남기고 나머지는 0으로 채우는 연산을 **마스크 연산**(mask operation)이라고 한다. 비트 마스크 연산을 수행할 때 AND 연산을 유용하게 사용할 수 있다.

예제 9-8 AND 연산을 수행하는 명령어를 AND라고 하고, 명령어 표현과 동작이 다음과 같다.

AND R1, R2 // R1 ← R1 AND R2

R1 값이 1010_0110이고, R2 값이 0000_1111이다. AND 명령어를 실행한 결과를 구하라.

풀이

R1 = 1010_0110
AND R2 = 0000_1111
R1 = 0000_0110 // 상위 4비트는 0이 되고 하위 4비트는 원래 값을 유지한다.

이와 같이 데이터의 특정 부분만 남기고 나머지를 0으로 채우는 것을 마스크 연산이라고 하고, 이때 R2에 저장된 값을 마스크 패턴이라고 한다.

9.3.3 OR 연산

두 개의 소스 오퍼랜드에 대하여 **OR 연산**을 수행하면, 둘 중 하나라도 1인 비트는 1로 세트되고, 둘 다 0인 비트는 0으로 리셋된다. 데이터 비트 중에서 일부 비트는 그대로 두고 특정 비트를 1로 세트하는 연산을 **선택적 세트(selective set)**라고 한다. 예를 들면, 아스키코드의 영문자 대문자와 소문자는 6번째 비트가 다르다. 대문자 코드의 6번째 비트를 1로 세트하면 소문자가 된다.

예제 9-9 OR 연산을 수행하는 명령어를 OR라고 하고, 명령어 형식과 동작이 다음과 같다.

OR R1, R2 // R1 ← R1 OR R2

R1 값이 1010_0110이고, R2 값이 1110_0011이다. OR 명령어를 실행한 결과를 구하라.

풀이

```
     R1 = 1010_0110
 OR  R2 = 1110_0011
 ------------------
     R1 = 1110_0111     // R2 값이 1인 비트는 1이 되고, 나머지는 R1과 같다.
```

예제 9-10 레지스터 R1에 아스키코드의 영문자 대문자가 저장되어 있다고 할 때, R1 값을 소문자로 만들도록 OR 연산을 수행하려면, R2 값을 어떻게 설정해야 하는가?

풀이

아스키코드 표를 보면 대문자 코드는 b_5의 값이 0이고, 소문자 코드는 b_5의 값이 1임을 알 수 있다. 따라서 R2를 0010_0000로 설정한다.

적용 예) R1 = 'A' = 0100_0001이라고 하면,

```
       R1 = 0100_0001    ; 'A'에 대한 아스키코드
OR     R2 = 0010_0000    ; 선택적 세트
-----------------------
       R1 = 0110_0001    ; 'a'에 대한 아스키코드
```

9.3.4 XOR 연산

두 개의 소스 오퍼랜드에 대하여 **XOR(exclusive-OR) 연산**을 수행하면, 각 비트의 값이 서로 다르면 1로 세트되고, 서로 같으면 0으로 리셋된다. 데이터 비트 중에서 일부 비트는 그대로 두고 특정 비트의 값을 반전시키는 **선택적 보수**(selective complement)를 수행하고자 할 때, XOR 연산을 사용한다.

예제 9-11 XOR 연산을 수행하는 명령어를 XOR라고 하고, 명령어 형식과 동작이 다음과 같다.

```
XOR    R1, R2    // R1 ← R1 XOR R2
```

R1 값이 1010_0110이고, R2 값이 0000_1111이다. XOR 명령어를 실행한 결과를 구하라.

풀이

```
       R1 = 1010_0110
XOR    R2 = 0000_1111
-----------------------
       R1 = 1010_1001    // R1의 상위 4비트는 변하지 않고 하위 4비트는 반전된다.
```

예제 9-12 다음 명령어를 실행한 후, 레지스터 R0의 값을 구하라.

```
XOR    R0, R0
```

풀이

R0 = 0000_0000 // 자신에 대한 XOR 연산 결과는 항상 0이다.

여러 비트에 대한 XOR는 1의 수가 홀수일 때 출력이 1이고, 1의 수가 짝수일 때 출력이 0이다. 여러 개의 데이터를 전송할 때 데이터를 올바르게 전송하였는지 검사하기 위하여

데이터를 모두 XOR 연산함으로써 **체크섬(checksum)**을 만들기도 한다. 체크섬은 대상 데이터를 모두 XOR 연산하여 만든 값이다. 데이터 통신할 때, 송신부는 데이터를 보내면서 체크섬을 만들고 제일 마지막에 체크섬을 보낸다. 수신부는 데이터를 받으면서 체크섬을 만들고, 마지막에 받은 체크섬과 자신이 만든 체크섬을 비교한다. 수신부는 이 두 가지가 같으면 올바로 데이터를 수신한 것으로 판단한다.

예제 9-13 네 개의 16진수 데이터 (11, 23, 4A, 9B)에 대한 체크섬을 구하라.

풀이

다음과 같은 두 가지 방법으로 구한 체크섬은 결과가 같다.

(1) 체크섬 초기값을 0으로 설정하고, 데이터와 체크섬의 XOR 연산을 네 번 수행한다.

```
1)       0001_0001   2)       0010_0011   3)       0100_1010   4)       1001_1011
     XOR 0000_0000        XOR 0001_0001        XOR 0011_0010        XOR 0111_1000
     -------------        -------------        -------------        -------------
         0001_0001            0011_0010            0111_1000            1110_0011
```

최종 체크섬 = 1110_0011

(2) 네 개의 데이터를 한 번에 XOR 연산한다.

```
              0001_0001
              0010_0011
              0100_1010
        XOR   1001_1011
        ---------------
  체크섬 = 1110_0011      // 각 비트에 대한 1의 수를 짝수로 맞춘다.
```

9.3 논리 연산 요약

연산기는 데이터 비트 단위로 논리 연산을 수행한다. NOT 연산은 비트 값을 반전하여 1의 보수를 산출한다. 마스크 연산인 AND 연산은 비트 둘 다 1이면 1, 둘 중 하나가 0이면 0으로 만든다. 선택적 세트 연산인 OR 연산은 비트 둘 중 하나가 1이면 1, 둘 다 0이면 0으로 만든다. 선택적 보수 연산인 XOR 연산은 비트 값이 같으면 0, 다르면 1로 만든다. XOR 연산은 체크섬을 만드는데 사용된다.

9.4 시프트 연산

시프트 연산은 데이터를 왼쪽 또는 오른쪽으로 한 비트씩 자리 이동하는 연산이다. 일반적으로 시프트 연산은 단항 연산이며, 오퍼랜드를 왼쪽 또는 오른쪽으로 한 비트씩 자리 이동한다. 시프트 연산의 종류는 다음과 같다.

- 9.4.1 **논리 시프트**: 레지스터의 수를 부호 없는 수로 생각하고 시프트한다.
- 9.4.2 **산술 시프트**: 레지스터의 수를 정수로 생각하고 시프트한다.

9.4.1 논리 시프트

논리 시프트(logical shift) 연산은 오퍼랜드를 부호 없는 수(unsigned number)로 취급한다. 논리 시프트는 왼쪽 논리 시프트(logical shift left)와 오른쪽 논리 시프트(logical shift right) 두 가지가 있다. [그림 9−5]는 8비트 2진수에 대한 논리 시프트 연산을 보여준다.

- **왼쪽 논리 시프트**: 각 비트를 한 자리씩 왼쪽으로 이동한다. 최하위 비트(LSB, Least Significant Bit)는 0으로 채워지고, 일반적으로 레지스터에서 제거되는 최상위 비트(MSB, Most Significant Bit)는 상태 레지스터의 자리올림수 플래그(carry flag, C)에 저장된다.
- **오른쪽 논리 시프트**: 각 비트를 한 자리씩 오른쪽으로 이동한다. MSB는 0으로 채워지고, 일반적으로 레지스터에서 제거되는 LSB는 상태 레지스터의 자리올림수 플래그에 저장된다.

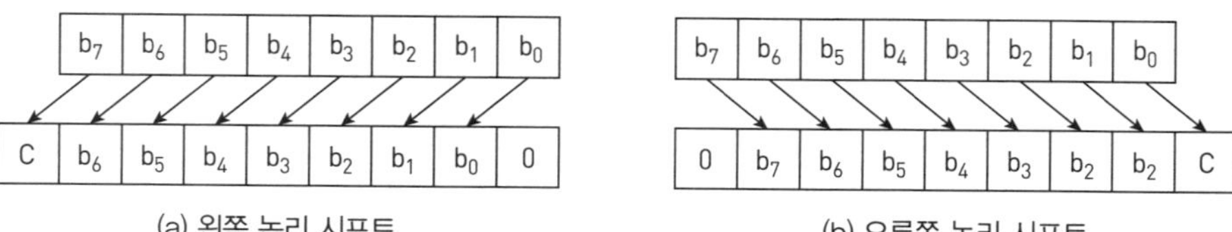

[그림 9-5] 논리 시프트

예제 9-14 왼쪽 논리 시프트 연산을 수행하는 명령어를 SHL이라고 하고, 오른쪽 논리 시프트 연산을 수행하는 명령어를 SHR이라고 하자. R1 값이 0010_0110이고, R2 값이 1110_0011일 때, 다음 명령어를 실행한 결과를 구하라.

(1) SHL R1

(2) SHR R2

풀이

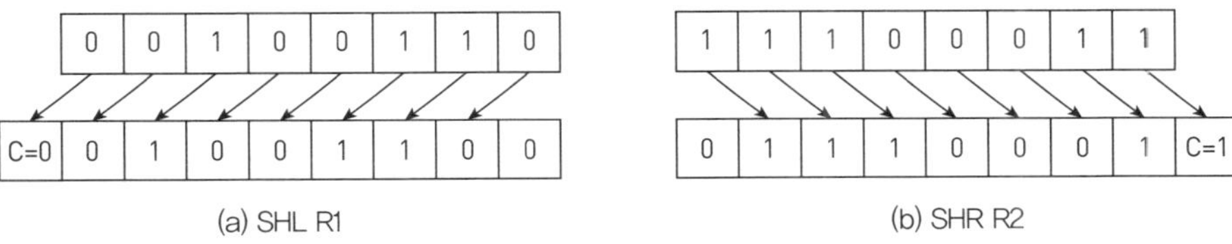

[그림 9-6] [예제 9-14] 풀이

(1) SHL R1: 0010_0110의 LSB에 0이 들어가고 MSB 0을 자리올림수 플래그에 저장한다.
그러므로 C = 0, R1 = 0100_1100

(2) SHR R2: 1110_0011의 MSB에 0이 들어가고, LSB 1을 자리올림수 플래그에 저장한다.
그러므로 C = 1, R2 = 0111_0001

9.4.2 산술 시프트

10진수 123을 왼쪽으로 한 자리 이동하면 1230이고, 오른쪽으로 한 자리 이동하면 소수점 이하는 절삭되므로 12이다. 이와 같이 10진수를 한 자리 이동하면 방향에 따라 곱하기 10 또는 정수 나누기 10을 계산한 효과가 있다. 2진수에 대하여 왼쪽과 오른쪽으로 시프트하면 곱하기 2와 정수 나누기 2를 계산한 효과가 있도록 만든 것이 **산술 시프트(arithmetic shift)**이다.

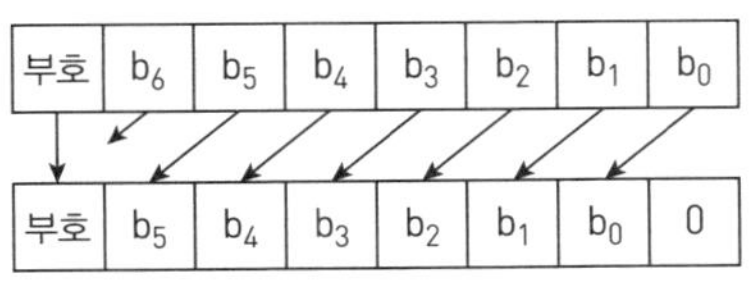

(a) 왼쪽 산술 시프트

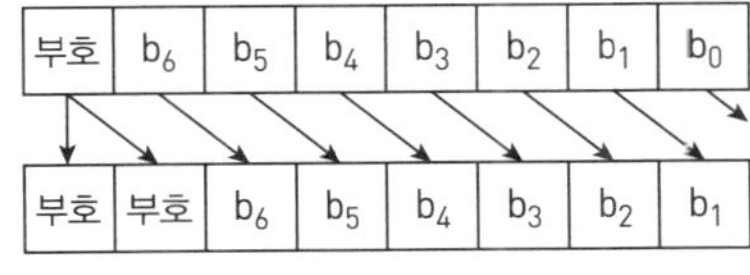

(b) 오른쪽 산술 시프트

[그림 9-7] 산술 시프트

산술 시프트 연산은 오퍼랜드를 정수(singed number)로 취급한다. 산술 시프트도 왼쪽 산술 시프트(arithmetic shift left)와 오른쪽 산술 시프트(arithmetic shift right) 두 가지가 있다. [그림 9-7]은 8비트 2진수에 대한 산술 시프트 연산을 보여준다. 산술 시프트를 구현하기에 따라 제거되는 비트를 자리올림수에 저장할 수도 있다.

- **왼쪽 산술 시프트**: 부호 비트는 그대로 남고, 나머지 비트들이 한 자리씩 왼쪽으로 이동한다. b_6가 제거되고, LSB에 0이 채워진다.
- **오른쪽 산술 시프트**: 부호 비트는 그대로 남고, 나머지 비트들이 한 자리씩 오른쪽으로 이동한다. b_6 자리에 부호 비트가 밀려 들어가고, LSB는 제거된다.

예제 9-15 왼쪽 산술 시프트 연산을 수행하는 명령어를 ASL이라고 하고, 오른쪽 산술 시프트 연산을 수행하는 명령어를 ASR이라고 하자. R1 값이 0010_0110이고, R2 값이 1110_0010일 때, 다음 명령어를 실행한 결과를 구하라. 그리고 산술 시프트 결과가 정수 곱하기 2, 정수 나누기 2를 계산한 효과가 있는지 검증하라.

(1) ASL R1
(2) ASR R2

풀이

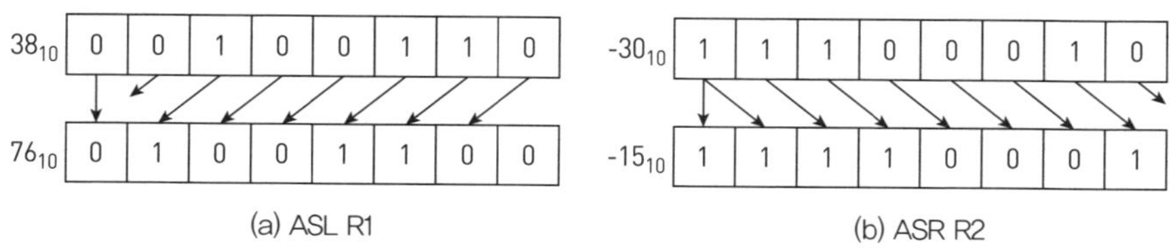

(a) ASL R1 (b) ASR R2

[그림 9-8] [예제 9-15] 풀이

(1) ASL R1: R1 값은 0010_01102 = 38_{10}이다.
명령어를 실행한 후, R1 값은 0100_1100이다. 이 값은 76_{10}이다.
따라서 명령어 실행 후 R1 값은 원래 값의 2배이다.

(2) ASR R2: R2 값은 $1110_0010_2 = -30_{10}$이다.
명령어를 실행한 후, R2 값은 1111_0001이다. 이 값은 -15_{10}이다.
따라서 명령어 실행 후 R2 값은 원래 값의 1/2이다.

9.4 시프트 연산 요약

시프트 연산은 레지스터의 데이터를 오른쪽 또는 왼쪽으로 자리 이동한다. 논리 시프트는 데이터를 부호 없는 수로 취급한다. 왼쪽 논리 시프트와 오른쪽 논리 시프트 연산이 있다. 자리 이동 방향에 따라 새로 추가되는 비트의 값은 0이다. 산술 시프트는 데이터를 정수로 취급한다. 왼쪽 시프트는 MSB를 그대로 유지하고 MSB의 이전 자리의 비트를 제거한다. 이것은 곱하기 2를 계산한 효과가 있다. 오른쪽 시프트는 부호 비트인 MSB가 밀려 들어가고 LSB가 제거된다. 이것은 나누기 2를 계산한 효과가 있다.

9.5 산술 연산

연산기는 부호 없는 수 또는 정수에 대하여 산술 연산(arithmetic operation)을 수행한다. 컴퓨터는 정수를 2의 보수로 표현하기 때문에, 연산기는 가산기 하나만으로 부호 변경, 증가, 감소, 덧셈과 뺄셈을 수행할 수 있다. 곱셈과 나눗셈은 각각 별도의 회로를 필요로 한다. 이 교재는 곱셈과 나눗셈 연산을 다루지 않는다. 이 절에서는 단어 크기를 8비트로 가정하고 정수 산술 연산의 종류를 소개한다.

- 9.5.1 **단항 연산**: 2의 보수화(부호 변경), 증가, 감소 연산에 대하여 설명한다.
- 9.5.2 **덧셈과 뺄셈**: 가산기만으로 덧셈과 뺄셈을 수행하고, 데이터를 부호 없는 수와 정수로 해석해도 그 결과가 올바르다는 것을 설명한다.

9.5.1 단항 연산

정수 산술 연산 중 단항 연산의 종류는 2의 보수화(부호 변경), 증가, 감소의 세 가지가 있다. 각 명령어를 NEG(negate), INC(increment), DEC(decrement)라고 하자. 레지스터 R1에 대하여 연산을 수행한다고 하면, 각 명령어 형식과 수행하는 일은 다음과 같다.

```
NEG    R1    // R1 = −R1 = R1에 대한 2의 보수
INC    R1    // R1 = R1 + 1
DEC    R1    // R1 = R1 − 1
```

단항 연산은 이항 덧셈 연산의 특수한 경우에 해당한다. 따라서 단항 연산을 계산하는 회로를 별도로 만들 필요가 없다.

예제 9-16 다음 질문에 답하라.

(1) R1 값이 0010_1100일 때, NEG R1을 실행한 결과는?
(2) R2 값이 0011_1111일 때, INC R2를 실행한 결과는?
(3) R3 값이 0000_0000일 때, DEC R3을 실행한 결과는?

풀이

(1) R1 = 0010_1100에 대한 1의 보수 = 1101_0011 + 1 = 1101_0100
(2) R2 = 0011_1111 + 1 = 0100_0000
(3) R3 = 0000_0000 − 1 = 1111_1111

9.5.2 덧셈과 뺄셈

이 절에서는 정수에 대한 덧셈과 뺄셈 연산과 관련하여 오버플로우(overflow, 범람) 개념을 소개하고, 덧셈과 뺄셈 연산을 수행하는 조합 논리회로도를 소개한다.

정수를 2의 보수로 표현하기 때문에, 곱하기와 나누기를 제외한 산술 연산은 오퍼랜드 값이 부호 없는 수인지 또는 부호 있는 수인지를 고려할 필요가 없어진다. 오퍼랜드 값을 부호 없는 수로 취급하여 계산하고 나서, 오퍼랜드를 부호 있는 수로 해석해도 올바른 결과를 얻을 수 있다. 컴퓨터는 부호 없는 수로 계산하고, 그 수를 부호 없는 수로 해석할지 정수로 해석할지는 프로그램을 작성한 사람의 몫이다.

2진수에 대한 덧셈과 뺄셈을 수행하는 명령어를 ADD와 SUB이라고 하고, 각 명령어를 다음과 같이 정의하자. 뺄셈은 R2에 대한 2의 보수를 R1에 더하는 것과 같다.

ADD R1, R2 // R1 = R1 + R2
SUB R1, R2 // R1 = R1 − R2 = R1 + (−R2) = R1 + (R2에 대한 2의 보수)

예제 9-17 R1 = 1000_1101, R2 = 0110_0101일 때, 명령어 ADD R1, R2를 실행한 결과를 부호 없는 수와 정수로 해석하여 올바른지 확인하라.

풀이

```
  1000_1101          141          -115
+ 0110_0101        + 101        +  101
-----------        -----        ------
  1111_0010          242        -   14
```

(a) 2진수 덧셈 (b) 부호 없는 수 해석 (c) 정수 해석

[그림 9-9] 정수 덧셈 예

- [그림 9-9(a)]는 2진수 덧셈 결과이다.
- 2진수를 부호 없는 수로 해석하면, [그림 9-9(b)]와 같이 합 1111_0010은 $2^7 + 2^6 + 2^5 + 2^4 + 2^1 = 128 + 64 + 32 + 16 + 2 = 242$이다.
- 2진수를 정수로 해석하면, [그림 9-9(c)]와 같이 합 1111_0010은 MSB가 1이므로 음수이고, 이 수는 $-0000_1110 = -(2^3 + 2^2 + 2^1) = -(8 + 4 + 2) = -14$이다.
- 따라서 2진수 덧셈 결과를 부호 없는 수로 해석해도 올바른 결과를 얻을 수 있고, 정수로 해석해도 올바른 결과를 얻을 수 있다.

예제 9-18 R1 = 0100_1110, R2 = 0001_1000일 때, 명령어 SUB R1, R2의 실행 결과를 구하고, 계산 과정을 10진수로 변환하여 올바른지 확인하라.

풀이

```
  0100_1110          0100_1110          78
- 0001_1000        - 1110_1000        - 24
-----------        -----------        ----
  0011_0110         10011_0110          54
```

(a) 2진수 뺄셈 (b) 2의 보수 덧셈 (c) 정수 해석

[그림 9-10] 정수 뺄셈 예

- [그림 9-10(a)]는 2진수 뺄셈으로 계산한 것이다.
- [그림 9-10(b)]는 R2 값을 2의 보수로 변환한 후 R1에 더하는 계산식이다. 레지스터 크기가 8비트이므로 덧셈 과정에서 발생한 자리올림수는 상태 레지스터의 자리올림수 플래그(Carry flag, C)에 저장되고, R1에는 0011_0110만 남는다.

• [그림 9-10(c)]는 R1과 R2 값을 10진수로 해석한 것이다. 뺄셈을 10진수로 표현하면 78 − 24이고, 계산 결과는 0011_0110 = 32 + 16 + 4 + 2 = 54이다.

지금까지 설명과 같이 2진수 뺄셈은 덧셈으로 바꿔서 계산할 수 있다. 컴퓨터에서는 덧셈을 계산할 때, 레지스터 크기가 제한되어 있기 때문에 계산 결과가 틀려지는 경우가 발생할 수 있다. 이 현상을 **오버플로우**(overflow)라고 한다. 레지스터 크기가 8비트일 때, 부호 없는 수의 표현 범위는 0 ~ 255이고, 정수 표현 범위는 −128 ~ 127이다. 덧셈의 결과값이 이 범위를 벗어날 때 오버플로우가 발생한다. 중앙처리장치의 상태 레지스터는 자리올림수 플래그와 오버플로우 플래그를 포함하고 있다. 자리올림수 플래그는 부호 없는 수에 오퍼플로우가 발생하였음을 표현하고, 오버플로우 플래그는 정수에 오버플로우가 발생하였음을 표현한다.

- 레지스터 수를 부호 없는 수로 해석할 때, 덧셈 결과값이 수의 표현 범위를 초과하면 자리올림수가 발생한다. 부호 없는 수에 대한 오버플로우는 상태 레지스터의 자리올림수 플래그에 저장된다.
- 레지스터 수를 정수로 해석할 때, 덧셈 결과값이 정수의 표현 범위를 초과하면 오버플로우가 발생한다. 정수에 대한 오버플로우는 상태 레지스터의 오버플로우 플래그에 저장된다.

예제 9-19 다음 10진수를 정수로 계산할 때, 정수 오퍼플로우가 발생할지 예측하라. 레지스터 크기는 8비트로 가정한다.

(1) 89+45

(2) 89 - 45

(3) - 89+45

(4) - 89 - 45

풀이

(1) 89+45 = 134	$127 < 134$	오버플로우이다.
(2) 89 - 45 = 44	$-128 \leq 44 \leq 127$	오버플로우가 아니다.
(3) - 89+45 = - 44	$-128 \leq -44 \leq 127$	오버플로우가 아니다.
(4) - 89 - 45 = - 134	$-134 < -128$	오버플로우이다.

```
C8C7                    C8C7                   C8C7                    C8C7
01111_0010              11010_0110             00101_0010              10000_1110 ← 자리올림
  0101_1001               0101_1001              1010_0111               1010_0111
+ 0010_1101             + 1100_0011            + 0010_1101             + 1101_0011
  1000_0110 = -122        0010_1100 = 44         1101_0100 = -44         0111_1010 = 122
(a) 89+45               (b) 89−45              (c) −89+45              (d) −89−45
```

[그림 9-11] 정수 덧셈과 오버플로우

[예제 9−19]의 문제를 8비트 정수로 변환하여 계산한 후 결과값을 확인해 보자. [그림 9−11]은 계산 결과를 보여준다. 맨 윗줄은 각 비트에서 발생한 자리올림수이다. [그림 9−11(a)]와 [그림 9−11(d)]에서 오버플로우가 발생한다. 이 결과로부터 다음과 같은 사실을 알 수 있다.

- 부호가 같은 두 수를 더할 때 오버플로우가 발생할 가능성이 있다.
- 부호가 다른 두 수를 더할 때 오버플로우가 발생하지 않는다.
- 부호가 같은 두 수를 더할 때, 덧셈 결과의 부호 비트가 변경되면 오버플로우이다.
- 자리올림수를 살펴보면, C_8과 C_7의 값이 01 또는 10일 때 오버플로우이다.

따라서 오퍼랜드 비트 수를 n이라고 할 때, 최상위 비트와 그 다음 상위 비트에서 발생한 자리올림수 둘 중 하나가 1이면 오버플로우이다. 다음 식으로 오버플로우를 검출할 수 있다.

$$\text{Overflow} = C_n \oplus C_{n-1}$$

예제 9-20 [그림 9−11(a)]의 89+45를 8비트 정수로 더한 결과에 대하여, 상태 레지스터의 부호 플래그, 제로 플래그, 자리올림수 플래그, 짝수 패리티 플래그, 오버플로우 플래그 값을 구하라.

풀이

- 부호 비트는 계산 결과의 MSB이다. 따라서 부호 플래그 = 1
- 제로 비트는 계산 결과가 모두 0이면 1이다. 따라서 제로 플래그 = 0
- 자리올림수는 그림 9−11(a)의 C_8이다. 따라서 자리올림수 플래그 = 0
- 짝수 패리티 플래그와 계산 결과에 포함된 1의 수가 짝수이어야 한다. 합에 포함된 1의 수가 3

개이므로, 짝수 패리티 플래그 = 1
•오버플로우는 $C_8 \oplus C_7$로 계산한다. 따라서 오버플로우 플래그 = 1

[그림 9-12]는 전가산기를 이용하여 만든 4비트 병렬 가산기이다. 이 가산기는 A+B와 A−B를 계산할 수 있다. $A(A_3A_2A_1A_0)$는 전가산기에 그대로 입력되고 $B(B_3B_2B_1B_0)$는 XOR 게이트를 통하여 전가산기로 입력된다. XOR 게이트의 나머지 한 개의 입력 $\overline{\text{Add}}$/Sub는 제어신호이다. 이 회로의 동작은 다음과 같다.

- 제어신호 $\overline{\text{Add}}$/Sub = 0일 때, XOR 게이트 출력 F는 B와 같다. 그리고 C_0 값도 0이다. 따라서 병렬 가산기는 A + B를 계산한다.
- 제어신호 $\overline{\text{Add}}$/Sub = 1일 때, XOR 게이트 출력 F는 $\overline{B}$ 이다. 그리고 C_0 값이 1이다. 따라서 병렬 가산기는 A + $\overline{B}$ + 1 = A + (B에 대한 2의 보수) = A−B를 계산한다.
- C_4는 상태 레지스터의 자리올림수 플래그에 저장된다.
- $C_4 \oplus C_3$은 상태 레지스터의 오버플로우 플래그에 저장된다.

따라서 가산기만으로 덧셈과 뺄셈을 수행할 수 있다. 그리고 [그림 9-12]의 병렬 가산기는 조합 논리회로이기 때문에 입력이 정해지면 바로 출력을 결정한다.

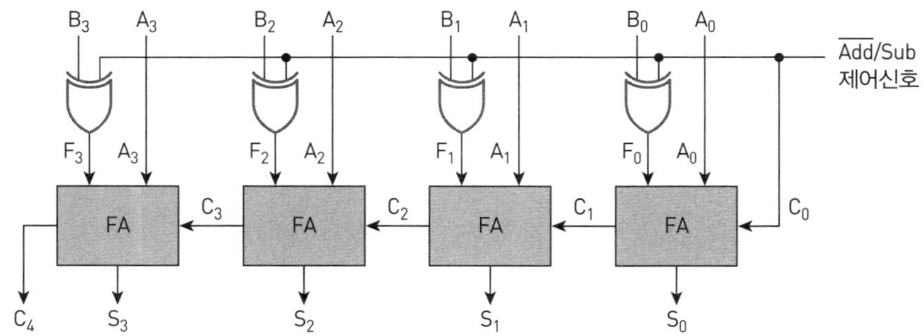

[그림 9-12] 병렬 가산기

9.5 산술 연산 요약

단항 산술 연산은 2의 보수 계산, 증가, 감소가 있다. 덧셈과 뺄셈은 부호 없는 수와 정수를 구별하지 않는다. 뺄셈은 2의 보수를 더하는 연산으로 수행한다. 덧셈과 뺄셈 결과가 수의 표현 범위를 벗어날 수 있다. 부호 없는 수의 표현 범위를 벗어난 것은 자리올림수 플래그에 저장된다. 정수의 표현 범위를 벗어난 것은 오버플로우 플래그에 저장된다. 오버플로우는 최상위 비트 자리올림수와 그 아래 단 자리올림수를 XOR 연산하여 검출한다.

9.6 실수 표현

컴퓨터는 실수를 부동소수점 수(floating-point number)로 표현한다. 부동소수점 표현은 수학의 과학 표기법(scientific notation)을 응용한 것이다. 이 교재는 부동소수점 수에 대한 사칙연산에 대하여 다루지 않는다. 이 절에서는 실수를 표현하는 원리를 설명하고 표준 형식을 소개한다.

- 9.6.1 **부동소수점 표현**: 한정된 비트로 실수를 표현하는 정규화 기법을 설명한다.
- 9.6.2 **IEEE754 형식**: 실수 표현의 표준인 단정도 형식과 배정도 형식을 소개한다.

9.6.1 부동소수점 표현

과학 표기법은 실수를 **부호**(sign), **가수**(mantissa, significant 또는 fraction), **기수**(base), **지수**(exponent)로 표시한다. 과학 표기법은 아주 큰 수와 아주 정밀한 수를 표현할 수 있다는 장점이 있다. 10진수에 대한 과학 표기법의 예는 다음과 같다.

- $976{,}000{,}000{,}000 = 9.76\times10^{11}$　　부호: +, 가수: 9.76, 기수: 10, 지수: 11
- $-0.00000000000976 = -9.76\times10^{-12}$　　부호: −, 가수: 9.76, 기수: 10, 지수: −12

가수에 포함된 소수점 위치를 변경하면서 지수를 조정할 수 있으므로 이 방법을 **부동소수점 표현**(floating-point representation)이라고 한다.

컴퓨터는 실수를 표시할 때에도 2진법을 사용한다. 10진수에 대한 과학 표기법을 2진수에 적용할 수 있다. 컴퓨터의 2진수 부동소수점 표현은 기수를 제외한 부호, 가수, 지수로 실수를 표현한다. 기수는 당연히 2라고 가정한다. 전체 수에 대한 부호를 부호 비트로 표현한다.

부동소수점 표현에서 크기가 같은 수를 여러 가지 방법으로 표현할 수 있다. 예를 들면, 다음 수들은 모두 크기가 같다.

$$0.1101\times2^{2} = 1.101\times2^{1} = 11.01\times2^{0} = 110.1\times2^{-1}$$

따라서 여러 가지 표현 중에서 하나를 표준으로 결정해야 한다. 그리고 컴퓨터에서는 실수를 저장하는 레지스터의 비트 수도 한정되어 있다는 점도 고려해야 한다. 크기가 한정된 레지스터에 가능한 큰 수와 정밀한 수를 표현할 수 있도록, 컴퓨터는 가수와 지수에 대하여 각각 다른 정규화 방법을 적용하고 있다.

컴퓨터는 **가수 정규화(normalized mantissa)** 방법을 사용한다. 가수 정규화 공식은 다음과 같다. (식 9−6)에서 b는 0 또는 1이다.

$$1.bbb\cdots b\times2^{\pm E} \qquad \textbf{(식 9-6)}$$

- 가수를 1.bbb⋯b 형식으로 표현하도록 지수를 조정한다.
- 가수를 표현할 때, 1.을 표현하지 않고 bbb⋯b만 표현한다. 1.은 항상 있는 것으로 취급하면 저장할 필요가 없기 때문이다.
- 다만, 숫자 0은 1.bbb 형태를 만들 수 없으므로 가수를 모두 0으로 채운다.

예를 들면, 1.1010×2^{-1}에 대하여 가수 부분을 1010만 표시하고 1.1010으로 해석한다. 이렇게 함으로써, 가수를 표현하는 비트 영역에 가장 많은 가수 비트를 채울 수 있다.

예제 9-21 2진수 101.1010_1111을 정규화 한 부동소수점 수로 표현할 때, 가수 부분을 어떻게 표현하는가? 단, 가수를 표현하는데 8비트를 사용한다고 가정한다.

풀이

- $101.1010\_1111 = 1.0110\_1011\_11\times2^{+2}$
- 1.을 생략하고 소수점 이하 8비트만 표시하므로, 가수 = 0110_1011

•가수를 표현하는 비트 크기가 제한되어 있기 때문에 마지막 11은 없어진다.
•가수에 할당된 비트 수가 8비트로 한정된 조건 하에서 정규화 표현이 최선의 표현 방법이다.

부동소수점 수의 지수를 표현하는 방법을 정하기 위하여 실수 연산을 고려해야 한다. 실수를 더하거나 뺄 때, 먼저 지수의 크기를 맞추고, 크기가 작은 수의 가수와 지수를 조정한 다음에 계산해야 한다. 이 과정에서 지수를 비교하는 부분이 문제가 된다. 만일 지수를 2의 보수로 표현한다면, 지수를 표현하는 정수의 부호 비트를 고려한 비교기가 필요해진다.

이 문제를 해결하기 위하여 부동소수점 표준 방법에서는 지수를 모두 양수 영역으로 표현하는 방법을 채택한다. 이 방법을 **바이어스 지수**(biased exponent)라고 한다. 8비트로 지수를 표현하고, 지수를 표현하고 있는 값을 e라고 한다면, 실제 지수는 다음 공식으로 결정한다.

$$\text{지수} = e - 127 \qquad \textbf{(식 9-7)}$$

즉, 표시된 지수(e)에서 127(0111_1111_2)를 빼야 원래의 지수이다. 역으로, 부동소수점 표현에 나타나는 지수는 실제 지수 값에 127(0111_1111_2)을 더하여 모두 양수로 만들어 표시한다.

예제 9-22 2진수 101.101011을 정규화 한 부동소수점 수로 표현할 때, 지수 부분을 어떻게 표현하는가? 단, 지수를 표현하는데 8비트를 사용한다고 가정한다.

풀이

가수 정규화: $101.101011 = 1.01101011 \times 2^2$
지수 값: 2 = 0000_0010
지수 표현: e = 0000_0010 + 0111_1111 = 1000_0001

9.6.2 IEEE754 형식

초기에는 부동소수점을 표현하기 위하여 컴퓨터마다 여러 가지 서로 다른 형식을 사용하였으나, 현재는 모든 컴퓨터가 미국전기전자공학회(IEEE)에서 표준화 한 **IEEE754 형식**을 따르고 있다. IEEE754 형식 중에서 부동소수점 수를 표현하는데 가장 많이 사용하는 것이 32비트 형식과 64비트 형식이고, 각각 **단정도 형식**(single-precision format)과 **배정도 형식**(double-precision format)이라고 한다. [그림 9-13]은 각 형식의 비트 배치도이다.

32비트로 실수를 표현하는 단정도 형식은 부호 1비트, 지수 8비트, 가수 23비트로 구성되어 있다. 64비트를 사용하는 배정도 형식은 부호 1비트, 지수 11비트, 가수 52비트로 구성되어 있다. 배정도 실수는 단정도 실수보다 실수를 표현하는 범위도 확장되고, 실수를 표현하는 정확성도 높아진다. 한 비트의 부호는 전체 숫자가 양수이면 0, 음수이면 1이다. 단정도 형식은 지수를 0부터 255까지 표현할 수 있고 바이어스는 127이다. 배정

[그림 9-13] IEEE754 표준 형식

〈표 9-3〉 IEEE754 표준 형식의 해석

단정도 형식			배정도 형식		
지수	가수	해석	지수	가수	해석
255	$\neq 0$	NaN	2047	$\neq 0$	NaN
255	0	$(-1)^S\infty$	2047	0	$(-1)^S\infty$
$0<e<255$	–	$(-1)^s 2^{e-127}(1.f)$	$0<e<2047$	–	$(-1)^s 2^{e-1023}(1.f)$
0	$\neq 0$	$(-1)^s 2^{e-126}(0.f)$	0	$\neq 0$	$(-1)^s 2^{e-1022}(0.f)$
0	0	$(-1)^S 0$	0	0	$(-1)^S 0$

도 형식은 지수를 0부터 2047까지 표현할 수 있고 바이어스는 1023이다. 〈표 9-3〉은 IEEE754 표준 형식을 해석하는 방법을 보여준다.

- 첫 번째 줄: 지수 필드가 모두 1로 채워지고 가수가 0이 아닐 때, 이것은 숫자가 아니란 의미(NaN, Not a Number)이다. 정밀도 형식으로 실수를 표현할 수 없음을 나타낸다. 예를 들면, 나누기 0 또는 음수에 대한 제곱근(square root)를 계산하면 오류가 발생하는데, 이때 결과를 NaN으로 표시하여 계산 과정에 오류가 발생하였음을 나타낸다.
- 두 번째 줄(오버플로우): 정밀도 형식으로 표현할 수 있는 수의 범위보다 더 큰 수임을 의미한다. 오버플로우에 해당하며, 부호 비트에 따라 ±∞를 표시한다.
- 세 번째 줄(일반 형식): 가장 일반적인 경우이며, 가수 정규화와 지수 바이어스를 적용한 형식이다.
- 네 번째 줄(언더플로우): 세 번째 줄의 일반 형식으로 표현할 수 없을 정도로 작은 수를 표현한다.
- 마지막 줄(0): 숫자 0을 표시하며, 모든 비트를 0으로 채운다. 0은 지수 값을 가장 작은 값으로 설정한다. 부호 비트의 값에 따라 +0, −0을 표시할 수도 있다.

예제 9-23 다음과 같은 2진수로 표현되어 있는 단정도 실수 N에 대한 10진수를 구하라.

1100_0001_0101_0000_0000_0000_0000_0000

풀이

비트 패턴: (부호)1_(지수)10000010_(가수)10100000000000000000000

부호: 1

지수: $e = 1000\_0010 = 130_{10}$

가수: $M = 1.101$

따라서 $N = (-1)^1 \times 1.101 \times 2^{130-127} = -1.101 \times 2^3 = -1101 = -13_{10}$

예제 9-24 10진수 12.5에 대한 단정도 실수 비트 패턴을 구하여 16진수로 적어라.

풀이

12.5에 대한 2진수 표현 = 1100.1
부호 비트 = 0 (양수)
가수 정규화: 1.1001×2^3　　가수 = 100_1000_0000_0000_0000_0000
지수 정규화: 3+127 = 130　　지수 = 1000_0010
2진수 패턴: (부호)0_(지수)1000_0010_(가수)100_1000_0000_0000_0000_0000
= 0100_0001_0100_1000_0000_0000_0000_0000
= 4148_0000h

9.6 실수 표현 요약

실수는 과학표기법 표현 중에서 기수를 제외한 부호, 가수, 지수를 2진수로 표현한다. 부호는 수 전체의 부호이다. 가수는 1.bbbb 형태로 정규화 하고, 1.을 생략하고 소수점 이하 부분만 표현한다. 지수는 바이어스를 더하여 표현한다. 실수 표현의 표준 형식은 IEEE754 형식이다. 32비트 단정도 형식과 64비트 배정도 형식을 가장 많이 사용한다.

9.7 요약

이 장에서 소개한 주요 용어는 다음과 같다.

- 단항 연산자(unary operator): 부호 변경과 같이 한 개의 항으로 계산하는 연산자
- 이항 연산자(binary operator): 사칙 연산과 같이 두 개의 항으로 계산하는 연산자
- 부호 비트(sign bit): 2진수를 정수로 해석할 때 MSB 자리의 비트. 이 비트가 0이면 양수, 1이면 음수
- 부호화 크기(signed magnitude): MSB를 부호 비트로 사용하고, 나머지를 크기를 나타내는 것으로 해석하는 정수 표기 방법
- 보수(complement): 서로 더하여 완전한 수가 되는 두 수

- 부호 확장(sign expansion): 늘어나는 비트를 MSB로 채움으로써 2진수의 비트 수를 늘리는 방법
- 마스크 연산(mask operation): 데이터 비트 중 일부만 남기고 나머지를 0으로 바꾸는 AND 연산
- 오버플로우(overflow, 범람): 연산에 사용되는 레지스터의 비트 수가 제한되어 있어서 산술 연산 결과가 수의 표현 범위를 초과하는 현상

이 장에서 설명한 연산기 기능과 관련하여 다음과 같은 사항을 알고 있어야 한다.

- 2진수에 대한 1의 보수 및 2의 보수를 구하는 방법
- 2진 데이터에 대한 NOT, AND, OR, XOR 연산 결과를 구하는 방법
- 2진 데이터에 대한 논리 시프트와 산술 시프트 결과를 구하는 방법
- 2진 데이터에 대한 산술 연산 결과를 구하는 방법
- 연산 결과에 따라 변하는 조건 플래그의 값을 구하는 방법
- 가수 정규화 및 바이어스 지수를 적용하여 실수를 표현하는 방법

지금까지 중앙처리장치 구성 요소인 제어장치와 처리장치에 대하여 설명하였다. 다음 장에서는 컴퓨터 하드웨어와 소프트웨어를 연결하는 명령어를 다룬다.

연습문제 EXERCISE

9.1 연산기 개요

01 연산기에 대한 올바른 설명이 아닌 것은?

① 중앙처리장치의 구성 요소 중 하나이다.
② 상태 레지스터의 값을 입력신호로 받는다.
③ 데이터 처리 명령어를 실행할 때 산술 계산을 담당한다.
④ 레지스터 또는 기억장치에 저장되어 있는 데이터에 대하여 연산을 수행한다.

02 연산기의 출력신호를 모두 선택하라.

① 연산 결과 ② 제어신호
③ 상태 정보 ④ 명령어 코드

03 연산기로 입력되는 제어신호의 기능은?

① 상태 레지스터의 값을 결정한다.
② 연산기가 수행할 연산의 종류를 선택한다.
③ 연산 결과를 레지스터로 저장할 때, 저장할 레지스터를 선택한다.
④ 연산 결과를 기억장치로 저장할 때, 저장할 기억장치 주소를 선택한다.

04 이항 연산자(binary operator)란?

① 실수를 계산하는 연산자이다.
② 두 개의 항을 계산하는 연산자이다.
③ 부호 없는 수를 계산하는 연산자이다.
④ 2진수로 표현되어 있는 수를 계산하는 연산자이다.

9.2 정수 표현

01 현대의 모든 컴퓨터가 정수를 표현하는 방법은?

① 부호화 크기 ② 1의 보수
③ 2의 보수 ④ 10의 보수

02 정수 표현 방법에 대하여 n비트로 표현할 수 있는 정수의 범위를 적어라.

(1) 부호화 크기

(2) 1의 보수

(3) 2의 보수

03 다음 10진수를 지정한 정수 표현 방법에 따라 8비트 2진수로 표현하라.

방법	+29	−29	+120	−120
부호화 크기				
2의 보수				

04 수의 표현 방법에 대하여 숫자 0에 해당하는 16비트 2진수를 모두 적어라.

(1) 부호화 크기

(2) 1의 보수

(3) 2의 보수

05 2의 보수에 의한 정수로 해석할 때 다음 2진수에 대한 10진수를 구하라.

(1) 0010_1010

(2) 1100_0001

(3) 1111_1011

06 10진수를 2의 보수에 의한 정수 표현법에 따라 8비트 2진수와 16비트 2진수로 표현하라.

10진수	8비트	16비트
+78		
−78		

9.3 논리 연산

01 레지스터 값이 다음과 같을 때, 레지스터 전송문을 수행한 결과를 16진수로 적어라.

R1 = 2ah R2 = 3fh R3 = a9h R4 = 99h

(1) R1 ← NOT R3

(2) R1 ← R1 AND R2

(3) R1 ← R2 OR R3

(4) R1 ← R3 XOR R4

02 데이터를 비트 단위로 XOR 연산한 결과를 체크섬(checksum)이라고 한다. 다음 16진수에 대한 체크섬을 구하라.

34h	a9h	c6h	42h	8bh	d3h	28h	cfh

03 레지스터 크기를 8비트라고 가정할 때, R1 ← R1 XOR R1을 수행한 결과는?

① 0
② 01h
③ FFh
④ R1 값을 주지 않았으므로 알 수 없다.

9.4 시프트 연산

01 8비트 수를 왼쪽 논리 시프트와 오른쪽 논리 시프트를 수행한 결과를 2진수와 16진수로 적어라.

16진수	2진수	왼쪽 시프트 (2진수, 16진수)	오른쪽 시프트 (2진수, 16진수)
9Bh			
D2h			

02 8비트 2진수 1100_1010에 대하여 질문에 답하라.

(1) 정수로 해석하면 10진수로 얼마인가?
(2) 왼쪽 산술 시프트 한 값을 구하라.
(3) (2)의 결과를 정수로 해석하면 10진수로 얼마인가? (1)의 곱하기 2와 같은가?
(4) 오른쪽으로 산술 시프트 한 값을 구하라.
(5) (4)의 결과를 정수로 해석하면 10진수로 얼마인가? (1)의 나누기 2와 같은가?

03 다음 명령어를 연속으로 실행한 연산 결과는?

```
ASL    R1    // arithmetic shift left R1
ASL    R1    // arithmetic shift left R1
```

① R1×2
② R1×3
③ R1×4
④ R1×5

9.5 산술 연산

01 지시에 따라 2진수 덧셈을 수행하라.

(1) 3ch를 2진수로 표현하라.
(2) 7ah를 2진수로 표현하라.
(3) 3ch + 7ah의 결과를 2진수로 적어라.
(4) 덧셈 결과를 부호 없는 수로 해석한 10진수를 구하라.
(5) 덧셈 결과를 2의 보수에 의한 정수로 해석한 10진수를 구하라.
(6) 덧셈 결과에 대한 부호, 제로, 자리올림수, 오버플로우 플래그 값을 구하라.

02 지시에 따라 뺄셈을 수행하라.

(1) 10진수 32 - 54의 값은?
(2) 10진수 32를 2진수로 변환하라.
(3) 10진수 54를 2진수로 변환하라.
(4 (C)에 대한 2의 보수를 구하라.
(5) (2)+(4)를 계산하라.
(6) (5)를 10진수로 변환하라.
(7) (1)과 (6)의 값이 같은가?

03 정수를 8비트 2진수로 변환하여 계산할 때 오버플로우가 발생할 것으로 예상되는 것은?

① 12 + 64 ② −12 + 64
③ 56 + 85 ④ −57 + 85

04 정수 연산의 오버플로우를 검출하는데 사용되는 논리 연산은?

① NOT ② AND
③ OR ④ XOR

9.6 실수 표현

01 컴퓨터에서 실수를 2진수로 표시할 때 표현하지 않는 것은?

① 기수(base) ② 가수(mantissa) ③ 부호(sign) ④ 지수(exponent)

02 컴퓨터의 실수 표현에 적용한 방법을 모두 선택하라.

① 가수 정규화 ② 바이어스 가수 ③ 지수 정규화 ④ 바이어스 지수

03 실수 표현에서 가수를 정규화 하는 방법은?

① 가수가 0.1bbbb 형태로 되도록 지수를 조정한다.
② 가수가 1.bbbbb 형태로 되도록 지수를 조정한다.
③ 지수가 0.1bbbb 형태로 되도록 지수를 조정한다.
④ 지수가 1.bbbbb 형태로 되도록 지수를 조정한다.

04 지수에 바이어스를 더하는 이유는?

① 지수 오버플로우에 대비하기 위하여
② 지수 언더플로우에 대비하기 위하여
③ 두 실수의 지수를 양수 영역에서 비교하기 위하여
④ 한정된 자리에 가능한 많은 비트를 표현하기 위하여

05 실수 0.011에 대하여 가수를 정규화 한 결과는?

① 0.011×2^{0} ② 0.11×2^{-1}
③ 1.1×2^{-2} ④ 0.11×2^{1}

06 지시에 따라 IEEE754 단정도 실수 형식으로 표현하라.

(1) 10진수 −5.15625를 2진수로 변환하라.
(2) 가수 부분을 정규화하여 과학표기법으로 표시하라.
(3) 부호 값을 적어라.
(4) 가수 부분에 표현되는 2진수 값을 적어라.
(5) 지수 부분에 표현되는 2진수 값을 적어라.
(6) 단정도 형식의 2진수 패턴을 16진수로 표시하라.

명령어 집합

Chapter 10

명령어 집합

중앙처리장치 구성 요소인 처리장치와 제어장치는 서로 협동하여 명령어를 실행한다. 명령어는 중앙처리장치가 명령어를 실행하는데 필요한 모든 정보를 포함하고 있어야 한다. 프로세서가 실행할 수 있는 명령어를 모두 정의하고 나열한 것을 명령어 집합(instruction set)이라고 한다. 명령어 집합으로 컴퓨터 하드웨어와 소프트웨어가 구분된다고 말할 수 있다. 명령어 집합에 속한 명령어를 수행할 수 있는 하드웨어를 만든 것이 컴퓨터 구조이고, 명령어 집합에 속한 명령어를 사용하여 프로그램을 작성한 것이 소프트웨어이다. 이 장에서는 명령어를 표현하는 방법과 데이터를 저장하는 방법에 대하여 설명한다.

- 10.1 **명령어 특성**: 명령어 구성 요소와 명령어 형식을 정리한다.
- 10.2 **주소의 수**: 명령어에 포함되는 오퍼랜드 필드의 수에 따른 명령어 형식을 설명한다.
- 10.3 **주소지정방식**: 명령어의 오퍼랜드 필드에서 유효 데이터를 찾는 방법을 설명한다.
- 10.4 **오퍼랜드 저장**: 여러 바이트로 구성된 단어를 기억장치에 저장하는 방법을 설명한다.
- 10.5 **명령어 종류**: 프로세서가 제공할 수 있는 명령어 종류를 소개한다.

10.1 명령어 특성

명령어는 컴퓨터가 그 동작을 실행하기 위해 필요로 하는 정보를 포함하고 있어야 하고, 일정한 형식에 따라 표현되어야 한다. 이 절은 다음과 같이 구성되어 있다.

- 10.1.1 **명령어 구성 요소**: 명령어 구성 요소인 동작코드와 오퍼랜드에 대하여 정리한다.
- 10.1.2 **명령어 형식**: 고정길이 명령어 형식과 가변길이 명령어 형식을 소개한다.

10.1.1 명령어 구성 요소

컴퓨터는 프로그램을 구성하는 명령어를 하나씩 중앙처리장치로 가져와 해독하고 실행한다. 중앙처리장치는 기억장치에 적재된 순서대로 명령어를 실행한다. 명령어는 **동작코드**(operation code)와 **오퍼랜드**(operand)로 구성되어 있다.

- **동작코드**(opcode): 중앙처리장치가 실행해야 할 동작을 표현한 2진수 코드이다.
- **오퍼랜드**(operand): 중앙처리장치가 동작을 실행할 대상, 즉 처리할 데이터이다.

중앙처리장치가 처리하는 명령어들은 궁극적으로 서로 다른 2진수 코드를 갖도록 표현되어야 한다. 그렇지만 명령어를 설계할 때, 처음부터 명령어를 구성하는 동작코드와 오퍼랜드를 2진수로 표현하는 것은 매우 번거로운 일이다. 설계 초기에 명령어 구성 요소를 사람이 알아보기 쉬운 기호로 표현하는 것이 더 편리하다. 동작코드를 정의할 때 사람이 명령어 의미를 쉽게 기억할 수 있도록 **니모닉 코드**(mnemonic code)를 사용한다. 예를 들면, ADD, SUB, MUL, DIV, BR, PUSH, POP과 같은 이름을 사용한다. 이것들은 더하기, 빼기, 곱하기, 나누기, 분기(branch), 푸시, 팝 동작을 뜻한다는 것을 쉽게 기억할 수 있다. 프로세서마다 서로 다른 명령어를 정의하고 있고, 명령어를 표현하는 니모닉 코드도 다를 수 있다. 제공하려는 명령어를 모두 정의한 다음에 서로 다른 2진수 코드를 할당한다.

데이터 전달 명령어와 데이터 처리 명령어는 소스 오퍼랜드(source operand)와 목적지 오퍼랜드(destination operand)를 필요로 하고, 프로그램 제어 명령어는 오퍼랜드로 분기 목적지 주소(branch target address)를 필요로 한다. 오퍼랜드 종류는 레지스터, 주기억장치, 입출력 포트이다. 각 오퍼랜드를 표현하는 방법은 다음과 같다.

- **레지스터**: 레지스터에 이름이 부여되어 있다. 어셈블리 언어는 레지스터 이름을 오퍼랜드로 사용하고, 기계어 명령어는 레지스터 번호에 해당하는 2진수로 오퍼랜드를 표

현한다.

- **기억장치 주소**: 프로그램에서 정의한 변수는 일반적으로 기억장치에 할당된다. 어셈블리 언어는 변수 이름을 오퍼랜드로 사용하고, 기계어 명령어는 이 변수가 할당된 기억장소 주소를 오퍼랜드로 사용한다.
- **입출력 포트**: 어셈블리 언어는 입출력 포트에 부여되는 이름을 오퍼랜드로 사용하고, 기계어 명령어는 2진수 포트 번호를 오퍼랜드로 사용한다.

10.1.2 명령어 형식

명령어 형식(instruction format)은 명령어의 비트 필드(field)를 구분하여 해석하는 방법을 정의한다. 한 개의 프로세서는 명령어 종류에 따라 여러 개의 명령어 형식을 가질 수 있다. 프로세서의 명령어 형식을 **고정 길이 명령어 형식**(fixed-length instruction format)과 **가변 길이 명령어 형식**(variable-length instruction format)으로 구분할 수 있다. 각 방법의 특징은 다음과 같다.

- **고정 길이 명령어 형식**: 프로세서의 모든 명령어의 길이가 같다. 그렇더라도 명령어 종류에 따라 명령어 형식은 여러 개일 수 있다. 명령어를 해석하기 쉽고, 제어장치도 상대적으로 간단하다.
- **가변 길이 명령어 형식**: 명령어 종류에 따라 명령어의 길이가 다르다. 당연히 명령어를 해석하기 어렵고, 제어장치도 복잡해진다.

[그림 10-1]은 PowerPC 프로세서의 명령어 형식을 간단하게 제시한 것이다. PowerPC 프로세서는 32비트로 구성된 고정 길이 명령어 형식을 갖고 있으며, 명령어 종류에 따라 다섯 그룹으로 명령어 형식을 정의하고 있다. 상위 6비트는 동작코드 필드이고, 나머지 필드는 명령어 종류에 따라 그 의미가 다르다. PowerPC 프로세서와 같이 비교적 최근에 개발된 RISC(Reduced Instruction Set Computer) 계열의 프로세서들은 고정 길이 명령어 형식을 갖고 있다.

[그림 10-2]는 가변 길이 명령어 형식을 갖고 있는 Pentium 프로세서의 명령어 형식이다. Pentium 프로세서는 같은 계열의 이전 프로세서 명령어를 모두 수용하고 있기 때문에, 명령어 형식이 매우 복잡하다. [그림 10-2(a)]의 prefix 필드는 명령어마다 앞에 붙을

6비트	5비트	5비트	16비트		
branch	long immediate				A/L
cond. br.	options	CR Bit	displacement		A/L

(a) 분기 명령어

cond. reg.	dest. bit	src. bit	src. bit	add, or, xor, etc.	X

(b) 조건부 레지스터 논리 명령어

ld/st indirect	dest. reg.	base reg.	displacement		
ld/st indirect	dest. reg.	base reg.	index reg.	size, sign, update	X

(c) 적재/저장 명령어

arithmetic	dest. reg.	src. reg.	src. reg.	sub-opcode
arithmetic	dest. reg.	src. reg.	immediate value	

(d) 산술 연산 명령어

float sgl/dbl	dest. reg.	src. reg.	src. reg.	src. reg.	sub-op	R

(e) 실수 연산 명령어

[그림 10-1] PowerPC 프로세서의 명령어 형식

수도 있고 없을 수도 있다. Prefix 필드의 최대 길이는 4바이트이다. Prefix 필드 다음에 [그림 10-2(b)]의 명령어 필드가 붙는다. 명령어 길이도 매우 가변적이다. 가장 작은 명령어는 동작코드(opcode) 필드만 있는 한 바이트 명령어이고, 가장 긴 명령어는 prefix 필드를 제외하고도 12바이트이다. Pentium과 같이 전통적으로 계열(family) 개념이 적용된 CISC(Complex Instruction Set Computer) 프로세서들은 가변 길이 명령어 형식을 갖고 있다.

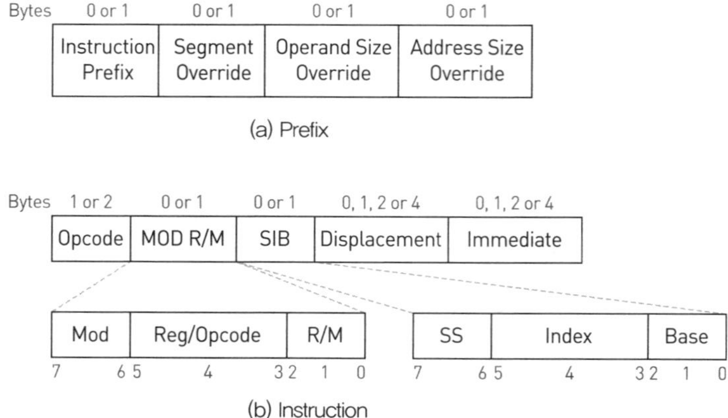

[그림 10-2] Pentium 프로세서의 명령어 형식

10.1 명령어 특성 요약

명령어는 동작코드와 오퍼랜드로 구성되어 있다. 동작코드는 명령어의 행위를 나타내는 2진 코드이다. 사람이 그 의미를 쉽게 기억할 수 있도록 2진수 대신 니모닉 코드로 표현하는 것이 일반적이다. 행위의 대상인 오퍼랜드는 레지스터, 주기억장치에 배정된 데이터, 입출력 포트일 수 있다. 명령어 형식은 명령어 구성 요소를 배치한 형태이다. 프로세서의 명령어 형식은 길이가 같을 수도 있고 다를 수도 있다.

10.2 주소의 수

명령어는 처리할 데이터에 해당하는 오퍼랜드를 포함하고 있다. 명령어가 필요로 하는 오퍼랜드 필드의 수는 명령어 종류에 따라 다르다. 데이터 처리 명령어에 해당하는 이항 연산 명령어는 두 개의 소스 오퍼랜드와 한 개의 목적지 오퍼랜드를 필요로 한다. 명령어를 설계할 때 세 개의 오퍼랜드를 다 표현할 수도 있고 일부를 생략할 수 있다. 이 절은 다음과 같은 명령어 형식을 소개한다.

- 10.2.1 3-**주소 명령어 형식**: 명령어에 오퍼랜드를 세 개 다 표현한다.
- 10.2.2 2-**주소 명령어 형식**: 한 개의 오퍼랜드로 소스와 목적지를 함께 표현한다.
- 10.2.3 1-**주소 명령어 형식**: 데이터 레지스터로 누산기를 사용하고 표현을 생략한다.

- 10.2.4 0-**주소 명령어 형식**: 스택 연산을 수행하며 오퍼랜드를 표현하지 않는다.

10.2.1 3-주소 명령어 형식

3-주소 명령어 형식은 [그림 10−3]과 같이 세 개의 오퍼랜드 필드를 포함한다. 동작코드를 op라고 하면, A ← B op C 연산식에서 A, B, C를 모두 표현하는 방식이다. 예를 들어, 산술식 Y = A×B + C×D을 3-주소 명령어 형식으로 구현한 것은 다음과 같다.

```
MUL    R1, A, B     // R1 ← A × B
MUL    R2, C, D     // R2 ← C × D
ADD    Y, R1, R2    // Y ← R1 + R2
```

하나의 명령어에 세 개의 오퍼랜드 필드를 모두 표현하면 명령어의 길이가 길어진다. 그 대신에 고급 언어 프로그램을 기계어로 변환할 때 필요한 명령어의 수는 적어진다. 3-주소 명령어 형식은 세 개의 주소를 지정하기 위하여 명령어가 길어지기 때문에 이전에는 잘 사용되지 않았다. 요즘에 개발되고 있는 RISC 프로세서는 3-주소 명령어 형식을 채용하고 있다.

10.2.2 2-주소 명령어 형식

2-주소 명령어 형식은 [그림 10−4]와 같이 두 개의 오퍼랜드 필드를 포함한다. 첫 번째 오퍼랜드 필드는 목적지 오퍼랜드와 소스 오퍼랜드 두 가지를 표현하고, 두 번째 오퍼랜드 필드는 나머지 한 개의 소스 오퍼랜드를 표현한다. A ← A op B 연산식에서 A와 B를 표현하고, A를 목적지와 소스 오퍼랜드 두 가지 기능으로 사용하는 것이다. 예를 들어, 산술식 Y = A×B + C×D을 2-주소 명령어 형식으로 구현한 결과는 다음과 같다.

동작코드	목적지 오퍼랜드	소스 오퍼랜드1	소스 오퍼랜드2

[그림 10-3] 3-주소 명령어 형식

동작코드	목적지/소스 오퍼랜드	소스 오퍼랜드

[그림 10-4] 2-주소 명령어 형식

```
LD      R1, A     // R1 ← A
MUL     R1, B     // R1 ← R1 × B
LD      R2, C     // R2 ← C
MUL     R2, D     // R2 ← R2 × D
ADD     R1, R2    // R1 ← R1 + R2
ST      Y, R1     // Y ← R1
```

3-주소 명령어 형식으로 구현한 프로그램과 비교하면 적재(LD, load)와 저장(ST, store) 명령어가 추가되었다. 대부분의 CISC 계열의 프로세서들이 2-주소 방식을 채용하고 있다.

10.2.3 1-주소 명령어 형식

1-주소 명령어 형식은 [그림 10−5]와 같이 명령어에 오퍼랜드 필드를 한 개만 표시하고 나머지를 생략한다. 초기의 컴퓨터는 데이터 레지스터를 하나만 갖고 있었다. 이 레지스터가 누산기(accumulator, AC)이다. 데이터 전달과 데이터 처리 명령어는 누산기를 사용한다고 가정하고 누산기를 명령어에 명시적으로 표현하지 않는다. 이 컴퓨터는 AC ← AC op A 형태의 데이터 처리 명령어를 실행하며, 오퍼랜드로 A만 표현한다. 예를 들어, 산술식 Y = A×B + C×D을 1-주소 명령어 형식으로 구현한 것은 다음과 같다.

```
LD      A     // AC ← A
MUL     B     // AC ← AC × B
ST      T     // T ← AC
LD      C     // AC ← C
MUL     D     // AC ← AC × D
ADD     T     // AC ← AC + T
ST      Y     // Y ← AC
```

동작코드	오퍼랜드

[그림 10-5] 1-주소 명령어 형식

모든 명령어에 누산기 표현이 생략되었고, 임시로 데이터를 저장하기 위한 기억장치 변수 T를 사용한다. 최근에 만들어지는 프로세서에서 1-주소 명령어 형식을 찾아보기 힘들다.

10.2.4 0-주소 명령어 형식

0-주소 명령어 형식은 일반 프로세서에서 잘 사용하지 않고, 특수한 계산기에서 사용하는 형식이다. 이 방법은 계산식을 역폴리쉬(reverse Polish)로 표현하고, 스택을 이용하여 계산한다. 역폴리쉬 표현법은 계산식을 후위 표기법(postfix)으로 표현한다. 스택을 이용한 계산 알고리즘은 다음과 같다.

- 계산식에서 변수를 만나면 스택에 푸시한다.
- 연산자를 만나면 스택에서 두 개의 데이터를 팝하고, 계산한 후 결과를 스택에 푸시한다.
- 이 과정을 반복하여 계산식의 처리가 끝나면, 스택에서 데이터를 팝하여 변수에 저장한다.

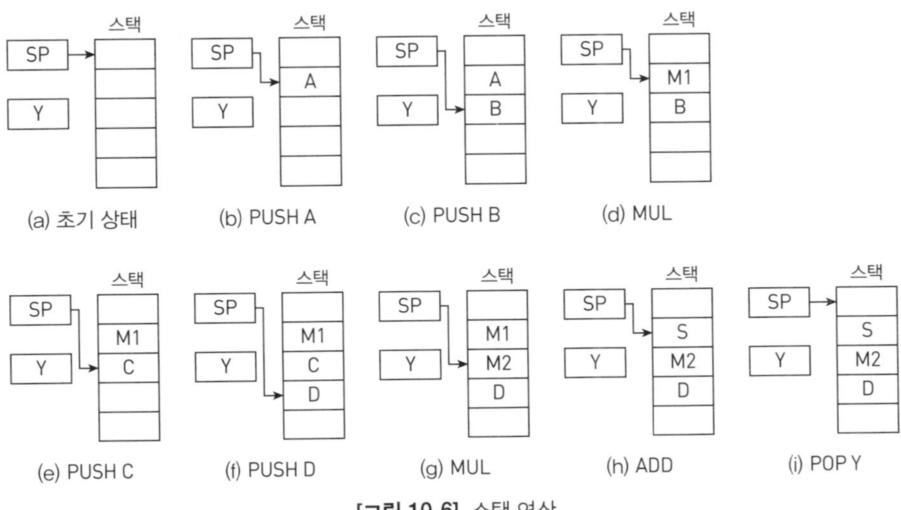

[그림 10-6] 스택 연산

예를 들어 산술식 Y = A×B + C×D에 대한 후위 표기식은 (Y = AB×CD×+)이다. [그림 10-6]은 스택을 이용한 계산 과정을 보여 준다.

- 그림 10-6(A): 초기 상태이다. 스택이 비워져 있다.
- 그림 10-6(B) PUSH A: 계산식의 첫 번째 변수 A를 스택에 푸시한다.
- 그림 10-6(C) PUSH B: 계산식의 다음 변수 B를 스택에 푸시한다.
- 그림 10-6(D) MUL: 계산식의 다음 원소가 곱하기이므로, 스택에서 두 개를 꺼내 A×B = M1을 계산하고, 곱 M1을 스택에 푸시한다.
- 그림 10-6(E) PUSH C: 계산식의 다음 변수 C를 스택에 푸시한다.
- 그림 10-6(F) PUSH D: 계산식의 다음 변수 D를 스택에 푸시한다.
- 그림 10-6(G) MUL: 계산식의 다음 원소가 곱하기이므로, 스택에서 두 개를 꺼내 M2 = C×D를 계산하고, 곱 M2를 스택에 푸시한다.
- 그림 10-6(H) ADD: 계산식의 다음 원소가 더하기이므로, 스택에서 두 개를 꺼내 S = M1+M2를 계산하고, 합 S를 스택에 푸시한다.
- 그림 10-6(I) POP Y: 계산식이 모두 소모되었으므로, 마지막으로 POP Y를 실행하여, 최종 계산 결과 S를 변수 Y로 팝한다. 스택은 최초 상태와 같아진다.

10.2 주소의 수 요약

3-주소 명령어 형식은 [C ← A op B]와 같이 두 개의 소스 오퍼랜드와 한 개의 목적지 오퍼랜드를 모두 표현한다. 2-주소 명령어 형식은 [A ← A op B]와 같이 오퍼랜드 중 하나는 소스 오퍼랜드 중 하나와 목적지 오퍼랜드를 함께 표현한다. 1-주소 명령어 형식은 데이터 레지스터로 누산기(AC)를 사용하며, 연산 명령어는 [AC ← AC op A]로 동작되고, 명령어 형식에 A만 표현한다. 0-주소 명령어 형식은 스택을 이용한 연산에 사용된다.

10.3 주소지정방식

명령어는 데이터를 처리한다. 명령어가 실제로 처리하는 데이터를 **유효 데이터**(effective data)라고 한다. 유효 데이터는 명령어 자체에 포함되어 있을 수 있고, 레지스터나 기억장치에 저장되어 있을 수 있다. 유효 데이터가 기억장치에 저장되어 있을 때, 그 데이터가 저장된 주소를 **유효 주소**(effective address)라고 한다. **주소지정방식**(addressing mode)

은 명령어 포함되어 있는 오퍼랜드 필드에서 유효 데이터를 구하는 방법을 정의한다. 이 절에서는 다음과 같은 주소지정방식을 설명한다.

- 10.3.1 **즉치 주소지정방식**(immediate addressing mode): 명령어에 유효 데이터가 들어 있다.
- 10.3.2 **직접 주소지정방식**(direct addressing mode): 유효 데이터가 기억장치에 있고, 명령어는 유효 주소를 포함하고 있다.
- 10.3.3 **간접 주소지정방식**(indirect addressing mode): 유효 데이터가 기억장치에 있고, 명령어는 유효 주소의 주소를 포함하고 있다.
- 10.3.4 **레지스터 주소지정방식**(register addressing mode): 유효 데이터가 레지스터에 저장되어 있다. 명령어는 레지스터 번호를 포함한다.
- 10.3.5 **레지스터 간접 주소지정방식**(register indirect addressing mode): 유효 데이터가 기억장치에 있고, 명령어는 유효 주소를 저장하고 있는 레지스터 번호를 포함한다.
- 10.3.6 **변위 주소지정방식**(displacement addressing mode): 명령어에 포함된 2진수와 레지스터의 값을 더하여 유효 주소를 계산한다.

명령어에 포함된 오퍼랜드가 여러 개일 때 각 오퍼랜드마다 서로 다른 주소지정방식을 적용할 수 있다. 예를 들어, 3-주소 명령어 형식은 세 개의 오퍼랜드 필드에 대하여 각각 다른 주소지정방식을 적용할 수 있다. 이 교재에서는 다음과 같은 표현 방식을 사용한다.

- A: 명령어에 표현되는 주기억장치의 주소
- Mem(A): 주기억장치 A번지에 저장되어 있는 값
- R: 명령어에 표현되는 레지스터 번호
- (R): 레지스터 R에 저장되어 있는 값
- EA: 유효 데이터가 저장되어 있는 주기억장치의 유효 주소(effective address)

10.3.1 즉치 주소지정방식

즉치 주소지정방식(immediate addressing mode)은 [그림 10-7]과 같이 명령어의 오퍼랜드 필드가 유효 데이터를 포함하고 있다. 이 방식의 특징은 다음과 같다.

동작코드	유효 데이터

[그림 10-7] 즉치 주소지정방식

- 명령어를 인출하면 그 안에 유효 데이터가 포함되어 있다.
- 명령어를 실행할 때 기억장치를 액세스할 필요가 없다.
- 유효 데이터의 표현 범위가 명령어에 할당된 오퍼랜드 필드 크기에 제한을 받는다.

다음은 즉치 주소지정방식의 명령어 예이다. 명령어에 처리되는 숫자가 직접 표현되어 있다.

- 1-주소 명령어 형식 ADDI #20 // AC ← AC + 20
- 2-주소 명령어 형식 LDI R0, #12 // R0 ← 12

예제 10-1 명령어 길이가 16비트이다. 동작코드를 표현하는데 5비트를 사용하고 나머지를 즉치 데이터(immediate data)를 표현하는데 사용한다. 데이터 필드를 부호 없는 수로 해석할 때 수의 표현 범위는?

풀이

오퍼랜드 필드의 길이가 11비트이므로, $0 \sim 2^{11}-1$. 즉, $0 \sim 2047$

10.3.2 직접 주소지정방식

직접 주소지정방식(direct addressing mode)은 [그림 10-8]과 같이 명령어의 오퍼랜드 필드가 유효 주소이다. 명령어에 포함된 오퍼랜드 필드를 기억장치 주소로 사용하여 기억장치를 액세스한다. 이 방식의 특징은 다음과 같다.

- A는 기억장치 주소이므로 부호 없는 수이다.
- 명령어를 인출한 다음에 명령어 실행 단계에서 유효 데이터를 액세스하기 위하여 기억장치를 한 번 액세스해야 한다.
- 명령어에 포함된 오퍼랜드 필드 길이는 기억장치 주소 버스 폭과 같아야 한다. 기억장

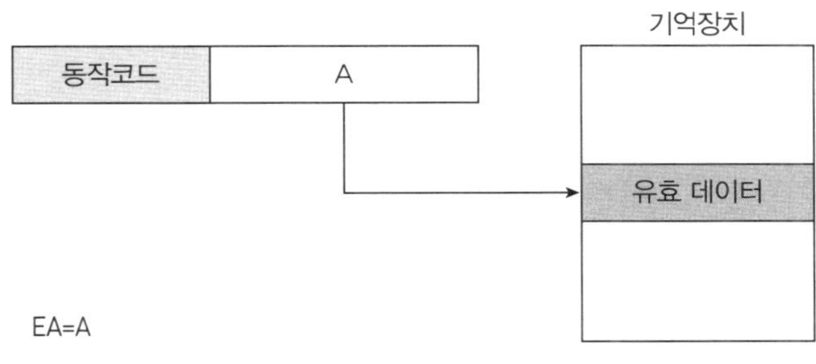

[그림 10-8] 직접 주소지정방식

치 용량이 커질수록 명령어 길이도 증가한다. 예를 들어 기억장치 용량이 1M바이트일 때, A의 길이는 20비트이다.

다음은 직접 주소지정방식의 명령어 예이다. 명령어에 기억장치 주소가 표현되어 있다.

- 1-주소 명령어 형식 ADD #20 // AC ← AC + Mem(20)
- 2-주소 명령어 형식 LD R0, #1200 // R0 ← Mem(1200)

예제 10-2 기억장치 용량이 64KB이고, 바이트 단위로 주소를 지정한다. 유효 데이터를 직접 주소지정방식으로 표현하기 위하여 주소 필드에 몇 비트가 할당되어야 하는가?

풀이

64KB = 2^{16}바이트이므로, 주소를 지정하는데 16비트가 필요하다.

10.3.3 간접 주소지정방식

간접 주소지정방식(indirect addressing mode)은 [그림 10-9]와 같이 명령어의 오퍼랜드 필드에 기억장소 주소가 저장되어 있고, 그 기억장소에서 유효 주소를 찾아 기억장소를 한 번 더 액세스하여 실제로 처리할 유효 데이터를 구한다. 이 방식의 특징은 다음과 같다.

- A는 기억장치 주소이므로 부호 없는 수이다.
- Mem(A)에 기억장치 주소가 저장되어 있고, 이것이 유효 주소이다.

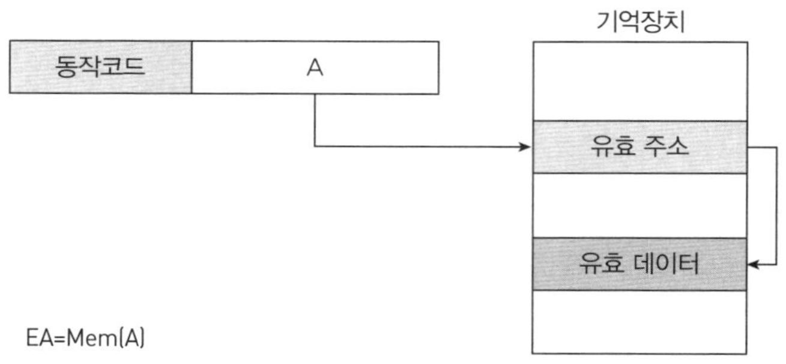

[그림 10-9] 간접 주소지정방식

- 명령어를 인출한 후 명령어 실행 단계에서 유효 데이터를 액세스하기 위하여 기억장치를 두 번 액세스해야 한다.
- 명령어에 포함되어 있는 오퍼랜드 필드 길이는 주소 버스 폭과 같아야 한다. 기억장치 용량이 커질수록 명령어 비트 크기도 증가한다. 기억장소에서 읽은 유효 주소의 길이도 주소 버스 폭과 같아야 한다.

다음은 간접 주소지정방식의 명령어 예이다. 명령어에 기억장치 주소가 표현되어 있다.

- 1-주소 명령어 형식 ADDID #20 // AC ← AC + Mem(Mem(20))
- 2-주소 명령어 형식 LDID R0, #1200 // R0 ← Mem(Mem(1200))

10.3.4 레지스터 주소지정방식

레지스터 주소지정방식(register addressing mode)은 [그림 10-10]과 같이 명령어의 오퍼랜드 필드가 레지스터 중 하나를 지시한다. 지정된 레지스터의 내용이 처리할 유효 데이터이다. 이 방식의 특징은 다음과 같다.

- 유효 데이터가 기억장치가 아닌 레지스터에 저장되어 있다.
- 기억장치를 사용하지 않으므로, 유효 주소가 없다.
- 레지스터 수는 기억장치 용량에 비하여 매우 적다. R은 레지스터 중 하나를 지칭하는 레지스터 번호이므로, 기억장치 주소보다 길이가 짧다. 따라서 명령어 전체 길이도 감소한다.

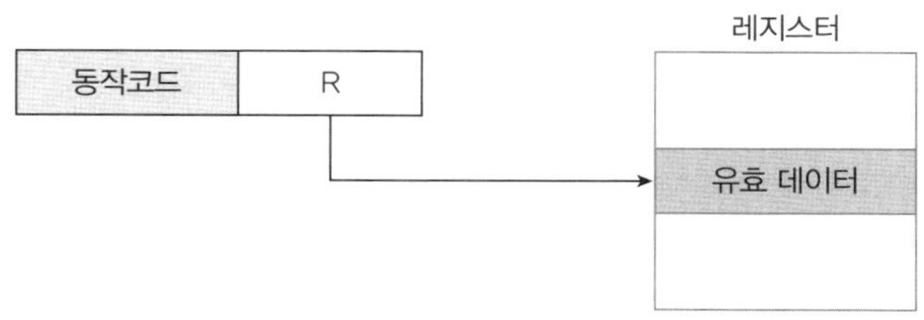

[그림 10-10] 레지스터 주소지정방식

- 실행 단계에서 유효 데이터를 가져오기 위하여 기억장치를 액세스할 필요가 없다. 따라서 유효 데이터가 기억장치에 저장되어 있는 명령어보다 실행 속도가 빠르다.

다음은 레지스터 주소지정방식의 명령어 예이다. 명령어에 레지스터 번호가 표현되어 있다.

- 2-주소 명령어 형식 LD R0, #1200 // R0 ← Mem(1200)
- 2-주소 명령어 형식 ADD R0, R1 // R0 ← R0 + R1
- 3-주소 명령어 형식 ADD R0, R1, R2 // R0 ← R1 + R2

첫 번째 예에서 R0 부분은 레지스터 주소지정방식이고, #1200 부분은 직접 주소지정방식이다. 이 예와 같이 주소지정방식은 각 오퍼랜드 필드마다 다르게 적용될 수 있다.

예제 10-3 레지스터가 R0~R7까지 8개인 프로세서가 있다. 이 프로세서에서 명령어의 오퍼랜드로 레지스터를 표현하려면 몇 비트를 할당해야 하는가?

풀이

2^3 = 8이므로, 3비트

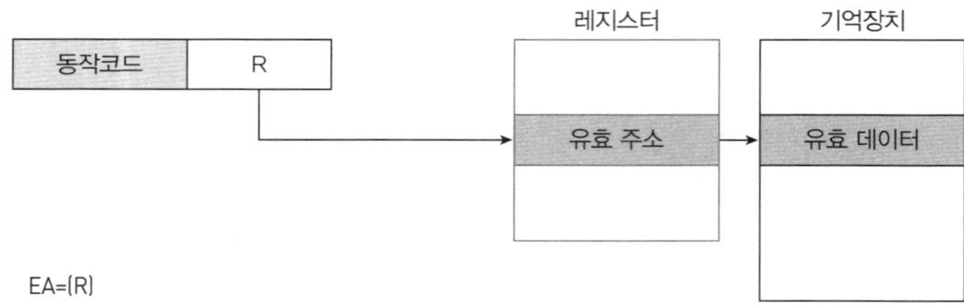

[그림 10-11] 레지스터 간접주소지정 방식

10.3.5 레지스터 간접 주소지정방식

레지스터 간접 주소지정방식(register indirect addressing mode)은 레지스터 주소지정방식과 간접 주소지정방식을 합친 것이다. [그림 10-11]과 같이 명령어의 오퍼랜드 필드는 레지스터를 지정한다. 이 레지스터 값을 유효 주소로 사용하여 기억장소를 액세스하고, 그 안에 실제 처리되는 유효 데이터가 저장되어 있다. 이 방식의 특징은 다음과 같다.

- 간접 주소지정방식과 비슷하지만, 유효 주소가 레지스터에 저장되어 있다. 유효 주소는 (R)이고, 유효 데이터는 Mem((R))이다.
- 실행 단계에서 유효 데이터를 가져오기 위하여 기억장치를 한 번 액세스한다.
- R은 레지스터 번호이므로, 기억장치 주소에 비하여 길이가 짧다. 따라서 직접 또는 간접 주소지정방식에 비하여 명령어 전체 길이도 짧다. 명령어 길이가 짧으면서도 기억장치를 액세스할 수 있다는 장점이 있다.

예제 10-4 레지스터 간접 적재 명령어와 저장 명령어의 형식이 [그림 10-12(a)]와 같다. 각 명령어의 표현과 레지스터 전송문은 다음과 같다.

- 레지스터 간접 적재 명령어: LDR Rd, Mem(Rs+1:Rs) // Rd ← Mem(Rs+1:Rs)
- 레지스터 간접 저장 명령어: STR Mem(Rd+1:Rd), Rs // Mem(Rd+1:Rd) ← Rs

적재 명령어는 Rs만 표현하고 Rs+1을 표현하지 않고, 저장 명령어는 Rd만 표현하고 Rd+1을 표현하지 않는다. 예를 들어, 적재 명령어의 Rs = 6이면, 기억장치 주소는 (R7:R6)이다.

(1) LDR R0, Mem(R7:R6) 명령어를 실행한 후 변하는 레지스터의 값을 구하라.

(2) STR Mem(R7:R6), R1 명령어를 실행한 후 변하는 기억장치의 값을 구하라.

5 비트	3 비트	3 비트	3 비트	2 비트
LDR: 00110	Rd	Rs	XXX	00
STR: 00110	Rd	Rs	XXX	01

(a) 명령어 형식

번호	데이터
R7	01
R6	23
...	...
R1	3A
R0	00

(b) 레지스터 상태

주소	데이터
...	...
125	78
124	AB
123	0D
122	1A

(c) 기억장치 상태

[그림 10-12] 명령어 형식과 상태

풀이

(1) R0 ← Mem(R7:R6) = Mem(0123) = 0D

(2) Mem(R7:R6) = Mem(0123) ← R1 = 3A

10.3.6 변위 주소지정방식

변위 주소지정방식(displacement addressing mode)은 [그림 10-13]과 같이 명령어에 표현된 오퍼랜드 필드(A)와 기준 주소를 저장하고 있는 특정 레지스터 값을 더하여 유효 주소를 계산한다. 오퍼랜드 필드는 레지스터 값을 기준으로 한 상대 거리를 나타낸다. 이 방식의 유효 주소는 EA = (R) + A이다.

이 방법의 장점은 변위를 표현하는 필드 A의 비트 수를 기억장치 주소의 폭보다 적게 할당할 수 있다는 것이다. 예를 들어, 기억장치 용량이 64K바이트이면, 주소 폭은 16비트이다. 만일 레지스터 크기가 16비트이고 변위에 12비트를 할당한다면, 유효 주소를 (16비트

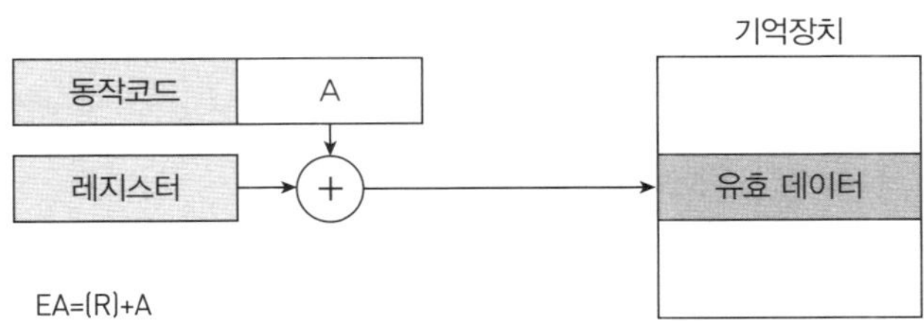

[그림 10-13] 변위 주소지정방식

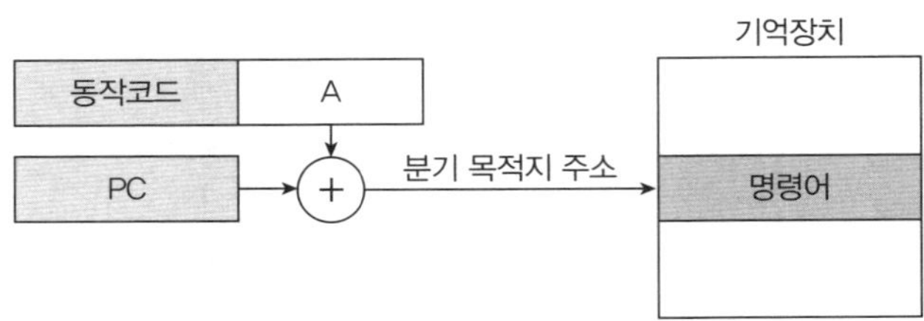

[그림 10-14] 상대 주소지정방식

+ 12비트)로 계산한다. 계산에 사용되는 데이터 비트 수가 다르므로, 변위 부분을 부호 확장하여 계산해야 한다.

변위 주소지정방식은 기준 주소를 저장하고 있는 레지스터에 따라 세 가지로 구분할 수 있다. 각 방법의 용도가 다르다.

- 상대 주소지정방식(relative addressing mode)
- 베이스 레지스터 주소지정방식(base−register addressing mode)
- 인덱싱(indexing)

상대 주소지정방식(relative addressing 또는 PC relative addressing mode)은 [그림 10−14]와 같이 프로그램 카운터를 기준 레지스터로 사용한다. 유효 주소는 (PC) + A이다. 이 방식은 프로그램 제어 명령어의 분기 목적지 주소를 표현하기 위하여 사용된다. 예를 들면, 무조건 분기 명령어, 조건 분기 명령어, 서브루틴 호출과 같은 명령어가 상대 주소지정방식으로 분기 목적지 주소를 표현한다.

프로그램 속성상 분기 목적지는 현재 실행 중인 명령어 이전에 있을 수 있고 이후에 있을 수도 있으므로, 오퍼랜드 필드 A의 값을 정수로 해석한다. 그리고 대부분 분기 목적지는 현재 실행 중인 명령어와 가까운 위치에 있기 때문에, 필드 A에 기억장치 전체를 지정할 수 있을 정도로 큰 비트를 할당할 필요가 없다. PC 값과 A를 더할 때 비트 수가 다르므로, A의 비트를 확장하여 더해야 한다.

예제 10-5 바이트 단위로 구성된 기억장치 용량이 64KB이고, 한 개의 명령어는 2바이트로 구성되어 있다. 현재 프로세서는 204_{10}번지의 명령어를 실행하고 있고, 실행하려는 명령어는 상대

주소지정방식으로 표현된 무조건 분기 명령어 BR(unconditional branch)이다.

(1) 현재 PC 값을 구하라.

(2) 명령어가 BR +64일 때, 이 명령어를 실행한 후 PC 값을 구하라.

(3) 명령어가 BR −66일 때, 이 명령어를 실행한 후 PC 값을 구하라.

풀이

(1) 프로세서가 204번지의 명령어를 실행하고 있을 때, PC는 다음 명령어를 가리킨다. 기억장치 두 바이트에 한 개의 명령어가 저장되므로, 현재 PC 값은 206_{10}이다.

(2) 명령어 실행 후 PC 값 = 206 + 64 = 270

(3) 명령어 실행 후 PC 값 = 206 − 66 = 140

베이스 레지스터 주소지정방식(base-register addressing mode)은 [그림 10−15]와 같이 베이스 레지스터(BR)를 기준 주소로 사용한다. 유효 주소는 EA = (BR) + A이다.

베이스 레지스터는 스택의 어느 기준 주소를 지정하는 주소 레지스터이다. 이 지점을 기준으로 위 또는 아래에 위치한 데이터를 액세스하기 위하여 이 주소지정방식을 사용한다. 주소 필드 A는 스택의 기준 주소부터 상대 거리를 나타내므로, 정수로 해석해야 한다. 이 때도 A의 비트를 확장하여 더하여 유효 주소를 구해야 한다.

인덱싱(indexing 또는 index register addressing mode)은 [그림 10−16]과 같이 인덱스 레지스터를 사용한다. 유효 주소는 (인덱스 레지스터) + A로 계산한다. 인덱스 레지스터는 주로 기억장치에 배정된 배열의 시작 주소를 가리키는데 사용된다.

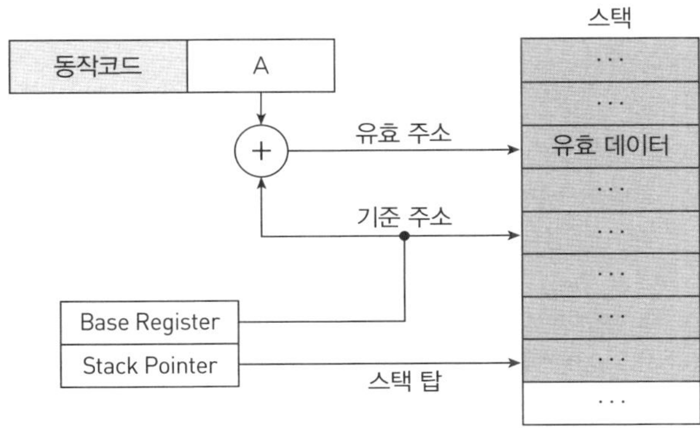

[그림 10-15] 베이스 레지스터 주소지정방식

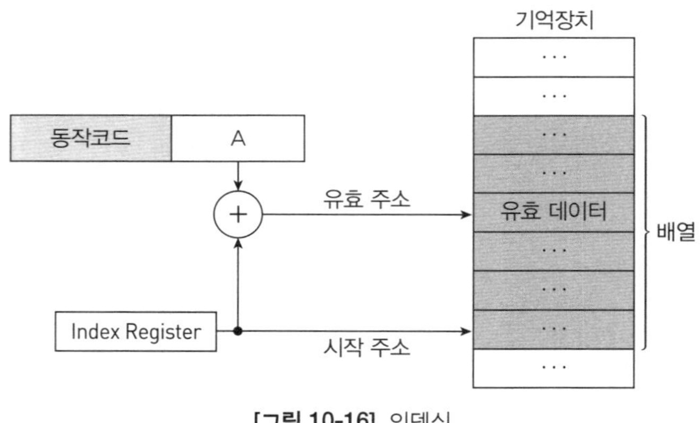

[그림 10-16] 인덱싱

자동 인덱싱(auto indexing)은 명령어를 실행하면서 동시에 인덱스 레지스터 값을 증가 또는 감소시키는 방법이다. 인덱스 레지스터 값을 갱신하는 시기에 따라 선인덱싱(pre-indexing)과 후인덱싱(post-indexing)으로 구분할 수 있다. 선인덱싱은 먼저 인덱스 레지스터 값을 변경한 다음에 기억장치를 액세스하는 방법이고, 후인덱싱은 먼저 기억장치를 액세스한 다음에 인덱스 레지스터 값을 변경하는 방법이다.

지금까지 여러 가지 주소지정방식을 설명하였다. 실제 프로세서들은 이 절에서 소개한 주소지정방식을 몇 가지 결합하여 사용하기도 하고, 일부를 사용하지 않기도 한다. 프로세서가 제공하는 주소지정방식이 많고 복잡할수록 프로그램을 작성할 때 유연성은 늘어나지만, 그만큼 제어장치가 복잡해진다. 그러므로 프로세서를 설계할 때 적절한 타협이 필요하다.

10.3 주소지정방식 요약

주소지정방식은 명령어의 각 오퍼랜드 필드에서 유효 데이터를 구하는 방법을 결정한다. 프로그램을 유연하게 작성하도록 프로세서는 여러 가지 주소지정방식을 제공한다. 즉치 주소지정방식은 명령어에 유효 데이터가 들어 있다. 직접 주소지정방식은 명령어에 유효 주소가 들어 있다. 간접 주소지정방식은 명령어에 유효 주소의 주소가 들어 있다. 레지스터 주소지정방식은 유효 데이터가 레지스터에 들어 있다. 레지스터 간접 주소지정방식은 레지스터에 유효 주소가 저장되어 있다. 변위 주소지정방식은 기준 주소를 저장하는 레지스터에 따라 상대 주소지정방식, 베이스 레지스터 주소지정방식, 인덱싱으로 세분된다. 상대 주소지정방식은 프로그램 카운터와 오프셋을 더하여 분기 목적지 주소를 나타낸다. 베이스 레지스터 주소지정방식은 스택의 기준점으로부터 상대 위치를 액세스하는데 사용된다. 인덱싱은 배열 데이터를 액세스하기 위하여 사용된다.

10.4 오퍼랜드 저장

오퍼랜드(operand)는 동작의 대상이다. 컴퓨터 구조에서 오퍼랜드는 다음과 같이 두 가지 의미로 사용된다.

- 명령어 형식에서 동작의 대상을 표현하는 필드: '10.2 주소의 수'에서 명령어 형식은 동작코드와 한 개 이상의 오퍼랜드 필드로 구성되어 있다고 하였다. 이때 오퍼랜드는 유효 데이터가 아니고 "기억장치 주소 또는 레지스터 번호로 유효 데이터를 액세스하는 데 필요한 정보"이다.
- 동작코드가 처리하는 유효 데이터: 명령어의 동작코드가 실제로 처리하는 유효 데이터를 오퍼랜드라고 한다. '10.3 주소지정방식'은 명령어의 오퍼랜드(유효 데이터를 구하는 데 필요한 정보)에서 오퍼랜드(유효 데이터)를 구하는 방법을 설명한 것이다.

첫 번째 용도는 오퍼랜드를 넓게 해석한 것이고, 두 번째 용도는 좁게 해석한 것이라고 볼 수 있다. 이 절에서는 좁은 의미의 오퍼랜드를 기억장치에 저장할 때 고려 사항인 정렬 문제와 바이트 저장 순서에 대하여 다룬다.

- 10.4.1 **데이터 정렬**: 여러 바이트의 단어를 기억장치에 배정하는 방법을 설명한다.
- 10.4.2 **바이트 순서**: 여러 바이트의 단어를 할당 받은 기억장소에 저장하는 방법을 설명한다.

10.4.1 데이터 정렬

단어는 중앙처리장치가 한 번에 처리하는 데이터이다. 프로세서 종류에 따라 단어 크기는 8비트, 16비트, 또는 32비트이다. 최근에는 단어가 64비트인 프로세서도 생산되고 있다. 그렇지만 컴퓨터 기억장치는 일반적으로 바이트 단위로 조직되어 있다. 즉, 한 개의 주소에 한 바이트가 배정된다. 따라서 두 바이트 이상의 단어를 처리하는 컴퓨터 시스템에서 한 개의 단어는 여러 개의 주소 공간에 배정되어야 한다.

단어 크기가 n바이트인 단어 한 개는 기억장치에 n개의 공간을 차지한다. 이 단어를 바이트 단위로 주소를 부여하는 기억장치 주소 A에 저장한다는 것은 주소 A+0부터 A+(n−1)까지 n개의 공간에 할당하는 것을 의미한다. 단어를 저장하는 기억장치의 시작 주소 A가

A[31:2]	A_1A_0=11	A_1A_0=10	A_1A_0=01	A_1A_0=00	
0000_0000h	D[31:24]	D[23:16]	D[15:8]	D[7:0]	
0000_0004h	D[31:24]	D[23:16]	D[15:8]	D[7:0]	정렬된 단어
0000_0008h	D[31:24]	D[23:16]	D[15:8]	D[7:0]	
0000_000ch	D[31:24]	D[23:16]	D[15:8]	D[7:0]	정렬되지 않은 단어
0000_0010h	D[31:24]	D[23:16]	D[15:8]	D[7:0]	
0000_0014h	D[31:24]	D[23:16]	D[15:8]	D[7:0]	
0000_0018h	D[31:24]	D[23:16]	D[15:8]	D[7:0]	
0000_001ch	D[31:24]	D[23:16]	D[15:8]	D[7:0]	
···	D[31:0] ···				

[그림 10-17] 4바이트 크기의 기억장치 정렬

n의 배수일 때, "**데이터가 단어 크기에 정렬되어 있다**(word-size aligned)"라고 한다.

Pentium, MIPS, ARM과 같은 프로세서는 레지스터 크기, 데이터 버스 폭, 주소 버스 폭이 모두 32비트(4바이트)이다. 이 프로세서들은 한 번에 4바이트의 데이터를 액세스할 수 있지만, 기억장치는 바이트 단위로 조직되어 있다. 이 프로세서들은 [그림 10−17]과 같이 4바이트 크기로 정렬된 32비트 데이터를 액세스한다. [그림 10−17]에 대한 해석은 다음과 같다.

- 기억장치는 4바이트가 모여 한 개의 단어를 구성한다.
- 주소선은 32비트(A[31:0])이지만, 정렬된 단어를 액세스할 때 하위 두 비트(A[1:0])를 사용하지 않는다. 즉, 상위 30비트(A[31:2])만으로 한 개의 단어를 액세스한다.
- [그림 10−17]의 한 라인에 배치된 데이터는 상위 30비트(A[31:2]) 값이 같고, 하위 2비트(A[1:0]) 값이 다르다. 한 라인에 배치된 데이터를 "**정렬되어 있다**(aligned)"고 한다. 프로세서는 정렬되어 있는 단어를 한 번에 액세스할 수 있다. 예를 들어, 주소 [07h, 06h, 05h, 04h]에 배정된 단어는 정렬되어 있는 것이다.
- 주소 측면에서 연속으로 배치된 데이터라도 한 라인에 배치되어 있지 않다면, "**정렬되어 있지 않다**(not aligned)"고 한다. 이런 데이터는 상위 30비트(A[31:2]) 값이 다르다. 예를 들어, 연속 주소 [11h, 10h, 0Fh, 0Eh]에 배정된 단어는 정렬되어 있지 않은 것이다.

• 프로세서가 단어 크기에 정렬되어 있지 않은 단어를 액세스하려면, 기억장치를 두 번 액세스하여 데이터를 조립해야 한다.

예제 10-6 [그림 10-17]을 참고하여, 4바이트 단위로 정렬된 기억장치를 사용하는 프로세서가 다음 주소에 저장되어 있는 데이터를 한 번에 액세스할 수 있는지 판단하라.

(1) 주소 0000_0004h, 0000_0005h, 0000_0006h, 0000_0007h 번지
(2) 주소 1000_000eh, 1000_000fh, 1000_0010h, 1000_0011h 번지
(3) 주소 1234_1e08h, 1234_1e09h, 1234_1e0ah, 1234_1e0bh 번지
(4) 주소 b800_a003h, b800_a004h, b800_a005h, b800_a006h 번지

풀이

(1) 정렬됨. 시작 주소가 4의 배수이므로 한 번에 액세스할 수 있다.
(2) 정렬되지 않음. 시작 주소가 4의 배수가 아니므로 한 번에 액세스할 수 없다.
(3) 정렬됨. 시작 주소가 4의 배수이므로 한 번에 액세스할 수 있다.
(4) 정렬되지 않음. 시작 주소가 4의 배수가 아니므로 한 번에 액세스할 수 없다.

10.4.2 바이트 순서

한 개의 단어가 두 바이트 이상의 기억장소를 차지할 때, 단어를 구성하는 바이트들을 해당 공간에 배치하는 방법을 **바이트 순서(byte order)**라고 한다. 32비트 레지스터에 저장된 32비트 수 12345678h는 상위 바이트인 12h의 무게가 하위 바이트인 78h의 무게보다 크다고 말할 수 있다. [그림 10-18]은 이 수를 기억장치의 4바이트에 저장하는 두 가지 방법을 보여준다. 기억장치 주소를 하위 두 비트만 표시하였다.

• **리틀 엔디언(little endian)**: 주소 값이 큰 장소에 무게가 큰 수를 저장하고, 주소 값이

레지스터: 12345678		A_1A_0=11	A_1A_0=10	A_1A_0=01	A_1A_0=00
	little endian	12	34	56	78
	big endian	78	56	34	12

[그림 10-18] 바이트 순서

작은 장소에 무게가 작은 수를 저장한다.

- **빅 엔디언**(big endian): 주소 값이 큰 장소에 무게가 작은 수를 저장하고, 주소 값이 작은 장소에 무게가 큰 수를 저장한다.

두 가지 방식 중 표준은 정해져 있지 않다. 예를 들면, Intel x86 계열, ARM 프로세서는 리틀 엔디언 방식을 사용하고, Motorola 68 계열, MIPS 프로세서, 인터넷은 빅 엔디언 방식을 사용한다.

예제 10-7 [그림 10-19] 기억장치 상태를 보고 질문에 답하라. 데이터는 모두 16진수이다.

(1) 주소 1200h부터 1203h까지 데이터를 리틀 엔디언으로 해석하라.
(2) 주소 1204h부터 1207h까지 데이터를 빅 엔디언으로 해석하라.

주소	데이터
1203h	55
1202h	44
1201h	33
1200h	22

주소	데이터
1207h	66
1206h	77
1205h	88
1204h	99

[그림 10-19] 기억장치 상태

풀이

(1) 리틀 엔디언 방식은 큰 주소 1203h에 무게가 큰 수를 저장한다. 따라서 55443322h
(2) 빅 엔디언 방식은 작은 주소 1204h에 값이 무게가 큰 수를 저장한다. 따라서 99887766h

10.4 오퍼랜드 저장 요약

여러 바이트로 구성된 단어를 기억장소에 배정할 때, 배정된 기억장소의 시작 주소가 단어 크기의 배수이면, '데이터가 단어 크기에 정렬되어 있다'고 한다. 정렬된 단어는 기억장치에서 한 번에 액세스할 수 있다. 단어를 기억장치에 저장하는 방법은 리틀 엔디언과 빅 엔디언 방식이 있다. 리틀 엔디언 방식은 주소 값이 작은 기억장소에 무게가 작은 바이트를 저장하고, 빅 엔디언 방식은 주소 값이 큰 기억장소에 무게가 작은 바이트를 저장한다.

10.5 명령어 종류

명령어에 포함된 동작코드(opcode)는 중앙처리장치가 실행할 명령어를 나타낸다. 명령어는 데이터 전달 명령어, 데이터 처리 명령어, 프로그램 제어 명령어로 분류한다. 운영체제가 복잡해짐에 따라, 프로세서는 운영체제 기능을 하드웨어로 지원하기 위한 새로운 그룹의 명령어를 제공하고 있다. 이 그룹을 **시스템 제어(system control) 명령어**라고 한다. 이 절에서는 각 명령어 종류를 다음과 같이 세분화하여 명령어를 제시하고 그 동작을 설명한다.

- 10.5.1 **데이터 전달 명령어**
- 10.5.2 **입출력 명령어**
- 10.5.3 **산술 연산 명령어**
- 10.5.4 **논리 연산 명령어**
- 10.5.5 **상태 레지스터 조작 명령어**
- 10.5.6 **분기 명령어**
- 10.5.7 **서브루틴 호출 명령어**
- 10.5.8 **인터럽트 명령어**
- 10.5.9 **시스템 제어 명령어**

10.5.1 데이터 전달 명령어

데이터 전달 명령어는 동작코드, 소스 오퍼랜드, 목적지 오퍼랜드를 포함하고 있다. 동작코드는 전달하는 데이터 크기에 대한 정보를 포함하고 있어야 한다. 일반적으로 데이터 크기는 바이트의 배수이다. 같은 동작을 수행하더라도 전달하는 데이터 크기가 다르면, 별도의 동작코드를 부여해야 한다. 데이터 전달 명령어의 종류는 다음과 같다.

- 적재(load) (Register ← Memory): 기억장치 한 장소에서 레지스터로 데이터를 전송한다.
- 저장(store) (Memory ← Register): 레지스터 값을 기억장치 한 장소로 저장한다.
- 이동(move) (Register ← Register, Register ← Memory, Memory ← Register, Memory ← Memory): 레지스터 간, 레지스터와 기억장치 간, 또는 기억장치 간에 데

이터를 이동하는 명령어이다. 프로세서에 따라 이동 명령어만으로 적재와 저장 기능을 구현하고 있는 프로세서도 있다.

- 교환(exchange): 한 개의 명령어로 소스 오퍼랜드와 목적지 오퍼랜드 값을 교환한다. 각 오퍼랜드는 레지스터 또는 기억장치일 수 있다.
- 푸시(PUSH): 레지스터의 값을 스택에 저장하며, 저장 명령어의 일종이다.
- 팝(POP): 스택의 탑에 있는 값을 레지스터로 전달하며, 적재 명령어의 일종이다.

10.5.2 입출력 명령어

입출력 명령어는 입력 명령어와 출력 명령어가 있다.

- 입력(input) (Register ← I/O port): 입출력 포트의 데이터를 레지스터로 전달한다.
- 출력(output) (I/O port ← Register): 레지스터의 데이터를 입출력 포트로 전달한다.

입력/출력 명령어는 적재/저장 명령어와 동작이 거의 같다. 입력/출력 명령어는 입출력 주소 공간을 사용하고, 적재/저장 명령어는 기억장치 공간을 사용하는 점이 다르다. 입출력 주소가 입출력 포트이다. 입출력 명령어는 대부분 직접 주소지정방식 또는 레지스터 간접 주소지정방식을 사용하고, 적재/저장 명령어는 '10.3 주소지정방식'에서 설명한 모든 주소지정방식을 사용한다. 기억장치와 레지스터 간 데이터 전달 명령어는 프로그램 작성의 유연성을 제공하기 위하여 종류가 다양하지만, 입출력 명령어는 주소지정방식이 단순하다.

10.5.3 산술 연산 명령어

산술 연산 명령어는 다음과 같은 관점으로 분류할 수 있다. 종류가 같은 연산이더라도 데이터 형식과 크기에 따라 동작코드를 다르게 정의해야 한다.

- 데이터 형식: 부호 없는 수, 정수, 실수, 이진화 십진 코드(BCD)
- 데이터 크기: 8비트, 16비트, 32비트, 64비트

단항 산술 연산은 다음과 같은 것들이 있을 수 있다.

- 절대값(absolute): 정수 또는 실수에 대하여 절대값을 구한다.
- 음수(negate): 정수 또는 실수에 대하여 부호를 반대로 만든다.
- 증가(increment): 부호 없는 수 또는 정수에 대하여 값을 1 증가시킨다.
- 감소(decrement): 부호 없는 수 또는 정수에 대하여 값을 1 감소시킨다.
- 제곱근(square root): 실수에 대하여 제곱근을 구한다.

이항 산술 연산의 종류는 사칙(더하기, 빼기, 곱하기, 나누기) 연산이 있다.

10.5.4 논리 연산 명령어

논리 연산 명령어는 대부분 부호 없는 수를 취급한다. 종류가 같은 연산이더라도 데이터 형식과 데이터 크기에 따라 동작코드를 다르게 정의해야 한다.

프로세서가 제공하는 기본 논리 이항 연산 명령어는 AND, OR, XOR이다. 이 외에 NAND, NOR, XNOR 명령어를 제공할 수도 있다. 단항 논리 연산 명령어는 NOT 이외에 다음과 같은 것들이 있을 수 있다.

- 비트 클리어(bit clear): 레지스터의 특정한 비트를 0으로 만든다.
- 비트 세트(bit set): 레지스터의 특정한 비트를 1로 만든다.
- 시프트(shift): 논리 시프트와 산술 시프트 연산이 있으며, 시프트 방향에 따라 명령어의 동작코드를 다르게 정의해야 한다. 밀려나는 비트를 회전(rotate)시킬 수도 있다.

10.5.5 상태 레지스터 조작 명령어

이후에 설명하는 명령어들은 프로그램 제어 명령어에 해당한다. 제어를 이동한다는 것은 프로그램 실행 순서를 변경하는 것이다. 프로그램을 실행할 때 프로그램 카운터는 다음에 실행할 명령어를 가리키고 있다. 그러므로 프로그램 카운터 값을 변경하면 프로그램의 실행 순서가 변경된다. 다음과 같은 명령어들이 이 그룹에 속한다.

- 10.5.5 상태 레지스터 조작 명령어
- 10.5.6 무조건 분기 및 조건 분기 명령어

• 10.5.7 서브루틴 호출과 복귀

프로그램 카운터 값을 변경하는 명령어 이외에 상태 레지스터 값을 변경하거나 상태 레지스터의 특정 비트 값을 조작하는 명령어들도 프로그램 제어 명령어 그룹으로 분류하는 것이 일반적이다. 상태 레지스터 값을 변경하는 명령어는 비교(compare)와 테스트(test)가 있다. 조건 분기를 실행하기 전에 이 명령어들을 먼저 실행하여 상태 레지스터의 값을 변경하는 목적으로 사용한다.

- **비교(compare) 명령어**: 두 개의 오퍼랜드를 가지며, "compare A, B" 형식으로 표현된다. 이 명령어를 실행할 때, 연산 장치는 A − B를 수행하고, 연산 결과를 저장하지 않는다. 다만, 연산 결과에 따라 상태 레지스터의 플래그들이 변경된다. 다음에 실행할 조건 분기 명령어가 상태 레지스터를 참조하도록 만드는 의미가 있다.
- **테스트(test) 명령어**: 비교 명령어와 마찬가지로 두 개의 오퍼랜드를 가지며, "test A, B"와 같은 형식으로 표현된다. 이 명령어를 실행할 때, 연산 장치는 A AND B를 수행하고, 연산 결과를 저장하지 않는다. 다만, 연산 결과에 따라 상태 레지스터 값이 변경된다.

다음에 소개하는 명령어는 상태 레지스터의 특정 플래그를 세트, 리셋하는 명령어들이다. 이 명령어들은 동작코드만으로 구성되어 있고, 오퍼랜드 필드가 필요하지 않다.

- **Set/Reset Carry Flag 명령어**: 어셈블리 수준에서 프로그램을 작성하다 보면 프로그래머가 자리올림수 플래그(carry flag)를 세트 또는 리셋해야 할 필요가 있는 때도 있다. 이 기능을 수행하는 명령어를 일반적으로 니모닉 코드 STC(set carry flag)와 CLC(clear carry flag)로 표현한다. 어셈블리 함수에서 리턴할 때 참 또는 거짓 값을 반환하는 경우, 이 명령어 중 하나를 사용하여 자리올림수 플래그를 세트 또는 리셋 상태로 만든다.
- **Set/Reset Interrupt Flag 명령어**: 상태 레지스터 안에 있는 인터럽트 가능 플래그(interrupt enable flag)을 세트 또는 리셋하는 명령어이다. 일반적으로 니모닉 코드를 STI(set interrupt flag)와 CLI(clear interrupt flag)로 표현한다. 인터럽트 플래그가 1로 세트되어 있을 때 프로세서는 외부 인터럽트를 받아들일 수 있고 인터럽트 플래그가 0으로 리셋되어 있을 때 프로세서는 외부 인터럽트를 무시한다.

10.5.6 분기 명령어

분기 명령어 종류는 무조건 분기(unconditional branch) 명령어와 조건 분기(conditional branch) 명령어가 있다. 무조건 분기 명령어는 니모닉 코드로 BR(branch) 또는 JMP(jump)로 표현한다. 오퍼랜드 필드는 분기 조건을 만족할 때 프로그램 카운터에 적재할 주소에 대한 정보를 포함하고 있다. 분기 목적지 주소(branch target address)는 직접 주소지정방식, 레지스터 간접 주소지정방식, 상대 주소지정방식 등과 같이 다양한 방법으로 표현될 수 있다.

무조건 분기 명령어는 조건과 관계없이 항상 프로그램 카운터에 분기 목적지 주소를 적재한다. 조건 분기 명령어는 상태 레지스터의 특정 Z(zero), S(sign), C(carry), P(parity), OV(overflow) 플래그를 참조하여 분기할지를 결정한다. 분기 조건을 만족한 것을 "**taken**"이라고 하고, 조건을 만족하지 않은 것을 "**not taken**"이라고 한다.

- Branch taken: 프로그램 카운터에 분기 목적지 주소를 적재한다.
- Branch not taken: 프로그램 카운터 값을 변경하지 않는다. 조건 분기 명령어가 실행 중일 때 프로그램 카운터는 이미 다음 명령어를 가리키고 있으므로, 조건 분기 명령어의 다음 명령어를 실행한다.

예제 10-11 상태 레지스터 값이 다음과 같다. 다음 명령어를 실행한 후, PC 값을 구하라. 명령어 길이는 2바이트이고, 현재 실행하는 명령어는 1000번지에 저장되어 있고, 상대 주소지정방식을 사용한다.

Z = 0, S = 0, C = 1, P = 0, OV = 1

```
(1) BRZ     +100    // branch if Z = 1
(2) BRNZ    +100    // branch if Z = 0
(3) BRC     +24     // branch if C = 1
```

풀이

(1) branch not taken, PC = 1002 // 명령어를 실행할 때 PC 값은 1002이다.
(2) branch taken, PC = 1002 + 100 = 1102
(3) branch taken, PC = 1002 + 24 = 1026

10.5.7 서브루틴 호출 명령어

서브루틴(subroutine, 부프로그램)은 프로시저(procedure) 또는 함수(function)라고도 한다. 서브루틴 호출과 관련하여 프로세서는 서브루틴 호출(subroutine call)과 서브루틴에서 복귀(return from subroutine) 명령어를 제공한다. 일반적으로 서브루틴 호출 명령어의 니모닉 코드로 CALL을 사용하고, 복귀 명령어의 니모닉 코드로 RET를 사용한다.

서브루틴 호출 명령어는 [그림 10-20(a)]와 같은 형식을 갖는다. 동작코드는 CALL이고, 오퍼랜드는 서브루틴의 시작 주소이다. 분기 명령어와 마찬가지로 분기 목적지 주소는 다양한 주소지정방식으로 표현될 수 있다. 서브루틴 호출 명령어는 복귀 주소(return address)를 저장하고 프로그램 카운터(PC)에 서브루틴의 시작 주소를 적재한다.

복귀 주소는 서브루틴 호출 명령어 다음에 있는 명령어 주소이고, 이 값은 프로그램 카운터에 저장되어 있다. 복귀 주소를 저장하는 장소로 레지스터와 기억장치 영역인 스택을 고려할 수 있다. 복귀 주소를 레지스터에 저장하는 것이 스택에 저장하는 것보다 동작 속도가 더 빠르다. RISC 프로세서 중에서 서브루틴 호출에서 전달할 파라미터와 복귀 주소를 레지스터에 할당하여 운영하도록 하는 것이 있다. CISC 프로세서는 대부분 스택을 복귀 주소 저장 장소로 사용하고 있으며, 서브루틴 호출 명령어는 다음 동작을 수행한다.

```
PUSH    PC    // 복귀 주소 저장
PC ← 서브루틴 시작 주소
```

서브루틴 복귀 명령어는 [그림 10-20(b)]와 같은 형식을 갖는다. 동작코드는 RET이고, 오퍼랜드 필드는 사용하지 않는다. 복귀 명령어는 호출할 때 저장한 주소를 프로그램 카운터에 적재함으로써, 서브루틴 호출 명령어 다음에 있는 명령어를 실행하도록 만든다. 복귀 주소가 스택에 저장되어 있는 경우, 복귀 명령어는 다음 동작을 수행한다.

```
POP     PC    // PC 복구
```

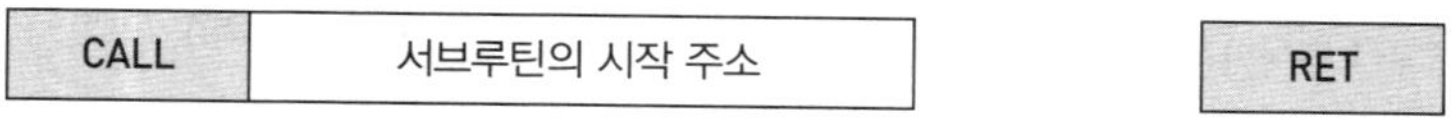

CALL	서브루틴의 시작 주소

(a) 서브루틴 호출 명령어

RET

(b) 복귀 명령어

[그림 10-20] 서브루틴 호출과 복귀 명령어의 형식

10.5.8 인터럽트 명령어

마지막으로 고려할 프로그램 제어 명령어는 인터럽트와 관련된 명령어이다. 인터럽트 허가와 관련하여 '10.5.5 상태 조작 명령어'에서 인터럽트 가능 플래그를 세트하고 리셋하는 명령어를 소개한 바 있다.

프로세서 외부 또는 내부의 요인에 의하여 인터럽트 요청이 발생한다. 그렇지만 프로그래머가 직접 인터럽트를 요청할 수도 있다. 이것을 **소프트웨어 인터럽트**(**software interrupt**)라고 한다. 일반적으로 프로그래머는 운영체제 기능을 호출하는 용도로 소프트웨어 인터럽트를 사용한다. 이것을 **시스템 호출**(**system call**)이라고 한다. 시스템 호출이 발생하면 프로세서는 사용자 모드에서 운영체제 모드로 전환한다. 이 주제에 관한 사항은 운영체제 교재를 참고하기 바란다.

인터럽트와 관련하여 [그림 10-21]과 같이 인터럽트 요청(interrupt request)과 인터럽트 서비스 루틴에서 복귀(return from ISR) 명령어가 있을 수 있다.

인터럽트 요청 명령어는 [그림 10-21(a)]와 같은 형식을 갖는다. 동작코드는 INT이고, 오퍼랜드는 인터럽트 번호이다. 프로세서는 인터럽트 번호에 해당하는 인터럽트 서비스 루틴의 시작 주소를 알 수 있는 방법이 있다. 중앙처리장치는 다음과 같은 동작을 수행한다.

```
PUSH    PC    // 프로그램 카운터 저장
PUSH    SR    // 상태 레지스터 저장
PC ← 인터럽트 서비스 루틴 시작 주소
```

인터럽트 서비스 루틴에서 복귀하는 명령어는 [그림 10-21(b)]와 같은 형식을 갖는다. 동작코드는 IRET이고, 오퍼랜드 필드는 사용하지 않는다. 이 명령어는 인터럽트 요청 명령어의 역동작을 수행한다.

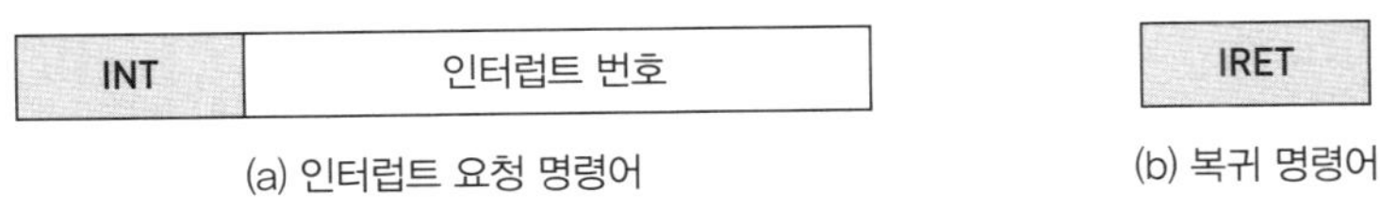

[그림 10-21] 인터럽트 요청과 복귀 명령어

```
POP     SR     // 상태 레지스터 복구
POP     PC     // PC 복구
```

10.5.9 시스템 제어 명령어

지금까지 설명한 데이터 전달, 데이터 처리, 프로그램 제어 명령어들은 모두 중앙처리장치가 프로그램을 실행하기 위하여 사용한다. 프로세서는 이 그룹에 속하지 않는 명령어들도 제공하고 있다. 이것들은 주로 컴퓨터 시스템 자체를 관리하거나 운영체제 기능을 지원한다. 시스템 관리 명령어는 HALT, WAIT, NOP(no operation)가 있을 수 있다.

- **HALT**: 프로세서는 이 명령어를 만나면, 더 이상 명령어를 수행하지 않고 정지한다. 이후에 프로세서가 다시 프로그램을 수행하려면 컴퓨터를 리셋시켜야 한다.
- **WAIT**: 프로세서는 이 명령어를 만나면, 더 이상 프로그램을 수행하지 않고 어떤 이벤트를 기다렸다가 그 이벤트가 발생하면 다시 프로그램을 실행한다. 여기서 이벤트란 프로세서 외부에 있는 테스트 용도로 만들어진 입력 핀에 의미 있는 값을 입력하는 것이다. 이 명령어는 주로 프로세서 개발 과정에서 프로세서 동작을 검사하기 위하여 사용된다.
- **NOP**: 이 명령어는 실질적으로 수행하는 동작이 없는 명령어이다. 프로그램을 수행하는 도중에 프로세서가 아무 일도 하지 않고 시간을 보내야 할 때, 프로그래머는 이 명령어를 추가한다. 이것도 하나의 명령어이므로 명령어 인출과 실행으로 구성되는 명령어 사이클에 맞추어 동작한다.

운영체제 기능이 복잡해지면서, 프로세서는 일반 사용자 프로그램을 수행할 수 있는 유저 모드(user mode)와 운영체제 프로그램을 수행하는 시스템 모드(system mode)를 제공하고 있다. 이에 따라, 프로세서는 시스템 모드에서만 실행할 수 있는 명령어들을 별도로 제공하고 있으며, 이것들을 **특권 명령어**(privileged instruction)라고 한다. 프로세서는 운영체제 기능을 지원하기 위한 특별한 명령어들을 계속 개발하여 추가하고 있다. 특권 명령어는 프로세서마다 서로 다르다. 특권 명령어의 예는 프로세서마다 독자적으로 프로세서 상태를 설정하기 위한 명령어, 캐시 기억장치와 가상 기억장치를 관리하기 위한 명령어, 그리고 입출력 명령어가 있을 수 있다.

모든 프로세서가 이 장에서 소개한 모든 주소지정방식과 모든 명령어들을 제공하는 것은 아니다. 프로세서가 제공하는 주소지정방식과 명령어 수가 많으면, 프로그램을 작성할 때 적은 명령어들을 사용하여 구현할 수 있다는 장점이 있으나 프로세서 구현이 복잡해지는 단점이 있다. 반대로 제공하는 주소지정방식과 명령어 수가 적으면, 프로그램 작성시 명령어들을 많이 사용해야 한다는 단점이 있으나, 하드웨어 구현은 쉬워진다는 장점이 있다.

10.5 명령어 종류 요약

이 절에서는 프로세서가 제공할 수 있는 명령어 종류와 예를 소개하였다. 데이터 전달, 논리 및 산술 연산, 상태 레지스터 조작, 분기 및 조건 분기, 서브루틴 호출과 복귀, 인터럽트, 그리고 시스템 제어 명령어를 소개하였다.

10.6 요약

이 장에서는 명령어의 특성, 표현 방법, 그리고 종류에 대하여 설명하였고, 새로 소개된 용어는 다음과 같다.

- 명령어 집합(instruction set): 프로세서가 제공하는 명령어들의 모임
- 명령어 형식(instruction format): 명령어의 비트 필드(field)를 구분하여 해석하는 방법
- 주소의 수: 명령어에 표현되는 오퍼랜드 필드의 수를 나타내며, 3-주소, 2-주소, 1-주소, 0-주소 명령어 형식이 있다.
- 유효 데이터(effective data): 명령어가 실제로 처리하는 데이터
- 유효 주소(effective address): 유효 데이터를 저장하고 있는 기억장치 주소
- 주소지정방식(addressing mode): 명령어의 오퍼랜드 필드에서 유효 데이터를 구하는 방법
- 단어 크기에 정렬(aligned to word size): 단어(word)가 여러 바이트로 구성되어 있고 기억장치가 바이트 단위로 구성되어 있을 때, 단어 크기의 배수에 해당하는 기억장치 주소에서 데이터를 저장하는 방법
- 리틀 엔디언(little endian): 한 단어를 여러 바이트에 저장할 때, 주소 값이 작은 장소

에 무게가 작은 데이터를 저장하는 방법

- 빅 엔디언(big endian): 한 단어를 여러 바이트에 저장할 때, 주소 값이 큰 장소에 무게가 작은 데이터를 저장하는 방법

명령어에 대하여 다음과 같은 사항을 알고 있어야 한다.

- 주소 필드의 수에 따른 명령어 해석 방법
- 각 주소지정방식에서 유효 데이터를 구하는 방법
- 여러 바이트의 데이터를 바이트 단위로 구성된 기억장치에 저장하는 방법
- 컴퓨터가 제공하는 명령어의 종류별 동작

다음 장에서는 기억장치 구조, 특성, 기억장치를 활용하는 방법에 대하여 설명한다.

연습문제 EXERCISE

10.1 명령어 특성

01 명령어 구성 요소에 해당하는 것을 모두 선택하라.

① 동작코드 ② 오퍼랜드
③ 프로그램 카운터 ④ 명령어 레지스터

02 명령어에 표현되는 오퍼랜드로 사용되지 않는 것은?

① 레지스터 ② 기억장치 주소
③ 프로그램 카운터 ④ 입출력 포트

03 니모닉 코드(mnemonic code)에 대한 올바른 설명은?

① 기계어 코드를 2진수로 표현한 것이다.
② 명령어에 표현되어 있는 오퍼랜드를 2진수로 표현한 것이다.
③ 명령어에 표현되어 있는 동작코드를 2진수로 표현한 것이다.
④ 사람이 기억하기 쉽도록 명령어 코드에 문자 기호를 할당한 것이다.

04 명령어 집합이란?

① 프로세서가 제공하는 명령어들의 모임
② 프로세서가 제공하는 명령어 형식의 모임
③ 프로세서가 제공하는 데이터 처리 명령어들의 모임
④ 프로세서가 제공하는 프로그램 제어 명령어들의 모임

05 명령어 형식에 대한 올바른 설명은?

① 명령어의 주소지정방식과 같은 용어이다.
② 프로세서가 제공하는 명령어들의 모임이다.
③ 프로그래머가 사용할 수 있는 명령어들의 집합이다.
④ 명령어를 구성하고 있는 명령어 코드를 해석하는 방법을 정의한 것이다.

06 고정 길이 명령어 형식의 특징에 대한 설명으로 올바른 것은?

① 명령어 형식을 한 개만 사용한다.
② 명령어를 해석하기 쉽고 제어장치가 간단하다.
③ 명령어를 해석하기 어렵고 제어장치가 복잡하다.
④ 명령어 길이가 짧기 때문에 기억장치 주소를 표현하지 않는다.

07 고정 길이 명령어 형식에 대한 설명에서 올바른 것을 선택하라.

(1) 가변 길이 명령어 형식에 비하여 제어장치가 (간단하다. 복잡하다.)
(2) 주로 (RISC, CISC) 계열이 고정 길이 명령어 형식을 사용한다.

10.2 주소의 수

01 필요로 하는 오퍼랜드 수가 가장 많은 명령어는?

① 데이터 전달 명령어
② 프로그램 제어 명령어
③ 단항 데이터 처리 명령어
④ 이항 데이터 처리 명령어

02 3-주소 명령어 형식에 대한 설명이 아닌 것은?

① 명령어의 길이가 길어진다.
② 주로 RISC 형식의 프로세서에서 사용한다.
③ 목적지 오퍼랜드와 두 개의 소스 오퍼랜드를 표현한다.
④ 일반적으로 데이터 레지스터가 한 개인 경우에 사용한다.

03 2-주소 명령어 형식의 특징은?

① 두 개의 소스 오퍼랜드를 한 개의 필드로 표현한다.
② 동작코드와 소스 오퍼랜드를 한 개의 필드로 표현한다.
③ 동작코드와 목적지 오퍼랜드를 한 개의 필드로 표현한다.
④ 소스 오퍼랜드와 목적지 오퍼랜드를 한 개의 필드로 표현한다.

04 1-주소 명령어 형식을 사용하는 컴퓨터에서 목적지 오퍼랜드로 사용되는 레지스터는?

① 누산기(Accumulator)
② 상태 레지스터(Status Register)
③ 인덱스 레지스터(Index Register)
④ 명령어 레지스터(Instruction Register)

05 0-주소 형식의 명령어를 처리하는데 사용되는 것은?

① 스택
② 누산기
③ 명령어 레지스터
④ 프로그램 카운터

06 0-주소 명령어 계산기에서 연산자를 처리하는 방법은?

① 스택에 푸시한다.

② 스택에 쌓여 있는 데이터를 모두 팝하여 계산한다.

③ 스택에서 두 번 팝하고, 계산한 후 결과를 스택에 푸시한다.

④ 스택에서 데이터를 꺼내 계산하고, 계산 결과를 누산기에 저장한다.

10.3 주소지정방식

01 그림과 같이 어떤 컴퓨터의 명령어 형식은 2개의 단어를 차지하고, 동작코드(opcode)와 한 개의 주소 필드를 갖고 있다. BR은 베이스 레지스터(base register)이고 데이터 레지스터는 AC 한 개이다. 질문에 답하라.

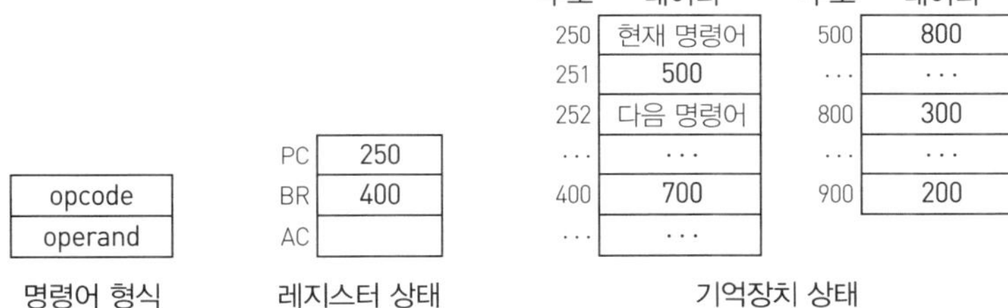

(1) 명령어가 “load immediate 500”일 때, AC에 적재되는 값은?

(2) 명령어가 “load direct 500”일 때, AC에 적재되는 값은?

(3) 명령어가 “load indirect 500”일 때, AC에 적재되는 값은?

(4) 명령어가 “load base register relative 500”일 때, AC에 적재되는 값은?

(5) 명령어가 “branch PC relative 500”일 때, 분기 목적지 주소는?

02 명령어를 인출한 후 명령어 실행 단계에서 주소지정방식에 따라 기억장치를 몇 번 액세스 하는가?

(1) 즉치 주소지정방식은 명령어를 실행할 때 기억장치를 (0, 1, 2)번 액세스한다.

(2) 간접 주소지정방식은 명령어를 실행할 때 기억장치를 (0, 1, 2)번 액세스한다.

(3) 레지스터 주소지정방식은 명령어를 실행할 때 기억장치를 (0, 1, 2)번 액세스한다.

(4) 레지스터 간접 주소지정방식은 명령어를 실행할 때 기억장치를 (0, 1, 2)번 액세스한다.

03 올바른 것을 선택하라.

(1) 즉치 주소지정방식은 유효 데이터가 (명령어, 레지스터, 기억장치)에 있다.
(2) 직접 주소지정방식은 유효 데이터가 (명령어, 레지스터, 기억장치)에 있다.
(3) 레지스터 주소지정방식은 유효 데이터가 (명령어, 레지스터, 기억장치)에 있다.
(4) 레지스터 간접 주소지정방식은 유효 데이터가 (명령어, 레지스터, 기억장치)에 있다.

04 유효 주소란?

① 명령어에 표현되어 있는 주소
② 명령어가 처리할 데이터의 주소
③ 명령어에 표현되어 있는 레지스터 번호
④ 명령어에 표현되어 있는 레지스터 값

05 레지스터 값이 그림과 같을 때 다음 명령어의 유효 주소를 구하라. 괄호 안은 주소지정방식이다. R0, R1은 범용 레지스터이고 IX는 인덱스 레지스터, BR은 베이스 레지스터이다. (숫자는 10진수이다.)

레지스터	값	레지스터	값
R0	120	IX	212
R1	211	BR	820

(1) Load R0 (register indirect addressing)
(2) Load IX+4 (indexing)
(3) Load BR - 8 (base register addressing)
(4) Load IX+R1 (indexing)

06 변위 주소지정방식의 기준 레지스터로 사용되지 않는 레지스터는?

① Base Register
② Index Register
③ Program Counter
④ Instruction Register

07 변위 주소지정방식을 사용할 때의 장점은?

① 레지스터에 저장되어 있는 유효 데이터를 지정할 때 편리하다.
② 한 개의 주소 필드로 두 개의 기억장치 주소를 지정할 수 있다.
③ 명령어에 포함되어 있는 주소 필드로 직접 기억장치를 액세스한다.
④ 주소 버스의 비트 수보다 더 적은 비트를 사용하여 기억장치 주소를 지정할 수 있다.

08 PC 상대 주소지정방식은 주로 어느 명령어에서 사용되는가?

① 데이터 전달 명령어
② 데이터 처리 명령어
③ 프로그램 제어 명령어
④ 시스템 제어 명령어

10.4 오퍼랜드 저장

01 바이트 단위로 구성된 기억장치 값이 그림과 같다. 네 바이트가 한 개의 단어를 구성한다. 리틀 엔디언 방식과 빅 엔디언 방식으로 데이터를 저장할 때, 다음 주소에 저장된 단어의 값을 구하고 단어 크기에 정렬되었는지 여부를 O, X로 표시하라(모두 16진수).

주소	데이터
120f	10
120e	f7
120d	cd
120c	a2
120b	34
120a	89
1209	2d
1208	7b
1207	88
1206	4f
1205	8e
1204	24
1203	23
1202	20
1201	28
1200	42

시작주소	Little-endian	Big-endian	정렬 여부
1200			
1203			
1208			
120a			
120c			

02 32비트 레지스터의 데이터가 "22334455h"이다. 이것을 리틀 엔디언 방식으로 2204번지부터 할당된 기억장치에 저장하라. 한 개의 주소에 8비트가 저장된다.

주소	2208	2207	2206	2205	2204	2203	2202	2201
데이터								

10.5 명령어 종류

01 스택에 대한 푸시, 팝 명령어는 어느 그룹에 속하는가?

① 데이터 전달 명령어
② 데이터 처리 명령어
③ 시스템 제어 명령어
④ 프로그램 제어 명령어

02 서브루틴 호출 명령어에서 오퍼랜드 필드의 의미는?

① 서브루틴의 시작 주소
② 복귀할 주소를 저장할 기억장치 주소
③ 서브루틴의 이름이 저장되어 있는 기억장치 주소
④ 서브루틴으로 전달할 인수를 저장한 기억장치 주소

03 비교(compare) 명령어의 동작을 설명한 것은?

① 오퍼랜드의 값과 누산기 값을 더하여 상태 플래그를 변경한다.
② 자리 올림수 플래그를 참조하여 프로그램 카운터 값을 변경한다.
③ 두 개의 오퍼랜드에 대하여 뺄셈을 수행하고 상태 플래그를 변경한다.
④ 오퍼랜드 값이 0보다 큰지 작은지 판단하여 상태 플래그를 변경한다.

04 오퍼랜드 필드가 필요 없는 명령어는?

① 교환 명령어
② 스택 POP 명령어
③ 단항 연산 명령어
④ 서브루틴 복귀 명령어

05 상태 레지스터 값이 다음과 같다. 다음 명령어가 실행된 후, PC 값을 구하라. 명령어 길이는 2바이트이고, 현재 실행하는 명령어는 2000번지에 저장되어 있고, 상대 주소지정방식을 사용한다.

$$Z = 1, S = 0, C = 1, P = 0, OV = 0$$

```
(1) brz     +100     // branch if Z = 1
(2) brnz    +100     // branch if Z = 0
```

06 "call 2420" 명령어를 인출한 후 실행하기 전 컴퓨터 상태이다. 주소는 16비트이고, 기억장치는 8비트 단위로 구성되어 있고, 리틀 엔디언 방식으로 값을 저장한다. 이 명령어를 실행한 직후 값이 변하는 레지스터와 기억장소의 값을 구하라. (모두 16진수이다.)

레지스터	값
IR	call 2420
PC	3180
SP	6504

주소	데이터
6506	12
6505	23
6504	56
6503	7b
6502	23
6501	45
6500	75

07 소프트웨어 인터럽트의 주요 용도는?

① 시스템 호출(system call)
② 서브루틴 호출(subroutine call)
③ 데이터 입출력(data input/output)
④ 하드웨어 오류 보고(hardware error report)

08 인터럽트 복귀 명령어를 수행한 후 변경되는 레지스터가 아닌 것은?

① 스택 포인터
② 상태 레지스터
③ 명령어 레지스터
④ 프로그램 카운터

09 NOP(no operation) 명령어에 대한 올바른 설명은?

① 프로그램 실행이 정지된다.
② 명령어 인출 사이클이 없다.
③ 명령어 실행 사이클이 없다.
④ 수행하는 동작이 없고 시간만 소비한다.

Chapter 11

기억장치

11.1 기억장치 특성

11.2 반도체 기억장치

11.3 캐시 기억장치

11.4 가상 기억장치

11.5 요약

Chapter 11

기억장치

기억장치는 중앙처리장치, 입출력장치와 함께 컴퓨터의 3대 구성 요소이다. 컴퓨터 기억장치는 주기억장치(main memory)와 보조기억장치(auxiliary storage)로 구성되어 있다. 주기억장치는 전원이 켜져 있을 때 실행하는 프로그램과 데이터를 저장하고, 보조기억장치는 전원이 꺼져 있더라도 프로그램과 데이터를 저장한다. 이 교재는 보조기억장치를 다루지 않는다. 주기억장치는 단순한 일차원 배열 구조이지만, 중앙처리장치에 비하여 액세스 속도가 느리기 때문에, 주기억장치 액세스 속도를 개선하기 위한 기술을 사용하고 있다. 이 장에서는 기억장치 특성과 종류를 소개하고 나서, 캐시 기억장치와 가상 기억장치의 동작 원리를 설명한다.

- 11.1 **기억장치 특성**: 기억장치 종류를 제시하고 기억장치와 관련된 용어를 설명한다.
- 11.2 **반도체 기억장치**: 반도체 기억장치인 RAM과 ROM의 특징을 설명한다.
- 11.3 **캐시 기억장치**: 주기억장치 액세스 속도를 개선하는 방법에 대하여 설명한다.
- 11.4 **가상 기억장치**: 기억 공간을 가상화 하는 방법에 대하여 설명한다.

11.1 기억장치 특성

기억장치 특성을 표현하기 위하여 여러 가지 용어를 사용하고 있다. 이 절에서는 주기억장치와 보조기억장치에 공통으로 적용되는 기억장치 관련 용어를 소개한다.

- 11.1.1 **기억장치 종류**: ROM과 RAM의 특성을 설명한다.
- 11.1.2 **물리적 특성**: 기억장치 특성을 나타내는 휘발성과 삭제 가능 용어를 소개

한다.

- 11.1.3 **용량과 전송 단위**: 주기억장치와 보조기억장치의 데이터 전송 단위를 설명한다.
- 11.1.4 **액세스 방법**: 순차, 직접, 임의, 연관 액세스 방법을 설명한다.
- 11.1.5 **성능 척도**: 기억장치 동작 속도와 관련된 성능 척도를 제시한다.
- 11.1.6 **기억장치 계층**: 액세스 속도가 다른 기억장치 모듈들을 계층으로 구성함으로써 평균 액세스 속도를 줄이는 방법을 소개한다.

11.1.1 기억장치 종류

기억장치는 데이터를 저장한다. 데이터를 저장한다는 의미에서 컴퓨터 기억장치는 중앙처리장치 내부의 레지스터, 중앙처리장치와 직접 버스로 연결되는 주기억장치, 그리고 입출력장치로 연결되는 보조기억장치가 있다. 주기억장치는 중앙처리장치와 온라인(on-line)으로 연결되고, 보조기억장치는 오프라인(off-line)으로 연결된다. 온라인은 중앙처리장치가 필요할 때 항상 사용할 수 있다는 의미이고, 오프라인은 별도의 연결 과정을 거친 후 사용할 수 있다는 의미이다.

레지스터는 주기억장치 데이터의 일부를 임시로 중앙처리장치 안에 저장한다. 일반적으로 기억장치 특성을 논할 때, 레지스터를 포함하지 않는다.

주기억장치는 반도체 기억장치인 **ROM(Read Only Memory)**과 **RAM(Random Access Memory)**으로 만들어져 있다. 초기 컴퓨터는 자기 코어(magnetic core)를 주기억장치로 사용하였지만, 지금은 전혀 사용하지 않는다. ROM은 그 안에 저장된 데이터를 읽기만 가능하고, 지우거나 다른 값으로 갱신할 수 없는 기억 소자이다. 전원이 제거되더라도 ROM에 저장된 데이터는 그대로 유지된다. 컴퓨터는 전원이 인가될 때 처음으로 실행하는 프로그램인 부트로더(bootloader)를 저장하는 용도로 ROM을 사용한다. RAM에 저장된 데이터는 읽고 쓰기가 가능하다. 전원을 제거하면 RAM의 내용이 모두 지워진다. 컴퓨터는 보조기억장치에 있는 프로그램을 RAM으로 읽어 들인 후 RAM에서 실행한다.

보조기억장치는 프로그램과 데이터를 반영구적으로 보관하는 일종의 입출력장치이다. 중앙처리장치는 보조기억장치에 저장되어 있는 데이터를 일단 주기억장치로 옮겨 놓고 사용한다. 보조기억장치의 종류는 플로피 디스크, 하드 디스크, 마그네틱 테이프, CD−ROM 등이 있으며, 최근에는 반도체 소자의 일종인 플래시 기억 소자로 만든 USB(Universal Serial Bus) 기억장치와 SSD(Solid−State Disk)도 많이 사용하고 있다.

11.1.2 물리적 특성

기억장치를 만드는 물질에 의하여 기억장치의 물리적 특성이 결정된다. 기억장치의 물리적 특성을 표현하는 용어는 휘발성(volatile)과 비휘발성(nonvolatile), 삭제 가능(erasable)과 삭제 불가능(non−erasable)이 있다.

- **휘발성**: 기억장치에서 전원을 제거하면, 저장된 내용이 없어지는 특성이다. 주기억장치의 대부분을 차지하는 RAM은 휘발성 기억장치이다.
- **비휘발성**: 기억장치에서 전원을 제거하더라도, 내용을 그대로 유지하는 특성이다. ROM과 보조기억장치는 비휘발성이다.
- **삭제 가능**: 한 번 기록한 내용을 지우고 다른 값으로 갱신할 수 있다는 의미이다. RAM과 하드 디스크는 삭제 가능한 기억장치이다.
- **삭제 불가능**: 한 번 기록한 내용을 지우거나 갱신할 수 없다는 의미이다. ROM과 CD−ROM은 삭제 불가능한 기억장치이다.

11.1.3 용량과 전송 단위

기억장치 용량은 기억장치가 저장할 수 있는 데이터의 전체 크기이고, 일반적으로 바이트 단위로 표현한다. 중앙처리장치는 단어 단위로 주기억장치의 데이터를 액세스한다. 액세스는 읽기와 쓰기를 함께 지칭하는 용어이다. 단어 크기는 프로세서 종류에 따라 다르지만, 일반적으로 8비트, 16비트, 또는 32비트 중 하나이다. 최근에는 단어 크기가 64비트인 프로세서도 있다. 단어 크기는 레지스터 비트 수, 데이터 버스 폭과 일치한다. 중앙처리장치는 기억장치에서 단어 크기에 정렬된(word−sized aligned) 데이터를 한 번에 액세스할 수 있다.

A[31:2]	$A_1A_0=11_2$	$A_1A_0=10_2$	$A_1A_0=01_2$	$A_1A_0=00_2$
0000_0000h	D[31:24]	D[23:16]	D[15:8]	D[7:0]
0000_0004h	D[31:24]	D[23:16]	D[15:8]	D[7:0]
0000_0008h	D[31:24]	D[23:16]	D[15:8]	D[7:0]
0000_000Ch	D[31:24]	D[23:16]	D[15:8]	D[7:0]
...	D[31:0]			

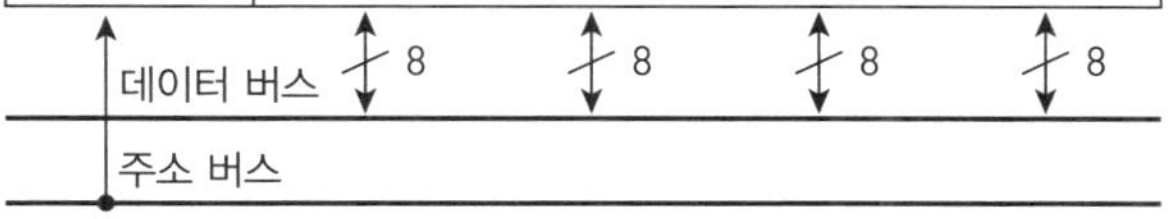

[그림 11-1] 주기억장치 조직 예

[그림 11-1]은 바이트 단위로 주소를 지정하고 32비트가 한 개의 단어를 구성하는 주기억장치 조직의 예이다. 4바이트가 모여 단어를 구성한다. 한 단어에 속하는 4바이트는 하위 두 비트를 제외한 상위 주소 값이 같다.

보조기억장치 용량도 바이트 단위로 표시한다. 보조기억장치는 컴퓨터와 오프라인으로 연결되므로 중앙처리장치가 필요할 때 즉시 보조기억장치의 데이터를 액세스할 수 없다. 컴퓨터는 입출력장치를 연결하는 방식으로 보조기억장치를 액세스하며, 한 번 연결하여 적은 양의 데이터를 송수신하는 것은 전체 성능을 낮추는 요인이 된다. 따라서 컴퓨터는 주기억장치에 많은 양의 데이터를 모아 두었다가 한 번에 보조기억장치로 전송하고, 보조기억장치에서 많은 양의 데이터를 읽어 주기억장치 버퍼에 저장해 두고 필요한 데이터를 가져온다. 컴퓨터와 보조기억장치 간에 데이터를 전송하는 단위는 블록(block)이다. 블록 크기는 512바이트이었으나, 보조기억장치 용량이 증가함에 따라 블록 크기도 1K바이트, 2K바이트, 4K바이트로 증가하는 추세이다.

11.1.4 액세스 방법

기억장치에 값을 쓰거나 기억장치에서 데이터를 읽는 동작을 액세스한다고 말한다. 기억장치를 구성하는 소자의 구조적 특징에 따라 액세스 방법이 달라지며, 순차 액세스(sequential access), 직접 액세스(direct access), 임의 액세스(random access), 연관 액세스

(associative access) 방법이 있다.

- **순차 액세스(sequential access)**: 데이터가 일렬로 저장되어 있어서, 데이터를 처음부터 차례대로 액세스한다. 자기 테이프가 대표적인 순차 액세스 장치이다. 자기 테이프의 임의 위치를 읽으려면, 처음부터 시작하여 해당 위치에 도달할 때까지 테이프를 넘겨야 한다. 따라서 필요한 데이터가 저장된 위치에 따라 액세스 시간이 달라진다. 하드디스크 파일도 그 내부는 논리적으로 순차 액세스 방법으로 저장되어 있다.
- **직접 액세스(direct access)**: 기억장치의 임의 위치를 직접 액세스할 수 있다. 자기 디스크와 CD-ROM이 직접 액세스 장치의 예이다. 디스크 헤드를 트랙과 섹터로 이동한 다음 그 위치에서 데이터를 액세스한다. 디스크에 있는 파일을 액세스할 때, 그 파일의 처음 부분이 저장되어 있는 위치로 디스크 헤드를 이동시키지만, 파일 내부는 순차 액세스한다. 디스크 헤드가 이동하는 시간은 디스크에 파일이 할당되어 있는 위치와 관련이 있다.
- **임의 액세스(random access)**: 기억장치의 임의 위치를 직접 액세스한다는 점이 직접 액세스와 같으나, 임의 위치를 액세스하는 시간이 같다는 점이 직접 액세스와 다르다. 주기억장치로 사용되는 반도체 기억 소자들이 임의 액세스 소자이다. 각 기억장소마다 고유 주소가 할당되어 있으며, 주소로 데이터를 액세스한다. 주소가 다르다고 해서 액세스 시간이 달라지지 않는다.
- **연관 액세스(associative access)**: 특수 기억장치인 연관 기억장치(associative memory)를 액세스하는 방법이다. 연관 기억장치는 키(key) 필드와 데이터 필드로 구성된 테이블 구조를 갖고 있다. 외부에서 검색할 키 값을 제공하면, 키 값과 테이블의 키 필드를 동시에 비교하여, 일치하는 행의 데이터 필드를 출력한다. 연관 기억장치는 가격이 비싼 특수한 기억장치이며, 고속으로 데이터를 탐색해야 하는 특수한 곳에 사용한다. 키 필드의 내용으로 데이터를 액세스할 수 있으므로 **CAM(Content Addressable Memory)**이라고도 한다.

11.1.5 성능 척도

기억장치 성능은 액세스 속도로 표현한다. 기억장치 액세스 속도를 표현하는 단위는 액세스 시간(access time), 사이클 시간(cycle time), 전송률(transfer rate)이 있다. 반도체 기억장치에서 액세스 시간과 사이클 시간을 구분하지 않기도 한다.

- **액세스 시간**(access time): 기억장치로 주소와 읽기 또는 쓰기 제어신호를 제공한 후, 데이터가 읽혀지거나 쓰여지기 시작할 때까지 시간이다. 순차 액세스와 직접 액세스 기억장치는 액세스하려는 기억장소 위치에 따라 액세스 시간이 다르고, 임의 액세스와 연관 액세스 기억장치는 액세스하려는 기억장소 위치와 관계없이 액세스 시간이 같다.
- **사이클 시간**(cycle time): 기억장치에서 데이터를 연속으로 액세스할 때 한 번 데이터를 액세스하는데 소요되는 시간이다. 사이클 시간은 액세스 시간에 약간의 여유 시간을 더한 시간이다. 결과적으로 액세스 시간보다 약간 길다.
- **전송률**(transfer rate): 1초에 액세스할 수 있는 데이터 양을 의미한다. 정의에 따라 전송률은 사이클 시간의 역수이다. 전송률의 단위는 bps(bits/sec)이다.
- **대역 폭**(band width): 대역 폭은 원래 데이터 통신에서 채널 주파수 대역의 범위를 말한다. 대역 폭이 넓으면 데이터 통신 속도가 빠르고, 대역 폭이 좁으면 통신 속도가 느리다. 대역 폭을 표현하는 단위도 bps이며, 기억장치에서 전송률 대신에 대역 폭이란 용어를 사용하기도 한다.

예제 11-1 기억장치의 사이클 시간이 100nsec/byte일 때, 비트 단위 데이터 전송률을 구하라.

풀이

전송률 = 1/(100nsec/byte) = 10Mbytes/sec = 80Mbits/sec

11.1.6 기억장치 계층

일반적으로 기억장치의 데이터 액세스 속도보다 중앙처리장치의 데이터 처리 속도가 더 빠르다. 기억장치 속도는 컴퓨터 전체 성능에 영향을 준다. 기억장치를 구성할 때, 용량, 액세스 속도, 가격을 고려해야 한다. 기억장치는 용량이 크고, 속도가 빠르고, 가격이 쌀수록 좋다. 그러나 이 세 가지 특징은 서로 충돌한다. 기억장치 액세스 속도는 빠를수록 좋지만, 액세스 속도가 빠른 기억장치는 비트당 가격이 비싸다. 기억장치는 용량이 클수록 좋지만, 용량이 큰 기억장치는 속도가 느리다.

[그림 11-2] 기억장치 계층 구조

컴퓨터는 기억장치를 빠르게 액세스하면서 많은 용량을 갖게 만들기 위하여, 기억장치를 [그림 11-2]와 같이 계층으로 구성하여 운영하고 있다. 위로 올라갈수록 중앙처리장치의 사용 빈도가 증가하고, 액세스 시간이 짧고, 용량이 적고, 비트당 가격이 비싸다. 컴퓨터는 속도가 느리고 용량이 큰 기억장치의 내용 중에서 중앙처리장치가 자주 사용하는 데이터를 속도가 빠른 기억장치로 옮겨 놓고 사용함으로써, 전체 기억장치 액세스 속도를 개선하는 전략을 사용한다.

프로그램은 당장 처리해야 할 데이터를 가장 속도가 빠른 레지스터로 옮겨놓고 처리한다. 캐시 기억장치는 프로그래머에게 보이지 않으며, 심지어 중앙처리장치에게도 보이지 않는다. 캐시 기억장치의 액세스 속도는 레지스터 속도와 같거나 조금 느리다. 일반적으로 액세스 시간은 수십 나노초(nsec) 정도이다. 중앙처리장치가 주기억장치를 액세스하려고 기억장치 주소를 생성하면, 캐시 제어기는 해당 주소를 포함하는 여러 개 또는 수십 개의 데이터를 한 번에 캐시 기억장치로 옮겨 놓고, 그곳에서 데이터를 액세스하도록 만든다.

컴퓨터가 보조기억장치를 사용하는 주목적은 프로그램과 데이터를 반영구적으로 보관하는 것이다. 컴퓨터 운영체제는 보조기억장치의 일부를 가상 기억장치(virtual memory)로 활용하기도 한다. 가상 기억장치는 주기억장치의 용량을 확장하는 개념이며, 운영체제가 가상 기억장치 운영을 담당한다.

보조기억장치는 컴퓨터 시스템과 오프라인으로 연결되어 있기 때문에, 운영체제는 부드럽게 데이터 전송을 처리하기 위하여 디스크 캐시(disk cache)를 사용한다. 일반적으로 주기억장치와 보조기억장치 모두 디스크 캐시를 포함하고 있다. 디스크 캐시의 운영은 전적으로 운영체제가 담당한다.

11.1 기억장치 특성 요약

컴퓨터 주기억장치는 ROM과 RAM으로 구성되어 있다. 부트로더를 저장하는 ROM은 비휘발성이고 삭제 불가능 장치이다. 프로그램 실행용으로 쓰이는 RAM은 휘발성이고 삭제 가능 장치이다. 주기억장치는 일반적으로 바이트 단위로 주소를 지정하고, 단어 단위로 액세스한다. 기억장치를 액세스하는 방법은 네 가지로 구분된다. 순차 액세스는 기억장소의 처음부터 차례대로 액세스한다. 직접 액세스는 임의의 기억장소로 이동하여 액세스한다. 임의 액세스는 직접 액세스와 비슷하지만 읽는 위치를 변경하는데 시간이 소요되지 않는다. 연관 액세스는 키 필드와 일치하는 데이터를 액세스한다. 기억장치는 중앙처리장치보다 동작 속도가 느리기 때문에, 평균 액세스 속도를 개선하기 위하여 액세스 속도가 다른 기억장치 모듈을 계층으로 구성한다. 주기억장치 액세스 속도 개선을 위해 캐시 기억장치를 도입하였다. 주기억장치 용량을 확장하기 위하여 가상 기억장치를 도입하였다.

11.2 반도체 기억장치

반도체 기술의 발달과 함께 반도체로 제조된 기억장치가 컴퓨터 주기억장치로 자리 잡았으며, 최근에 개발된 반도체 기억장치인 플래시 메모리 칩은 보조기억장치로도 활용되고 있다. 반도체 기억장치는 RAM(Random Access Memory)과 ROM(Read Only Memory) 두 종류가 있으며 용도가 다르다. 이 절에서는 반도체 기억장치의 종류와 특성에 대하여 설명한다.

〈표 11-1〉 반도체 기억장치 분류

분류	종류	사용 방법	휘발성	삭제(단위)	프로그램	기타
RAM	SRAM	읽기/쓰기	휘발성	전기(바이트)	온라인, 전기	
	DRAM	읽기/쓰기	휘발성	전기(바이트)	온라인, 전기	재충전
ROM	Mask ROM	읽기	비휘발성	불가	오프라인, 생산 공정	
	PROM	읽기	비휘발성	불가	오프라인, 전용 장치	
	EPROM	읽기	비휘발성	자외선(전체)	오프라인, 전용 장치	
	EEPROM	읽기/쓰기	비휘발성	전기(바이트)	온라인, 전기	
	Flash Memory	읽기/쓰기	비휘발성	전기(블록)	온라인, 전기	

〈표 11-2〉 RAM 특성 비교

종류	셀	재충전	제어기	셀 크기	용량	속도	용도
SRAM	플립플럽	불필요	불필요	크다.	적다.	빠름	캐시 기억장치, 소형 시스템
DRAM	캐패시터	필요	필요	작다.	많다.	느림	대형 시스템

반도체 기억장치인 RAM과 ROM의 종류를 〈표 11-1〉과 같이 세분할 수 있으며, 특성을 사용 방법, 휘발성 여부, 삭제 가능 여부와 단위, 프로그램 방법으로 나누어 설명할 수 있다. 기억장치에 값을 쓴다는 것은 해당 기억장소에 새로운 값을 덮어 쓰는 것을 의미한다. 이전 값은 없어진다. ROM 형태의 반도체 기억장치에 새로운 데이터를 기록하는 것을 '프로그램 한다'고 말한다.

RAM과 ROM의 기능은 명칭에 잘 표현되어 있다. RAM은 임의의 장소에 아무 때나 읽기와 쓰기를 할 수 있다는 의미를 포함하고 있고, ROM은 말 그대로 읽기만 할 수 있고 쓰기, 즉 온라인 상태에서 임의의 장소를 지우고 그곳에 새로운 값을 쓰는 것은 할 수 없다는 것을 의미한다. 컴퓨터는 RAM에 저장된 데이터를 수시로 갱신할 수 있으나, ROM에 저장되어 있는 데이터를 읽기만 할 수 있을 뿐 그 내용을 갱신할 수 없다. RAM과 ROM은 임의 액세스(random access)가 가능한 소자이다. 액세스 방법을 설명할 때와 반도체 기억 소자를 분류할 때, 임의 액세스란 용어가 다르게 쓰이고 있다. 액세스 방법을 설명할 때는 임의의 위치를 액세스한다는 개념을 포함하고 있고, 반도체 기억 소자를 분류할 때는 읽기와 쓰기가 모두 가능하다는 개념을 강조하고 있다.

RAM은 **SRAM(static RAM, 정적 RAM)**과 **DRAM(dynamic RAM, 동적 RAM)**으로 구분된다. 이 차이는 한 비트의 정보를 저장하는 이진 셀(binary cell)의 특성에 기인한다. SRAM 이진 셀은 플립플롭으로 만들어져 있어 전기가 공급되는 한 안정적으로 동작한다. 반면에 DRAM 이진 셀은 캐패시터로 만들어져 있기 때문에, 한 번 충전해 놓은 전하가 시간이 지나면서 방전된다는 단점이 있다. 즉, SRAM은 한 번 값을 저장하면 다음에 변경할 때까지 그 값이 변하지 않지만, DRAM은 시간이 지나면 값을 잃어버린다. DRAM의 일종인 **SDRAM(Synchronous DRAM)**은 클럭 신호에 동기를 맞추어 동작을 제어한다. 〈표 11-2〉는 RAM의 종류별 특성을 요약한 것이다.

- **재충전(refresh)**: DRAM은 주기적으로 셀의 전하를 재충전해야 그 값을 잃어버리지

않는다. 주기억장치로 DRAM을 사용하려면, 재충전 기능을 수행하는 DRAM 제어기(DRAM Controller)가 필요하다. SRAM은 재충전할 필요가 없다.

- 비트 당 크기, 가격 및 속도: 캐패시터는 플립플롭보다 크기가 매우 작다. 따라서 DRAM은 SRAM에 비하여 상대적으로 이진 셀의 크기가 작고, 반도체 단위 면적당 용량이 크고, 비트당 가격이 싸다. DRAM을 읽는 과정이 복잡해서 SRAM의 액세스 속도가 더 빠르다.
- 용도: SRAM은 속도가 빠르고 특별한 제어기가 필요하지 않기 때문에 컴퓨터의 캐시 기억장치 또는 기억장치를 많이 탑재하지 않은 소형 임베디드 시스템의 주기억장치로 사용된다. 반면에 DRAM은 데스크 탑 컴퓨터와 같이 기억장치를 많이 탑재하고 있는 컴퓨터의 주기억장치로 사용된다.

ROM은 비휘발성이기 때문에 전기 공급이 끊어져도 그 내용을 잃어버리지 않는 장점이 있다. ROM 종류 중에는 삭제와 기록이 가능한 것이 있다. ROM을 삭제하고 기록하는 것은 RAM과 같이 프로그램을 수행하면서 온라인 상태로 임의의 기억 장소를 아무 때나 갱신하는 것이 아니다. 일반적으로 ROM 종류는 한 번에 칩 전체 또는 블록 단위로 지우고 기록한다. 영역을 지우는 방법과 데이터를 기록하는 방법에 따라 ROM은 여러 가지 종류가 있다.

- **마스크 ROM(Mask ROM)**: 공장에서 ROM을 제조할 때, 마스크 패턴에 따라 ROM의 내용을 기록한다. 한 번 기록한 값을 변경할 수 없다. ROM에 저장할 0과 1로 구성된 값의 조합 형태를 마스크 패턴이라고 한다. 마스크 ROM은 데이터를 전혀 변경할 필요가 없을 때 사용되며, 한 번의 공정으로 대량 생산된다.
- **PROM(Programmable ROM)**: PROM은 생산될 때, 그 안의 데이터가 모두 1로 채워져 있다. ROM 프로그래머(ROM programmer)라는 장치를 사용하여 데이터 일부를 0으로 바꿀 수 있다. 이와 같이 ROM의 전체 또는 일부 블록의 값을 변경하는 것을 프로그램 한다고 말한다. 그렇지만 한 번 프로그램 한 데이터를 다시 원상태로 복구할 수 없다.
- **EPROM(Erasable Programmable ROM)**: EPROM은 PROM과 같이 ROM 프로그래머로 데이터를 기록할 수 있다. 그리고 EPROM을 회로 기판에서 분리해서 자외선을 15분 정도 쪼여주면, EPROM에 저장되어 있는 모든 데이터를 최초 상태로 지울

수 있다. EPROM 지우개(EPROM eraser)는 자외선 형광등이다. 지운 EPROM을 다시 프로그램 할 수 있다. EPROM은 지우는 회로를 포함하고 있기 때문에 집적도가 낮다.

- **EEPROM(Electrically Erasable ROM)**: EEPROM은 회로에서 떼어내지 않고 전기 신호로 그 내용을 단어 또는 블록 단위로 지울 수 있다. 그렇지만 읽는 속도에 비하여 지우는 속도가 매우 느리다.
- **플래시 메모리(flash memory)**: 플래시 메모리는 다른 반도체 기억장치에 비하여 비교적 늦은 1980년대 중반에 개발되었고, 내부적으로 여러 개의 블록으로 구성되어 있으며, 한 개의 블록은 다시 여러 개의 페이지로 구성되어 있다. 플래시 메모리도 전기 신호로 지울 수 있다. 블록 단위로 지울 수 있으며, 블록보다 더 작은 크기인 페이지 단위로 프로그램 할 수 있다. 플래시 메모리는 제조 방법에 따라 NOR 플래시와 NAND 플래시로 구분된다.

ROM, PROM, EPROM의 용도는 거의 같으며, 주로 컴퓨터에 전원이 인가될 때 처음으로 수행하는 부트로더(bootloader) 또는 소형 임베디드 시스템의 프로그램을 저장할 목적으로 사용되었다. 그렇지만 사용이 편리한 플래시 메모리가 출시됨에 따라, 대부분의 시스템에서 플래시 메모리가 그 자리를 차지하고 있다. EEPROM은 소형 시스템에서 시스템 설정 데이터(system configuration data)를 저장하는 목적으로 사용된다.

지울 수 있는 ROM 종류들은 모두 재기록 가능한 횟수가 정해져 있다. 이 특성을 **삭제-프로그램 사이클(EP cycle, Erase-Program cycle)**이라고 한다. 일반적으로 10만 번 정도까지 재기록 할 수 있다.

컴퓨터는 주기억장치에 프로그램과 데이터를 저장한다. 주기억장치를 RAM만으로 구성할 수 없다. RAM은 전원이 제거되면, 그 내용을 모두 잃어버리기 때문이다. 컴퓨터가 부트할 때 수행하는 프로그램은 반드시 ROM에 저장되어 있어야 한다. 주기억장치를 ROM만으로 구성할 수도 없다. 온라인 상태에서 ROM에 데이터를 기록할 수 없으므로 프로그램을 실행하는데 반드시 필요한 시스템 스택을 ROM에 배치할 수 없다. 그러므로 컴퓨터 주기억장치는 ROM과 RAM을 모두 포함하고 있어야 한다. 전원이 제거되더라도 값이 없어지지 않고 읽고 쓸 수도 있는 소재로 기억장치를 만들 수 있다면 컴퓨터를 매번 부트하는 번거로움을 없앨 수 있을 것이다.

11.2 반도체 기억장치 요약

주기억장치로 사용되는 반도체 기억장치는 RAM과 ROM이 있다. 비휘발성 소자인 ROM은 부트로더를 저장하는 용도로 사용되고, 기억장소 단위로 읽고 쓸 수 있는 RAM은 프로그램 실행용 기억장소로 사용된다. RAM은 SRAM과 DRAM으로 구분된다. SRAM은 데이터를 안정적으로 저장하지만, DRAM은 이진 셀인 캐패시터에 충전된 전하를 방전하기 때문에 주기적으로 재충전해야 한다. ROM은 기본적으로 온라인 상태에서 지울 수 없다. 그렇지만 칩 전체 또는 블록 단위로 지우고 쓸 수 있는 종류도 있다. 요즘은 회로에서 소자를 떼어내지 않고 블록 단위로 지우고 쓸 수 플래시 메모리가 많이 사용된다. 삭제-프로그램 사이클(EP cycle)은 지우고 쓸 수 있는 ROM 종류 기억소자들의 재기록 횟수이다.

11.3 캐시 기억장치

프로그램 내장형 컴퓨터는 프로그램과 데이터를 주기억장치에 저장해두고 명령어를 하나씩 중앙처리장치로 인출하여 실행한다. 그런데 문제는 주기억장치 액세스 속도가 중앙처리장치보다 4~10배 또는 그 이상 느리다는 것이다. 중앙처리장치는 주기억장치에서 명령어나 데이터를 인출하는 동안 오래 기다려야 한다. 이 문제를 해결하기 위하여 컴퓨터 개발자들은 **캐시 기억장치**(cache memory)를 도입하였다. 캐시는 용량은 적지만 액세스 속도가 빠른 기억장치로써, 중앙처리장치와 주기억장치 사이에 놓여 있다. 중앙처리장치는 현재 실행하고 있는 프로그램과 데이터의 일부를 주기억장치에서 캐시로 옮겨놓고, 캐시에서 빠르게 액세스한다. 캐시는 프로그래머에게 보이지 않는다. 프로그래머는 캐시가 있음을 알지 못하고, 알고 있을 필요도 없다. 캐시를 도입한 목적이 기억장치 액세스 속도를 높이는 것이므로, 캐시와 관련된 동작은 모두 하드웨어로 처리한다. 이 절은 다음과 같이 구성되어 있다.

- 11.3.1 **참조의 지역성**: 프로그램이 기억장치를 액세스하는 패턴을 소개한다.
- 11.3.2 **캐시 기억장치 구조**: 태그와 라인으로 구성되는 캐시 기억장치의 구조를 소개한다.
- 11.3.3 **캐시 설계시 고려사항**: 캐시 기억장치와 관련된 설계 요소를 제시한다.
- 11.3.4 **매핑 함수**: 주기억장치 블록을 캐시 라인으로 할당하는 방법을 설명한다.

11.3.1 참조의 지역성

캐시를 도입함으로써 기억장치 평균 액세스 속도를 개선할 수 있는 이론적 근거는 **참조의 지역성**(locality of reference)이다. 이것은 프로세서가 프로그램을 실행할 때 기억장치의 특정 부분을 집중적으로 참조하는 경향이 있는 특성을 말한다. 참조한다는 것은 기억장치를 액세스하는 것을 말한다. 중앙처리장치는 명령어와 데이터를 액세스하기 위하여 기억장치를 참조한다. 참조의 지역성은 명령어와 데이터 모두에 적용된다. 프로그램을 실행하는 모습을 생각해보면 이런 특성을 확인할 수 있다. 참조의 지역성은 **공간적 참조의 지역성**(spatial locality of reference)과 **시간적 참조의 지역성**(temporal locality of reference)으로 구분하여 생각할 수 있다.

- **공간적 참조의 지역성**: 기억장치에 가깝게 배치되어 있는 명령어 또는 데이터를 참조할 가능성이 큰 것을 의미한다. 중앙처리장치는 현재 실행 중인 명령어의 다음 명령어를 실행하거나 거리가 짧은 루프를 반복적으로 실행하는 경우가 많다. 프로그램이 사용하는 변수들도 서로 가깝게 배치되어 있을 가능성이 크다.
- **시간적 참조의 지역성**: 한 번 사용된 명령어와 데이터를 짧은 시간 안에 다시 참조할 가능성이 크다는 의미이다. 함수를 호출하면 그 안에 있는 명령어들을 한동안 실행한다. 함수에서 복귀하면 원래 실행하던 코드 영역을 다시 실행할 가능성이 크다. 프로그램 코드는 한 번 사용한 데이터를 여러 번 사용하는 경향이 있다.

참조의 지역성에 따라 주기억장치에서 캐시 기억장치로 옮겨온 데이터를 중앙처리장치가

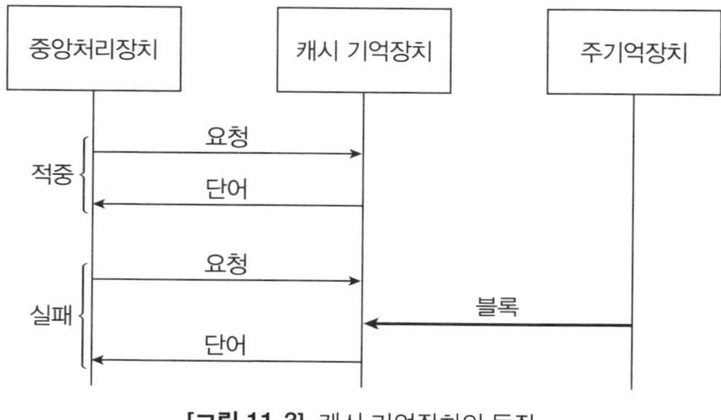

[그림 11-3] 캐시 기억장치의 동작

여러 번 사용할 가능성이 크다. 컴퓨터 시스템은 [그림 11−3]과 같은 방식으로 캐시를 활용한다.

- 중앙처리장치가 기억장치를 액세스하려고 주소를 생성한다.
- 만일 중앙처리장치가 요청한 데이터가 캐시 안에 있다면, 중앙처리장치는 캐시에서 데이터를 가져온다.
- 만일 중앙처리장치가 요청한 데이터가 캐시 안에 없다면, 주기억장치에서 중앙처리장치가 원하는 데이터를 포함하는 데이터 블록을 캐시로 복사한 다음에 캐시에서 해당 데이터를 중앙처리장치로 전송한다.

중앙처리장치가 요청한 데이터가 캐시에 들어 있는 것을 **적중(hit)**이라고 하고, 들어 있지 않은 것을 **실패(miss)**라고 한다. **적중률(hit ratio)**은 중앙처리장치가 기억장치 액세스를 요청한 전체 수에 대하여 적중한 수를 퍼센트로 표현한 척도이다. 캐시 적중률이 주어지면 기억장치 액세스 속도가 얼마나 개선되는지 계산할 수 있다. 적중률을 $h(0<h<1)$라고 하면, 캐시 실패율은 $(1-h)$이다. 캐시 액세스 속도를 t_c라 하고, 주기억장치 액세스 속도를 t_m이라고 하고, 기억장치의 평균 액세스 속도를 t_a라고 하자. 적중할 때 캐시만 액세스하고, 실패할 때 캐시와 주기억장치를 모두 액세스해야 하므로, 기억장치에 대한 평균 액세스 시간을 다음 식과 같이 계산할 수 있다.

$$t_a = h\times t_c + (1-h)\times(t_m + t_c) = t_c + (1-h)\times t_m$$

예제 11-2 캐시 액세스 시간이 1μsec이고, 주기억장치 액세스 시간이 10μsec이다.

(1) 적중률의 변화에 대한 기억장치 평균 액세스 속도를 그래프로 표현하라.
(2) 적중률이 90%일 때, 평균 액세스 속도를 구하라.

풀이

(1) $t_a = 1+(1-h)\times 10 = 11-10h$
평균 액세스 속도를 나타내는 그래프는 [그림 11−4]이다.

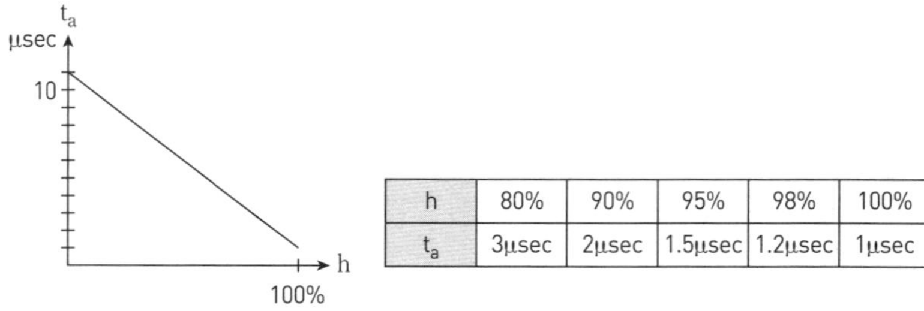

h	80%	90%	95%	98%	100%
t_a	3μsec	2μsec	1.5μsec	1.2μsec	1μsec

[그림 11-4] 기억장치 평균 액세스 속도

(2) t_a = 11−10×0.9 = 2μsec

적중률이 90%일 때, 평균 액세스 속도는 2μsec이다. 캐시를 사용하지 않을 때보다 5배 빠르다.

캐시 적중률은 컴퓨터가 실행하는 응용 프로그램의 지역성에 따라 결정된다. 프로그램의 지역성이란 그 프로그램이 얼마나 같은 데이터를 자주 액세스하는가를 의미한다. 데이터베이스 프로그램, 웹 프로그램은 캐시 적중률이 낮고, 신호처리 프로그램은 캐시 적중률이 높은 것으로 알려져 있다. 실제로 캐시 적중률은 95~99% 범위로 측정된다.

11.3.2 캐시 기억장치 구조

주기억장치와 캐시 간에는 여러 개의 단어로 구성된 블록 단위로 데이터를 전송한다. 일반적으로 주기억장치의 데이터 전송 단위를 **블록**(block)이라고 하고, 캐시의 전송 단위를 **라인**(line) 또는 **슬롯**(slot)이라고 한다. 주기억장치 블록 크기와 캐시 라인 크기를 다르게 설정할 수 있으나, 일반적으로 같게 설정한다. 여기에서도 블록과 라인의 크기가 같다고 가정한다. 즉, 주기억장치의 한 블록이 캐시의 한 라인으로 복사된다.

〈표 11-3〉 주기억장치와 캐시 기억장치의 제원

항목	주기억장치	캐시 기억장치
주소선의 수	n비트	k비트
전체 용량	2^n단어	2^k단어
데이터 전송 단위 및 크기	블록: w단어	라인: w단어
블록(라인) 수	블록 수: b = 2^n/w	라인 수: a = 2^k/w

기억장치 한 개의 장소에 한 개의 단어를 저장한다고 가정할 때, 주기억장치와 캐시의 제원은 〈표 11-3〉과 같다.

- 주기억장치 주소가 n비트이면, 주기억장치 용량은 2^n단어이다.
- 캐시 주소가 k비트이면, 캐시 용량은 2^k단어이다. 주기억장치가 캐시 기억장치보다 용량이 크기 때문에 n>k이다.
- 주기억장치 블록 크기와 캐시 라인 크기가 같다.
- 주기억장치 블록 크기가 w단어이면, 주기억장치는 2^n/w개의 블록을 갖고 있다.
- 캐시 라인 크기도 w단어이면, 캐시는 2^k/w개의 라인을 갖고 있다.

주기억장치와 캐시의 용량은 컴퓨터 성능에 따라 차이가 크기 때문에 일반적인 용량을 제시하기 쉽지 않다. 개인용 컴퓨터의 경우, 주기억장치는 512M바이트 이상이고, 캐시는 256K바이트 이상이다. 그러므로 주기억장치가 캐시보다 약 2,000배 이상 크다. 일반적으로 라인(블록)의 크기는 64, 128 또는 256바이트이다. 프로세서 성능이 개선됨에 따라, 캐시 용량과 라인 크기도 함께 증가하고 있다.

예제 11-3 주기억장치 용량이 16M바이트이고, 캐시 용량이 32K바이트이다. 한 개의 블록(라인)의 크기를 64바이트라고 할 때, 주기억장치 블록 수와 캐시 라인 수를 구하라.

풀이

주기억장치 블록 수 b = 16M바이트 / 64바이트 = 2^{24} / 2^6 = 2^{18} = 256K블록
캐시 라인 수 a = 32K바이트 / 64바이트 = 2^{15} / 2^6 = 2^9 = 512라인

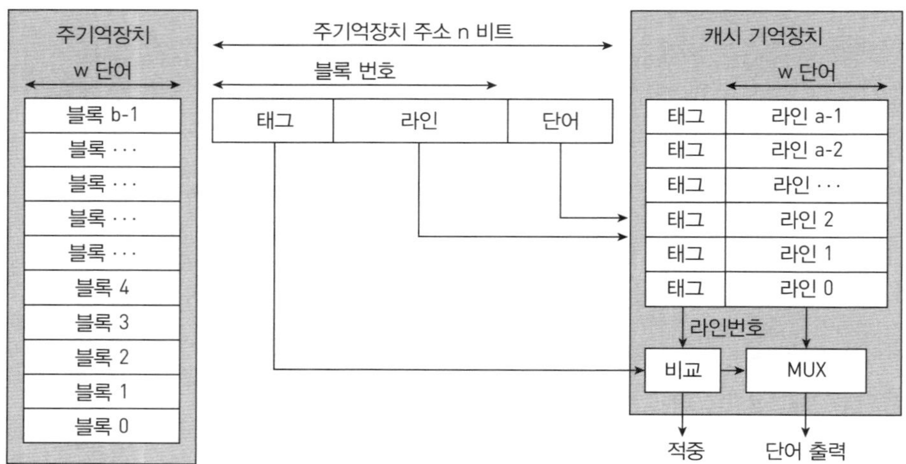

[그림 11-5] 주기억장치와 캐시 기억장치의 구조

[그림 11-5]는 블록 단위로 배치된 주기억장치와 라인 단위로 배치된 캐시 기억장치의 구조를 보여주고 있다. 주기억장치는 크기가 w단어인 b개의 블록으로 구성된 배열이다. 캐시는 크기가 w단어인 a개의 라인으로 구성된 배열이다. 주기억장치 블록 수가 캐시 라인 수보다 훨씬 많으므로, 캐시 라인에 어느 블록이 저장되어 있는지 표시할 필요가 있다. 이 부분을 캐시의 **태그(tag)** 영역이라고 한다. 캐시 용량을 계산할 때 태그 필드 영역을 고려하지 않는다.

중앙처리장치가 주기억장치로 공급하는 n비트의 주소는 단어 필드, 라인 번호 필드, 태그 필드로 분해할 수 있다.

- **단어 필드**: 캐시 라인 안에서 한 개의 단어를 지정한다. 단어 필드의 길이는 $\log_2 w$비트이다. 예를 들어 라인 크기가 64단어이면, 단어 필드는 6비트이다.
- **라인 필드**: 캐시의 라인 번호에 해당한다. 라인 필드의 길이는 주기억장치 블록을 캐시 라인에 배정하는 매핑 함수(mapping function)에 따라 달라진다.
- **태그 필드**: 주기억장치 주소 중에서 라인 필드와 단어 필드를 제외한 부분이다. 태그 필드는 캐시의 태그 영역에 저장된다.

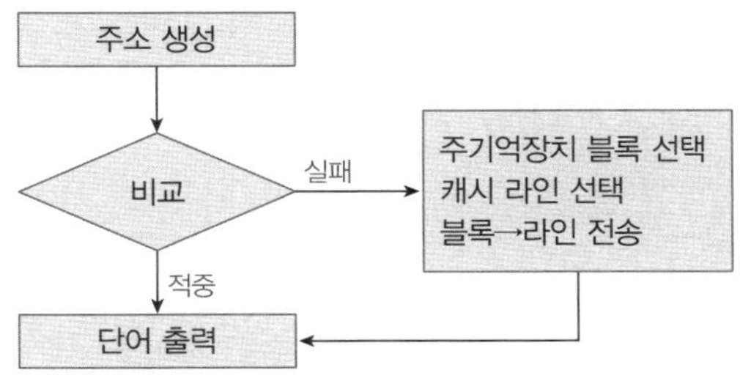

[그림 11-6] 캐시 읽기 동작

중앙처리장치는 기억장치를 읽기 또는 쓰기로 액세스한다. 기억장치에 쓰는 방법은 별도로 설명하기로 하고, 과정이 더 간단한 읽는 방법을 먼저 살펴보자. 기억장치에서 한 개의 단어를 읽는 과정은 [그림 11-6]과 같다.

- 주소 생성: 중앙처리장치는 단어 주소를 생성한다.
- 태그 비교: 주기억장치 주소의 태그 필드와 캐시 태그 영역에 들어 있는 태그를 비교한다.
- 블록 복사: 만일 캐시 태그 영역에 주기억장치 주소의 태그 필드와 일치하는 것이 없다면, 중앙처리장치가 원하는 단어를 포함하고 있는 주기억장치 블록을 캐시 라인으로 복사하고, 태그 필드를 수정한다.
- 단어 출력: 해당 라인에서 단어를 선택하여 중앙처리장치로 전송한다.

캐시는 주기억장치의 액세스 속도를 개선하기 위하여 도입된 장치이므로 하드웨어로 동작한다. 주기억장치 태그 필드가 캐시 태그 영역에 들어 있는지 빠르게 검색할 수 있어야 한다. 그러므로 캐시는 연관 액세스 기억장치로 만들어져 있다.

11.3.3 캐시 설계시 고려 사항

캐시 기억장치를 도입함에 있어서 고려할 사항은 캐시 용량, 캐시 모듈의 수, 매핑 함수(mapping function), 교체 정책(replacement policy), 쓰기 정책(write policy), 일관성 유지(coherence)가 있다.

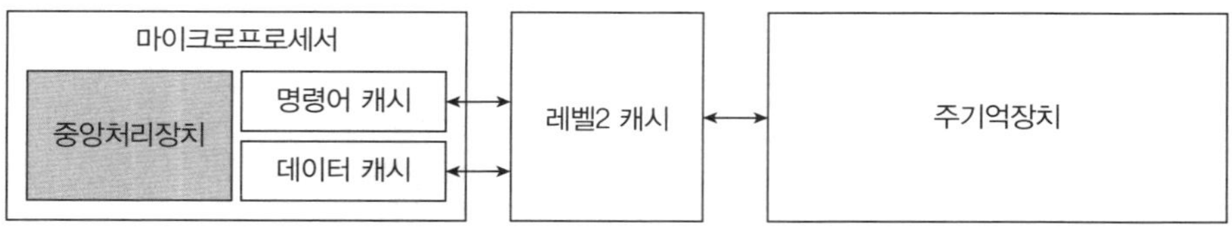

[그림 11-7] 계층적 캐시 구성

기억장치 비트 당 가격이 많이 증가하지 않을 만큼 캐시 용량은 작아야 하고, 기억장치 평균 액세스 시간이 캐시 액세스 시간에 가까워질 만큼 캐시 용량은 충분히 커야 한다. 캐시 용량이 커질수록 태그 필드를 비교하는 부담이 커지기 때문에 캐시 속도가 느려질 가능성도 있다. 이러한 점을 고려하여 캐시 크기를 결정해야 한다.

반도체 기술의 발달로 최근에는 [그림 11-7]과 같이 마이크로프로세서 칩 안에 캐시를 포함하는 두 레벨 캐시를 자주 볼 수 있다. 칩 안의 캐시를 온 칩(on-chip) 캐시 또는 레벨1 캐시라고 하고, 칩 밖의 캐시를 오프 칩(off-chip) 캐시 또는 레벨2 캐시라고 한다. 레벨2 캐시는 액세스 속도가 레벨1 캐시보다 느리고 주기억장치보다 빠르며, 용량은 레벨1 캐시보다 크다. 그리고 중앙처리장치가 명령어를 인출할 때와 데이터를 액세스할 때 기억장치를 사용하는 패턴이 다르기 때문에, 레벨1 캐시를 명령어 캐시와 데이터 캐시로 분리하기도 한다. 명령어 캐시와 데이터 캐시를 분리하면 중앙처리장치가 명령어와 데이터를 동시에 액세스할 수 있는 장점이 있다. 이 구조를 하버드 구조라고 한다. 명령어 캐시와 데이터 캐시에 대하여 다음에 설명하는 나머지 캐시 설계 요소를 다르게 적용하는 것이 일반적이다.

캐시 기억장치 용량을 제외한 나머지 캐시 기억장치의 설계 요소는 다음과 같다.

- **매핑 함수**(mapping function): 주기억장치 블록을 캐시 라인으로 복사할 때 어느 라인으로 복사할지 결정하는 규칙이다.
- **교체 정책**(replacement policy): 캐시 라인이 모두 채워져 있을 때, 주기억장치에서 새로운 블록을 캐시로 가져오려면 캐시 라인 중 하나와 교체해야 하는데, 이때 교체 라인을 선택하는 방법을 정한다. 캐시에 들어온 이후 최근에 사용 빈도가 가장 적은 캐시 라인을 교체하는 **LRU(Least Recently Used) 방법**을 가장 많이 사용한다.
- **쓰기 정책**(write policy): 중앙처리장치가 기억장치에 쓰기 동작을 수행할 때 최종적

으로 주기억장치 내용이 수정되어야 한다. 이에 대한 처리 방법을 쓰기 정책이라고 한다. Write-through **정책**은 쓰기 동작을 수행할 때마다 캐시와 주기억장치를 모두 수정하는 방법이고, write-back **정책**은 쓰기 동작 때 캐시 라인만 수정하고 캐시 라인을 교체할 때 라인 전체를 주기억장치로 기록하는 방법이다.

- **일관성 유지**(keeping coherence): 주기억장치는 프로세서 이외의 요인으로 그 내용이 변경될 수 있으므로, 주기억장치 블록의 내용과 캐시 라인의 내용이 다른 경우가 있을 수 있다. 주기억장치 블록과 캐시 라인의 내용을 같게 유지하는 방법을 일관성 유지라고 한다.

이 교재에서는 다음 절에서 매핑 함수를 설명하고, 다른 설계 요소에 대한 설명은 생략한다.

11.3.4 매핑 함수

주기억장치 블록은 캐시 라인보다 그 수가 많기 때문에, 주기억장치 블록을 캐시 라인으로 배정하는 방법이 필요하다. 매핑 함수는 주기억장치 한 개의 블록을 캐시 라인으로 배정하는 방법을 정의한다. 매핑 함수는 다음과 같은 세 가지 방법이 있다.

- 직접 매핑(direct mapping)
- 완전 연관 매핑(full−associative mapping)
- 세트 연관 매핑(set−associative mapping)

이후 매핑 함수를 설명하면서 〈표 11−4〉의 주기억장치와 캐시 기억장치를 예제로 사용한다.

직접 매핑(direct mapping)은 주기억장치 한 개의 블록이 한 개의 캐시 라인에만 들어

〈표 11-4〉 예제 주기억장치와 캐시 기억장치의 제원

종류	용량	주소	블록 내 단어 수	블록(라인) 수
주기억장치	256M바이트	n = 28비트	w = 256바이트	b = 1M블록
캐시 기억장치	256K바이트	k = 18비트	w = 256바이트	a = 1K라인

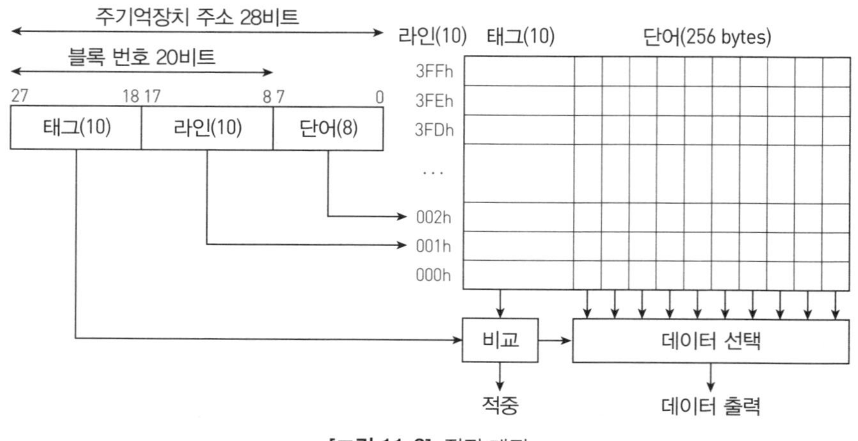

[그림 11-8] 직접 매핑

갈 수 있다. 주기억장치 주소 n비트는 다음과 같이 분할되어 사용된다.

- 단어 필드(하위 W비트, W = $\log_2$(라인 크기)): 라인에서 단어를 정한다.
- 라인 필드(중간 L비트, L = $\log_2$(캐시 용량/라인 크기)): 캐시 라인 주소를 지정한다.
- 태그 필드(상위 T비트, T = n − (W + L)): 캐시 태그에 저장된다.

〈표 11−4〉의 예제에 대한 직접 매핑은 [그림 11−8]과 같다.

- 캐시 기억장치 주소 18비트 중에서 하위 8비트(A_7:A_0)는 라인 안에서 단어를 결정하고 (W=8), 상위 10비트(A_{17}:A_8)는 라인 번호(000h~3FFh, 0~1023)에 해당한다.
- 주기억장치 주소 28비트 중에서 하위 8비트(A_7:A_0)는 블록 안에서 단어를 결정하고 (W=8), 나머지 20비트(A_{27}:A_8)는 주기억장치 블록 번호에 해당한다.
- 캐시에 라인이 1,024개 있으므로, 주기억장치 블록 번호 중 아래 10비트(A_{17}:A_8)로 자신이 들어갈 캐시 라인을 지정한다. (L = k − W = 18 − 8 = 10)
- 주기억장치 블록 주소 중에서 나머지 10비트(A_{27}:A_{18})는 캐시 태그 영역에 저장된다. (T = n − (L + W) = 28 − (10+8) = 10). 캐시 태그 필드를 보면, 주기억장치 어느 블록이 캐시의 해당 라인에 들어와 있는지 알 수 있다.

직접 매핑 방법은 주기억장치 주소의 라인 번호에 해당하는 필드로 자신이 들어갈 캐시 라인을 결정한다. 주기억장치 블록이 들어갈 수 있는 캐시 라인이 정해져 있다. 중앙처리장치가 주기억장치 주소를 생성하면, 주기억장치 주소의 태그 필드에 해당하는 상위 10비트와 캐시 라인 번호에 해당하는 한 개의 캐시 태그를 비교하여 적중 여부를 결정한다.

직접 매핑 방법은 간단하지만, 주기억장치 블록이 들어갈 수 있는 캐시 라인이 하나뿐이라는 단점이 있다. 만일 어느 프로그램이 같은 캐시 라인으로 매핑되는 두 개의 주기억장치 블록을 번갈아 사용한다면, 반복해서 캐시 라인을 교체해야 하고, 그 결과로 캐시의 적중률이 낮아진다.

예제 11-4 [그림 11-8]에서 주기억장치 주소 50C_0108h번지의 단어에 대하여 질문에 답하라.

(1) 이 단어를 저장할 캐시 라인 번호는?
(2) 이 단어를 캐시에 저장할 때, 태그 영역에 저장할 값은?
(3) 적중 여부를 판정하기 위한 비교기의 비트 크기와 수는?

풀이

주기억장치 주소를 캐시 구조에 맞게 표현하면
50C_0108h = 0101_0000_1100_0000_0001_0000_1000
= (태그)01_0100_0011_(라인)00_0000_0001_(단어)0000_1000

(1) 라인 번호 = 00_0000_0001 = 001h
(2) 태그 = 01_0100_0011 = 143h
(3) 10비트 비교기 한 개

완전 연관 매핑(full-associative mapping)은 직접 매핑의 단점을 보완한 방법이다. 완전 연관 매핑 방법은 주기억장치 블록이 임의의 캐시 라인에 들어가는 것을 허용한다. 따라서 주기억장치 주소 중에서 단어 필드를 제외한 상위 주소가 모두 캐시 태그 영역에 저장되어야 한다. 그러므로 주기억장치 주소는 다음과 같이 두 가지 필드로 분할된다.

- 단어 필드(하위 W비트, $W = \log_2$(라인 크기)): 라인에서 단어를 결정한다.
- 태그 필드(상위 T비트, $T = n - W$): 캐시 태그에 저장된다.

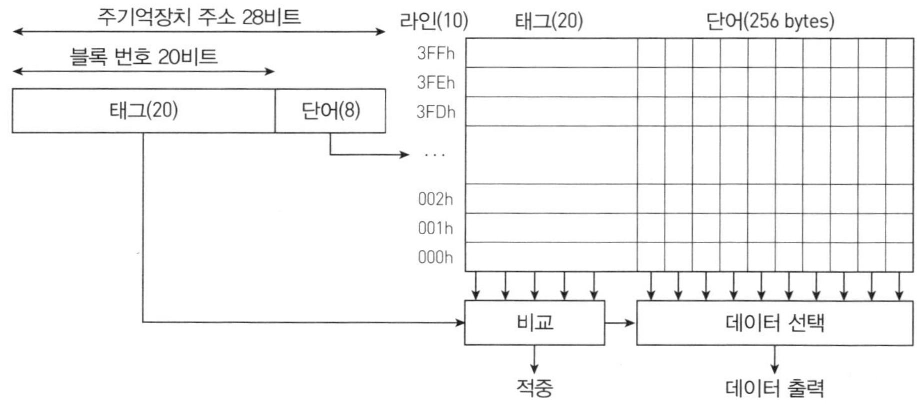

[그림 11-9] 완전 연관 매핑

〈표 11−4〉의 예제에 대한 완전 연관 매핑은 [그림 11−9]와 같다.

- 캐시 기억장치 주소 18비트 중에서 하위 8비트(A_7:A_0)는 라인 안에서 단어를 결정하고 (W=8), 상위 10비트(A_{17}:A_8)는 라인 번호(000h~3FFh, 0~1023)에 해당한다.
- 주기억장치 주소 28비트 중에서 하위 8비트(A_7:A_0)는 블록 안에서 단어를 결정하고 (W=8), 나머지 상위 20비트(A_{27}:A_8)는 주기억장치 블록 번호에 해당한다.
- 주기억장치 블록은 캐시 임의의 라인에 들어갈 수 있다. 따라서 상위 20비트(A_{27}:A_8)가 모두 캐시의 태그 영역에 저장된다. (T = n − W = 28 − 8 = 20)
- 중앙처리장치가 주기억장치 주소를 생성하면, 주기억장치 주소 상위 20비트와 캐시 태그 영역에 저장되어 있는 1,024개의 태그를 동시에 비교하여 적중 여부를 결정한다.

완전 연관 매핑에서는 주기억장치 한 개의 블록이 임의의 캐시 라인에 들어갈 수 있으므로 융통성이 크다는 장점이 있다. 그렇지만 캐시 적중인지 판단하기 위하여 캐시의 모든 라인에 들어 있는 태그와 주기억장치 블록 주소를 동시에 비교해야 한다. 따라서, 비교기 회로가 매우 복잡하다는 단점이 있다.

새로운 주기억장치 블록이 캐시로 들어가려고 할 때, 직접 매핑은 주기억장치 블록이 들어갈 캐시 라인이 하나로 결정되어 있다. 그렇지만 완전 연관 매핑은 주기억장치 블록이 임의의 캐시 라인으로 들어 갈 수 있다. 따라서 완전 연관 매핑에서는 캐시에서 교체할

라인을 결정하는 교체 정책이 필요하다.

예제 11-5 [그림 11-9]에서 주기억장치 주소 50C_0108h번지의 단어에 대하여 질문에 답하라.

(1) 이 단어를 저장할 캐시 라인 번호는?
(2) 이 단어를 캐시에 저장할 때, 태그 영역에 저장할 값은?
(3) 적중 여부를 판정하기 위한 비교기의 비트 크기와 수는?

풀이

주기억장치 주소를 캐시 구조에 맞게 표현하면
50C_0108h = 0101_0000_1100_0000_0001_0000_1000
= (태그)0101_0000_1100_0000_0001_(단어)0000_1000
(1) 1024개 캐시 라인 중 임의의 라인에 저장될 수 있다.
(2) 태그 = 0101_0000_1100_0000_0001 = 5_0C01h
(3) 20비트 비교기 1024개

세트 연관 매핑(set-associative mapping)은 직접 매핑 함수와 연관 매핑 함수의 장단점을 절충한 방식으로, 캐시 기억장치를 s개의 세트로 나누어 사용한다. 일반적으로 s는 2, 4, 8 중 하나이다. 캐시 기억장치를 s개의 세트로 나눈 것을 **s-way 세트 연관 매핑**이라고 한다. 주기억장치 주소는 다음과 같이 구분된다.

- 단어 필드(하위 W비트, W = $\log_2$(라인 크기)): 라인에서 단어를 구별한다.
- 라인 필드(중간 L비트, L = $\log_2$(캐시 세트의 라인 수)): 캐시 라인 주소를 지정한다.
- 태그 필드(상위 T비트, T = n − (L + W)): 캐시 태그에 저장된다.

[그림 11-10]은 〈표 11-4〉의 예제에 대한 4-way 세트 연관 매핑에 대한 주소 해석과 캐시의 구조를 보여준다.

- 용량이 256K바이트인 캐시 기억장치는 네 개의 세트로 나뉘어 사용된다.
- 캐시 세트 한 개의 용량은 64K바이트이고, 주소선은 16비트이다.
- 세트 주소 중에서 하위 8비트(A_7:A_0)는 라인 안에서 단어를 결정하고(W=8), 상위 8비트(A_{15}:A_8)는 라인 번호(000h~FFh, 0~255)에 해당한다.

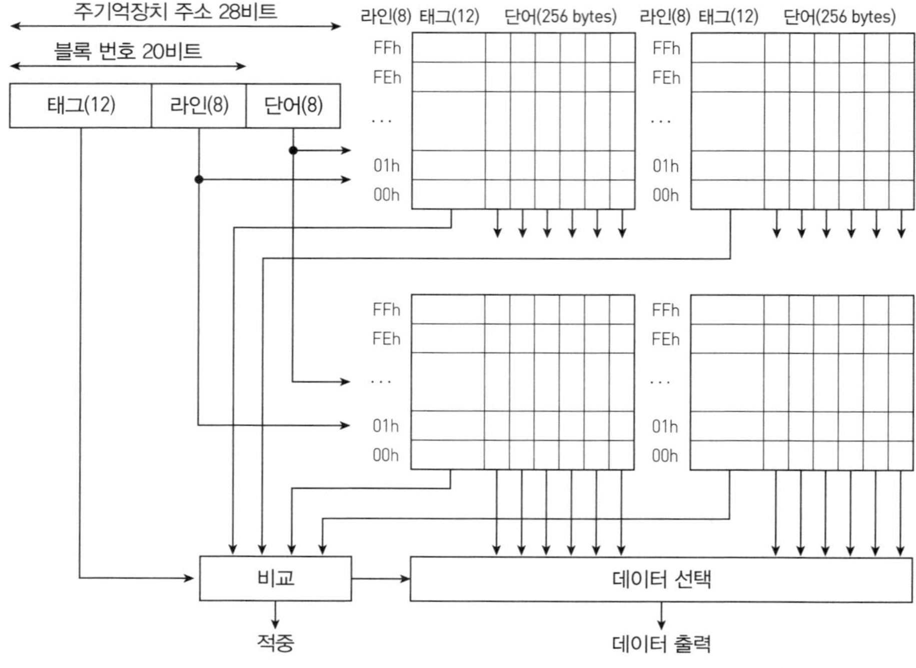

[그림 11-10] 4-way 세트 연관 매핑

- 주기억장치 주소 28비트 중에서 하위 8비트(A_7:A_0)는 블록 안에서 단어를 결정하고 (W=8), 나머지 상위 20비트(A_{27}:A_8)는 주기억장치의 블록 번호에 해당한다.
- 캐시 세트마다 라인이 256개이므로, 주기억장치 블록 번호 중 아래 8비트(A_{15}:A_8)로 캐시 라인을 지정한다. 주기억장치 블록은 각 세트당 하나씩 네 개의 라인 중 하나에 들어간다.
- 주기억장치 주소 중에서 나머지 12비트(A_{27}:A_{16})는 캐시 태그에 저장된다. (T = 28 − (8+8) = 12).

s-way 세트 연관 매핑에서는 주기억장치 주소의 태그 필드와 라인 필드에 해당하는 s개의 캐시 태그를 비교하여 적중 여부를 판정한다. 만일 새로운 주기억장치 블록이 캐시에 들어가려면, s개의 캐시 라인 중 하나와 교체해야 한다. 이때도 교체 정책이 필요하다.

예제 11-6 [그림 11-10]에서 주기억장치 주소 50C_0108h 번지의 단어에 대하여 질문에 답하라.

(1) 이 단어를 저장할 캐시 라인 번호는?
(2) 이 단어를 캐시에 저장할 때, 태그 영역에 저장할 값은?
(3) 적중 여부를 판정하기 위한 비교기의 비트 크기와 수는?

풀이

주기억장치 주소를 캐시 구조에 맞게 표현하면
50C_0108h = 0101_0000_1100_0000_0001_0000_1000
= (태그)0101_0000_1100_(라인)0000_0001_(단어)0000_1000
(1) 각 세트마다 하나씩 있는 01h 라인 중 하나에 저장될 수 있다.
(2) 태그 = 0101_0000_1100 = 50Ch
(3) 12비트 비교기 4개

11.3 캐시 기억장치 요약

참조의 지역성은 프로세서가 프로그램을 실행할 때 기억장치의 특정 부분을 집중적으로 액세스하는 경향이다. 프로세서가 사용할 데이터를 속도가 빠른 캐시 기억장치에 복사해 두고 여러 번 사용함으로써 기억장치의 평균 액세스 속도를 개선할 수 있다. 주기억장치의 한 개의 블록을 캐시 기억장치의 한 개의 라인으로 복사한다. 주기억장치 주소는 태그, 라인, 단어 필드로 구분된다. 주기억장치 블록을 캐시 라인에 할당하는 방법을 매핑 함수라고 부르고, 직접 매핑, 완전 연관 매핑, 세트 연관 매핑 방법이 있다.

11.4 가상 기억장치

컴퓨터 기억장치의 액세스 속도를 개선하기 위하여 캐시 기억장치를 도입하였다. 컴퓨터는 기억장치 용량을 증가시키는 방법으로 **가상 기억장치**(virtual memory)를 사용한다. 이것은 용량이 큰 보조 기억장치를 마치 주기억장치인 것처럼 활용하는 방법이다. 가상 기억장치와 상대적인 개념으로 실제로 컴퓨터 시스템에 탑재되어 있는 주기억장치를 **물리 기억장치**(physical memory)라고 한다. 가상 기억장치 운영에 관한 사항은 중앙처리장치가 아닌 운영체제가 담당한다. 최근의 프로세서는 가상 기억장치 운영을 지원하는 MMU(Memory Management Unit)를 포함하고 있다. 이 절은 다음과 같이 구성되어 있다.

- 11.4.1 **페이지 테이블**: 가상 기억장치의 페이지를 물리 기억장치에 배정한 상태를 저장하는 페이지 테이블을 소개한다.
- 11.4.2 **변환 우선참조 버퍼**: 페이지 테이블 액세스를 개선하는 특수 기억장치를 소개한다.
- 11.4.3 **가상 기억장치 기능 확장**: 컴퓨터 시스템 자체를 가상화 하는 가상 머신을 소개한다.

11.4.1 페이지 테이블

주소 버스가 32비트인 프로세서는 주기억장치를 4G바이트까지 탑재할 수 있다. 그렇지만 실제로 주기억장치를 그보다 적게, 예를 들면 512M바이트 탑재시켜 놓고, 마치 주기억장치가 4G바이트인 것처럼 사용한다. 하드 디스크에 4G바이트 공간을 확보하고 이 공간을 주기억장치인 것처럼 활용하기 때문에, 이렇게 사용하는 것이 가능하다.

[그림 11-11]은 가상 기억장치 운영 개념을 보여준다. 컴퓨터 시스템은 보조 기억장치를 가상 기억장치로 활용한다. 가상 기억장치에 저장된 프로그램이나 데이터는 실제로 중앙처리장치에서 처리될 때 물리 기억장치로 옮겨져 사용된다. 가상 기억장치와 물리 기억장치 사이에 데이터를 주고받는 것을 **스워핑**(swapping)이라고 한다. 가상 기억장치에서 물리 기억장치로 데이터를 불러오는 것을 **스웝-인**(swap-in)이라고 하고, 물리 기억장치에서

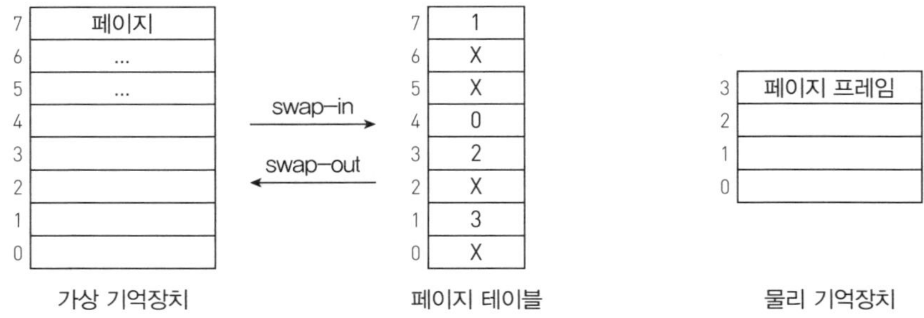

[그림 11-11] 가상 기억장치 운영 개념

가상 기억장치로 데이터를 내보내는 것을 **스웝-아웃**(swap-out)이라고 한다.

가상 기억장치와 물리 기억장치가 서로 교환할 데이터 크기를 정해야 한다. 이 크기 단위로 스워핑 한다. 가상 기억장치를 논리적으로 일정한 크기로 나눈 영역을 **페이지**(page)라고 한다. 물리 기억장치를 같은 크기로 나눈 영역을 **페이지 프레임**(page frame)이라고 한다. 당연히 페이지와 페이지 프레임의 크기는 같다. 가상 기억장치와 물리 기억장치 사이에 페이지를 교환하는 것을 **페이징**(paging)이라고 한다. 일반적으로 32비트 프로세서의 페이지와 페이지 프레임의 크기는 4K바이트이다.

프로세서가 생성한 가상 주소의 데이터가 물리 기억장치 페이지 프레임에 적재되어 있지 않은 상태를 **페이지 부재**(page fault)라고 한다. 페이지 부재가 발생하면, 운영체제는 가상 기억장치에서 해당 페이지를 물리 기억장치 중 하나의 페이지 프레임으로 적재한다. 캐시 기억장치와 마찬가지로 물리 기억장치에서 교체할 페이지 프레임을 결정해야 하는 문제가 있으며, 대부분 LRU(Least Recently Used) 알고리즘을 사용한다. 프로세서가 데이터를 사용하려고 할 때 해당 페이지를 물리 기억장치로 읽어오는 방법을 **요구 페이징**(demand paging)이라고 한다. 가상 기억장치 시스템은 다음과 같은 세 가지 기억장치 주소를 사용한다.

- **논리 주소**(logical address): 중앙처리장치가 데이터를 액세스하는 주소이다.
- **가상 주소**(virtual address) 또는 **선형 주소**(linear address): 가상 기억장치에 대한 주소이다.
- **물리 주소**(physical address): 물리 기억장치를 액세스하는 주소이다.

인텔의 Pentium 계열 프로세서는 내부적으로 세그먼트(segment)와 오프셋(offset)으로 구성된 논리 주소를 사용하며, 이 두 가지를 조합하여 가상 주소를 생성한다. 그 외에 대부분의 프로세서는 논리 주소와 가상 주소가 같다. 이 교재에서는 논리 주소와 가상 주소가 같다고 가정한다. 프로세서가 생성하는 n비트의 가상 기억장치 주소를 [그림 11-12]와 같이 두 부분으로 나누어 생각할 수 있다.

- **오프셋**: 페이지 내부에서 데이터 위치를 지정한다. 전체 n비트 주소 중에서 이 부분에 해당하는 비트 수는 $k = \log_2$(페이지 크기)이다.
- **페이지 번호**: 전체 n비트 주소 중에서 페이지 오프셋에 해당하는 k비트를 제외한 나머지 상위 비트는 가상 기억장치의 페이지 번호이다.

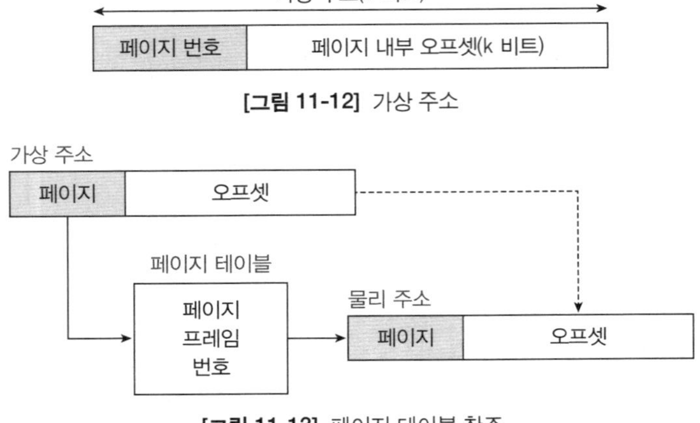

[그림 11-12] 가상 주소

[그림 11-13] 페이지 테이블 참조

가상 기억장치 페이지는 물리 기억장치 임의의 페이지 프레임에 할당될 수 있다. 프로세서가 생성한 주소는 가상 주소이기 때문에 실제로 데이터가 저장되어 있는 물리 주소로 변환되어야 한다. 이 변환을 위하여 가상 기억장치 페이지가 물리 기억장치 어느 페이지 프레임에 들어가 있는지 알려주는 테이블이 필요하다. 이것을 **페이지 테이블**(page table)이라고 한다. 페이지 테이블의 인덱스는 가상 기억장치의 페이지 번호이고 내용은 물리 기억장치 페이지 프레임의 번호이다. [그림 11-13]은 페이지 테이블을 참조하여 가상 주소를 물리 주소로 변환하는 과정을 보여주고 있다. 가상 주소 페이지 번호로 페이지 테이블을 참조하여 페이지 프레임 번호를 구하고, 여기에 오프셋 부분을 연결하여 물리 주소를 구한다.

주소가 32비트이고 페이지 크기가 4K바이트일 때, 페이지 번호는 32 − 12 = 20비트이다. 페이지 테이블은 2^{20} = 1M개의 항목을 가져야 하고, 한 개의 항목에 20비트를 저장하려면, 항목당 최소 3바이트가 필요하므로, 전체적으로 페이지 테이블의 크기는 3M바이트나 된다. 이 경우 페이지 테이블을 관리하기 위한 비용이 너무 비싸기 때문에, 일반적으로 [그림 11-14]와 같이 페이지 테이블을 두 단계로 나눈다. 페이지 테이블과 구별하기 위하여, 첫 번째 페이지 테이블을 **페이지 디렉토리**(page directory)라고 한다. 페이지 디렉토리와 페이지 테이블의 구조는 같다. 페이지 디렉토리와 페이지 테이블을 참조하기 위하여 각각 10비트를 사용하므로, 각 테이블은 1K개의 항목만 가지면 된다.

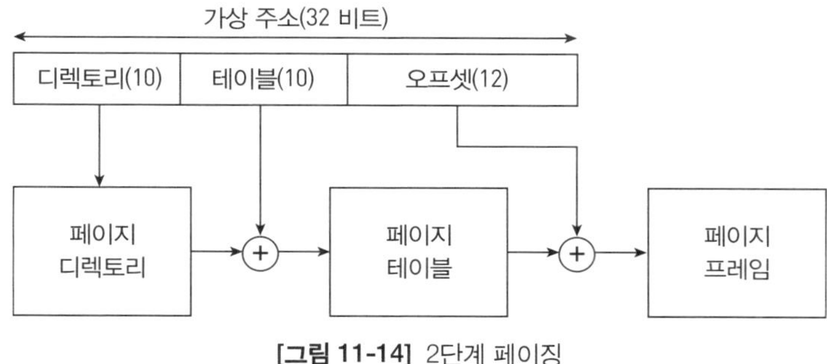

[그림 11-14] 2단계 페이징

컴퓨터는 페이징 기법을 사용함으로써 물리 기억장치 용량보다 더 큰 프로그램을 실행할 수 있다. 페이징 기법은 하드웨어로 관리하는 것이 아니고 운영체제가 프로그램을 실행하여 관리한다. 페이지 테이블 자체도 특별한 하드웨어 기억장치가 아니고, 운영체제가 주기억장치의 일부를 페이지 테이블 영역으로 지정하여 사용한다.

11.4.2 변환 우선참조 버퍼

페이징은 주기억장치 용량을 확장하는 훌륭한 기법이다. 그렇지만 페이지 테이블이 물리 기억장치에 있기 때문에, 기억장치를 액세스할 때마다 한 번은 페이지 테이블을 참조해야 하고 또 한 번은 필요한 데이터를 액세스해야 한다. 이와 같이 가상 기억장치는 액세스 시간을 두 배로 길어지게 만드는 단점이 있다.

이 문제를 해결하기 위하여 대부분의 프로세서는 **변환 우선참조 버퍼(TLB, Translation Lookaside Buffer)**를 제공한다. 변환 우선참조 버퍼는 프로세서에 내장되어 있는 연관 액세스 기억장치이고, 페이지 테이블 크기보다 용량이 작고, 페이지 테이블의 내용 중 일부를 복사해서 저장한다. 중앙처리장치가 최근에 생성한 가상 주소에 대한 페이지 번호를 저장한다. 만일 중앙처리장치가 생성한 가상 주소에 대한 페이지 정보가 변환 우선참조 버퍼 안에 있다면, 시간을 지체하지 않고 바로 물리 주소를 생성한다. 만일 그렇지 않다면, 페이지 테이블을 참조해야 한다.

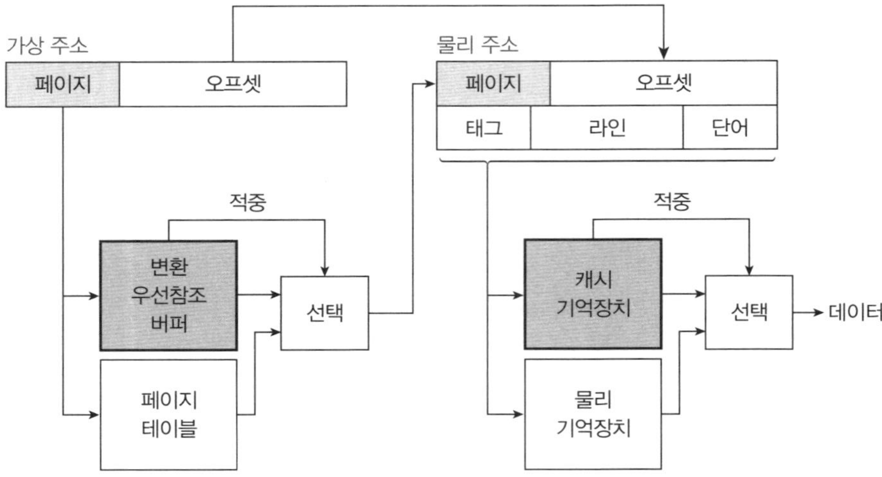

[그림 11-15] 기억장치 시스템 구성

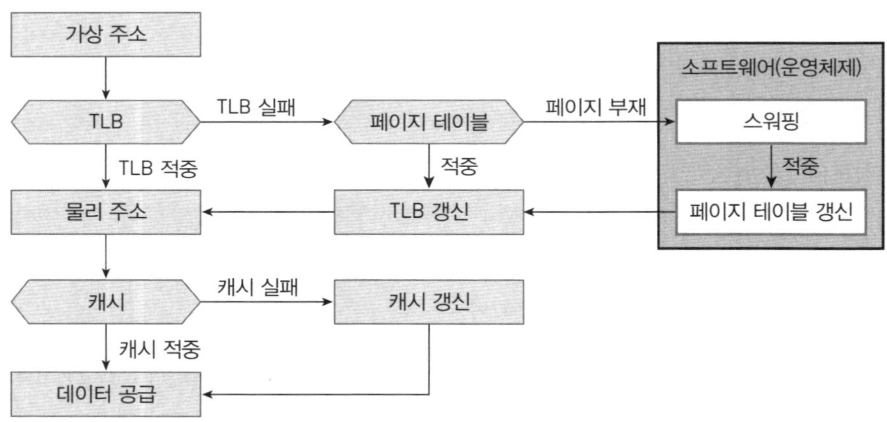

[그림 11-16] 기억장치 액세스 과정

지금까지 설명을 종합하면, 컴퓨터의 기억장치 시스템은 [그림 11-15]와 같이 변환 우선참조 버퍼, 페이지 테이블, 물리 기억장치, 캐시 기억장치로 구성되어 있다. 중앙처리장치가 생성한 가상 주소에 대한 데이터 액세스는 [그림 11-16]과 같은 과정을 거친다. 다음 설명에서 (H)는 하드웨어 동작이고, (S)는 소프트웨어 동작이다.

- (H) 중앙처리장치는 가상 주소를 생성한다. 가상 주소는 페이지 번호와 오프셋으로 해석된다.

- (H) 변환 우선참조 버퍼 참조: 변환 우선참조 버퍼에 해당 페이지의 항목이 있는지 검사한다. 만일 있다면(TLB 적중), 즉시 물리 주소를 생성한다.
- (H) 페이지 테이블 참조: TLB 실패일 때, 페이지 테이블을 참조한다. 페이지 테이블에 해당 페이지에 대한 항목이 있다면, 변환 우선참조 버퍼를 갱신하고 물리 주소를 생성한다.
- (S) 페이지 교체: 페이지 테이블에 페이지 항목이 없다면, 운영체제는 스워핑을 수행하고 페이지 테이블을 갱신한다.
- (H) 캐시 참조: 캐시에 해당 주소가 있다면(캐시 적중), 바로 캐시에서 데이터를 읽어간다.
- (H) 물리 기억장치 동작: 캐시에서 실패하면, 물리 기억장치에서 해당 블록을 캐시 라인으로 저장하고 데이터를 공급한다.

이와 같이 프로세서가 기억장치를 액세스하는 과정은 하드웨어 처리와 소프트웨어 처리가 복합해서 수행된다. 기억장치는 운영 개념이 간단하지만, 운영면에서는 가상 기억장치, 물리 기억장치, 캐시 기억장치로 구성되는 계층 구조로 만들어져 있기 때문에 관리가 복잡하다. 그렇지만 프로그래머는 이런 사항을 알고 있을 필요가 없다. 하드웨어와 운영체제가 마치 일차원 배열을 액세스하는 것처럼 기억장치를 관리해 주기 때문이다.

11.4.3 가상 기억장치 기능 확장

가상 기억장치는 처음에 보조 기억장치를 활용하여 부족한 주기억장치를 확장하는 방안으로 마련되었다. 가상 기억장치가 도입되어 기억장치를 페이지 프레임 단위로 나누어 프로세스에게 할당할 수 있게 됨에 따라, 페이지 프레임에 읽기, 쓰기, 실행 가능 여부와 같은 속성을 추가하여 소프트웨어로 페이지 프레임에 대한 사용 권한을 제한할 수 있게 되었다. 페이지 기법에 기억장치를 보호하는 기능이 추가되었다. 이에 따라 기억장치를 운영체제가 사용하는 커널 영역과 사용자 영역으로 나누어 사용할 수 있게 되었다.

이후 반도체 기술과 컴퓨터 기술이 더욱 발달하면서, 컴퓨터는 프로세서 주소 공간보다 더 큰 주기억장치와 수백, 수천 기가바이트를 넘어 테라 바이트까지 보조기억장치를 갖게 되었다. 가상 기억장치는 주기억장치 주소를 확장하는 기능보다 컴퓨터가 실행하는 프로세스들을 서로 보호하는 기능이 더 중요해졌다. 이제는 **가상 머신(VM, Virtual Machine)**을 사용하는 단계까지 발전하였다. 가상 머신은 하나의 컴퓨터에 가상의 컴퓨터가 여러 개 있는 것처럼 운영하는 것을 말한다. 가상 머신이 실행되는 바탕 하드웨어를 제공하는 컴퓨터를 호스트(host computer)라고 하고, 호스트 상에서 실행되는 가상의 컴퓨터를 게스트(guest)라고 한다. 가상 머신은 여러 개의 게스트 컴퓨터가 하나의 호스트에서 실행되는 추상 계층을 제공한다. 가상 머신은 최근 유행하는 클라우드 컴퓨팅(cloud computing)의 핵심 기술이고, 그 중심에 가상 기억장치 기술이 있다.

11.4 가상 기억장치 요약

가상 기억장치는 보조 기억장치를 사용하여 마치 주기억장치가 많이 있는 것처럼 가상화 하는 기술이다. 페이지 단위로 가상 기억장치와 물리 기억장치 간에 데이터를 교환한다. 프로세서가 생성한 가상 주소는 페이지 테이블을 거쳐 물리 주소로 변환된다. 기억장치를 액세스할 때마다 주기억장치에 있는 페이지 테이블을 참조하는 것을 개선하기 위하여 변환 우선참조 버퍼(TLB)를 도입하였다. 변환 우선참조 버퍼는 중앙처리장치 안에 있는 연관 액세스 기억장치이다. 페이지 부재는 운영체제에 의해 처리된다. 가상 기억장치 기술은 가상 머신 기술로 발전하고 있다.

11.5 요약

이 장에서는 기억장치의 특성, 반도체 기억장치, 캐시 기억장치, 가상 기억장치를 소개하였다. 새로 소개된 용어는 다음과 같다.

- 휘발성(volatile), 비휘발성(nonvolatile): 기억장치에 공급되는 전기를 제거하면 저장된 내용이 없어지는 특성과 그 내용을 유지하는 특성
- 삭제 가능(erasable), 삭제 불가능(nonerasable): 기억장치에 기록된 내용을 지울 수 있는가 아니면 지울 수 없는가를 나타내는 특성
- 액세스 방법: 기억장치에서 데이터를 액세스 하는 방법을 의미하며, 데이터를 처음부터 차례대로 액세스하는 순차 액세스(sequential access), 임의의 위치로 이동할 수 있지만 위치에 따라 액세스 시간이 다른 직접 액세스(direct access), 임의 위치를 이동하면서 위치에 따라 액세스 시간이 같은 임의 액세스(random access), 그리고 키 필드로 내용

을 탐색하는 연관 액세스(associative access) 방법이 있다.

- 성능: 기억장치 성능은 기억장치에 대한 액세스 시간(access time)으로 정의되며, 사이클 시간(cycle time)은 연속 동작을 고려한 소요 시간이고, 전송률(transfer rate)은 단위 시간에 전송할 수 있는 데이터의 양이다. 대역폭(bandwidth)은 전송률과 같은 의미로 사용된다
- RAM(Random Access Memory): 반도체 기억소자인 RAM은 읽고 쓰는 것이 자유로운 기억소자이다. 이진 셀을 만드는 소재에 따라 정적 RAM(static RAM)과 동적 RAM(dynamic RAM)이 있다. 동적 RAM은 시간이 지나면 셀의 전하를 잃어버리기 때문에 재충전(refresh) 해야 한다.
- ROM(Read Only Memory): 읽을 수만 있는 반도체 기억소자이다. 제조 방법에 따라 마스크 ROM(mask ROM), PROM(Programmable ROM), EPROM(Erasable Programmable ROM), EEPROM(Electrically Erasable PROM), 그리고 플래시 메모리(flash memory)가 있다.
- 참조의 지역성(locality of reference): 프로그램을 실행하면서 기억장치의 일정 부분을 집중적으로 참조하는 특성
- 캐시 기억장치(cache memory): 프로그램과 데이터의 일부를 옮겨놓고 중앙처리장치가 빠르게 액세스하는 특수 기억장치
- 적중률(hit ratio): 중앙처리장치가 프로그램을 수행하면서 생성한 전체 기억장치 액세스 횟수에 대하여 캐시 기억장치에서 액세스한 횟수의 비율
- 매핑 함수(mapping function): 주기억장치 데이터를 캐시 기억장치로 가져올 때 캐시 기억장치 라인에 배정하는 규칙
- 가상 기억장치(virtual memory): 용량이 큰 보조 기억장치의 일부를 할당하여 마치 주기억장치인 것처럼 활용하는 방법
- 페이지 테이블(page table): 가상 주소에 대한 페이지가 물리 기억장치의 어느 페이지 프레임에 적재되어 있는지 기록해 놓은 표
- 변환 우선참조 버퍼(TLB, Translation Lookaside Buffer): 주기억장치에 있는 페이지 테이블을 빠르게 참조하기 위하여 페이지 테이블의 일부를 중앙처리장치 내부에 복사해 놓은 연관 기억장치

컴퓨터가 주기억장치를 활용하는 방법에 대하여 다음과 같은 사항을 알고 있어야 한다.

- 캐시 기억장치에서 주기억장치의 블록을 캐시 라인으로 매핑하는 방법
- 가상 기억장치에 대한 주소를 물리 기억장치를 구하는 방법

다음 장에서는 입출력장치의 동작과 구동 원리에 대하여 설명한다.

연습문제 EXERCISE

11.1 기억장치 특성

01 부트로더를 저장하는 기억 소자는?

① ROM ② SRAM ③ DRAM ④ Magnetic Core

02 전기 공급이 중단되면 내용을 잃어버리는 특성을 설명하는 용어는?

① 휘발성 ② 비휘발성 ③ 삭제 가능 ④ 삭제 불가능

03 휘발성 기억 소자는?

① ROM ② RAM ③ Flash ④ CD-ROM

04 삭제 불가능 장치는?

① ROM ② RAM ③ Flash ④ 하드 디스크

05 프로세서와 주기억장치 사이에 데이터를 전송하는 단위는?

① 8비트 ② 16비트 ③ 32비트 ④ 단어

06 컴퓨터와 보조기억장치 사이에 데이터를 전송하는 단위는?

① 단어 ② 블록 ③ 메가 바이트 ④ 기가 바이트

07 설명에 해당하는 액세스 방법의 기호를 적어라.

가. 순차 액세스	나. 직접 액세스	다. 임의 액세스	라. 연관 액세스

(1) 키 필드로 액세스한다.
(2) 처음부터 차례대로 액세스한다.
(3) 임의의 장소를 액세스하며 위치와 관계없이 액세스 시간이 같다.
(4) 임의의 장소로 이동하여 데이터를 액세스하지만 위치에 따라 이동 시간이 다르다.

08 기억장치 성능을 나타내는 용어 중에서 서로 역수 관계에 있는 두 가지는?

① 용량 ② 전송률 ③ 액세스 시간 ④ 사이클 시간

09 기억장치 성능을 나타내는 용어 중에서 같은 의미로 사용되는 두 가지는?

① 대역 폭 ② 전송률 ③ 액세스 시간 ④ 사이클 시간

10 컴퓨터 기억장치를 중앙처리장치에서 가까운 순서로 나열하라.

가. 캐시 기억장치	나. 레지스터	다. 보조 기억장치	라. 주기억장치

11 기억장치 계층을 구성하는 의미가 아닌 것은?

① 기억장치 용량을 증가시키기 위하여
② 기억장치 액세스 속도를 개선하기 위하여
③ 기억장치의 비트당 가격을 줄이기 위하여
④ 기억장치의 재충전 필요성을 제거하기 위하여

11.2 반도체 기억장치

01 올바른 문장에 O, 틀린 문장에 X표 하라.

(1) 휘발성은 기억장치의 전원을 제거하면 내용이 없어지는 특성이다. ( )
(2) 하드디스크는 휘발성 장치이다. ( )
(3) ROM은 비휘발성 장치이다. ( )
(4) 하드디스크는 임의 액세스 장치이다. ( )
(5) 전송률은 사이클 시간의 역수이다. ( )
(6) 프로그래머는 캐시 기억장치를 고려해서 프로그램을 작성한다. ( )
(7) 개인용 컴퓨터의 주기억장치는 DRAM으로 만들어져 있다. ( )
(8) 플래시 메모리는 ROM의 일종이다. ( )

02 Programmable ROM에서 "프로그램 가능하다(Programmable)"라는 것의 의미는?

① ROM을 재충전한다. ② ROM의 내용을 RAM으로 복사한다.
③ ROM에 데이터를 기록한다. ④ ROM에 있는 프로그램을 실행한다.

03 재충전(refresh)이 필요한 소자는?

① ROM ② SRAM ③ DRAM ④ EPROM

04 응용 분야가 다른 기억소자는?

① ROM ② PROM ③ EPROM ④ EEPROM

05 ROM 종류의 기억장치에 사용하는 용어인 EP 사이클(Erase-Program Cycle)은?

① ROM에 데이터를 저장할 수 있는 용량

② ROM에 저장된 프로그램을 지우는 시간

③ ROM에 저장된 데이터를 지우고 새로운 것을 기록하는 시간

④ ROM에 저장된 데이터를 지우고 새로운 것을 기록할 수 있는 횟수

11.3 캐시 기억장치

01 컴퓨터가 프로그램을 실행하는 특성 중에서 참조의 지역성을 높이는 요인이 아닌 것은?

① 프로그램 안에는 반복문이 많다.

② 함수는 주로 파라미터와 자신의 지역 변수를 사용한다.

③ 함수 실행이 끝나면 이전에 실행하던 곳으로 복귀한다.

④ 컴퓨터는 여러 개의 프로그램을 번갈아 가면서 실행한다.

02 올바른 것을 선택하라.

(1) 중앙처리장치와 캐시 기억장치는 (단어, 블록) 단위로 데이터를 전송한다.

(2) 캐시 기억장치와 주기억장치는 (단어, 블록) 단위로 데이터를 전송한다.

03 다음과 같은 액세스 속도를 가진 기억장치 시스템의 평균 액세스 시간을 구하라.

- 캐시 기억장치 액세스 시간: t_c = 10nsec
- 주기억장치 액세스 시간: t_m = 200nsec
- 적중률: h = 95%

04 명령어 캐시와 데이터 캐시를 별도로 둘 때의 장점은?

① 캐시 용량이 증가한다.

② 주기억장치 용량이 증가한다.

③ 캐시에 저장된 데이터의 일관성 유지가 쉽다.

④ 두 가지 데이터를 동시에 액세스 할 수 있다.

05 캐시 기억장치 운영에 있어서 매핑 함수란?

① 주기억장치 블록 크기를 정하는 방법이다.

② 캐시 기억장치 라인 크기를 정하는 방법이다.

③ 캐시 기억장치 태그 필드에 값을 인코딩 하는 방법이다.

④ 주기억장치 한 개의 블록을 캐시 라인에 배정하는 규칙이다.

06 기억장치 제원이 다음과 같다.

- 주기억장치 용량은 4G바이트이고, 블록 크기는 128바이트이다.
- 캐시 기억장치 용량은 512K바이트이고, 라인 크기는 128바이트이다.

다음과 같은 세 가지 매핑 함수에 대하여 태그 비트 수, 라인 비트 수, 단어 비트 수, 그리고 캐시 적중 여부를 판단하기 위한 비교기의 비트 크기와 수를 구하라.

매핑 방법	주소의 구성			비교기	
	태그 필드	라인 필드	단어 필드	비트	개
직접 매핑					
완전 연관 매핑					
4-way 세트 연관 매핑					

07 직접 매핑의 단점은?

① 교체 알고리즘이 필요하다.
② 비교기 하드웨어가 복잡하다.
③ 명령어 캐시에 적용할 수 없다.
④ 블록이 한 개의 라인에만 들어갈 수 있다.

11.4 가상 기억장치

01 가상 기억장치를 도입한 목적은?

① 주기억장치 용량을 늘리기 위하여
② 컴퓨터 가상화 서비스를 구현하기 위하여
③ 주기억장치 액세스 속도를 빠르게 만들기 위하여
④ 운영체제에서 기억장치 관리를 하지 않도록 만들기 위하여

02 올바른 문장에 O, 틀린 문장에 X표 하라.

(1) 가상 기억장치를 운영하려면 보조 기억장치가 필요하다. ( )
(2) 가상 기억장치를 도입한 목적은 주기억장치 액세스 속도를 개선하는 것이다. ( )
(3) 페이지 테이블은 가상 주소를 물리 주소로 변환한다. ( )
(4) 페이지 테이블은 플래시 메모리에 저장되어 있다. ( )

03 페이지 테이블은 어디에 있는가?

① 중앙처리장치 ② 캐시 기억장치 ③ 주기억장치 ④ 보조 기억장치

04 페이징 기법을 운영하는 주체는?

① 운영체제 ② 제어장치
③ 중앙처리장치 ④ 응용 프로그램

05 프로그램을 실행하면서 중앙처리장치가 생성하는 주소는?

① 논리 주소 ② 물리 주소
③ 페이지 주소 ④ 캐시 기억장치 주소

06 변환 우선참조 버퍼는 어떤 기억장치인가?

① 순차 액세스 ② 연관 액세스 ③ 임의 액세스 ④ 직접 액세스

07 변환 우선참조 버퍼를 사용하는 목적은?

① 레지스터 액세스 횟수를 줄이기 위하여
② 페이지 테이블 액세스 횟수를 줄이기 위하여
③ 캐시 기억장치 액세스 횟수를 줄이기 위하여
④ 보조 기억장치 액세스 횟수를 줄이기 위하여

08 프로세서가 생성한 주소에서 데이터 구할 때 참조하는 구성 요소를 순서대로 나열하라.

가. 주기억장치	나. 캐시 기억장치	다. 페이지 테이블	라. 변환 우선참조 버퍼

(1) TLB 적중, 캐시 적중일 때
(2) TLB 실패, 페이지 테이블 적중, 캐시 적중일 때
(3) TLB 실패, 페이지 테이블 부재일 때

Chapter 12

입출력

Chapter 12

입출력

입출력장치는 프로그램과 데이터를 컴퓨터로 공급하는 중요한 역할을 담당한다. 입출력장치는 기계 또는 사람의 동작을 포함하고 있으므로 중앙처리장치와 주기억장치의 동작 속도에 비하여 느리다. 입출력장치도 기억장치와 마찬가지로 주소로 액세스한다. 그렇지만 느린 동작 속도 때문에 컴퓨터와 입출력장치 사이에 데이터 전송을 제어하는 특별한 방법이 필요하다. 이 장에서는 컴퓨터가 입출력장치와 데이터를 주고받는 방법을 설명한다.

- 12.1 **입출력장치 개요**: 입출력장치와 관련된 주요 개념을 설명하고, 입출력장치를 컴퓨터 시스템에 연결하는 방법을 소개한다.
- 12.2 **프로그램 구동 입출력**: 입출력을 수행하는 프로그램을 소개한다.
- 12.3 **인터럽트 구동 입출력**: 인터럽트 요청에 의하여 입출력 동작을 수행하는 방법을 설명한다.
- 12.4 **직접 기억장치 액세스**: 중앙처리장치를 통하지 않고 입출력장치와 기억장치 사이에 데이터를 전송하는 방법을 설명한다.

12.1 입출력장치 개요

여러 가지 입출력장치가 있지만, 컴퓨터와 입출력장치를 연결하는 관점에서 보면 공통성을 찾을 수 있다. 입출력 모듈(I/O module)은 컴퓨터와 입출력장치 사이의 전기 신호 연결을 담당한다. 컴퓨터와 입출력장치는 입출력 포트(I/O port)를 통하여 서로 데이터를 교환한다. 이 절에서는 입출력장치 구조와 입출력 방법을 제시한다.

- 12.1.1 **입출력장치 종류**: 여러 가지 입출력장치의 형태를 소개한다.
- 12.1.2 **입출력 모듈**: 입출력장치 구조를 일반화하여 기본 동작을 소개한다.
- 12.1.3 **입출력 포트**: 입출력 포트를 통하여 데이터를 주고받는 방법을 설명한다.
- 12.1.4 **입출력 방법**: 프로그램 구동 입출력, 인터럽트 구동 입출력, 직접 기억장치 액세스 방법의 특징을 소개한다.

12.1.1 입출력장치 종류

입출력장치를 **주변장치**(peripheral)라고도 한다. 입출력장치 종류가 다양한 만큼 입출력장치를 분류하는 기준도 여러 가지 관점이 있을 수 있다. 입출력장치를 데이터 전달 방향, 사용자, 전송 방식, 통신 방식에 따라 구분해 보자. 입력과 출력 방향의 기준은 컴퓨터이다. 즉, 컴퓨터가 데이터를 입력하면 입력장치이고, 컴퓨터가 데이터를 출력하면 출력장치이다.

- 데이터 전달 방향에 따른 분류
  - 입력장치: 컴퓨터는 입력장치가 제공한 데이터를 기억장치에 저장한다.
  - 출력장치: 컴퓨터는 기억장치에 저장된 데이터를 출력장치로 내보낸다.
  - 입출력장치: 입력과 출력을 모두 수행한다.
- 사용자에 따른 분류
  - 사람: 사용자가 컴퓨터와 데이터를 주고 받는다.
  - 기계: 기계 상태를 감시하거나 기계를 제어한다.
  - 통신 장치: 데이터를 통신 장치를 통하여 컴퓨터 외부의 다른 장치로 전송한다.
  - 컴퓨터: 보조기억장치에 데이터를 영구적으로 저장한다.
- 전송 방식에 따른 분류
  - 문자 입출력장치: 한 번의 접속으로 한 개의 문자(바이트)를 전송한다.
  - 블록 입출력장치: 한 번의 접속으로 여러 바이트로 구성된 블록을 전송한다.
- 통신 방식에 따른 분류
  - 직렬 방식: 한 번에 한 비트씩 데이터를 전송한다.
  - 병렬 방식: 한 번에 한 바이트 이상의 데이터를 동시에 전송한다.

〈표 12-1〉 입출력장치의 분류

주변장치	데이터 전달 방향			사용자				전송 방식		통신 방식	
	입력	출력	입출력	사람	기계	통신	컴퓨터	문자	블록	직렬	병렬
마우스	✓			✓				✓		✓	
모니터		✓		✓					✓		✓
센서	✓				✓			✓		✓	✓
모터		✓			✓			✓		✓	✓
모뎀			✓			✓		✓		✓	
네트워크 카드			✓			✓			✓		✓
하드 디스크			✓				✓		✓		✓
USB 기억장치			✓				✓		✓	✓	

〈표 12-1〉은 주변에서 흔히 볼 수 있는 입출력장치를 위에서 제시한 네 가지 관점으로 분류한 예이다. 관점에 따라 다르게 분류할 수도 있다.

12.1.2 입출력 모듈

입출력장치는 그 종류와 용도가 다양하지만, 중앙처리장치와 비교할 때 공통으로 다음과 같은 차이가 있다.

- 동작 속도: 중앙처리장치 또는 주기억장치에 비하여 느리다.
- 동작 방식: 입출력장치는 대부분 전자기계식으로 동작한다.
- 데이터 형식: 컴퓨터와 문자(바이트) 단위로 데이터를 주고 받는다.
- 오류 발생 가능성: 데이터 전송 과정에서 오류가 발생할 가능성이 크다.

입출력장치를 [그림 12-1]과 같이 표현할 수 있다. 입출력장치는 컴퓨터 시스템 버스에 연결된다. 입출력장치 내부를 전자 회로 부분과 기계 장치로 구분할 수 있으며, 전자 회로 부분을 **입출력 모듈**(I/O module)이라고 한다. 입출력 모듈은 중앙처리장치와 입출력장치의 차이를 해결하는 기능을 수행한다. 입출력 모듈 중에서 컴퓨터의 시스템 버스와 직접 연결되는 부분을 **입출력 인터페이스**(I/O interface)라고 한다.

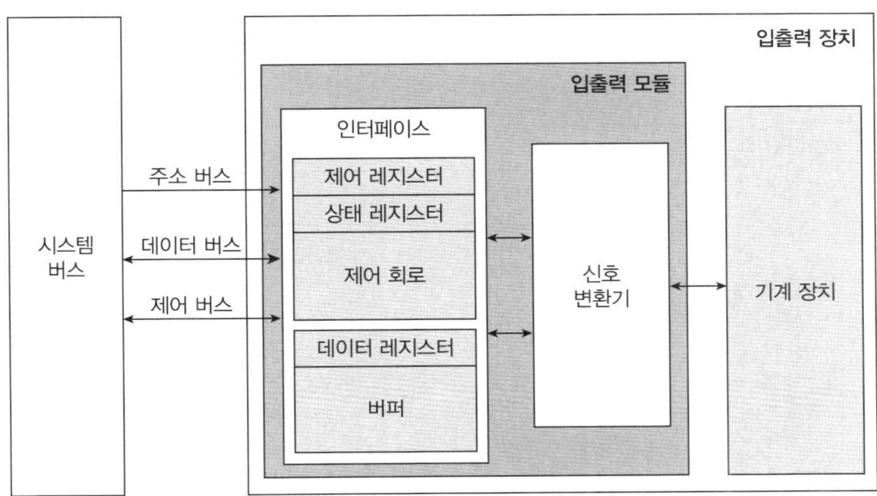

[그림 12-1] 입출력장치의 구조

입출력 모듈의 내부는 시스템 버스로 연결하는 인터페이스와 **신호변환기**(transducer)로 구성되어 있다. 신호변환기는 전기 신호를 기계 동작으로 변환하는 기능을 수행하며, 중앙처리장치와 입출력장치의 동작 방식 차이를 해결한다. 예를 들면, 프린터 신호변환기는 용지를 공급하거나 프린터 헤드가 문자를 인쇄하도록 기계 장치를 구동하는 부분이다. 입출력 인터페이스는 여러 종류의 레지스터를 갖고 있으며, 이것들은 데이터 버스를 통하여 중앙처리장치로 연결된다.

- 제어 레지스터: 입출력장치 기능과 동작 방식을 설정한다.
- 상태 레지스터: 입출력장치 내부 상태를 중앙처리장치에게 알려준다.
- 데이터 레지스터: 데이터 전송 형식을 변환하고 중앙처리장치와 데이터를 주고받는다. 데이터 레지스터를 통해 액세스되는 버퍼는 중앙처리장치와 전송 속도 차이를 극복하는 완충장치 기능을 한다.

입출력 동작은 궁극적으로 컴퓨터 주기억장치와 입출력장치 사이에 데이터를 주고받는 것이다. 중앙처리장치는 자신이 필요할 때 즉시 주기억장치를 사용할 수 있으나, 자신이 필요할 때 바로 입출력장치를 사용할 수 없다. 먼저 입출력장치가 데이터를 송수신할 준비가 되었는지 확인해야 한다. 따라서 입출력장치와 통신하기 위하여 흐름을 제어하기 위

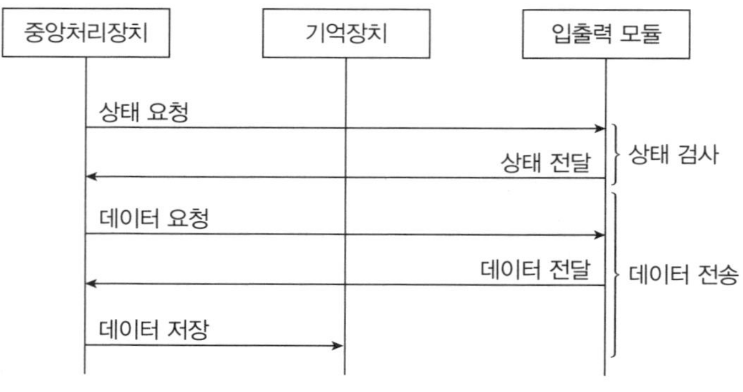

[그림 12-2] 간단한 핸드쉐이킹

한 특별한 절차가 필요하며, 이 절차를 **핸드쉐이킹**(handshaking) 또는 **프로토콜**(protocol)이라고 한다.

[그림 12-2]는 데이터를 입력하는 간단한 핸드쉐이킹의 예이며, 상태 검사와 데이터 전송 과정으로 구성되어 있다.

- **상태 검사**: 중앙처리장치는 데이터 전송 준비가 되었는지 확인하기 위하여 입출력 모듈에게 상태를 요청한다. 만일 입출력 모듈이 데이터를 전송할 준비가 되어 있지 않다면, 나중에 다시 상태를 검사한다.
- **데이터 전송**: 입출력 모듈이 데이터를 전송할 수 있음을 확인한 후, 중앙처리장치는 입출력 모듈에서 데이터를 전달받아 기억장치에 저장한다.

핸드쉐이킹 절차는 입출력장치 특성에 따라 아주 복잡할 수도 있다. 중앙처리장치는 프로그램을 실행하여 핸드쉐이킹 한다. 여기에 오류 검출과 오류 수정을 포함할 수도 있다.

12.1.3 입출력 포트

컴퓨터는 입출력장치에게 할당되는 주소로 입출력장치를 구별한다. 이 주소가 **입출력 포트**(I/O port)이다. 입출력 포트를 기억장치 주소 공간에 할당하는 것을 **기억장치 맵**(memory map)이라고 하고, 독립된 입출력 주소 공간에 할당하는 것을 **입출력 맵**(I/O map) 또는 **독립 입출력 맵**(isolated I/O map)이라고 한다.

〈표 12-2〉 입출력장치에 대한 제어 신호

제어 신호	의미	명령어	비고
MR(Memory Read)	기억장소에서 데이터를 읽는다.	Load	모든 프로세서가 제공한다.
MW(Memory Write)	기억장소에 데이터를 쓴다.	Store	
IOR(I/O Read)	입출력 포트에서 데이터를 읽는다.	Input	제공하지 않는 프로세서도 있다.
IOW(I/O Write)	입출력 포트에 데이터를 쓴다.	Output	

모든 프로세서는 기억장치를 사용하므로 반드시 기억장치 주소 공간을 제공한다. 그러나 프로세서에 따라 독립 입출력 주소 공간을 제공하지 않는 것도 있다. 이때는 입력과 출력 명령어도 제공하지 않으며, 입출력장치를 반드시 기억장치 맵에 연결해야 한다. 기억장치 맵에 입출력장치를 연결할 때, 입출력장치가 연결된 기억장치 주소 영역에 기억장소를 할당할 수 없다. 프로세서가 독립 입출력 주소 공간을 제공할 때, 입출력장치를 입출력 맵 또는 기억장치 맵에 할당할 수 있다.

입출력 포트는 주소 버스를 디코드하여 결정한다. 입출력장치 읽기와 쓰기를 제어하기 위한 제어 신호는 〈표 12-2〉와 같이 MR, MW, IOR, IOW가 있다.

- MR(Memory Read): 중앙처리장치가 기억장치 읽기(load) 명령어를 실행할 때 활성화된다.
- MW(Memory Write): 중앙처리장치가 기억장치 쓰기(store) 명령어를 실행할 때 활성화된다.
- IOR(I/O Read): 중앙처리장치가 입출력 포트 입력(input) 명령어를 실행할 때 활성화된다.
- IOW(I/O Write): 중앙처리장치가 입출력 포트 출력(output) 명령어를 실행할 때 활성화된다.

[그림 12-3]은 입출력장치를 기억장치 맵과 입출력 맵에 연결한 모습을 보여준다. 입출력 모듈은 데이터, 칩 선택(CS), 읽기(RD)와 쓰기(WR) 신호를 제공한다. 시스템의 주소 버스를 디코드하여 입출력 모듈의 칩 선택에 연결함으로써, 입출력장치 주소를 결정한다. 시스템 제어 버스의 MR과 MW을 입출력 모듈의 RD와 WR에 연결하면 입출력장치를

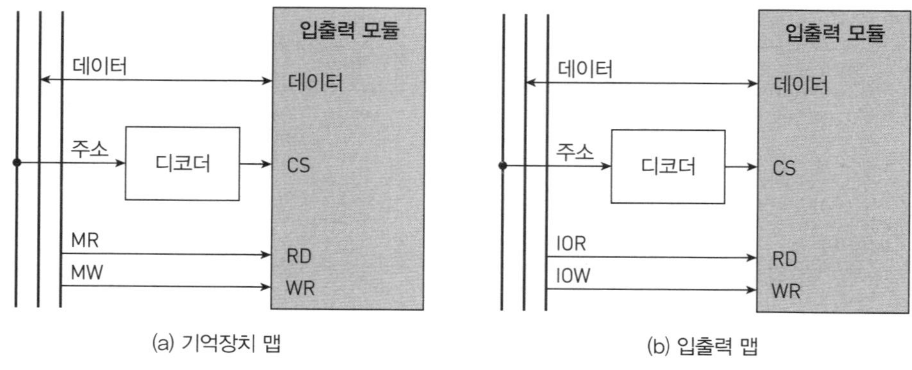

[그림 12-3] 입출력 포트 할당

기억장치 맵에 연결하는 것이고, 시스템 제어 버스의 IOR과 IOW을 입출력 모듈의 RD와 WR에 연결하면 입출력장치를 입출력 맵에 연결하는 것이다.

프로세서의 명령어 집합은 입출력 동작과 관련하여 기억장치 적재(load)와 저장(store) 그리고 입력(input)과 출력(output) 명령어를 포함하고 있다. 앞에서 설명하였듯이 입력과 출력 명령어를 제공하지 않는 프로세서도 있다. 명령어 형식은 프로세서마다 다르게 정의할 수 있으나, 이 교재에서는 다음과 같이 가정한다.

- LOAD [레지스터], [기억장치 주소]: 주소 버스에 기억장치 주소를 출력하고, 제어 신호 MR을 활성화한다. 데이터 버스 값을 레지스터로 적재한다.
- STORE [기억장치 주소], [레지스터]: 주소 버스에 기억장치 주소를 출력하고, 데이터 버스에 레지스터 값을 출력하고, 제어 신호 MW를 활성화한다.
- INPUT [레지스터], [입출력 포트]: 주소 버스에 입출력 포트를 출력하고, 제어 신호 IOR를 활성화한다. 데이터 버스 값을 레지스터로 적재한다.
- OUTPUT [입출력 포트], [레지스터]: 주소 버스에 입출력 포트를 출력하고, 데이터 버스에 레지스터 값을 출력하고, 제어 신호 IOW를 활성화한다.

입출력 명령(I/O command)은 명령어(instruction)와 다른 개념으로 사용되는 용어이다. 명령어는 중앙처리장치가 인식하고 실행할 수 있는 기본 동작을 나타내는 코드이고, 입출력 명령은 입출력장치가 수행하는 어떤 의미 있는 동작을 말한다. 중앙처리장치는 프로그램을 실행하여 명령 코드를 입출력장치에게 전달하고, 입출력장치는 이 코드에 해당

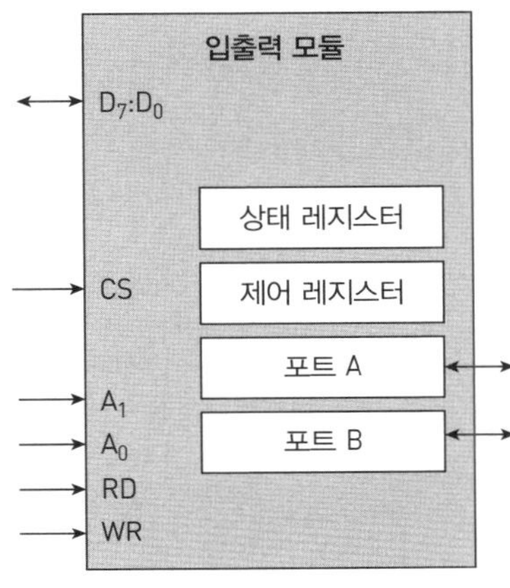

[그림 12-4] GPIO 장치

〈표 12-3〉 GPIO 장치 동작표

CS	A_1	A_0	RD	WR	동작
0	X	X	X	X	동작하지 않는다.
1	0	0	1	0	상태 레지스터를 데이터로 출력한다.
1	0	1	0	1	제어 레지스터에 데이터를 기록한다.
1	1	0	1	0	포트 A의 값을 데이터로 출력한다.
1	1	0	0	1	포트 A에 데이터를 기록한다.
1	1	1	1	0	포트 B의 값을 데이터로 출력한다.
1	1	1	0	1	포트 B에 데이터를 기록한다.

하는 동작을 수행함으로써 명령을 실행한다. "CD 트레이를 꺼내라", "프린터에 용지가 공급되어 있는지 검사하라" 등이 명령의 예이다. 입출력장치마다 그 입출력장치를 구동하기 위한 고유의 명령 목록을 제공하고 있으며, 입출력장치 설명서에 명령 코드와 의미가 설명되어 있다.

입출력장치의 예로 [그림 12-4]의 **GPIO(General Purpose Input/Output)** 장치를 생각해 보자. GPIO는 설정에 따라 입력과 출력 중 한 가지로 사용할 수 있는 입출력장치이다. GPIO 장치는 상태 레지스터, 제어 레지스터, 그리고 두 개의 범용 포트 A와 B로 구성되는 네 개의 레지스터를 포함하고 있으며, 다음과 같은 신호를 제공한다.

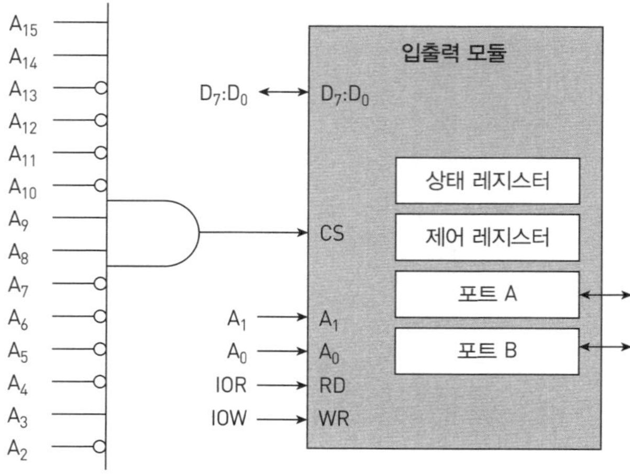

[그림 12-5] GPIO 장치 연결

- 8비트 데이터(D_7:D_0): 내부 레지스터 값을 전달한다.
- 칩 선택(CS): GPIO 장치를 활성화한다.
- 2비트 주소(A_1:A_0): 내부 레지스터 중 하나를 선택한다.
- 읽기(RD): A_1:A_0에 의하여 선택된 레지스터 값을 D_7:D_0로 출력한다.
- 쓰기(WR): A_1:A_0에 의하여 선택된 레지스터에 D_7:D_0 값을 기록한다.

〈표 12-3〉은 GPIO 장치의 동작을 요약한 것이다. 프로세서가 제공하는 입출력 주소를 16비트라고 가정한다. 입출력 주소 공간은 0000h부터 FFFFh까지이다. [그림 12-5]는 GPIO 장치를 입출력 공간 C308h~C30Bh에 연결한 회로도이다. 주소에 표시된 작은 동그라미는 주소 비트 값을 반전함을 나타낸다. AND 게이트는 주소 디코더 기능을 하며, 주소가 1100_0011_0000_10XX일 때 1을 출력한다. 시스템 버스의 주소 A_1:A_0을 GPIO 장치의 A_1:A_0에 연결하여 내부 레지스터를 선택하도록 만든다. GPIO 장치의 D_7:D_0를 데이터 버스로 직접 연결한다. 그리고 시스템 제어 버스의 IOR과 IOW를 GPIO 장치의 RD와 WR에 연결한다. 시스템 주소 버스에 C308h~C30Bh 이외의 주소가 실려 있을 때 GPIO 장치는 동작하지 않는다. 이렇게 연결할 때, 다음과 같은 입출력 포트로 GPIO 장치의 레지스터를 선택할 수 있다.

- C308h 번지: 상태 레지스터를 선택한다.
- C309h 번지: 제어 레지스터를 선택한다.
- C30Ah 번지: 포트 A 레지스터를 선택한다.
- C30Bh 번지: 포트 B 레지스터를 선택한다.

12.1.4 입출력 방법

컴퓨터와 입출력장치 사이에 데이터를 주고 받는 방법은 세 가지가 있다. 〈표 12-4〉는 세 가지 입출력 방법을 요약한 것이다.

프로그램 구동 입출력(programmed I/O) 방법은 중앙처리장치가 프로그램을 실행함으로써 직접 입출력 동작을 수행한다. 먼저 입출력장치가 송수신 준비를 마쳤는지 상태를 검사하고, 입출력장치에서 레지스터로 데이터를 읽어 기억장치로 저장하거나, 기억장치의 데이터를 레지스터에 적재한 후 입출력장치로 출력한다. 특별히 미리 준비할 사항이 없고, 개념이 간단한 장점이 있으나, 중앙처리장치가 모든 입출력 과정에 관여한다는 것이 부담이다. 특히 입출력장치 속도가 느릴 때, 입출력 준비가 완료되었는지 상태를 검사하는 부분에서 시간을 많이 소비할 가능성이 크다.

인터럽트 구동 입출력(interrupt-driven I/O) 방법에서 중앙처리장치는 입출력 준비 상태를 검사하지 않는다. 그 대신에 입출력장치가 데이터 송수신 준비를 마치면 중앙처리장치에게 인터럽트를 요청한다. 인터럽트 요청이 발생하면 중앙처리장치는 인터럽트 서비스 루틴을 실행함으로써 입출력 동작을 수행한다. 속도가 느린 입출력장치가 데이터를 준비하는 동안에 중앙처리장치가 다른 프로그램을 수행할 수 있다는 장점이 있다. 반면에 입출력 인터럽트를 받아들이기 위한 준비가 필요하다. 인터럽트를 요청한 장치를 구별할 수

〈표 12-4〉 입출력 방법

입출력 방법	상태 검사	입출력 동작	기억장치 전송	준비 사항
프로그램 구동 입출력	중앙처리장치	중앙처리장치	중앙처리장치	없음
인터럽트 구동 입출력	없음	중앙처리장치	중앙처리장치	인터럽트 벡터 인터럽트 서비스 루틴
직접 기억장치 액세스	없음	DMA 제어기	DMA 제어기	DMA 제어기 초기화

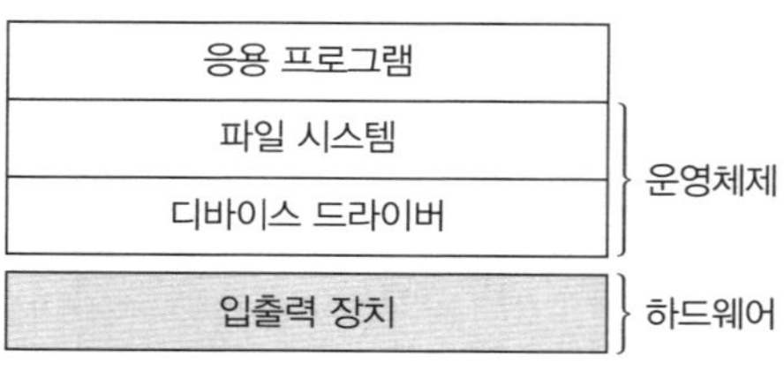

[그림 12-6] 소프트웨어 계층

있어야 하고, 인터럽트 서비스 루틴을 찾기 위한 인터럽트 벡터가 설정되어 있어야 하고, 기억장치에 인터럽트 서비스 루틴이 적재되어 있어야 한다.

입출력장치의 동작 속도가 느리고 한 번에 한 개의 문자(바이트) 단위로 데이터를 전송할 때 프로그램 구동 입출력이나 인터럽트 구동 입출력 방법을 주로 사용한다.

직접 기억장치 액세스(DMA, Direct Memory Access) 방법은 중앙처리장치가 입출력 준비 상태를 검사하지 않을 뿐만 아니라 데이터 전송도 관여하지 않는다. DMA 방식으로 입출력을 수행하려면 **DMA 제어기**(DMAC, DMA Controller)가 필요하며, 이것이 입출력 동작을 제어한다. 입출력 동작을 수행하기 전에 중앙처리장치는 DMA 제어기에게 입출력장치 주소, 데이터 전송 방향, 기억장치 주소, 한 번의 DMA 전송으로 전달할 데이터 양을 미리 알려주어야 한다. 입출력장치가 데이터 전송 준비가 완료되었을 때 DMA 제어기는 중앙처리장치에게 시스템 버스를 자신이 사용하겠다고 요청한다. 중앙처리장치는 버스 사용을 허가하고, 아무 일도 하지 않고 가만히 기다린다. 이 시간 동안에 DMA 제어기는 기억장치에 대하여 입출력을 수행한다. 일반적으로 하드 디스크나 네트워크 카드 등과 같이 데이터 전송 속도가 빠르고 한 번에 많은 데이터를 전송하는 입출력장치에 대하여 DMA 방법을 사용한다.

입출력 프로그램을 작성하려면 입출력장치가 제공하는 모든 명령을 알고 있어야 한다. 일반 프로그래머는 입출력장치를 구동하는 프로그램을 작성하기 쉽지 않다. 만일 컴퓨터 사용자가 입출력장치를 구동하는 프로그램을 작성할 수 있다고 하더라도, 한 개의 컴퓨터에 여러 프로세스가 실행될 수 있으므로, 프로세스들이 같은 시간대에 입출력장치를 구동한다면 혼란이 발생할 수도 있다. 따라서 [그림 12-6]과 같이 운영체제가 입출력장치를 관리하는 것이 일반적이다. 운영체제 기능 중에서 입출력장치를 제어하는 프로그램을 **디**

바이스 드라이버(device driver)라고 한다. 대부분의 운영체제는 일반 프로그래머가 입출력장치를 파일처럼 다룰 수 있도록 소프트웨어 인터페이스를 제공한다. 디바이스 드라이버의 상위 계층에 파일 시스템이 연결되어 있다.

12.1 입출력장치 개요 요약

입출력장치는 기계 동작을 포함하고 있어서 컴퓨터 시스템보다 동작 속도가 느리다. 입출력장치는 입출력 모듈과 기계장치로 구성되어 있다. 입출력 모듈은 전자 신호를 기계 신호로 변환하고 입출력장치를 시스템 버스에 연결한다. 입출력장치에게 할당되는 주소가 입출력 포트이다. 입출력 포트는 컴퓨터 시스템의 기억장치 공간에 연결될 수도 있고 독립된 주소 공간에 연결될 수도 있다. 입출력 방법은 프로그램 구동 입출력, 인터럽트 구동 입출력, 직접 기억장치 액세스 방법이 있다.

12.2 프로그램 구동 입출력

프로그램 구동 입출력(programmed I/O)은 중앙처리장치가 프로그램을 실행함으로써 모든 입출력 과정을 통제하는 방법이다. [그림 12-7]은 이 방법으로 n바이트의 데이터를 입력하고 출력하는 프로그램의 흐름도이다.

[그림 12-7(a)] 입력 프로그램을 살펴보자. 입력할 데이터 수를 세기 위한 카운터를 n으로 초기화한다. 그러고 나서 입출력 모듈에서 장치 상태를 읽고, 입출력장치가 데이터 전송 준비를 완료하였는지 검사한다. 일반적으로 입출력장치의 속도가 느리므로 여러 번 반복하여 상태를 검사한다. 입출력장치가 데이터 전송 준비를 완료하였음을 확인한 후, 중앙처리장치는 입출력 모듈에서 한 바이트의 데이터를 읽고 기억장치에 저장한다. 그러고 나서 카운터를 감소시키고 n바이트 데이터 전송이 끝났는지 확인한다. 만일 카운터 값이 0이 아니면, 다시 상태 입력 단계부터 반복한다.

데이터를 출력하는 [그림 12-7(b)]도 프로그램의 전체 흐름은 입력의 흐름과 마찬가지이다. 다만 상태 검사를 마친 후 기억장치에서 데이터를 적재하고 입출력 모듈로 전송하는 부분이 다르다.

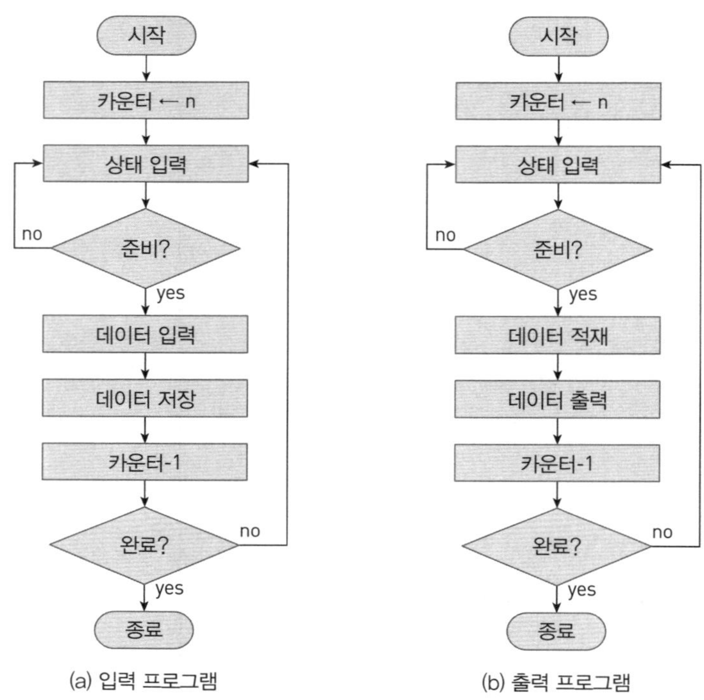

[그림 12-7] 입출력 프로그램의 흐름도

입출력장치 동작이 느릴 때, 프로그램 구동 입출력은 상태를 검사하는 부분에서 시간을 많이 소모한다. 예를 들어, 중앙처리장치가 명령어를 한 개 실행하는 시간이 1μsec이고 입출력장치가 데이터를 준비하는 시간이 1msec라고 가정하자. 중앙처리장치가 상태를 검사하는데 입출력 포트를 읽어 레지스터에 저장하고 레지스터 값을 비교하는 두 개의 명령어를 실행한다고 가정하자. 정확하게는 데이터 입력과 저장 그리고 카운터 갱신 시간을 포함해서 계산해야 하지만, 대략 상태를 500번 검사해야 한다. 이것은 상당한 시간 낭비이다.

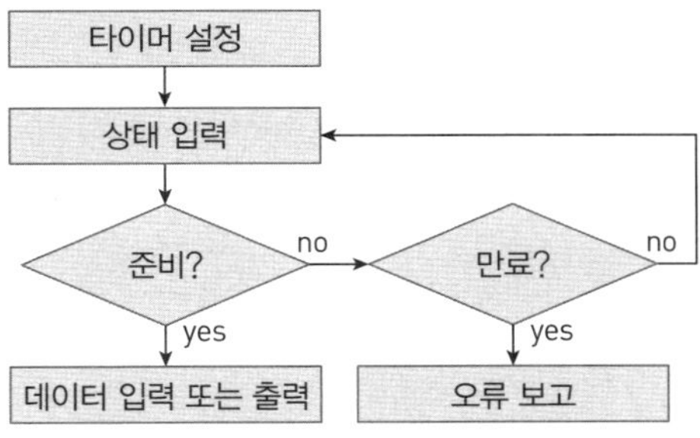

[그림 12-8] 워치독 타이머 활용

만일 입출력장치 전원이 꺼져 있거나 입출력장치가 고장이면, 상태를 검사하는 루프에서 빠져 나오지 못할 수도 있다. 이런 문제에 대비하여 **워치독 타이머**(watch-dog timer)를 사용한다. 만일 컴퓨터에 시간을 측정하는 기능이 있다면, 입출력장치가 데이터를 준비하는데 걸리는 시간 이내에 데이터 전송 준비를 완료하는지 검사한다. 만일 시간을 측정하는 기능이 없다면, 상태를 검사하는 루프의 반복 횟수를 제한할 수 있다. [그림 12-8]은 워치독 타이머를 사용하는 입출력 프로그램의 흐름도이다. 상태를 검사하기 전에 입출력장치가 데이터를 준비하는 정상적인 시간의 두세 배 정도로 워치독 타이머를 초기화한다. 상태를 입력하고 아직 입출력장치가 아직 준비되어 있지 않다면, 타이머가 만료되었는지 검사한다. 만일 타이머가 만료되지 않았다면, 계속 상태를 검사한다. 그러나 타이머가 만료되었다면, 입출력장치에 문제가 발생한 것으로 판단하고 상태 검사 루프를 빠져 나와 오류가 발생하였음을 표시한다.

12.2 프로그램 구동 입출력 요약

프로그램 구동 입출력 방법은 중앙처리장치가 프로그램을 실행함으로써 상태를 검사하고 데이터 전송을 수행한다. 개념은 간단하지만 입출력장치 동작이 느릴 때, 대기 시간이 길어지는 문제점이 있다. 상태 조사 과정에서 무한 루프에 빠지는 문제에 대비하여 워치독 타이머를 사용하여 상태 검사 시간을 제한한다.

12.3 인터럽트 구동 입출력

인터럽트 개념과 동작 원리에 대하여 앞에서 설명한 바 있다. 기억을 되살리는 의미에서 인터럽트에 관한 중요한 사항을 정리하면 다음과 같다.

- 인터럽트는 중앙처리장치가 컴퓨터 내부 또는 외부에서 발생하는 갑작스러운 사건에 대처하는 기능이다.
- 중앙처리장치는 명령어 사이클의 실행 단계가 끝날 때마다 제어 버스의 인터럽트 요청(interrupt request) 신호를 검사하여, 인터럽트 요청이 있으면 인터럽트 단계를 수행한다.
- 인터럽트 단계에서 인터럽트를 요청한 원인을 알아내고, 프로그램 카운터와 상태 레지스터를 스택에 저장하고, 인터럽트 서비스 루틴의 주소를 프로그램 카운터에 저장한다.
- 인터럽트 서비스 루틴에서 리턴할 때, 프로그램 카운터와 상태 레지스터를 복구함으로써 중단된 명령어 이후의 프로그램을 실행한다.
- 프로그래머는 외부 인터럽트 허용 여부를 결정하기 위하여 상태 레지스터에 포함된 인터럽트 가능 플래그(IE flag)를 제어한다.

인터럽트 구동 입출력(interrupt-driven I/O) 방법은 인터럽트 기능을 사용하여 인터럽트 서비스 루틴에서 데이터를 입출력 하는 방법이며, 프로그램 구동 입출력 방법의 단점인 대기 시간을 없애는 장점이 있다. 이 절은 다음과 같이 구성되어 있다.

- 12.3.1 **인터럽트 서비스 루틴**: 인터럽트 서비스 루틴의 동작을 설명한다.
- 12.3.2 **다중 인터럽트 처리**: 여러 장치가 인터럽트를 요청하는 환경에서 인터럽트 서비스 루틴의 시작 주소를 주기억장치에 저장하는 방법을 설명한다.
- 12.3.3 **소프트웨어 폴링**: 소프트웨어로 인터럽트를 요청한 장치를 구별하는 방법을 설명한다.
- 12.3.4 **다중 인터럽트 요청선**: 여러 개의 인터럽트 요청선을 제공하는 방법을 설명한다.
- 12.3.5 **데이지 체인**: 체인 형태로 연결되는 인터럽트 확인선으로 인터럽트 요청 장치를 구별하는 방법을 설명한다.

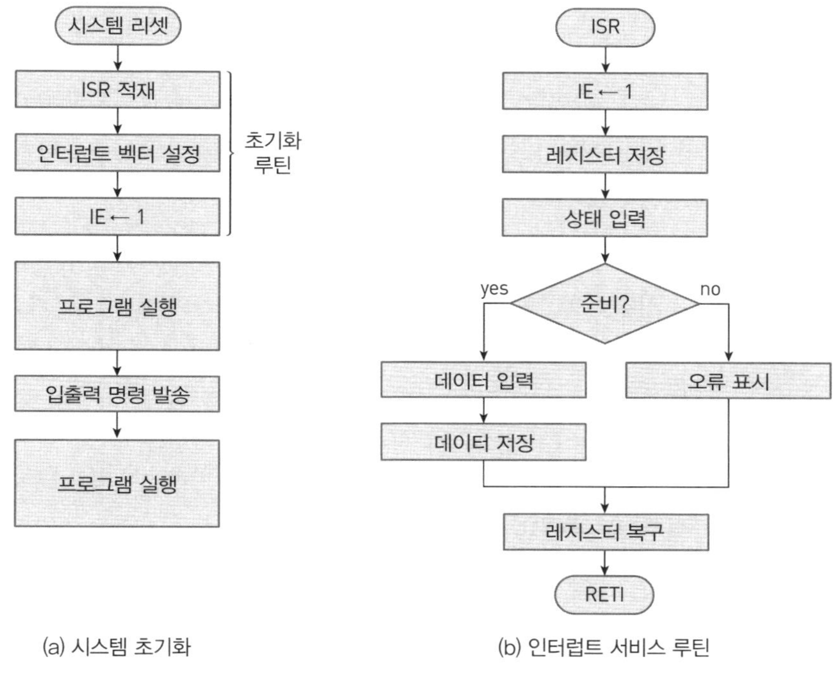

(a) 시스템 초기화 (b) 인터럽트 서비스 루틴

[그림 12-9] 인터럽트에 의한 데이터 입력 처리 과정

- 12.3.6 **우선순위 인코더**: 우선순위 인코더를 갖고 있는 인터럽트 제어기를 사용하여 인터럽트 요청 장치를 구별하는 방법을 설명한다.

12.3.1 인터럽트 서비스 루틴

[그림 12-9]는 인터럽트를 준비하는 과정과 인터럽트 서비스 루틴에서 데이터를 입력하는 과정을 보여준다. 먼저 컴퓨터에 전원이 인가되어 시스템을 초기화하면서 인터럽트 구동 입출력을 준비하는 과정을 알아보자.

- 인터럽트 서비스 루틴을 주기억장치에 적재하고,
- 인터럽트 벡터를 올바르게 설정한 다음에,
- 인터럽트 가능 플래그를 1로 만들어 인터럽트 요청을 허용한다.

그 후에 컴퓨터는 자신이 수행해야 할 프로그램을 실행한다. 이 과정에서 입출력 동작이 필요하면 입출력 모듈에게 입출력을 시작하라는 명령(command)을 출력한다. 그러고 나서 계속 다른 프로그램을 실행한다. 컴퓨터가 다른 프로그램을 실행하는 동안에 입출력 장치는 전송할 데이터를 준비한다. 데이터 전송 준비를 마치면, 입출력 모듈은 중앙처리장치에게 인터럽트를 요청한다.

명령어 사이클의 인터럽트 단계에서 중앙처리장치는 제어 버스의 인터럽트 확인(interrupt acknowledge) 신호를 활성화하여 인터럽트를 요청한 장치를 알아내고, 올바른 인터럽트 벡터를 프로그램 카운터에 적재하여 인터럽트 서비스 루틴을 시작한다. 이 과정은 하드웨어로 수행된다. 대부분의 중앙처리장치는 인터럽트 단계에서 인터럽트 가능 플래그를 0으로 만들어 인터럽트 요청을 금지한다. 그 이유는 이 인터럽트를 처리할 때까지 다른 인터럽트를 받아들이지 않도록 조치하는 것이다. 프로세서에 따라 인터럽트 단계에서 인터럽트 가능 플래그를 0으로 만들지 않는 것도 있다.

인터럽트 서비스 루틴은 다음과 같은 순서로 입출력 동작을 처리한다.

- 먼저 인터럽트 가능 플래그를 1로 만드는 명령어(STI)를 실행하여, 인터럽트 서비스 루틴을 수행하는 도중에도 다른 인터럽트 요청을 허용하도록 만든다. 만일 이 명령어를 생략한다면, 인터럽트 서비스 루틴을 실행하는 도중에 다른 인터럽트 요청을 허용하지 않는 상태를 유지하는 것이며, 인터럽트에서 복귀하기 전에 STI 명령어를 실행해야 한다.
- 인터럽트 서비스 루틴에서 사용하는 레지스터들을 스택에 저장한다.
- 입출력 모듈에서 상태를 읽어 데이터 전송 준비를 마쳤는지 검사한다. 입출력장치가 데이터 전송 준비를 마쳤기 때문에 인터럽트를 요청하였을 것이므로, 이 과정을 생략해도 문제가 없다. 다만 데이터 준비 상태를 확인하는 과정이다. 만일 데이터가 준비되어 있지 않다면 오류를 표시한다.
- 입출력 모듈에서 데이터를 입력하고 기억장치에 저장한다. 데이터를 출력하는 인터럽트 서비스 루틴이면, 기억장치에서 데이터를 적재하고 입출력 모듈로 출력한다.
- 스택에 저장하였던 레지스터들을 복구하고, 인터럽트 서비스 루틴에서 리턴하는 명령어(IRET)를 실행하여 원래 프로그램으로 돌아간다.

반복해서 데이터 준비 상태를 검사하지 않는다는 점이 인터럽트 구동 입출력으로 얻는 장점이다. 인터럽트라는 복잡한 체계를 도입함으로써 얻는 이익이 적어 보일 수 있으나, 실제로 많은 시간을 절약할 수 있다.

프로그램이 인터럽트 서비스 루틴에서 저장한 데이터를 사용하기 전에 다른 인터럽트 요청이 발생한다면, 이전에 저장해 두었던 데이터를 잃어버릴 수 있다. 이런 문제를 해결하기 위하여 인터럽트 서비스 루틴에서 데이터를 저장하는 기억장소를 큐(queue, First-In-First-Out 방식으로 운영되는 자료 구조) 형태로 사용하는 것이 일반적이다. 원래 프로그램은 큐를 조사하여 데이터가 들어 있다면, 큐에서 데이터를 꺼내 사용한다.

12.3.2 다중 인터럽트 처리

일반적으로 컴퓨터에 여러 개의 입출력장치가 연결되어 있으며, 입출력장치마다 인터럽트를 요청할 수 있다. 이런 상황을 **다중 인터럽트**(multiple interrupts)라고 한다. 다중 인터럽트를 처리하기 위하여 각 입출력장치마다 인터럽트 서비스 루틴이 마련되어 있어야 하고, 인터럽트를 요청한 장치를 구별할 수 있어야 한다.

중앙처리장치는 명령어 사이클의 실행 단계가 끝날 때 인터럽트 요청이 있는지 검사한다. 만일 인터럽트 요청이 있다면, 인터럽트 단계에서 해당 입출력장치에 대한 인터럽트 서비스 루틴의 주소를 결정한다. 인터럽트 서비스 루틴의 시작 주소를 **인터럽트 벡터**(interrupt vector)라고 한다. 주기억장치의 특정 영역에 여러 인터럽트에 대한 인터럽트 벡터를 모아놓는 영역이 있으며, 이곳을 **인터럽트 벡터 테이블**(interrupt vector table)이라고 한다. 기억장치 안에 인터럽트 벡터 테이블의 위치는 고정되어 있다. 대부분의 프로세서에서 인터럽트 벡터 테이블은 0번지부터 시작하고, 0번지에는 시스템 리셋의 인터럽트 벡터가 들어있다.

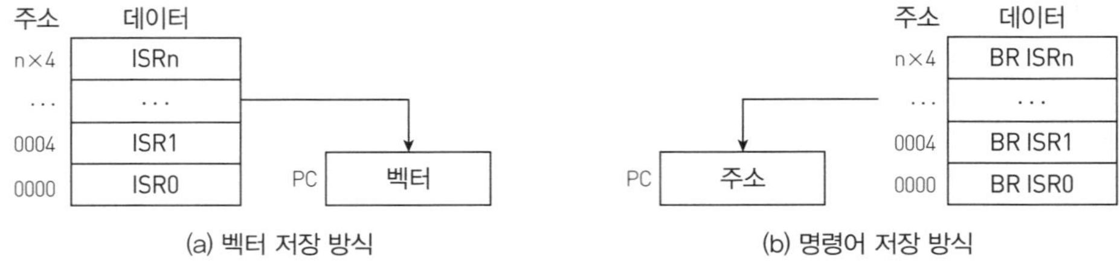

[그림 12-10] 인터럽트 벡터 테이블

인터럽트 벡터를 저장하는 방법은 [그림 12-10]과 같이 벡터 저장 방식과 명령어 저장 방식이 있다. [그림 12-10]에서 n은 인터럽트 번호이고 ISRn은 인터럽트 서비스 루틴의 시작 주소(인터럽트 벡터)이다. 한 개의 벡터 크기는 4바이트로 가정한다. 따라서 인터럽트 n번의 인터럽트 벡터는 기억장치 n×4번지에 저장된다.

- **벡터 저장 방식**: 인터럽트 벡터 테이블에 인터럽트 서비스 루틴의 시작 주소를 저장한다. 중앙처리장치는 인터럽트 단계에서 인터럽트 번호를 확인하고 기억장치 n×4번지 값을 프로그램 카운터에 적재한다.
- **명령어 저장 방식**: 인터럽트 벡터 테이블에 인터럽트 서비스 루틴의 시작 주소로 무조건 분기 명령어(BR ISRn)를 저장한다. 중앙처리장치는 인터럽트 단계에서 인터럽트 번호를 확인하고 n×4를 프로그램 카운터에 적재한다. 따라서 중앙처리장치는 인터럽트 단계가 끝나고 인출 단계에서 "BR ISRn" 명령어를 인출한다.

다중 인터럽트를 처리하는 방법은 다음과 같은 네 가지 방법이 있다.

- 소프트웨어 폴링(software polling)
- 다중 인터럽트 요청선(multiple interrupt line)
- 데이지 체인(daisy chain)
- 우선순위 인코더(priority encoder)

이 방법들은 중앙처리장치가 인터럽트 요청을 인식하는 하드웨어 구조가 다르다. 각 방법은 중앙처리장치에게 다음과 같은 세 가지 기능을 제공할 수 있어야 한다.

- 인터럽트를 요청한 장치를 구별하는 방법

- 인터럽트를 요청한 장치에 대한 인터럽트 서비스 루틴을 찾는 방법
- 여러 장치가 동시에 인터럽트를 요청하였을 때 우선 처리할 인터럽트를 선택하는 방법

일반적으로 프로세서는 위 방법 중 두 가지 이상을 복합하여 다중 인터럽트를 지원한다. 다음 절부터 다중 인터럽트를 처리하는 방법을 소개한다.

12.3.3 소프트웨어 폴링

컴퓨터 용어에서 폴링(polling)이란 프로그램을 실행하여 "물어본다"는 의미이다. 다중 인터럽트 처리 방식에서 **소프트웨어 폴링(software polling)**은 프로그램을 실행함으로써 입출력장치에게 인터럽트를 요청하였는지 물어보는 방법이다.

소프트웨어 폴링 방식은 [그림 12-11(a)]와 같이 여러 개의 입출력장치가 한 개의 인터럽트 요청선(IntReq)을 공유한다. 인터럽트 요청이 발생하였을 때, 중앙처리장치는 인터럽트 요청이 있음을 알 수 있지만, 어느 입출력장치가 인터럽트를 요청하였는지 알 수 없다. 인터럽트 서비스 루틴은 [그림 12-11(b)]와 같이 한 개만 마련되어 있다. 인터럽트 요청을 확인하면, 중앙처리장치는 이 대표 인터럽트 서비스 루틴을 실행한다. 대표 인터럽트 서비

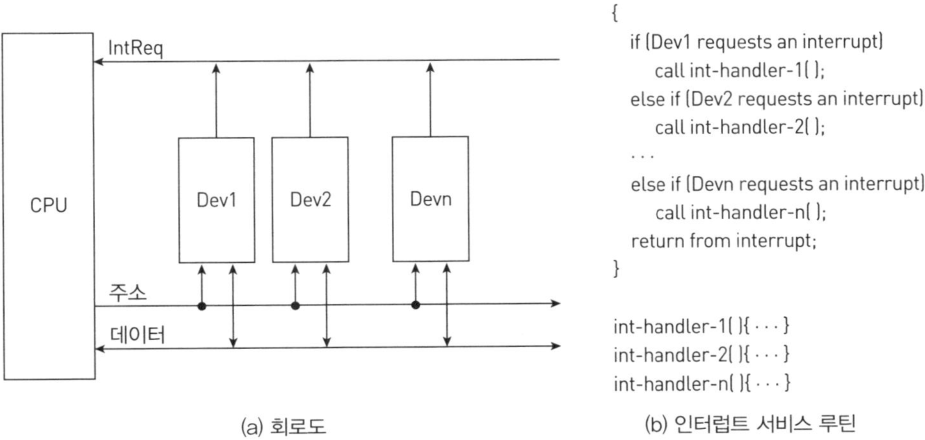

(a) 회로도 (b) 인터럽트 서비스 루틴

[그림 12-11] 소프트웨어 폴링

스 루틴은 입출력장치에게 인터럽트를 요청하였는지 물어보고, 인터럽트 요청을 확인하면 해당 입출력 동작을 처리하는 핸들러를 호출한다. 소프트웨어 폴링 기법의 다중 인터럽트 처리 방식을 요약하면 다음과 같다.

- 인터럽트 요청 장치 구별 방법: 대표 인터럽트 서비스 루틴 안에서 프로그램을 실행하여 각 장치에게 인터럽트를 요청하였는지 물어본다.
- 인터럽트 서비스 루틴 결정 방법: 입출력을 처리하는 핸들러 함수를 호출한다.
- 우선순위 결정 방법: 프로그램으로 인터럽트를 요청하였는지 물어보는 순서가 우선순위이다.

소프트웨어 폴링 기법은 한 개의 인터럽트 요청선을 여러 개의 입출력장치가 공유한다는 장점이 있는 반면에, 소프트웨어로 인터럽트를 요청한 장치를 구별하므로 인터럽트 핸들러를 실행할 때까지 시간이 오래 걸린다는 단점이 있다.

12.3.4 다중 인터럽트 요청선

다중 인터럽트 요청선(multiple interrupt line) 방식을 지원하는 중앙처리장치는 여러 개의 인터럽트 요청선을 제공한다. 각 입출력장치는 [그림 12-12(a)]와 같이 서로 다른 인터럽트 요청선으로 인터럽트를 요청한다. 각 장치마다 다른 인터럽트 요청선을 사용하므로, 중앙처리장치는 인터럽트 요청선으로 인터럽트를 요청한 장치를 구별할 수 있다. 각 입출력장치에 대한 인터럽트 서비스 루틴은 [그림 12-12(b)]와 같이 컴퓨터 주기억장치에 별도로 마련되어 있다. 다중 인터럽트 요청선 방식을 요약하면 다음과 같다.

- 인터럽트 요청 장치 구별 방법: 인터럽트 요청선으로 구별한다.
- 인터럽트 서비스 루틴 결정 방법: 인터럽트 요청선마다 별도의 인터럽트 서비스 루틴이 마련되어 있다.
- 우선순위 결정 방법: 중앙처리장치가 하드웨어로 인터럽트 요청선에 우선순위를 부여한다.

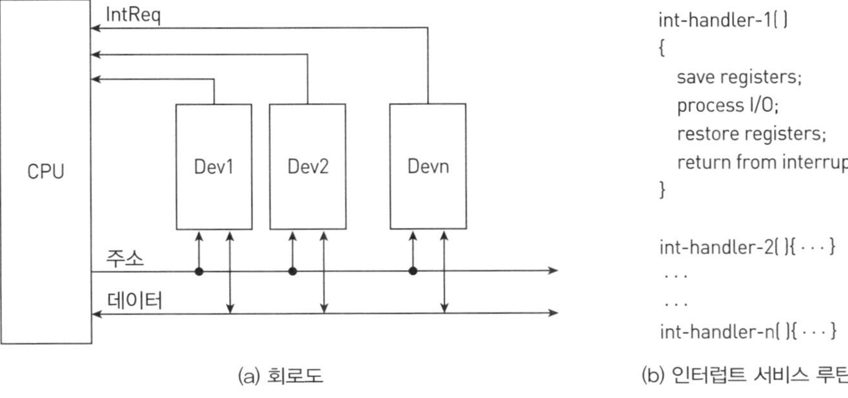

(a) 회로도 (b) 인터럽트 서비스 루틴

[그림 12-12] 다중 인터럽트 요청선

다중 인터럽트 요청선 방식은 인터럽트를 요청한 장치를 쉽게 구분할 수 있으나, 중앙처리장치가 여러 개의 인터럽트 요청선을 제공해야 하고, 인터럽트 요청선 수에 따라 연결할 수 있는 입출력장치 수가 제한된다는 점이 부담이다.

12.3.5 데이지 체인

데이지 체인(daisy chain) 방식은 한 개의 인터럽트 요청선(IntReq)을 여러 개의 입출력장치가 공유한다. 중앙처리장치는 **인터럽트 확인**(interrupt acknowledge) 신호를 제공하고, 이것으로 인터럽트를 요청한 장치를 구별한다. 인터럽트 확인선(IntAck)은 체인 형태로 입출력장치들을 연결한다. 입출력장치의 입출력 모듈은 다음과 같은 두 가지 기능을 제공해야 한다.

- 인터럽트 확인선을 체인 형태로 연결하는 입력과 출력 단자
- 인터럽트 벡터를 저장하는 레지스터

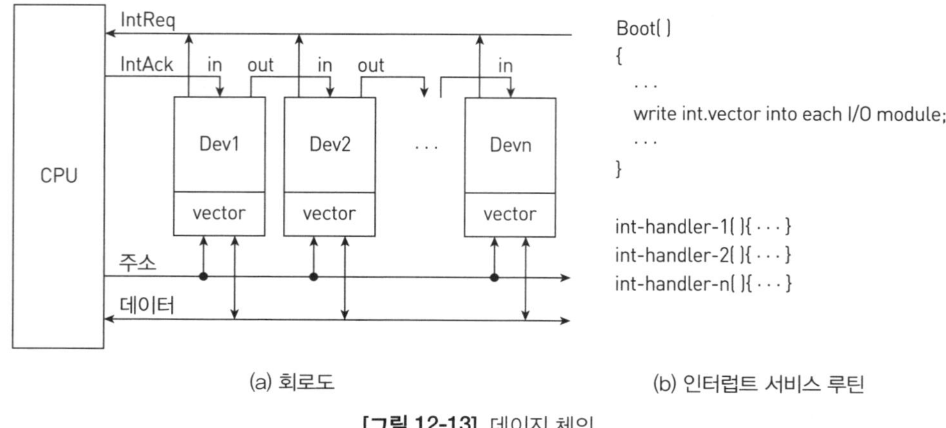

(a) 회로도 (b) 인터럽트 서비스 루틴

[그림 12-13] 데이지 체인

인터럽트 확인선은 [그림 12-13(a)]와 같이 첫 번째 입출력장치로 입력되고, 내부 회로를 거쳐 출력되어 두 번째 입출력장치로 연결된다. 그 이후도 계속 이와 같이 체인 형태로 연결된다. 인터럽트 벡터는 인터럽트 서비스 루틴의 시작 주소이다. 컴퓨터는 초기화 과정에서 [그림 12-13(b)]와 같이 각 입출력 모듈의 벡터 레지스터에 인터럽트 벡터를 저장한다. 즉, 입출력장치에게 자신의 인터럽트 서비스 루틴이 적재된 기억장치 주소를 갖고 있게 만든다. [그림 12-13(a)]에서 Dev2가 인터럽트를 요청하였다고 할 때, 인터럽트를 처리하는 과정은 다음과 같다.

- 중앙처리장치는 명령어 사이클의 인터럽트 단계에서 인터럽트 요청이 있음을 알아내고, 인터럽트 확인 신호(IntAck)를 보낸다.
- IntAck는 Dev1로 입력된다. Dev1은 자신이 인터럽트를 요청하지 않았으므로 이 신호를 다음 체인으로 전달한다.
- 인터럽트를 요청한 Dev2는 IntAct를 받고 자신이 보관하고 있는 인터럽트 벡터를 데이터 버스로 실어 보낸다. 그리고 IntAck를 다음 체인으로 전달하지 않는다.
- 중앙처리장치는 IntAck를 보내면서 데이터 버스를 읽는다. Dev2가 인터럽트 벡터를 전송하므로, 이 값을 프로그램 카운터로 적재한다. 따라서 인터럽트 단계가 끝난 후 바로 Dev2의 인터럽트 서비스 루틴을 수행할 수 있다.

데이지 체인 방식에서 인터럽트 요청이 발생하였을 때 중앙처리장치는 인터럽트 확인 신호를 보내면서 데이터 버스를 읽어 인터럽트 벡터를 구할 수 있다. 입출력장치는 인터럽트 확인 신호를 받았을 때, 자신이 인터럽트를 요청하였다면 인터럽트 벡터를 데이터 버스로 출력하고, 그렇지 않다면 인터럽트 확인 신호를 다음 체인으로 넘겨준다. 인터럽트 확인 신호를 전파하는 회로는 조합 논리회로로 만들어져 있으므로 별도의 클럭을 필요로 하지 않는다. 이 과정이 마치 하드웨어로 인터럽트 요청을 물어보는 것과 마찬가지이므로, 데이지 체인 방식을 하드웨어 폴링(hardware polling)이라고도 한다. 데이지 체인 방식을 요약하면 다음과 같다.

- 인터럽트 요청 장치 구별 방법: 인터럽트 확인 신호를 체인으로 연결한다. 입출력장치는 자신이 인터럽트를 요청하지 않았다면 인터럽트 확인 신호를 다음 단으로 전달하고, 인터럽트를 요청하였다면 인터럽트 벡터를 데이터 버스로 보내고 인터럽트 확인 신호를 전달하지 않는다.
- 인터럽트 서비스 루틴 결정 방법: 중앙처리장치는 인터럽트 단계에서 인터럽트 확인 신호를 보내고 데이터 버스를 읽어 인터럽트 서비스 루틴의 시작 주소를 결정한다.
- 우선순위 결정 방법: 체인을 연결한 순서가 우선순위이다.

데이지 체인 방식으로 다중 인터럽트를 처리하는 방식은 한 개의 인터럽트 요청선을 공유하면서 여러 개의 입출력장치를 구별할 수 있다는 장점이 있다. 반면에 각 입출력 모듈마다 인터럽트 확인 신호를 연결하는 회로와 인터럽트 벡터 레지스터를 갖고 있어야 한다는 것이 단점이다.

12.3.6 우선순위 인코더

이 방법은 다중 인터럽트를 제어하는 별도의 **인터럽트 제어기**(interrupt controller)를 사용한다. 인터럽트 제어기는 우선순위 인코더(priority encoder)를 포함하고 있다. 우선순위 인코더는 입력 신호 중에서 우선순위가 가장 높은 신호 번호를 출력하는 조합 논리회로이다.

[그림 12-14(a)]와 같이 인터럽트 제어기는 입출력장치가 연결할 수 있는 여러 개의 인터럽트 요청선(IntReq)을 제공한다. 입출력장치는 인터럽트 제어기에게 인터럽트를 요청하고, 인터럽트 제어기가 다중 인터럽트를 중재하여 중앙처리장치에게 인터럽트를 요청한

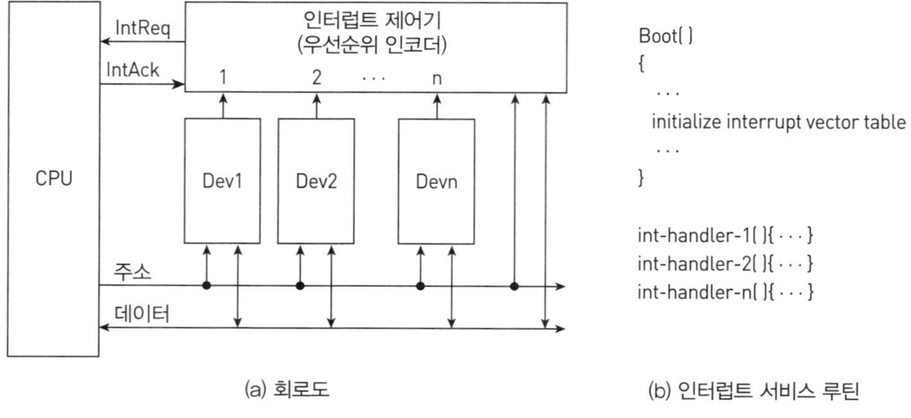

(a) 회로도 (b) 인터럽트 서비스 루틴

[그림 12-14] 인터럽트 제어기

다. [그림 12-14(b)]와 같이 컴퓨터는 초기화 과정에서 인터럽트 서비스 루틴을 기억장치에 적재하고, 인터럽트 벡터 테이블을 인터럽트 서비스 루틴의 시작 주소로 초기화한다. 중앙처리장치가 인터럽트를 처리하는 과정은 다음과 같다.

- 인터럽트 요청을 확인한 중앙처리장치는 인터럽트 확인 신호(IntAck)를 내보낸다.
- 인터럽트 확인 신호를 받은 인터럽트 제어기는 인터럽트를 요청한 장치들 중에서 우선순위가 가장 높은 인터럽트 번호를 데이터 버스에 실어준다.
- 중앙처리장치는 데이터 버스에서 읽은 인터럽트 번호를 사용하여 인터럽트 벡터 테이블에서 인터럽트 서비스 루틴의 주소를 구한다.

인터럽트 제어기를 사용하는 다중 인터럽트 처리 방법을 다음과 같이 요약할 수 있다.

- 인터럽트 요청 장치 구별 방법: 중앙처리장치가 인터럽트 단계에서 인터럽트 확인 신호(IntAck)를 보내면, 인터럽트 제어기 안에 있는 우선순위 인코더가 인터럽트를 요청한 장치를 구별하여 데이터 버스로 그 장치의 번호를 제공한다.
- 인터럽트 서비스 루틴 결정 방법: 중앙처리장치는 인터럽트 벡터 테이블에서 인터럽트 번호에 해당하는 인터럽트 벡터를 프로그램 카운터에 적재한다.
- 우선순위 결정 방법: 우선순위 인코더로 우선순위를 결정한다.

인터럽트 제어기를 사용하는 다중 인터럽트 처리 방법은 중앙처리장치로 연결되는 한 개의 인터럽트 요청선을 여러 개의 입출력장치들이 공유하는 장점이 있지만, 인터럽트 제어기를 필요로 한다.

지금까지 다중 인터럽트를 지원하는 네 가지 방법을 설명하였다. 일반적으로 상용 프로세서는 이 방법들을 중복해서 사용한다. 다만, 데이지 체인 방식과 우선순위 인코더 방식은 서로 배타적이다. 프로세서는 이 두 가지 방식 중 하나만 사용한다. 프로세서는 인터럽트 요청선을 두 개 이상 제공한다. 그 중 하나는 **NMI(Non-Maskable Interrupt)**로 사용한다. NMI는 상태 레지스터의 인터럽트 가능 플래그로 제어할 수 없는, 즉 항상 인터럽트 요청을 받아야만 하는, 우선순위가 가장 높은 인터럽트이다. NMI는 외부에서 발생하는 전원 차단과 같은 중요한 사건을 검출하기 위하여 사용된다. 나머지 인터럽트 요청선은 입출력장치를 연결하는데 사용된다. 그렇지만 여러 개의 입출력장치가 한 개의 인터럽트 요청선을 공유하도록 구성할 수도 있다. 예를 들면, [그림 12-14(a)]에서 여러 개의 입출력장치가 인터럽트 제어기의 우선순위 2번 입력을 공유하도록 회로를 구성할 수 있다. 이때 우선순위 2번에 해당하는 인터럽트 서비스 루틴 안에서 소프트웨어 폴링으로 인터럽트 요청 장치를 구별해야 한다.

12.3 인터럽트 구동 입출력 요약

데이터 전송 준비가 완료된 입출력장치는 중앙처리장치에게 인터럽트를 요청하고, 인터럽트 서비스 루틴에서 입출력 동작을 수행한다. 인터럽트 벡터는 인터럽트 서비스 루틴이 적재된 주기억장치의 시작 주소이다. 인터럽트 벡터 테이블은 우선순위에 따라 인터럽트 벡터를 모아 놓은 주기억장치 영역이다. 다중 인터럽트 환경에서 인터럽트를 요청한 장치를 구별하는 방법이 필요하며, 소프트웨어 폴링, 다중 인터럽트 요청선, 데이지 체인, 우선순위 인코더 방법이 있다.

12.4 직접 기억장치 액세스

프로그램 구동 입출력과 인터럽트 구동 입출력 방식은 중앙처리장치가 입출력 과정에 개입한다. 컴퓨터가 전송률이 낮은 입출력장치와 데이터를 전송하기 위하여 주로 이 방법들을 사용한다. 그렇지만 디스크와 같이 속도가 빠르고 한 번에 많은 데이터를 전송할 때는

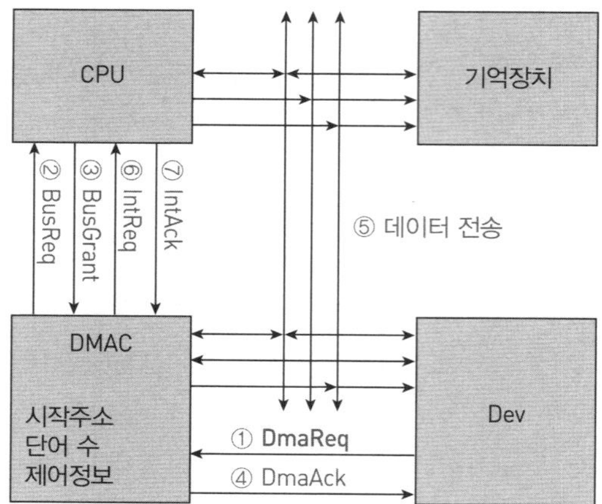

[그림 12-15] DMA 제어기 연결과 DMA 처리 과정

비효율적이다. **직접 기억장치 액세스(DMA, Direct Memory Access)** 방법은 중앙처리장치의 개입을 없앤 입출력 방법이다.

DMA 방법은 입출력장치가 주기억장치와 직접 데이터를 교환한다. DMA 방식의 데이터 전송을 제어하기 위하여 **DMA 제어기(DMA Controller)**를 사용한다. DMA 제어기도 입출력 장치의 일종이다. 데이터를 전송하도록 DMA 제어기를 설정하는 과정에 소요되는 부담이 크기 때문에, DMA 방식은 한 번에 블록 단위로 데이터를 전송한다. 일반적으로 한 개의 블록은 512바이트부터 4K바이트 정도이다. 한 개의 DMA 제어기는 여러 개의 입출력장치를 구동할 수 있다. DMA 제어기와 입출력장치의 연결을 **채널(channel)**이라고 한다.

DMA 제어기가 데이터 전송을 수행하는 동안에 중앙처리장치는 아무 일도 하지 않고 기다린다. 따라서 중앙처리장치가 사용할 시스템 클럭을 DMA 제어기가 훔쳐가는 것처럼 보일 수 있다. 이런 이유로 DMA 전송 방식을 **사이클 훔침(cycle stealing)**이라고도 한다. 실제로 초기 DMA 방식은 DMA 전송 중에 중앙처리장치로 인가되는 시스템 클럭을 차단하였다.

[그림 12-15]는 DMA 제어기와 입출력장치가 시스템 버스에 연결된 모습이다. DMA 제어기도 하나의 입출력 장치이기 때문에 시스템 버스에 연결되어 있다. DMA 전송을 시작

하기 위하여 중앙처리장치는 사전에 준비할 사항이 있다. 중앙처리장치는 프로그램을 실행하여 다음과 같은 정보를 먼저 DMA 제어기에게 알려주어야 한다.

- **주기억장치 주소**: 입출력 데이터를 저장하고 있는 주기억장치의 시작 주소
- **단어 수**: 전송할 데이터의 단어 수
- **데이터 전송 방향**: 입력 또는 출력
- **입출력장치 번호**: 입출력장치가 연결된 채널 번호

이와 같은 내용으로 DMA 제어기를 초기화 한 후, 중앙처리장치는 입출력장치에게 데이터를 전송하라는 명령을 전달하고 나서 다른 작업을 수행한다. 나중에 입출력장치가 데이터 전송 준비를 마치면, 다음과 같은 절차에 따라 데이터를 전송한다.

① **DMA 요청(DmaReq)**: 입출력장치는 입출력 준비를 마치고 DMA 제어기에게 DMA 요청 신호를 보낸다.

② **버스 요청(BusReq)**: DMA 제어기는 중앙처리장치에게 자신이 시스템 버스를 사용하는 것을 허가해 달라고 요청한다.

③ **버스 허가(BusGrant)**: 중앙처리장치는 버스를 사용하도록 허가한다. 그러고 나서 중앙처리장치는 버스 사용권을 DMA 제어기에 넘기고 아무 일도 하지 않고 기다린다.

④ **DMA 확인(DmaAck)**: DMA 제어기는 입출력장치에게 DMA 전송이 허가되었음을 통보한다.

⑤ **데이터 전송**: DMA 제어기는 주소 버스로 기억장치 주소와 입출력장치 포트를 번갈아 공급하고, 읽기/쓰기 그리고 입력/출력 제어 신호를 생성함으로써 지정된 단어 수만큼 데이터를 전송한다.

⑥ **인터럽트 요청(IntReq)**: 데이터 전송이 완료되면, DMA 제어기는 중앙처리장치에게 인터럽트를 요청하여 데이터 전송이 끝났음을 알린다.

⑦ **인터럽트 확인(IntAck)**: 중앙처리장치는 인터럽트 확인 절차를 거쳐 DMA 제어기에 대한 인터럽트 서비스 루틴을 수행한다. 이 과정에서 인터럽트 서비스 루틴은 다시 또 다른 데이터를 전송할 것인지 아니면 데이터 전송을 그만둘 것인지 판단하여 그에 적절한 조치를 취한다.

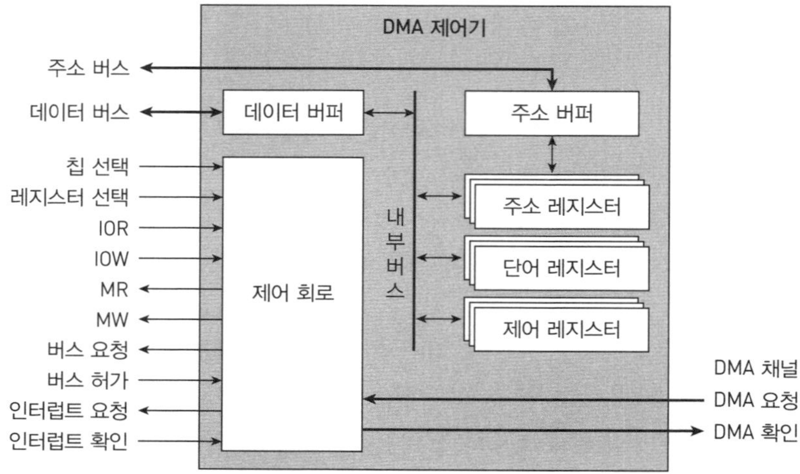

[그림 12-16] DMA 제어기의 내부 구조

[그림 12-16]은 DMA 제어기 내부 구조이다. 왼쪽 신호는 시스템 버스에 연결되고, 오른쪽 신호는 입출력장치와 연결된다. 시스템 버스에 연결되는 신호의 용도는 다음과 같다.

- 주소 버스: 중앙처리장치가 DMA 제어기를 프로그램 할 때 DMA 제어기의 입출력 포트를 지정한다. 데이터를 전송할 때 DMA 제어기가 주소를 공급한다.
- 데이터 버스: DMA 제어기를 프로그램 할 때 입력으로 사용된다. 데이터를 전송할 때 DMA 제어기가 데이터 버스를 구동한다.
- 칩 선택: DMA 제어기도 입출력장치이므로 고유의 입출력 포트를 갖고 있다. 시스템 주소 버스를 디코드하여 DMA 제어기의 입출력 포트를 결정한다.
- 레지스터 선택: 주소 버스의 하위 비트에 연결되며, 내부 레지스터를 선택한다.
- IOR, IOW: 프로그램을 수행하여 DMA 제어기 안에 있는 레지스터를 액세스할 때 사용되는 입력과 출력 제어신호이다.
- MR, MW: DMA 방식으로 데이터를 전송하는 도중에 DMA 제어기가 기억장치에 대한 읽기와 쓰기 제어신호를 공급한다.

나머지 제어신호에 대하여 [그림 12-15] DMA 처리 과정에서 설명하였다. DMA 요청과 DMA 확인 신호는 입출력장치로 연결되며, DMA 제어기가 관리하는 채널마다 한 쌍씩 있다. DMA 제어기는 동작을 설정하는 세 가지 레지스터를 포함하고 있다. 이 레지스터

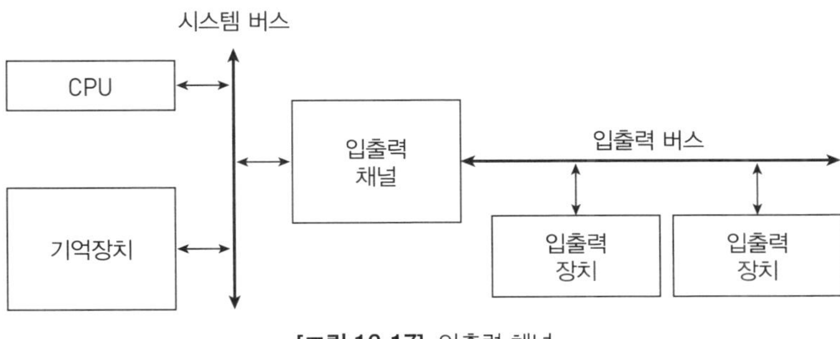

[그림 12-17] 입출력 채널

들은 채널마다 마련되어 있다.

- **주소 레지스터**: DMA 동작을 수행할 기억장치 주소를 저장한다.
- **단어 레지스터**: 한 번의 DMA 동작으로 전송할 단어 수를 저장한다.
- **제어 레지스터**: 데이터 전송 방향을 저장한다.

DMA 동작을 수행할 때, 주소 레지스터 값이 시스템 주소 버스로 제공된다. 한 개의 단어를 전송하고 나면 DMA 주소 레지스터 값은 증가하고, 단어 레지스터 값은 감소한다. 단어 레지스터 값이 0이 될 때까지 단어 전송을 반복한다. DMA 제어기는 입출력장치에 대한 데이터 전송 이외에도 기억장치 한 영역에서 다른 영역으로 복사하는 기능도 제공한다.

사용자 수가 많은 대형 컴퓨터 시스템은 중앙처리장치의 부담을 덜어주기 위하여 입출력 동작을 전담하는 전용 제어기를 사용하기도 한다. 이러한 시스템에서 입출력을 전담하는 제어기를 **입출력 채널**(I/O Channel) 또는 **입출력 프로세서**(I/O processor)라고 한다. 입출력 채널은 자체로 프로세서와 기억장치를 갖고 있는 소형 컴퓨터이다. [그림 12-17]은 입출력 채널을 사용한 컴퓨터 시스템의 구조이다. 중앙처리장치는 입출력 채널에게 데이터 전송 명령을 전달하기만 하고 직접 데이터 전송에 개입하지 않는다. 입출력 채널은 시스템 버스와 독립적으로 입출력장치와 데이터를 송수신하고 DMA 방식으로 데이터를 시스템의 기억장치로 전달한다.

12.4 직접 기억장치 액세스 요약

DMA 방법은 DMA 제어기가 데이터 전송 과정을 관리한다. 중앙처리장치는 사전에 DMA 제어기에게 데이터 전송에 필요한 기억장치 주소, 단어 수, 데이터 전송 방향, 입출력장치 채널 번호를 알려주어야 한다. 입출력장치는 데이터 전송 준비가 되었을 때 DMA 요청을 하고, DMA 제어기는 시스템 버스를 구동하여 입출력장치와 기억장치 간에 블록 단위로 데이터를 전송한다.

12.5 요약

이 장에서는 입출력장치 특성과 입출력 방법을 다루었다. 여기에서 새로 소개된 용어는 다음과 같다.

- 주변장치(peripheral): 시스템 버스에 연결되어 컴퓨터와 데이터를 교환하는 입출력장치(input/output device)를 가리키는 용어
- 입출력 모듈(input/output module): 입출력장치를 시스템 버스에 연결하는 하드웨어 회로
- 신호 변환기(transducer): 입출력장치에서 전기 신호를 기계 동작으로 변환하는 부분
- 핸드쉐이킹(handshaking): 데이터를 송수신하기 위하여 중앙처리장치와 입출력장치가 서로 주고받는 일련의 신호 절차
- 입출력 포트(input/output port): 입출력장치에게 할당하는 주소
- 입출력 명령(input/output command): 입출력장치가 수행하는 어떤 의미 있는 동작
- 디바이스 드라이버(device driver): 운영체제에 포함되며 입출력장치의 동작을 제어하고 구동하는 프로그램
- 프로그램 구동 입출력(programmed I/O): 중앙처리장치가 프로그램을 수행함으로써 입출력 과정을 제어하는 방법
- 워치독 타이머(watch-dog timer): 컴퓨터에서 어떤 사건이 제한 시간 안에 발생하는 것을 검사하기 위한 하드웨어 또는 소프트웨어 방법
- 인터럽트 구동 입출력(interrupt driven I/O): 입출력장치가 데이터를 전송할 준비가 되었을 때 중앙처리장치로 인터럽트를 요청하고, 해당 장치에 대한 인터럽트 서비스 루틴에서 입출력 동작을 처리하는 방법

- 인터럽트 벡터(interrupt vector): 인터럽트 서비스 루틴의 시작 주소
- 인터럽트 벡터 테이블(interrupt vector table): 인터럽트 벡터를 모아 놓은 주기억장치 영역
- 소프트웨어 폴링(software polling): 프로그램으로 어떤 사건이 발생하였는지 확인하는 방법
- 데이지 체인(daisy chain): 하드웨어 장치들 사이에 제어 신호를 체인 형태로 연결하는 방식
- 인터럽트 제어기(interrupt controller): 여러 개의 입출력장치에서 발생하는 인터럽트 요청을 우선순위에 따라 중재하여 중앙처리장치로 전달하는 제어 장치
- 직접 기억장치 액세스(DMA, Direct Memory Access): 중앙처리장치가 개입하지 않고 기억장치와 입출력장치 간에 직접 데이터를 교환하는 입출력 방법
- DMA 제어기(DMA Controller): DMA 동작을 제어하는 일종의 입출력장치

입출력 프로그램과 관련하여 다음과 같은 사항을 알고 있어야 한다.

- 프로그램 구동 입출력 방법의 동작 원리
- 인터럽트 요청 후 인터럽트 서비스 루틴을 실행할 때까지 처리 과정
- 직접 기억장치 액세스 동작 원리

다음 장에서는 기본 컴퓨터 구조의 성능을 개선한 고성능 컴퓨터에 대하여 학습한다.

연습문제 EXERCISE

12.1 입출력장치 개요

01 올바른 것을 선택하라.

(1) 대부분의 입출력장치는 (전자식, 전자기계식)으로 동작한다.

(2) 대부분의 입출력장치의 데이터 전송 단위는 (단어, 바이트)이다.

(3) 입출력장치는 기억장치에 비하여 오류 발생 가능성이 (크다, 적다).

(4) 일반적으로 입출력장치는 중앙처리장치에 비하여 속도가 (느리다, 빠르다).

02 입출력 모듈의 기능을 가장 잘 설명한 것은?

① 입출력장치의 주소를 결정한다.

② 입출력장치와 컴퓨터의 차이점을 해결한다.

③ 입출력장치의 통신 속도를 결정한다.

④ 입출력장치의 데이터를 영구적으로 보관한다.

03 입출력 모듈 안에 있는 신호 변환기(transducer)의 기능은?

① 시스템 버스에서 주소를 받는다.

② 전기 신호를 기계 동작으로 변환한다.

③ 시스템 버스에서 데이터를 받는다.

④ 통신 속도와 데이터 형식의 차이점을 해결한다.

04 입출력 모듈 안에 있는 버퍼의 기능은?

① 시스템 버스에서 주소를 받는다.

② 전기 신호를 기계 동작으로 변환한다.

③ 시스템 버스에서 데이터를 받는다.

④ 통신 속도와 데이터 형식의 차이점을 해결한다.

05 핸드쉐이킹이란?

① 사람이 사용하는 입출력장치 구동 방법

② 통신 장치가 사용하는 입출력장치 구동 방법

③ 컴퓨터와 입출력장치가 데이터를 주고받는 절차

④ 컴퓨터와 기억장치 간에 데이터를 전송하는 방법

06 입출력 명령(I/O command)에 해당하는 동작은?

① 기억장치에서 데이터를 적재하라. ② 기억장치에 데이터를 저장하라.
③ 입출력장치로 데이터를 출력하라. ④ 키보드의 Num Lock LED를 켜라.

07 [그림 12-4] GPIO 장치를 기억장치 주소 공간 FF00h~FF03h에 연결하는 회로도를 그려라.

08 디바이스 드라이버에 대한 설명이 아닌 것은?

① 프로그램이다. ② 하드웨어 장치이다.
③ 운영체제의 일부이다. ④ 입출력장치를 제어한다.

12.2 프로그램 구동 입출력

01 중앙처리장치 개입이 가장 많은 입출력 방법은?

① 프로그램 구동 입출력 ② 인터럽트 구동 입출력
③ 직접 기억장치 액세스 ④ 입출력 채널

02 프로그램 구동 입출력 방법으로 데이터를 입력할 때 중앙처리장치가 하는 일이 아닌 것은?

① 상태 검사 ② 인터럽트 요청 검사
③ 기억장치에 데이터 저장 ④ 입출력장치에서 데이터 입력

03 워치독 타이머의 기능은?

① 입출력장치의 데이터 전송률을 측정한다.
② 입출력장치의 데이터 전송 단위를 측정한다.
③ 입출력장치가 전송 준비를 마쳤는지 검사한다.
④ 입출력장치가 제한된 시간 내에 동작하는지 검사한다.

04 프로그램 구동 입출력 방법의 가장 큰 문제점은?

① 기억장치 낭비가 크다.
② 별도의 입출력 모듈이 필요하다.
③ 상태를 검사하는데 시간을 많이 소요한다.
④ 중앙처리장치가 동작하지 않는 시간이 존재한다.

12.3 인터럽트 구동 입출력

01 인터럽트 구동 입출력의 장점은?

① 중앙처리장치는 입출력 동작에 관여하지 않는다.
② 중앙처리장치는 인터럽트 벡터를 설정할 필요가 없다.
③ 중앙처리장치가 입출력 동작을 모두 제어하므로 개념이 간단하다.
④ 입출력장치에서 데이터를 전달할 준비가 되었는지 검사하지 않는다.

02 올바른 것을 선택하라.

(1) 중앙처리장치는 (인출 단계, 실행 단계)의 마지막에 인터럽트 요청 신호를 검사한다.
(2) 인터럽트 가능 플래그는 외부 인터럽트를 (마스크 한다, 마스크하지 않는다).
(3) 인터럽트 가능 플래그는 내부 인터럽트를 (마스크 한다, 마스크하지 않는다).
(4) 인터럽트 서비스 루틴을 마치고 원래 수행하던 프로그램으로 복귀할 때 인터럽트 가능 플래그의 값은 (인터럽트 가능 상태, 인터럽트 불가능 상태)이다.

03 인터럽트 서비스 루틴에서 수행하는 일을 순서대로 나열하라.

가. 레지스터 복구	나. 입출력 및 기억장치 액세스
다. 레지스터 저장	라. 인터럽트 서비스 루틴에서 복귀

04 인터럽트 구동 입출력 방법은 프로그램 구동 입출력 과정의 어느 부분을 개선하는가?

① 입출력 중 발생할 수 있는 에러를 복구하는 과정
② 입출력장치가 데이터를 전송할 준비가 되었는지 검사하는 과정
③ 기억장치 데이터를 중앙처리장치 레지스터로 전송하는 과정
④ 입출력장치에서 데이터를 중앙처리장치 레지스터로 전송하는 과정

05 인터럽트 벡터 테이블은?

① 인터럽트 서비스 루틴들이 적재되어 있는 기억장치 영역이다.
② 인터럽트 서비스 루틴의 시작 주소를 모아놓은 기억장치의 영역이다.
③ 인터럽트 서비스 루틴에서 전송할 데이터를 모아놓은 기억장치 영역이다.
④ 인터럽트 서비스 루틴이 사용하는 입출력장치의 주소를 모아놓은 기억장치 영역이다.

06 다중 인터럽트 처리 방법에서 소프트웨어 폴링 방법의 우선순위 결정 방법은?

① 우선순위 인코더의 자체 기능
② 하드웨어로 인터럽트 확인선(IntAck)을 연결하는 순서
③ 중앙처리장치 내부에서 인터럽트 요청선(IntReq)을 검사하는 순서
④ 대표 인터럽트 서비스 루틴에서 인터럽트 요청 여부를 물어보는 순서

07 소프트웨어 폴링 방법의 장점은?

① 인터럽트 서비스 루틴이 간단하다.
② 우선순위를 하드웨어로 결정한다.
③ 한 개의 인터럽트 요청선을 여러 개의 입출력장치가 공유한다.
④ 인터럽트 요청선에 의하여 인터럽트를 요청한 장치를 구별할 수 있다.

08 데이지 체인 방식에서 중앙처리장치가 인터럽트 요청 장치를 구별하는 방법은?

① 인터럽트 요청 신호로 구별한다.
② 인터럽트 확인 신호를 보내고 주소 버스를 읽는다.
③ 인터럽트 확인 신호를 보내고 데이터 버스를 읽는다.
④ 인터럽트 서비스 루틴 안에서 입출력장치에게 물어본다.

09 데이지 체인 방식에서 체인 형태로 연결되는 신호는?

① 주소 버스 ② 데이터 버스
③ 인터럽트 요청 신호 ④ 인터럽트 확인 신호

10 그림과 같은 회로를 사용하는 다중 인터럽트 처리 방법은? 입출력 모듈 안에 있는 INT는 인터럽트를 요청하였는지 나타내는 플립플럽이다.

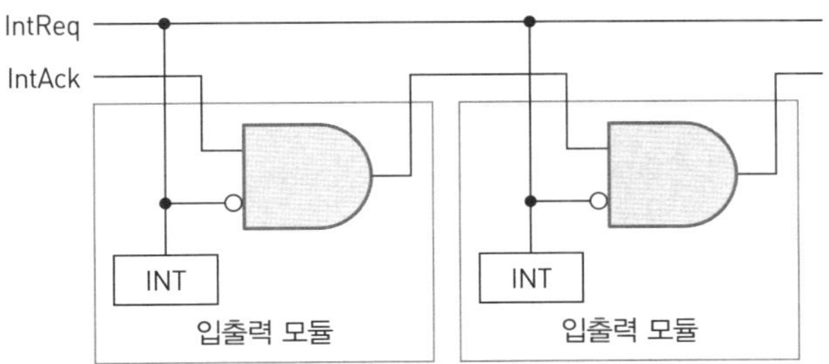

11 인터럽트 제어기에 포함되어 있는 논리 소자는?

① 디코더 ② 멀티플렉서 ③ 디멀티플렉서 ④ 우선순위 인코더

12.4 직접 기억장치 액세스

01 DMA 채널이란?

① DMA 제어기와 기억장치의 연결
② DMA 제어기와 입출력장치의 연결
③ 중앙처리장치와 입출력장치의 연결
④ 중앙처리장치와 DMA 제어기의 연결

02 DMA 전송을 위하여 중앙처리장치가 DMA 제어기에게 알려주어야 할 사항이 아닌 것은?

① 레지스터 번호 ② 기억장치 주소
③ 데이터 전송 방향 ④ 전송 데이터의 단어 수

03 DMA 전송 과정을 순서대로 나열하라.

가. 인터럽트 요청	나. 인터럽트 확인	다. 버스 요청	라. 버스 허가
마. DMA 요청	바. DMA 확인	사. 데이터 전송	

04 DMA 전송 중에 DMA 제어기에 있는 주소 레지스터와 단어 레지스터의 동작은?

① 주소 레지스터는 감소하고, 단어 레지스터도 감소한다.
② 주소 레지스터는 증가하고, 단어 레지스터는 감소한다.
③ 주소 레지스터는 감소하고, 단어 레지스터는 증가한다.
④ 주소 레지스터는 증가하고, 단어 레지스터도 증가한다.

05 DMA 동작 중에 중앙처리장치는?

① 기억장치 주소를 생성한다.
② 프로그램 카운터를 저장한다.
③ 수행하던 일을 멈추고 가만히 기다린다.
④ 프로그램 카운터와 상태 레지스터를 저장한다.

06 입출력 채널이란?

① DMA 제어기이다. ② 인터럽트 제어기이다.
③ 데이지 체인 제어기이다. ④ 입출력을 전담하는 컴퓨터이다.

Chapter

13

고성능 컴퓨터

Chapter 13

고성능 컴퓨터

전자식 컴퓨터가 개발된 이후 1990년대 이전까지 컴퓨터는 반도체 기술의 발달에 따라 외형은 작아지면서 처리 용량을 높이는 방향으로 발전하였다. 1980년대부터 컴퓨터 조직을 변경함으로써 성능을 개선하는 방법을 도입하였다. 그 예가 캐시 기억장치와 명령어 파이프라인(instruction pipeline)이다. 1990년대부터 프로그램 실행 특성을 분석하여 컴퓨터가 자주 사용하는 명령어들을 더 빠르게 실행하도록 구조를 개선한 RISC가 도입되었고, 한 번에 여러 개의 명령어를 인출하고 한 번에 여러 개의 명령어를 실행하는 슈퍼스칼라 구조(superscalar architecture)도 도입되었다. 2000년대 들어서는 한 개의 칩에 여러 개의 프로세서를 탑재한 멀티 코어 프로세서(multi−core processor)도 개발되었다. 이 장에서는 프로세서 성능을 개선하는 방법들을 소개한다.

- 13.1 **축소명령어집합 컴퓨터**: 명령어 실행 특성을 분석한 결과를 반영하여 명령어 집합에서 자주 사용되지 않는 명령어를 제거하고 단순한 명령어를 빠르게 실행하도록 구조를 개선한 컴퓨터를 소개한다.
- 13.2 **슈퍼스칼라 프로세서**: 프로그램을 구성하는 명령어 중에서 함께 실행할 수 있는 명령어를 동시에 실행하는 구조를 소개한다.
- 13.3 **병렬처리 컴퓨터**: 한 번에 실행하는 명령어 수와 데이터 수에 따른 컴퓨터 분류 방법을 소개하고, 병렬처리 컴퓨터의 구조, 특성, 응용분야에 대하여 설명한다.

13.1 축소명령어집합 컴퓨터

이 절에서는 **축소명령어집합 컴퓨터**(RISC, Reduced Instruction Set Computer)의 개발 배경과 특성에 대하여 설명한다.

- 13.1.1 **축소명령어집합 컴퓨터 특징**: 중앙처리장치 발달 과정을 살펴보고, 축소명령어집합 컴퓨터 특징을 소개한다.
- 13.1.2 **명령어 파이프라인**: 명령어 실행 사이클의 단계를 중첩 실행하는 구조를 설명한다.
- 13.1.3 **분기 예측**: 명령어 중첩 처리를 방해하는 조건 분기 명령어에 대응하는 방법을 소개한다.

13.1.1 축소명령어집합 컴퓨터 특징

컴퓨터 하드웨어 성능이 좋아지고 소프트웨어도 발전함에 따라, 컴퓨터 응용 분야가 확대되었다. 1990년대까지 컴퓨터는 이전 버전 프로세서와 명령어 호환성(instruction compatibility)을 유지하면서 프로세서 비트 수를 확장하고 새로운 기능을 추가한 계열(family) 형태로 발전하였다. 다음과 같은 방향으로 프로세서 기술이 발전하였다.

- 고급 프로그래밍 언어가 표현하는 문장을 가능한 적은 수의 기계 명령어로 번역하도록 복잡한 명령어를 추가하였다.
- 고급 프로그래밍 언어에서 사용하는 다양한 데이터 액세스 방법을 지원하기 위하여 복잡한 주소지정방식을 채택하였다.
- 명령어 사이클의 인출 단계와 실행 단계를 동시에 실행하도록 명령어 파이프라인을 도입하였다. 1980년대에 도입한 명령어 파이프라인 기술은 하드웨어 자원을 늘리지 않고 처리 속도를 높이는 획기적 기술이다.

이런 노력의 결과로 컴퓨터 하드웨어는 고급 프로그래밍 언어로 작성한 프로그램을 적은 수의 명령어로 번역하여 실행할 수 있게 되었다. 그렇지만 명령어가 복잡해짐에 따라 상대적으로 구현이 쉬운 마이크로프로그램 제어장치를 채택하게 되었고, 이것은 프로세서 동작을 느리게 만드는 요인이 되었다. 계속 이런 방법으로 컴퓨터 구조를 개선하기엔 하드웨어 구조가 너무 복잡해졌고, 따라서 프로세서 개발자들은 다른 구조를 고안할 생각에

이르렀다. 그 결과로 명령어 구조가 간단한 축소명령어집합 컴퓨터(RISC)를 개발하였다.

1980년대에 프로세서 개발자들은 컴퓨터 구조를 개선하기 위하여 프로세서가 명령어를 실행하는 특성을 분석하였다. 기계어 프로그램을 실행하면서 어떤 명령어를 자주 사용하는지, 어떤 유형의 오퍼랜드를 자주 사용하는지, 어떤 주소지정방식을 자주 사용하는지, 그리고 어떤 명령어 종류가 실행 시간을 많이 소모하는지 분석하였다. 분석 결과를 요약하면 다음과 같다.

- 단순한 데이터 전달 명령어를 사용하는 빈도가 가장 높다.
- 배열 데이터나 상수 데이터보다 단일 변수 데이터를 처리하는 빈도가 높다.
- 복잡한 주소지정방식 명령어보다 단순한 주소지정방식 명령어를 사용하는 빈도가 높다.
- 서브루틴 호출은 스택으로 파라미터를 전달하므로 시간을 많이 소모한다.
- 분기 명령어는 실행 단계에서 분기 여부를 결정하므로 파이프라인을 도입하여 명령어를 중첩 실행함으로써 얻는 성능 개선 효과를 반감시킨다.

이런 분석 결과는 고급 프로그래밍 언어 기능을 가능한 하나의 명령어로 처리하도록 만든 효과가 그렇게 크지 않음을 보여주는 것이다. 오히려 단순한 명령어를 빠르게 실행할 수 있도록 개선하는 것이 전체적인 성능 개선에 도움을 줄 수 있다는 것을 의미한다. 컴퓨터 구조 연구자들은 이러한 분석 결과에 따라 다음과 같은 특징을 갖는 RISC를 제안하였다.

- **많은 범용 레지스터 탑재**: 컴파일러 최적화 기법을 사용하여 서브루틴을 호출할 때 레지스터를 통하여 파라미터를 전달하는 등 레지스터 사용을 최대한 늘리고 기억장치 액세스를 가능한 줄이도록 기계어 명령어를 생성한다.
- **복잡한 명령어 제거**: 단일 변수를 처리하는 명령어를 빠르게 실행할 수 있는 하드웨어 구조를 채택한다. 복잡한 명령어 기능을 여러 개의 단순한 명령어로 실행한다.
- **복잡한 주소지정방식 제거**: 기억장치를 액세스하는 명령어를 적재와 저장 명령어로 제한하고, 데이터 처리 명령어는 레지스터 주소지정방식만을 사용한다.
- **하드와이어드 제어장치 도입**: 명령어 형식이 간단해짐에 따라 하드와이어드 제어장치를 적용할 수 있고, 프로세서의 명령어 처리 속도를 개선할 수 있다.

- **명령어 파이프라인 활용**: 가능한 한 개의 클럭 사이클에 한 개의 명령어를 처리할 수 있도록 명령어 파이프라인을 설계한다.
- **분기 예측 기법 도입**: 명령어 파이프라인 도입 효과를 반감시키지 않도록, 분기 조건에 대한 연산 결과를 예측 실행하는 방법을 도입한다.

RISC가 만들어지면서 이전 프로세서 구조를 **복잡명령어집합 컴퓨터**(CISC, Complex Instruction Set Computer)라고 부르게 되었다. 처음에는 CISC 단점을 개선한 RISC를 개발하였으나, 최근에는 CISC도 RISC 특징에 해당하는 파이프라인, 분기 예측, 컴파일러 최적화 기법을 도입하고 있다.

13.1.2 명령어 파이프라인

자동차 조립 라인을 생각하면 파이프라인을 쉽게 이해할 수 있다. 자동차 조립 라인은 긴 컨베이어 벨트에 여러 개의 조립 단계로 구성되어 있으며, 단계마다 한 가지 조립 작업을 수행하면서, 일정한 시간 간격으로 조립 중인 자동차를 다음 단계로 전달한다. 조립 라인의 마지막 단계에서 일정한 시간마다 완성된 자동차를 생산한다. 이와 같이 파이프라인은 처리할 작업을 여러 단계로 나누고, 처리 중인 작업을 다음 단계로 전달하면서, 각 단계를 동시에 실행하도록 운영하는 방법이다.

[그림 13-1]은 1980년대 초에 도입한 2단계 파이프라인이다. 명령어 사이클은 인출 단계와 실행 단계로 구분되어 있고, 각 단계는 동시에 동작한다. 인출 단계는 기억장치에서 명령어를 인출하여 실행 단계로 전달하고, 이와 동시에 실행 단계는 인출 단계에서 인계 받은 명령어를 처리한다. 프로그램 실행 중 분기가 발생하면 새로운 주소에서 명령어를 인출해야 한다. 어차피 명령어를 실행하려면 인출 단계를 처리하는 하드웨어도 있어야 하고 실행 단계를 처리하는 하드웨어도 있어야 한다. 명령어 파이프라인을 도입함으로써, 별도

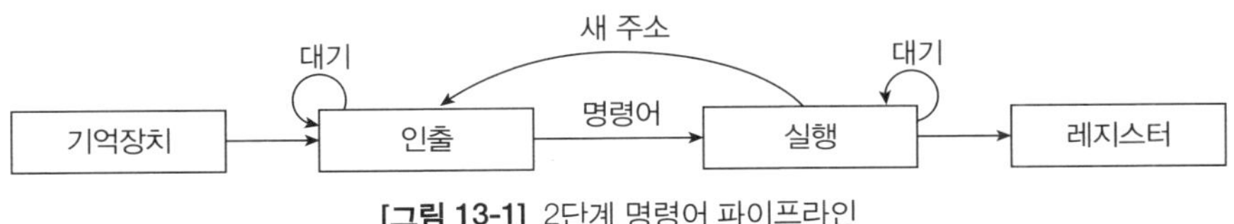

[그림 13-1] 2단계 명령어 파이프라인

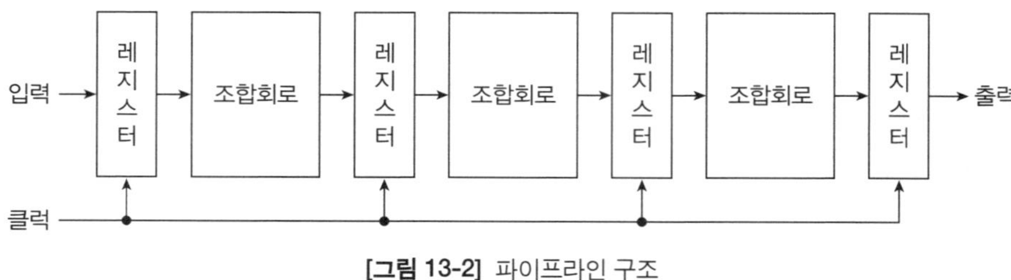

[그림 13-2] 파이프라인 구조

로 하드웨어를 추가하지 않더라도 명령어를 병렬로 처리할 수 있다는 것이 가장 큰 장점이다.

[그림 13-2]는 3단계로 구성한 파이프라인 구조이다. 외부에서 입력한 데이터를 조합회로에서 처리한 후 각 단계의 레지스터에 적재하여 다음 단계로 전달한다. 파이프라인의 각 단계에서 작업을 처리하는 시간이 같도록 파이프라인을 설계해야 한다. 파이프라인에서 데이터를 다음 단계로 전달하는 시간 간격은 시간을 가장 많이 소모하는 단계에 맞추어져야 한다. 파이프라인 단계를 세분화 할수록 조합회로 부분의 지연시간을 줄일 수 있어서 전체적인 성능을 더 높일 수 있다. 예를 들면, 파이프라인을 n단계로 만들면 최대 n배의 성능 향상을 기대할 수 있다. 그렇지만 다음과 같은 요인 때문에 실제로 파이프라인에 명령어를 연속적으로 공급하지 못한다.

- **분기 명령어 실행**: 조건 분기 명령어는 명령어를 디코드 한 후에 분기 주소를 결정하고 실행 단계에서 분기 여부를 결정한다. 그러므로 실행 단계의 결정에 따라 인출 단계에서 이미 인출한 명령어를 버리고 새로 파이프라인을 채우는 동작을 수행하는 경우가 발생할 수 있다.
- **자원 충돌**(resource conflict): 각 파이프라인 단계는 자신이 맡은 동작을 실행하기 위하여 처리장치의 레지스터, 연산기, 기억장치와 같은 구성 요소를 사용한다. 이러한 구성 요소를 자원(resource)이라고 한다. 만일 파이프라인 단계들이 같은 자원을 동시에 사용한다면, 파이프라인 처리는 지연되어야 한다. 예를 들어 폰 노이만 구조는 기억장치 모듈이 한 개이므로, 명령어 인출과 데이터 인출을 동시에 수행할 수 없다. 자원의 수를 늘리면 자원 충돌을 해결할 수 있다.
- **데이터 의존성**(data dependency): 여러 개의 명령어를 동시에 처리하고 있으므로, 명령어가 처리하는 오퍼랜드 값이 아직 결정되어 있지 않을 수도 있다. 예를 들면 다음

과 같은 두 개의 명령어가 연속해서 있다고 생각해 보자.

I1: R1 ← R2 + R3
I2: R4 ← R1 + R5

명령어 I1의 실행이 끝나 레지스터 R1에 값이 확정되어야만 명령어 I2를 실행할 수 있다. 명령어 I2가 명령어 I1의 실행 결과인 레지스터 R1을 사용하기 때문이다. 이런 현상을 "데이터 의존성이 존재한다"고 말한다.

[그림 13-3]은 RISC 형태인 ARM 프로세서의 5단계 파이프라인 구조를 간략하게 표현한 것이다. ARM 프로세서는 모든 명령어의 길이가 32비트 단어이고, 명령어 캐시(I-cache)와 데이터 캐시(D-cache)를 별도로 갖고 있어서, 명령어와 데이터를 동시에 인출할 수 있다. [그림 13-3]에 점선으로 구분된 부분이 한 개의 단계이다. ARM 프로세서 파이프라인은 다음과 같은 단계로 구성되어 있다.

- **명령어 인출(FI, Fetch Instruction)**: 명령어 캐시에서 한 개의 명령어를 인출한다.
- **명령어 디코드(DI, Decode Instruction)**: 명령어 디코더가 명령어를 해독하고, 레지스터 파일에서 명령어 처리에 필요한 오퍼랜드를 읽는다.
- **명령어 실행(EI, Execute Instruction)**: 한 개의 오퍼랜드를 시프트하면서 연산기에서 계산한다. 기억장치 적재 또는 저장 명령어는 이 단계에서 기억장치 주소를 계산한다.
- **버퍼/데이터(BD, Buffer/Data)**: 적재 또는 저장 명령어는 데이터 캐시를 액세스한다. 데이터 캐시를 사용하지 않는 데이터 처리 명령어는 연산 결과를 한 사이클 지연시킨다.
- **기록(WB, Write Back)**: 명령어 실행 결과를 레지스터에 기록한다.

ARM 프로세서는 단계마다 서로 다른 하드웨어 자원을 사용한다. [그림 13-3]을 보면 레지스터 파일에서 두 개의 읽기와 한 개의 쓰기를 동시에 실행할 수 있다. 그러므로 명령어를 실행할 때, 레지스터에서 자원 충돌은 발생하지 않는다.

[그림 13-4]는 ARM 프로세서가 명령어를 연속 실행할 때, 파이프라인 실행 모습이다. 처음에 파이프라인이 비어 있더라도, 구간 5부터 파이프라인이 모두 채워져 모든 단계가 동시에 동작한다. 파이프라인을 사용하지 않았다면 9개의 명령어를 처리하는데 45개의

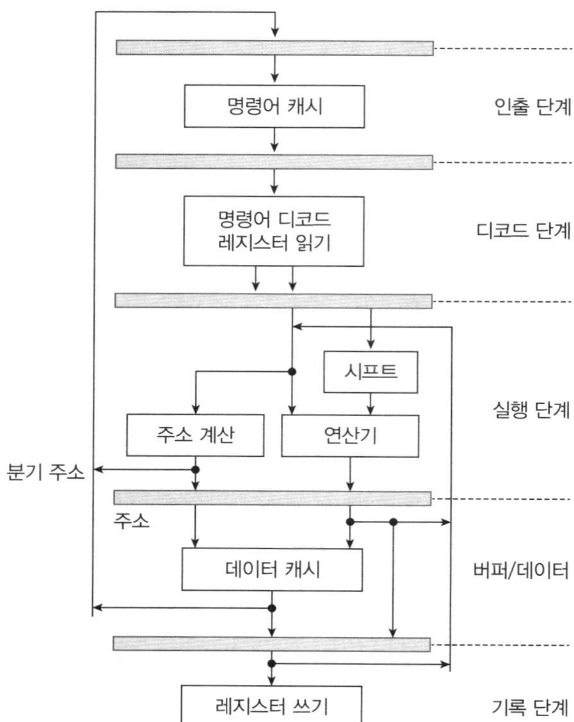

[그림 13-3] ARM 프로세서의 5단계 파이프라인

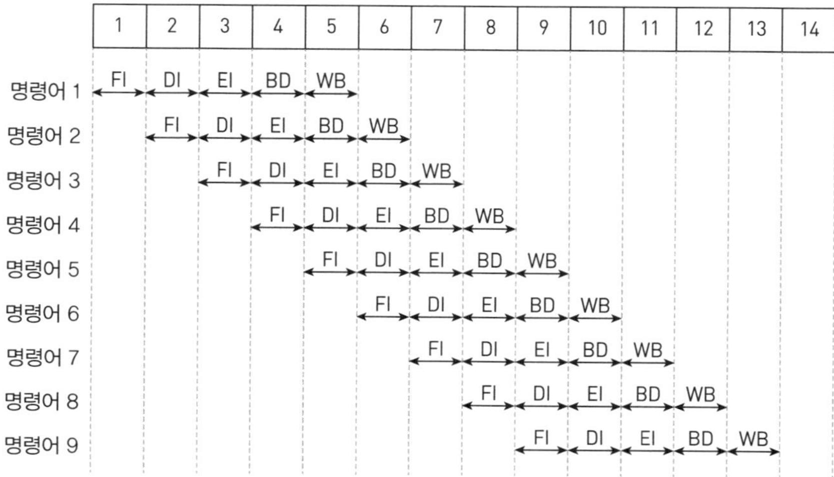

[그림 13-4] ARM 파이프라인의 명령어 연속 실행

구간이 필요하지만, 5단계 파이프라인에서는 13개의 구간이 필요하다. 만일 명령어들이 파이프라인으로 계속 공급된다면, 최대 5배의 성능 개선 효과를 달성할 수 있다. 이런 효과를 얻기 위하여 명령어들이 쉬지 않고 파이프라인 다섯 단계를 모두 지나가야 한다.

[그림 13−3] ARM 파이프라인은 뒤쪽에 있는 단계의 처리 결과를 앞쪽에 있는 처리 단계로 미리 전달하는 **우회 경로(forwarding path)**를 네 개 포함하고 있다. 왼쪽 우회 경로는 분기 목적지 주소를 인출 단계로 전달하고, 오른쪽 우회 경로는 오퍼랜드를 실행 단계로 전달한다. 만일 우회 경로가 없다면, 명령어를 실행하는 과정에 생성된 주소 또는 오퍼랜드를 레지스터에 기록한 후, 그 레지스터를 읽어 사용해야 한다. 우회 경로가 있음으로써, 주소 또는 오퍼랜드를 먼저 이전 파이프라인 단계에서 사용할 수 있다.

분기 명령어가 있을 때 파이프라인에서 명령어를 처리하는 과정을 살펴보자. [그림 13−5]는 명령어 3이 조건 분기 명령어일 때 파이프라인 실행 모습이다. 명령어 3이 끝나고 명령어 15로 분기한다고 가정한다. 우회 경로를 따라 실행 단계가 끝난 후 계산된 분기 목적지 주소를 인출 단계에서 사용할 수 있으므로, 목적지에 있는 명령어 15를 구간 6에서 인출할 수 있다. 미리 인출한 명령어 4와 명령어 5를 버리고 파이프라인을 다시 채워야 한다. 만일 우회 경로가 없다면 명령어 3의 처리가 끝난 구간 8에서 명령어 15를 인출할 수 있다. 우회 경로가 있음으로써 두 개의 구간에 해당하는 시간을 절약한 셈이다.

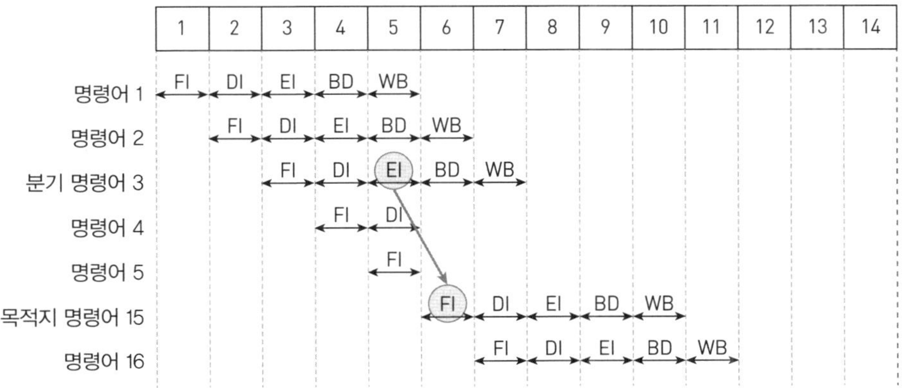

[그림 13-5] ARM 프로세서의 분기 명령어 처리

13.1.3 분기 예측

분기 명령어는 파이프라인의 연속 흐름을 방해하는 주요인이다. RISC 프로세서는 분기 명령어를 실행하기 전에 목적지 주소를 예측함으로써 분기 명령어로 인한 파이프라인 지연을 가능한 줄이는 방법을 채택하고 있다. 이 방법을 **분기 예측**(branch prediction)이라고 한다. 조건 분기 명령어에서 조건이 참으로 판정되어 분기 목적지로 이동하는 것을 taken이라 하고, 조건이 거짓으로 판정되어 다음 명령어를 실행하는 것을 not taken이라고 한다. 분기 예측 기법은 다음과 같이 동작한다.

- 분기 명령어에 대하여 taken과 not taken 중 하나를 예측하여 실행한다.
- 예측하여 실행하기 때문에, 실행 결과를 레지스터 또는 기억장치에 기록하지 않는다. 나중에 분기 예측이 틀렸을 때, 원래 상태로 복구하기가 매우 복잡해지기 때문이다.
- 분기 명령어의 목적지가 결정된 후, 예측이 올바르면 실행 결과를 갱신한다.
- 예측이 틀렸다면 그 동한 예측 실행한 결과를 버리고 프로그램 카운터를 올바른 위치로 복구하고 다시 실행한다.

분기를 예측하는 방법은 다음과 같은 방법이 있을 수 있다.

- **동작 코드에 의한 예측**(predict by opcode): 프로그램에 나타난 조건 분기 명령어의 형태에 따라 taken 또는 not taken으로 예측한다. 예를 들면, "branch if zero"와 같이 긍정 조건문은 taken으로 예측하고, "branch if not zero"와 같이 부정 조건문은 not taken으로 예측한다.
- **상태도에 의한 예측**(predict by taken/not taken switch): 분기 명령어를 실행할 때 taken인지 not taken인지 실행 결과를 기록해 두고, 그 분기 명령어를 다시 실행할 때 이전 기록에 따라 분기를 예측한다.

[그림 13-6]은 네 가지 상태를 사용하여 분기를 예측하는 상태도의 예이다. 두 번 연속해서 예측이 틀렸을 때 예측을 변경한다. 이 상태도는 다음과 같이 동작한다.

- 초기 상태는 00이고, 처음에는 항상 taken으로 예측한다.
- **안정 taken 상태**(00): taken으로 예측한다. 만일 분기 조건을 판정한 결과가 taken이면, 상태를 변경하지 않고 그대로 남아 있는다. 만일 분기 조건을 판정한 결과가 not taken이면, 다음 상태를 01로 변경한다.

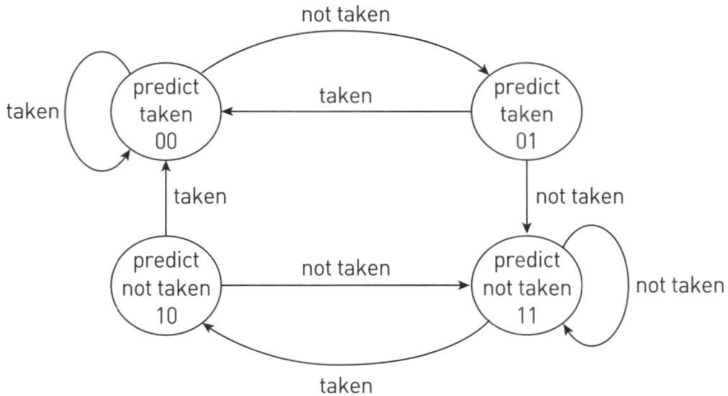

[그림 13-6] 분기 예측 상태도

- **불안정 taken 상태**(01): taken으로 예측한다. 만일 분기 조건을 판정한 결과가 taken 이면, 00 상태로 돌아간다. 만일 이번에도 분기 조건을 판정한 결과가 not taken이면, 다음 상태를 11로 변경한다.
- **안정 not taken 상태**(11): not taken으로 예측한다. 만일 분기 조건을 판정한 결과가 not taken이면, 상태를 변경하지 않고 그대로 남아 있는다. 만일 분기 조건을 판정한 결과가 taken이면, 다음 상태를 10으로 변경한다.
- **불안정 not taken 상태**(10): not taken으로 예측한다. 만일 분기 조건을 판정한 결과가 not taken이면, 11 상태로 돌아간다. 만일 이번에도 분기 조건을 판정한 결과가 taken이면, 다음 상태를 00으로 변경한다.

상태도에 의한 예측 기법은 프로그램에 포함되어 있는 반복문을 처리하는데 효과적이며, [그림 13-6] 상태도를 사용하는 경우 예측 정확도를 75% 이상 유지하는 것으로 알려져 있다. 이 방법을 사용하려면 프로그램에 포함되어 있는 분기 명령어에 대하여 예측 결과가 옳았는지 아니면 틀렸는지에 대한 기록(history)을 저장해 두는 자료 구조가 필요하다. 이것을 **분기 목적지 버퍼**(**BTB, Branch Target Buffer**) 또는 **분기 기록 테이블**(**BHT, Branch History Table**)이라고 한다. 분기 목적지 버퍼는 [그림 13-7]과 같이 세 개의 필드로 구성되어 있다.

분기 명령어 주소	목적지 주소	상태

[그림 13-7] 분기 목적지 버퍼(BTB)의 구조

- **분기 명령어 주소 필드**: 분기 명령어가 적재되어 있는 기억장치 주소를 저장한다.
- **분기 목적지 주소 필드**: 분기 명령어를 taken으로 판정할 때 프로그램 카운터에 적재할 분기 목적지 주소를 저장한다.
- **상태 필드**: 분기 명령어를 실행할 때 taken으로 판정할지 아니면 not taken으로 판정할지 결정하기 위한 분기 예측 상태도의 상태 코드를 저장한다.

가상 기억장치의 페이지 기법에서 사용하는 변환 우선 참조 버퍼(TLB)와 마찬가지로 분기 목적지 버퍼도 연관 액세스가 가능한 특수 기억장치이다. 분기 목적지 버퍼는 중앙처리장치 안에 있고, 용량이 한정되어 있다. 분기 목적지 버퍼의 용량이 클수록 더 많은 분기 명령어에 대한 기록을 저장할 수 있다. 그렇지만 용량에 한계가 있으므로, 새로운 분기 명령어를 수행할 때 기존에 분기 목적지 버퍼에 저장되어 있는 것 중 하나와 교체할 필요가 있다.

13.1 축소명령어집합 컴퓨터 요약

컴퓨터 구조는 단어 폭이 증가하고, 복잡한 명령어를 추가하였으나, 프로세서 구조가 복잡해짐에 따라 제어장치가 복잡해지고, 어느 한계에 이르러 더 이상 성능 개선이 어려워졌다. 이런 상황에서 축소 명령어 집합 컴퓨터(RISC)가 제안되었다. RISC는 단순한 명령어 형식, 단순한 주소지정방식, 하드와이어드 제어, 명령어 파이프라인 활용의 특징을 갖는다. 명령어 파이프라인은 명령어 사이클의 단계를 중복 실행함으로써 처리 속도를 개선한다. 그렇지만 분기 명령어는 파이프라인 연속 처리를 방해한다. 이 문제를 해결하기 위하여 분기 예측 기법을 도입하였다.

13.2 슈퍼스칼라 프로세서

컴퓨터 구조에서 벡터(vector)란 배열(array)에 저장되어 있는 데이터를 의미한다. 벡터와 상대적으로 한 개의 변수에 저장되어 있는 데이터를 스칼라 데이터(scalar data)라고 하고, 스칼라 데이터를 처리하는 명령어를 스칼라 명령어(scalar instruction)라고 한다. 컴퓨터 구조 연구자들은 컴퓨터가 프로그램을 실행하는 특성을 분석하면서 배열이나 상수 데이터를 처리하는 명령어보다 스칼라 데이터를 처리하는 명령어의 실행 빈도가 높다는 것을 발견하였다. 이 연구 결과를 바탕으로 스칼라 명령어 중에서 함께 실행할 수 있는 명령어들을 찾아내어 동시에 실행시키는 **슈퍼스칼라 프로세서**(superscalar processor)를 개발하게 되었다. 이 절에서는 슈퍼스칼라 프로세서 구조와 명령어 실행 방법을 설명한다.

- 13.2.1 **슈퍼스칼라 프로세서 구조**: 명령어 스케줄러 기능을 소개한다.
- 13.2.2 **데이터 의존성**: 스칼라 명령어들을 동시에 실행하지 못하는 원인을 알아본다.
- 13.2.3 **스케줄링 정책**: 스칼라 명령어들을 동시에 실행하는 방법을 설명한다.

13.2.1 슈퍼스칼라 프로세서 구조

여러 개의 스칼라 명령어를 동시에 실행하려면 동시에 실행할 수 있는 명령어들을 추출할 수 있어야 하고 또한 명령어들을 동시에 실행할 수 있도록 하드웨어 자원이 여러 개 있어야 한다. [그림 13-8]은 이 두 가지 목적을 이루기 위한 슈퍼스칼라 프로세서 구조이다.

- **명령어 인출 장치**(instruction fetch unit): 명령어 캐시에서 여러 개의 명령어를 동시에 인출하여 명령어 스케줄러(instruction scheduler)로 보낸다.
- **명령어 스케줄러**(instruction scheduler): 인출된 명령어들을 대상으로 동시에 실행할 수 있는 명령어를 선택하여 처리장치로 보낸다. 이때 대상 명령어들을 저장하는 버퍼를 명령어 윈도우(instruction window)라고 한다. 그리고 실행할 수 있는 명령어를 처리장치로 보내는 것을 명령어 발송(instruction issue)이라고 한다.
- **처리장치**(processing unit 또는 functional unit): 슈퍼스칼라 프로세서는 여러 개의 처리장치를 포함하고 있으며, 처리장치마다 다른 명령어를 동시에 실행할 수 있다.
- **레지스터 파일**(register file): 각 처리장치와 데이터를 주고받을 수 있는 여러 개의 경로를 갖고 있어야 한다.

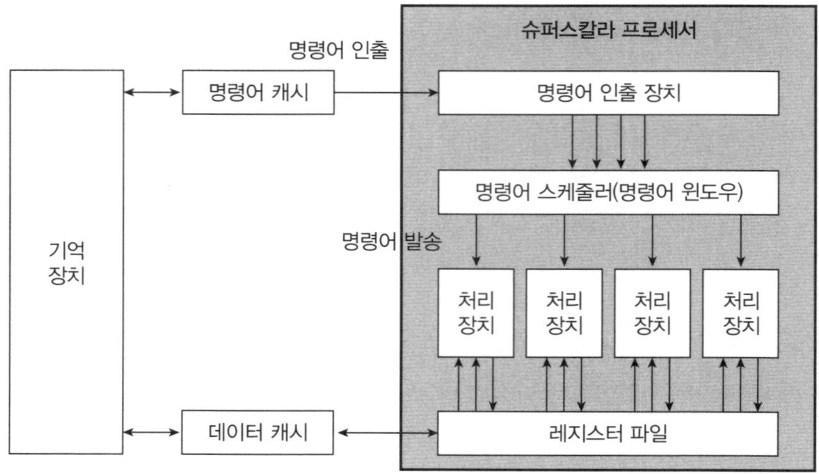

[그림 13-8] 슈퍼스칼라 프로세서 구조

한 개의 처리장치는 한 개의 명령어에 대한 실행 단계를 처리한다. 처리장치 기능을 정수 산술과 논리 연산을 담당하는 정수연산장치(integer unit), 실수 계산을 담당하는 실수연산장치(floating-point unit), 조건 분기와 무조건 분기 명령어를 담당하는 분기장치(branch unit), 그리고 기억장치 액세스를 담당하는 적재저장장치(load store unit)로 나눌 수 있다. 한 개의 처리장치가 네 가지 기능 모두를 포함하도록 만들 수도 있고, 이것들 중 한 가지 기능만 수행하도록 만들 수도 있다. 슈퍼스칼라 프로세서가 하드웨어로 한 번에 처리할 수 있는 명령어의 최대 수를 **기계 병렬도(degree of machine parallelism)**라고 한다. 일반적으로 기계 병렬도는 처리장치 수와 같다.

슈퍼스칼라 프로세서의 스케줄러는 명령어 윈도우에 있는 명령어들 중에서 동시에 실행할 수 있는 명령어를 동적으로 찾는다. 동적이란 명령어를 실행하는 중에 명령어 사이클의 한 단계로 실행한다는 것이다. 이와 상대적으로 컴파일러가 프로그램을 기계어로 번역하면서 동시에 실행할 수 있는 명령어들을 찾아 이것들을 한 개의 긴 명령어를 만들고, 프로세서는 컴파일러가 만들어 놓은 긴 명령어를 실행하는 것도 있다. 이것을 **VLIW(Very Long Instruction Word) 프로세서**라고 한다. 컴파일러가 동시에 실행할 수 있는 명령어들을 하나의 긴 명령어로 만들어 놓기 때문에 VLIW는 내부에 스케줄러가 없다. 다시 말하면 VLIW는 슈퍼스칼라의 스케줄러 기능을 컴파일러에게 맡긴 것이다.

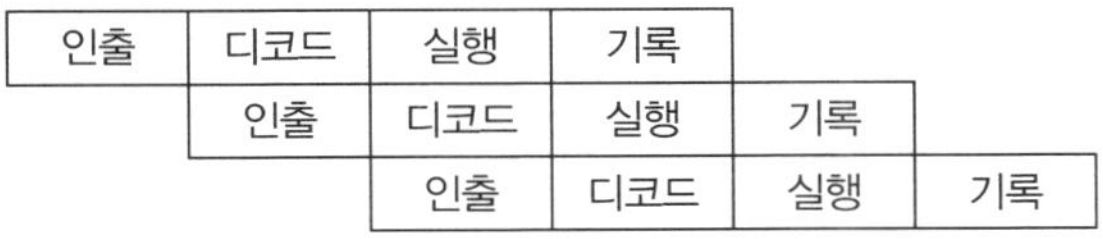

인출	디코드	실행	기록		
	인출	디코드	실행	기록	
		인출	디코드	실행	기록

(a) RISC 파이프라인

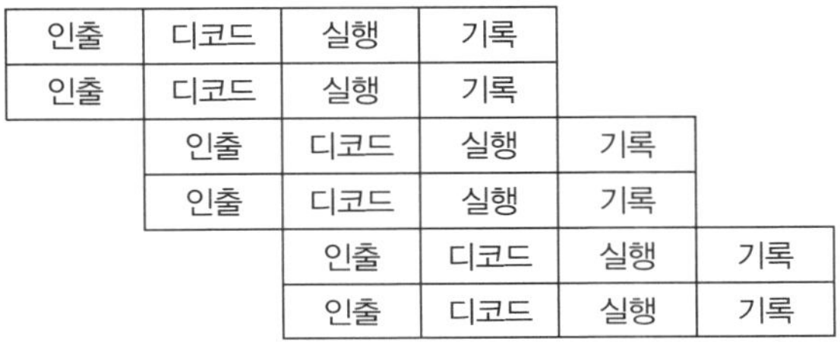

인출	디코드	실행	기록		
인출	디코드	실행	기록		
	인출	디코드	실행	기록	
	인출	디코드	실행	기록	
		인출	디코드	실행	기록
		인출	디코드	실행	기록

(b) 슈퍼스칼라 파이프라인

인출	디코드	실행	기록		
		실행			
	인출	디코드	실행	기록	
			실행		
		인출	디코드	실행	기록
				실행	

(c) VLIW 파이프라인

[그림 13-9] 명령어 파이프라인 비교

[그림 13-9]는 네 단계의 명령어 사이클을 갖는다고 가정하고 일반 RISC 프로세서, 슈퍼스칼라, VLIW 파이프라인을 비교한 것이다. 슈퍼스칼라와 VLIW는 두 개의 처리장치를 갖고 있다고 가정한다. RISC 파이프라인은 한 번에 한 개의 명령어를 처리한다. 이상적인 경우에 슈퍼스칼라 파이프라인은 매 단계마다 두 개의 명령어를 처리한다. 두 개의 명령어가 한 개의 긴 명령어로 만들어져 있는 VLIW는 실행 단계에서 세부 명령어를 나누어 실행한다.

13.2.2 데이터 의존성

슈퍼스칼라 프로세서는 디코드가 끝난 명령어들 중에서 함께 실행할 수 있는 명령어들을 동시에 실행하도록 스케줄 한다. 그러므로 뒤에 있는 명령어가 앞에 있는 명령어보다 먼저 실행을 시작할 수 있고, 뒤에 있는 명령어가 앞에 있는 명령어보다 먼저 종료할 수도 있다. RISC 파이프라인에서는 앞에 있는 명령어가 생성하는 오퍼랜드를 뒤에 있는 명령어가 사용하는가 하는 관점에서 데이터 의존성을 분석하였다. 그렇지만 슈퍼스칼라 프로세서에서는 뒤에 있는 명령어를 먼저 실행시킬 수 있는가, 뒤에 있는 명령어가 먼저 종료되더라도 프로그램이 올바로 실행되는데 문제가 발생하지 않는가 하는 관점에서 데이터 의존성을 살펴보아야 한다. 슈퍼스칼라 프로세서에서 발생할 수 있는 데이터 의존성의 종류는 다음과 같이 세 가지가 있다.

- **데이터 의존성(true data dependency, write-read dependency)**: 앞에 있는 명령어가 어떤 오퍼랜드 값을 결정하고 뒤에 있는 명령어가 그 오퍼랜드를 사용한다. 즉, 같은 오퍼랜드에 대하여 먼저 쓰기(write) 동작을 하고 나중에 읽기(read) 동작이 발생한다.
- **출력 의존성(output dependency, write-write dependency)**: 앞에 있는 명령어가 어떤 오퍼랜드 값을 결정하고 뒤에 있는 명령어가 다시 또 그 오퍼랜드에 다른 값을 기록한다. 즉, 같은 오퍼랜드에 대하여 먼저 쓰기를 하고 나중에 다시 또 쓰기를 한다.
- **반의존성(anti-dependency, read-write dependency)**: 앞에 있는 명령어가 어떤 오퍼랜드를 사용하는데, 뒤에 있는 명령어가 그 오퍼랜드 값을 기록한다. 즉, 같은 오퍼랜드에 대하여 먼저 읽기를 하고 나중에 쓰기 동작을 한다.

넓은 의미에서 데이터 의존성이란 용어는 위 세 가지 의존성을 모두 포함하며, 좁은 의미로 사용할 때는 첫 번째 의존성만 지칭한다. 좁은 의미의 데이터 의존성을 없앨 수 없지만, **레지스터 재명명(register renaming)**이란 기법을 사용하면 출력 의존성과 반의존성을 없앨 수 있기 때문이다. 예를 들어 가면서 한 가지씩 살펴보자.

좁은 의미의 **데이터 의존성**은 쓰기 후에 읽기를 할 때 발생한다. 다음 명령어들을 생각해 보자.

```
I1:    ADD    R1, R2, R3      // R1 ← R2 + R3
I2:    SUB    R4, R1, R3      // R4 ← R1 − R3
```

이 예제에서 명령어 I1이 레지스터 R1에 데이터를 기록(write)하고 나서 명령어 I2가 레지스터 R1을 읽는다(read). 명령어 I1과 I2를 동시에 인출하고 동시에 디코드 할 수 있으나, 둘 다 동시에 실행하거나 명령어 I2를 먼저 실행할 수 없다. 슈퍼스칼라 프로세서 스케줄러는 명령어 I1을 먼저 실행하여 레지스터 R1에 적재될 값을 결정한 다음에 명령어 I2를 실행하도록 스케줄 해야 한다.

출력 의존성은 한 개의 레지스터에 대하여 연속해서 쓰기 동작을 할 때 발생한다. 예를 들어 다음 명령어들을 분석해 보자.

```
I1:    LD     R1, A          // R1 ← Mem(A)
I2:    ADD    R3, R1, R2     // R3 ← R1 + R2
I3:    SUB    R1, R2, R4     // R1 ← R2 − R4
```

명령어 I1과 I2는 레지스터 R1에 대하여 데이터 의존성이 있기 때문에 동시에 스케줄 할 수 없다. 명령어 I1과 I3은 둘 다 레지스터 R1을 목적지 레지스터로 사용한다. 이 경우를 "명령어 I3은 명령어 I1에 대하여 출력 의존성이 있다"고 말한다. 다음과 같이 분석할 수 있다.

- 명령어 I2는 데이터 의존성 때문에 반드시 명령어 I1 다음에 실행되어야 한다.
- 명령어 I1과 I3은 직접 데이터 의존성이 없으므로, 동시에 실행을 시작할 수 있다.
- 다만, 명령어 I1의 실행이 끝나고 명령어 I2가 레지스터 R1의 값을 읽은 다음에 명령어 I3이 R1에 값을 기록해야 한다.
- 만일 명령어 I3이 명령어 I1보다 먼저 실행을 마치면, 명령어 I2가 읽는 레지스터 R1의 값이 틀린 값이기 때문이다.

그렇지만 다음과 같이 명령어 I1이 기록하는 레지스터 R1과 명령어 I3이 기록하는 레지스터 R1을 분리한다면, 명령어 I1과 I3을 동시에 스케줄 할 수 있다.

```
I1:    LD     R1a, A          // R1a ← Mem(A)
I2:    ADD    R3, R1a, R2     // R3 ← R1a + R2
I3:    SUB    R1b, R2, R4     // R1b ← R2 − R4
```

이 코드에서 레지스터 R1a와 R1b는 서로 다른 레지스터이다. 이와 같이 프로그램을 실행하는 도중에 목적지 레지스터를 변경하는 기법을 **레지스터 재명명**(register renaming)이라고 한다. 레지스터 재명명을 할 수 있다면 출력 의존성을 제거할 수 있다.

반의존성은 데이터 의존성과 읽기 쓰기가 반대로 배치되었을 때 발생한다. 즉, 같은 레지스터에 대하여 먼저 읽기를 하고 나중에 쓰기를 한다. 반의존성의 예는 다음과 같다.

```
I1:    ADD    R1, R2, R3    // R1 ← R2 + R3
I2:    SUB    R2, R0, R3    // R2 ← R0 − R3
```

명령어 I1은 레지스터 R2를 읽고, 명령어 I2는 레지스터 R2에 값을 쓴다. 만일 명령어 I1을 실행하기 전에 명령어 I2가 먼저 실행을 종료한다면, 명령어 I1이 읽는 레지스터 R2 값은 틀린 값이다. 그러므로 명령어 I2는 명령어 I1이 레지스터 R2를 읽은 다음에 실행할 수 있다. 슈퍼스칼라 프로세서는 반의존성이 있는 명령어에 대하여 의존하는 명령어를 먼저 종료하지 않도록 스케줄 해야 한다. 그렇지만 다음과 같이 레지스터 재명명 기법을 사용하면 반의존성도 제거할 수 있다. 즉, 명령어 I1과 I2가 사용하는 R2를 분리하는 것이다.

```
I1:    ADD    R1, R2a, R3    // R1 ← R2a + R3
I2:    SUB    R2b, R0, R3    // R2b ← R0 − R3
```

슈퍼스칼라 프로세서에서 레지스터 재명명 기법은 동시에 실행할 수 있는 명령어 수를 늘리는데 기여한다. 일반적으로 프로그램 자체의 명령어 수준 병렬도는 2~3 정도이나, 레지스터 재명명 기법을 도입함으로써 명령어 수준 병렬도를 3~4 정도까지 증가시킬 수 있다.

13.2.3 스케줄링 정책

슈퍼스칼라 프로세서는 여러 개의 명령어를 인출하여 함께 실행할 수 있는 명령어들을 찾아 동시에 실행한다. 슈퍼스칼라 스케줄링은 명령어를 실행 단계로 전달하는 **발송 정책**(issue policy)과 실행 단계에서 구한 결과를 목적지에 기록함으로써 명령어 자체의 실행을 끝내는 **종료 정책**(completion policy)으로 나누어 생각할 수 있다.

발송 정책은 명령어에 나타난 순서대로 발송하는 방법과 순서와 다르게 발송하는 방법이 있을 수 있다.

- **순서대로 발송하는 방법**(in-order issue): 뒤에 있는 명령어는 앞에 있는 명령어보다 항상 나중에 발송해야 한다. 동시에 발송할 수는 있다.
- **순서와 다르게 발송하는 방법**(out-of-order issue): 데이터 의존성이 없을 때, 뒤에 있는 명령어를 앞에 있는 명령어보다 먼저 발송할 수 있다.

슈퍼스칼라 프로세서는 동시에 실행할 수 있는 명령어가 많아지도록 '순서와 다르게 발송하는 방법'을 채택하고 있다. 출력 의존성과 반의존성을 없애기 위해 레지스터 재명명 기법을 적용한다.

종료 정책도 명령어에 나타난 순서대로 종료하는 방법과 순서와 다르게 종료하는 방법이 있을 수 있다.

- **순서대로 종료하는 방법**(in-order completion): 뒤에 있는 명령어는 앞에 있는 명령어보다 항상 나중에 또는 같이 종료되어야 한다.
- **순서와 다르게 종료하는 방법**(out-of-order completion): 뒤에 있는 명령어는 앞에 있는 명령어보다 먼저 종료될 수 있다.

슈퍼스칼라 프로세서는 순서와 다르게 발송하는 발송 정책을 채택하고 있으므로, 당연히 뒤에 있는 명령어가 먼저 실행을 마칠 수 있다. 뒤에 있는 명령어를 먼저 종료하려면, 반의존성도 문제가 되지만 분기 명령어에 때문에 생기는 프로시저 의존성도 문제가 될 수 있다. 슈퍼스칼라 프로세서가 분기 명령어 다음에 있는 명령어들을 예측 실행함으로써 이 명령어들이 먼저 종료할 수 있기 때문이다. 분기 명령어를 실행하면서 예측 경로가 올바른 때는 문제가 없다. 그렇지만 예측이 잘못된 때는 실행하지 않아야 할 명령어를 이미 실행하고 그 결과를 기록까지 하기 때문에 심각한 문제가 발생한다. 잘못 기록한 레지스터 값을 실행하기 이전으로 복구해야만 하는데, 이 과정이 매우 어렵다. 따라서 슈퍼스칼라 프로세서는 '순서대로 종료하는 방법'을 채택하고 있다.

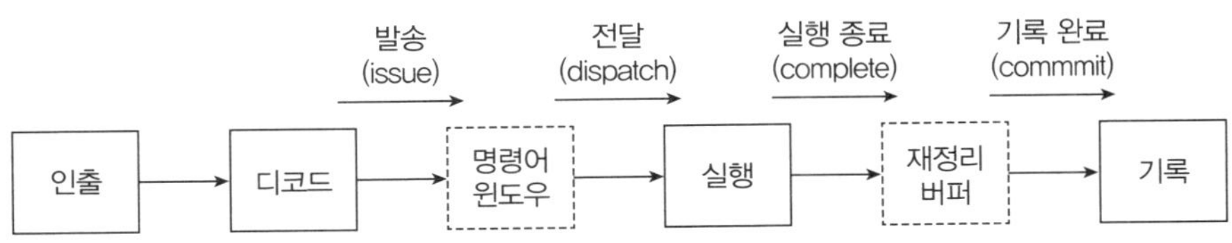

[그림 13-10] 슈퍼스칼라 파이프라인과 버퍼

지금까지 분석 결과를 정리하면, 슈퍼스칼라 프로세서는 '**순서와 다르게 발송하고 순서대로 종료**(out-of-order issue with in-order completion)'하는 정책을 사용한다. 이 정책을 구현하기 위하여 슈퍼스칼라 프로세서는 [그림 13–10]과 같이 두 가지 버퍼를 사용한다.

- **명령어 윈도우**(instruction window): 디코드 한 명령어들을 저장한다. 스케줄러는 함께 실행할 수 있는 명령어들을 순서와 상관없이 선택하여 실행 단계로 보낸다. 명령어를 명령어 윈도우에 저장하는 과정이 **발송**(issue)이고, 실행할 명령어를 실행 단계로 보내는 과정이 **전달**(dispatch)이다.
- **재정리 버퍼**(reorder buffer): 명령어를 순서와 다르게 전달하므로 뒤에 있는 명령어가 먼저 실행 단계를 마칠 수 있다. 실행이 끝난 명령어는 재정리 버퍼로 들어가고 스케줄러는 이 안에 있는 실행 결과를 순서에 맞게 목적지로 기록한다. 처음 동작이 **실행 종료**(complete)이고, 나중 동작이 **기록 완료**(commit)이다.

슈퍼스칼라 프로세서는 여러 개의 스칼라 명령어를 동시에 실행하고 동시에 종료하는 기능을 갖고 있다. 슈퍼스칼라 프로세서는 분기 예측과 레지스터 재명명 기법을 함께 사용해야 성능 개선 효과를 볼 수 있다. 최근에는 RISC 프로세서뿐만 아니라 CISC 프로세서도 슈퍼스칼라 기능을 채택하고 있다.

13.2 슈퍼스칼라 프로세서 요약

슈퍼스칼라 프로세서는 스칼라 명령어 중에서 함께 실행할 수 있는 명령어들을 동시에 실행하는 프로세서이다. 명령어 처리부를 여러 개의 처리장치로 분리하고, 명령어 스케줄러가 디코드 한 명령어 중에서 동시에 실행할 수 있는 명령어들을 찾아 처리장치로 발송한다. 데이터 의존성이 있는 명령어들을 동시에 실행할 수 없다. 레지스터 재명명 기법을 사용함으로써 출력 의존성과 반의존성을 제거할 수 있다. 슈퍼스칼라 프로세서는 명령어 수준 병렬도를 최대로 활용하기 위하여 순서와 다르게 발송하는 정책을 채택하고, 분기 명령어를 예측 실행함으로써 생길 수 있는 문제를 고려하여 순서대로 종료하는 정책을 채택한다.

13.3 병렬처리 컴퓨터

병렬처리 컴퓨터는 한 개 이상의 명령어 또는 한 개 이상의 데이터를 동시에 처리하는 컴퓨터이다. 슈퍼스칼라 프로세서는 한 개의 프로세서가 한 개의 프로그램을 구성하는 여러 개의 명령어를 동시에 실행하지만, 병렬처리 컴퓨터는 여러 개의 프로세서가 한 개 또는 여러 개의 프로그램에 속한 명령어들을 동시에 처리한다. 사실 병렬처리 컴퓨터는 컴퓨터 발전 과정과 함께 개발되고 사용되었다. 초기에는 신호처리 프로그램과 같이 계산량이 많은 프로그램을 고속으로 처리하기 위하여 특수한 병렬처리 컴퓨터를 개발하여 사용하였다. 요즘은 프로세서가 한 번에 처리하는 데이터 비트 수가 증가함에 따라 크기가 작은 데이터 여러 개를 한 개의 명령어로 처리하고, 그래픽 처리와 같이 많은 데이터에 대하여 같은 연산을 병렬로 처리하고, 한 개의 칩 안에 여러 개의 프로세서를 탑재한 멀티프로세서를 사용하고 있다. 이 절은 다음과 같이 구성되어 있다.

- 13.3.1 **컴퓨터 분류**: 병렬성 관점에서 컴퓨터 구조를 분류한다.
- 13.3.2 **SIMD형 컴퓨터**: 하나의 명령어로 여러 개의 데이터를 처리하는 프로세서를 소개한다.
- 13.3.3 **MIMD형 컴퓨터**: 멀티 프로세서 시스템을 소개한다.
- 13.3.4 **병렬처리 한계**: 병렬처리를 도입함으로써 얻을 수 있는 성능 개선의 한계를 분석한 두 가지 이론을 제시한다.

13.3.1 컴퓨터 분류

1966년 **플린**(Flynn)은 컴퓨터가 처리하는 **명령어 스트림**(instruction stream)과 **데이터 스트림**(data stream)의 수에 따라 컴퓨터를 분류하였다. 명령어 스트림은 컴퓨터가 실행하는 프로세스(process)와 같다. 프로세스는 프로그램이 컴퓨터에 적재되어 실행되고 있는 상태이다. 제어장치(CU, control unit)는 명령어 흐름을 관리하므로, 컴퓨터가 처리하는 명령어 스트림 수는 한 개의 컴퓨터 안에 있는 제어장치 수와 같다. 제어장치가 여러 개이면 프로세스 여러 개를 동시에 처리할 수 있다. 데이터 스트림은 컴퓨터가 한 번에 처리하는 데이터 수를 말한다. 컴퓨터는 실행 단계에서 데이터를 처리하므로, 데이터 스트림 수는 처리장치(PE, processing element) 수와 같다. 처리장치가 여러 개이면 데이터 여러 개를 동시에 처리할 수 있다.

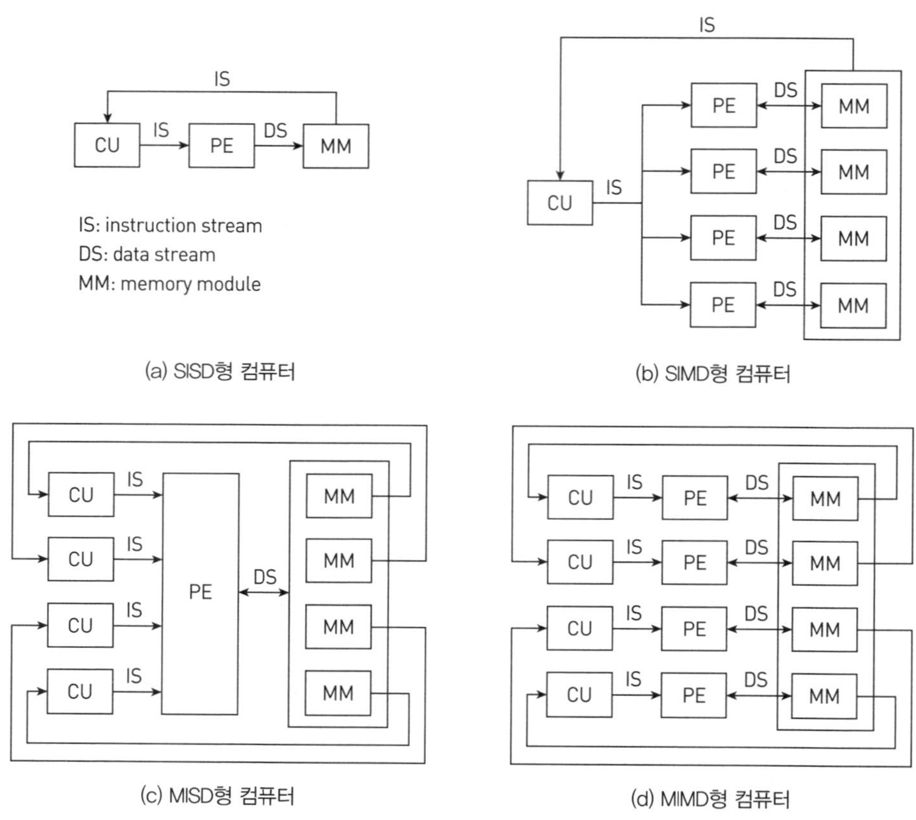

[그림 13-11] 플린의 컴퓨터 분류

플린은 이와 같은 기준에 따라 컴퓨터를 다음과 같이 네 가지로 분류하였다.

- SISD(Single Instruction stream, Single Data stream)
- SIMD(Single Instruction stream, Multiple Data stream)
- MISD(Multiple Instruction stream, Single Data stream)
- MIMD(Multiple Instruction stream, Multiple Data stream)

SISD형 컴퓨터는 [그림 13-11(a)]와 같이 한 개의 제어장치(CU)가 한 개의 명령어 흐름(IS)을 처리하고 한 개의 처리장치(PE)가 한 개의 데이터 흐름(DS)을 처리한다. SISD형 컴퓨터는 병렬처리 컴퓨터가 아니고 한 번에 한 개의 데이터를 처리하는 단일 프로세서

(uniprocessor) 시스템이다.

SIMD형 컴퓨터는 [그림 13−11(b)]와 같이 한 개의 제어장치(CU)가 한 개의 명령어를 여러 개의 처리장치로 전달하고 각 처리장치는 자신만의 데이터를 처리한다. 처리장치는 기억장치 모듈에서 데이터 스트림을 공급받는다. 제어장치가 한 개이기 때문에 처리장치들은 서로 다른 데이터에 대하여 같은 명령어를 실행한다. 예를 들어, 제어장치가 덧셈 명령어를 전달하면, 각 처리장치는 서로 다른 데이터에 대하여 덧셈을 한다. SIMD형 병렬처리 컴퓨터는 배열 프로세서(array processor)와 벡터 프로세서(vector processor)가 있다.

MISD형 컴퓨터는 [그림 13−11(c)]와 같이 여러 개의 제어장치가 서로 다른 명령어를 처리장치로 전달하고 처리장치는 한 개의 데이터를 처리한다. 여러 개의 명령어들이 한 개의 데이터를 처리한다는 것인데, 이러한 컴퓨터는 있을 수 없다. MISD는 컴퓨터를 명령어 스트림과 데이터 스트림의 수로 분류하는 과정에서 합성된 용어이고, 실제로 이런 컴퓨터가 개발된 사례도 없다.

MIMD형 컴퓨터는 [그림 13−11(d)]와 같이 컴퓨터가 여러 개의 명령어가 여러 개의 데이터를 처리한다. MIMD형 컴퓨터는 한 개의 컴퓨터 안에 여러 개의 프로세서가 들어 있고 각 프로세서는 서로 다른 명령어를 처리하는 멀티 프로세서(multi−processor) 시스템이다.

플린의 컴퓨터 분류에서 SIMD형과 MIMD형 컴퓨터가 병렬처리 컴퓨터에 해당한다. SIMD형 컴퓨터는 한 개의 명령어가 서로 다른 여러 개의 데이터를 동시에 처리하고, MIMD형 컴퓨터는 여러 개의 프로세서가 각각 다른 프로세스를 처리한다. 현대의 용어로 데이터 스트림에 의한 병렬처리 가능성을 데이터 레벨 병렬도(data−level parallelism)라고 하고, 명령어 스트림에 의한 병렬처리 가능성을 쓰레드 레벨 병렬도(thread−level parallelism)라고 한다. 쓰레드는 운영체제가 스케줄 하는 명령어 흐름의 단위를 나타내는 용어이다.

13.3.2 SIMD형 프로세서

SIMD형 프로세서는 **배열 프로세서**(array processor)와 **벡터 프로세서**(vector processor)가 있다.

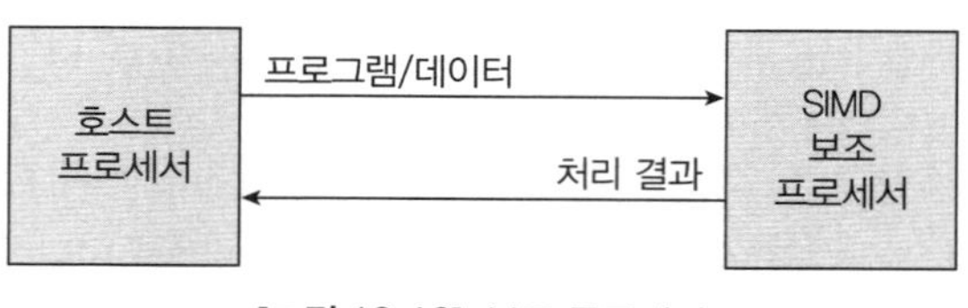

[그림 13-12] 보조 프로세서

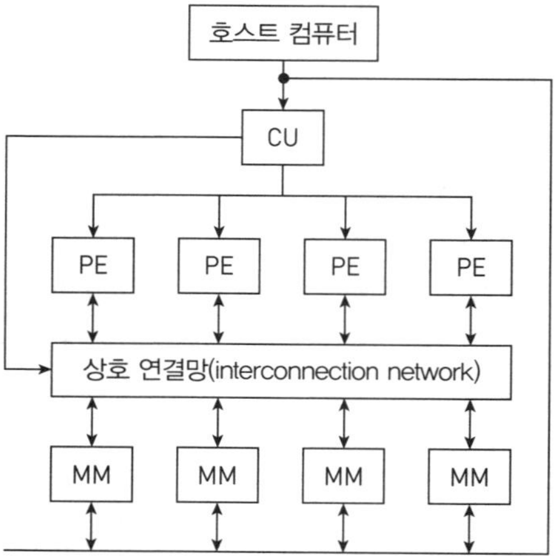

[그림 13-13] 배열 프로세서의 구조

배열 프로세서는 [그림 13−12]와 같이 주로 대규모 계산을 담당하는 보조 프로세서(back−end processor)로 사용되고 있다. 호스트 프로세서(host processor)는 범용 컴퓨터에 탑재된 프로세서이고, 계산량이 많은 프로그램과 데이터를 SIMD형 프로세서로 전달하여 빠르게 계산하고 그 결과를 받는다.

[그림 13−13]은 전통적인 배열 프로세서의 구조이다. 배열 프로세서의 제어장치(CU)와 기억장치 모듈(MM)이 호스트 컴퓨터와 연결되어 있다. 배열 프로세서의 제어장치는 처리장치(PE)에게 같은 계산을 실행하도록 지시한다. 처리장치는 기억장치 모듈에서 자신이 처리할 데이터를 인출하여 같은 계산을 수행한다. 처리장치 수는 1,024개 이상으로 상당히 많다. 처리장치는 상호연결망(interconnection network)을 통하여 데이터를 주고받을 수 있다.

배열 프로세서는 범용 프로세서의 성능이 좋지 않았던 시절에 영상처리와 같이 많은 양

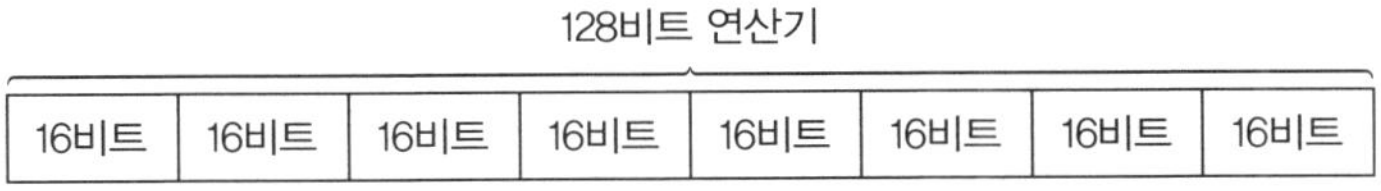

128비트 연산기							
16비트	16비트	16비트	16비트	16비트	16비트	16비트	16비트

[그림 13-14] 연산기 분리

〈표 13-1〉 256비트 SIMD 멀티미디어 명령어 활용

명령어 종류	오퍼랜드
Unsigned add/subtract	8비트 32개, 16비트 16개, 32비트 8개, 혹은 64비트 4개
Maximum/minimum	8비트 32개, 16비트 16개, 32비트 8개, 혹은 64비트 4개
Average	8비트 32개, 16비트 16개, 32비트 8개, 혹은 64비트 4개
Shift right/left	8비트 32개, 16비트 16개, 32비트 8개, 혹은 64비트 4개
Floating point	16비트 16개, 32비트 8개, 64비트 4개, 혹은 128비트 2개

의 데이터에 대하여 같은 연산을 동시에 수행하기 위하여 사용되었다. 프로세서 처리 능력이 상당히 증가함에 따라 현재 배열 프로세서는 범용 프로세서에 SIMD형 명령어를 수용하는 형태와 그래픽 프로세서(graphic processor) 형태로 진화하였다.

최근에 개발되는 범용 프로세서의 연산기는 데이터 처리 비트 수가 32비트를 넘어 64, 128비트는 물론 한 번에 256비트를 연산할 수 있는 규모로 발전하고 있다. 프로세서의 데이터 처리 능력에 비하여 멀티미디어 데이터는 훨씬 비트 수가 적다. 일반적으로 영상 데이터는 8비트이고, 음성 데이터는 16비트이다. 따라서 연산기의 처리 비트를 나누어 크기가 작은 데이터를 여러 개 처리하도록 운영할 수 있다. [그림 13-14]는 128비트 연산기를 8개의 16비트 연산기로 나누어 사용하는 예이다. 이와 같이 운영하도록 만든 명령어를 **SIMD 멀티미디어 명령어 확장**(SIMD multimedia instruction extension)이라고 한다. 〈표 13-1〉은 256비트 연산기를 데이터 크기에 따라 나누어 사용할 수 있는 SIMD 명령어의 예를 제시한 것이다. SIMD 멀티미디어 명령어 확장은 기존의 프로세서에 별도로 SIMD형 처리장치를 추가하지 않고 멀티미디어 데이터를 병렬로 처리할 수 있다는 장점이 있다.

2000년대 이후 널리 사용하는 **그래픽 프로세서**(GPU, Graphic Processing Unit)는 원래 컴퓨터 모니터를 제어하는 그래픽 가속기(graphic accelerator)로 시작하였다. 특히 게

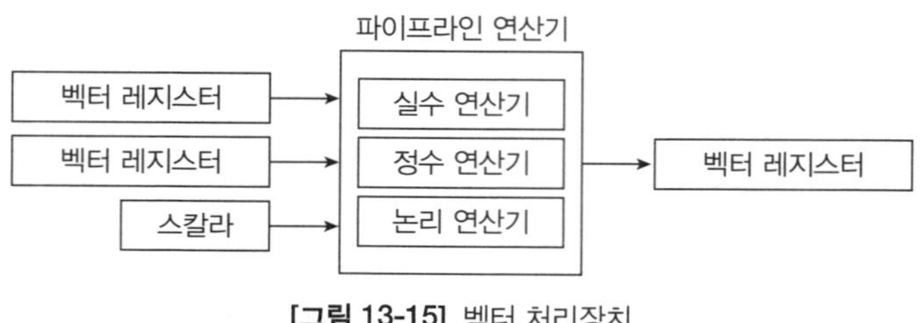

[그림 13-15] 벡터 처리장치

임 분야에서 빠른 그래픽 처리가 중요해짐에 따라 빠르게 계산할 수 있는 구조가 필요해졌다. 컴퓨터 그래픽은 화소(pixel)의 모임이고, 각 화소에 대하여 같은 산술 연산을 수행함으로써 화면의 움직임을 생성한다. 화소 한 개를 처리하는 프로그램을 쓰레드(thread)로 볼 수 있다. 그래픽 프로세서는 수많은 쓰레드가 서로 다른 데이터를 동시에 계산하는 SIMD형 프로세서이다. 그래픽 프로세서의 데이터 처리 능력이 급속도로 개선됨에 따라 계산량이 많은 신호처리 분야에서도 이 프로세서를 사용하게 되었고, 이에 따라 이름을 **범용 그래픽 프로세서**(GPGPU, General Purpose GPU)라고도 한다.

벡터 프로세서(vector processor)는 하나의 명령어로 데이터 여러 개를 처리한다는 점에서 배열 프로세서와 같은 SIMD형 프로세서이다. 배열 프로세서는 하나의 명령어가 기능이 같은 여러 개의 처리장치에서 서로 다른 데이터를 동시에 처리한다. 이에 비하여 벡터 프로세서는 여러 개의 데이터를 벡터 레지스터에 저장해두고 파이프라인 방식으로 연산한다는 것이 다르다.

[그림 13-15]는 간단하게 표현한 벡터 프로세서의 구조이다. 벡터 프로세서는 여러 개의 벡터 레지스터(vector register)를 갖고 있다. 벡터 레지스터는 여러 개의 데이터를 저장하는 레지스터이다. 예를 들면 하나의 벡터 레지스터는 32비트 데이터 64개를 저장할 수 있다. 벡터 프로세서는 벡터와 스칼라 데이터 간 연산을 할 수 있도록 스칼라 레지스터도 갖고 있다. 처리장치인 벡터 연산기는 파이프라인 형태로 동작하도록 만들어져 있고 매 클럭마다 벡터 레지스터에서 공급되는 데이터에 대하여 새로운 연산을 시작할 수 있다. 예를 들어 벡터 레지스터에 대하여 C[n] = A[n] × B[n]을 계산하는 과정을 살펴보자.

- A, B, C는 길이가 64인 벡터 레지스터이다.
- 64개의 벡터 데이터가 A와 B 벡터 레지스터에 저장되어 있다.

- 벡터 곱하기 명령어를 실행하면, 파이프라인 연산기에 먼저 C[0] = A[0] × B[0]을 계산하고, 다음 클럭에 C[1] = A[1] × B[1]을 계산한다.
- 이 계산을 64번 반복하여 벡터 레지스터에 대한 계산을 완료한다.

신호처리 분야에서 많이 사용하는 신호처리 프로세서는 내부에 벡터 처리장치를 포함하고 있다. 프로그래머는 벡터 프로세서의 구조와 기능에 대하여 알고 있어야 한다. 프로그램을 작성할 때 배열을 처리하는 부분을 벡터 명령어로 처리하도록 지시해야 한다. 벡터 프로세서 전용 컴파일러는 벡터 명령어를 포함한 기계어 명령어를 생성한다.

13.3.3 MIMD형 컴퓨터

MIMD형 컴퓨터에 해당하는 **멀티 프로세서**(MP, multi-processor) **시스템**은 한 개의 컴퓨터 안에 여러 개의 프로세서가 있고 각 프로세서들이 별도의 프로세스를 실행하는 컴퓨터이다. 멀티 프로세서 시스템은 다양한 형태로 구성될 수 있다. 멀티 프로세서 시스템을 구분하는 관점은 다음과 같다.

- 연결 방법 관점: 프로세서가 상호연결망으로 연결되어 있으면 밀결합 멀티 프로세서(tightly coupled MP), 통신장치로 연결되어 있으면 소결합 멀티 프로세서(loosely coupled MP)
- 기억장치 공유 관점: 한 개의 기억장치를 공유하면 기억장치 공유 멀티 프로세서(shared memory MP), 각자 기억장치를 갖고 있으면 기억장치 분산 멀티 프로세서(distributed memory MP)
- 프로세서 종류 관점: 프로세서들이 같은 종류이면 대칭형 멀티 프로세서(SMP, Symmetric MP), 프로세서들이 다른 종류이면 비대칭형 멀티 프로세서(Asymmetric MP)

소결합 시스템은 프로세서마다 독립적으로 기억장치, 입출력 채널을 갖고 있으며, 서로 통신 채널로 연결된다. 한 개의 컴퓨터라기보다 여러 개의 컴퓨터를 네트워크로 연결한 것으로 볼 수 있으므로 멀티 컴퓨터라고도 한다. 이러한 컴퓨터 시스템은 분산 컴퓨터 시스템(distributed computer system)으로 분류되고 별도의 연구 분야에서 다룬다.

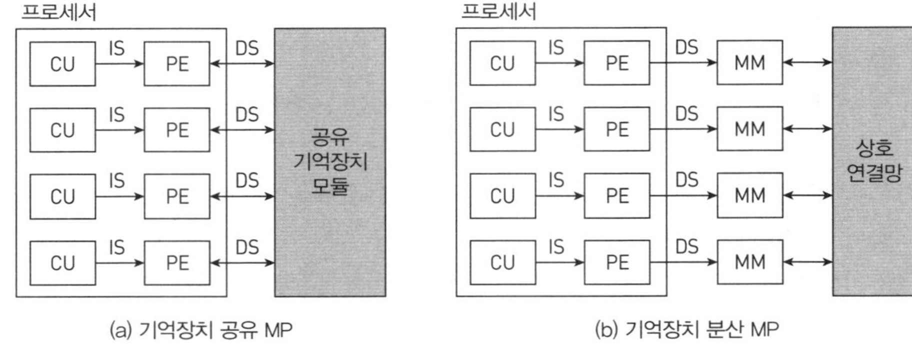

(a) 기억장치 공유 MP

(b) 기억장치 분산 MP

[그림 13-16] 밀결합 멀티 프로세서 시스템

밀결합 시스템은 하나의 운영체제로 두 개 이상의 프로세서들을 통합 제어하는 진정한 의미의 멀티 프로세서 시스템이다. 각 프로세서는 독립적으로 명령어를 수행할 수 있다. 운영체제는 각 프로세서에게 작업을 할당하고 파일과 입출력장치를 공유하도록 지원한다. 밀결합 시스템은 [그림 13-16]과 같이 기억장치를 공유하는지 그렇지 않는지에 따라 두 가지로 구분될 수 있다.

대칭형 멀티 프로세서(SMP, Symmetric Multi-Processor) **시스템**은 컴퓨터에 내장된 프로세서 종류가 같고 역할이 고정되어 있지 않은 병렬처리 컴퓨터이다. 운영체제는 상황에 따라 프로세서에게 운영체제 처리를 수행하도록 지시할 수도 있고 응용 프로그램 처리를 지시할 수도 있다. 이와 상대적으로 **비대칭형 멀티 프로세서**(AMP, Asymmetric Multi-Processor) **시스템**은 프로세서마다 역할이 고정되어 있는 병렬처리 컴퓨터이다. 비록 프로세서 종류가 같다고 하더라도 맡은 역할이 다르면 비대칭형 멀티 프로세서로 분류한다. 예를 들어, 한 개의 프로세서는 운영체제만 담당하고 다른 프로세서는 응용 프로그램만 담당한다면, 이 시스템은 비대칭형이다.

대칭형 시스템은 프로세서 역할이 고정되어 있지 않으므로 프로세서를 추가할수록 컴퓨터의 전체 성능이 따라서 증가할 가능성이 높다. 비대칭형 시스템은 프로세서 역할이 고정되어 있으므로 운영체제를 수정해야만 프로세서 수 증가에 따른 성능 개선 효과를 볼 수 있다. 최근의 개인용 컴퓨터 운영체제인 윈도우와 리눅스는 대칭형 멀티 프로세서 시스템을 지원한다.

13.3.4 병렬처리 한계

컴퓨터를 구성하는 자원의 수를 늘리면 성능도 그에 비례하여 개선되는 성질을 **비례성**(scalability)이라고 한다. 실제로 프로세서 수를 늘리더라도 성능은 그에 비례하여 개선되지 못한다. 하나의 작업을 프로세서들 사이에 나누어 실행하는 과정에서 서로 동기화(synchronize)가 필요하기 때문이다. 프로세서들은 자신에게 할당된 데이터만으로 모든 작업을 수행하지 못하고 중간에 서로 데이터를 교환하거나 한쪽에서 처리한 결과를 다른 쪽으로 전달할 필요가 있다. 병렬처리 프로세서의 성능 한계를 제시하는 두 가지 유명한 법칙이 있다. 하나는 암달의 법칙(Amdahl's law)이고, 다른 하나는 구스타프슨의 법칙(Gustafson's law)이다.

암달의 법칙은 프로세서 수를 늘리더라도 속도를 개선하는데 한계가 있다는 관점이다. 처리할 작업 전체의 크기를 1이라고 하고, 이 중에서 병렬로 처리할 수 있는 부분을 P(0<P<1)라고 하면, 직렬로 처리해야 하는 부분은 (1−P)이다. 프로세서 한 개로 이 작

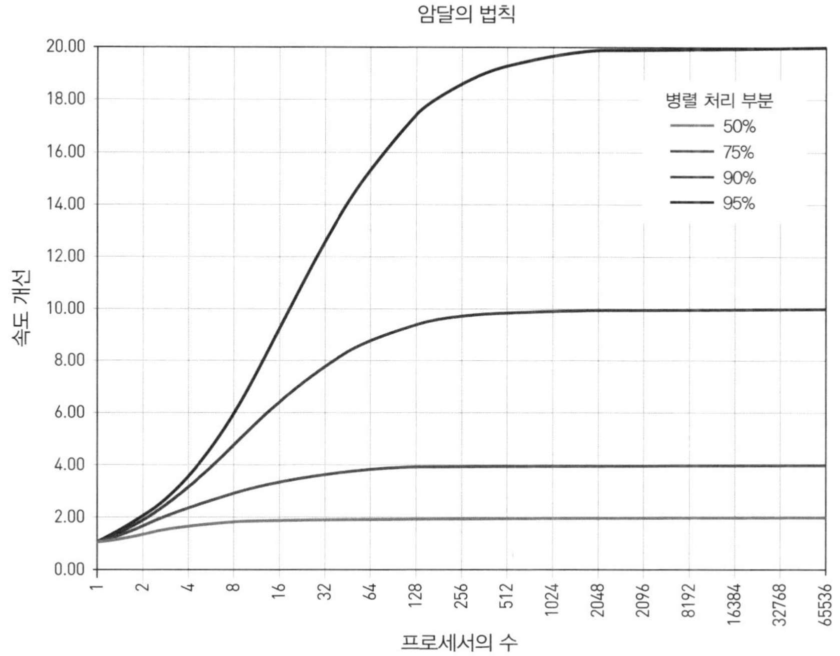

[그림 13-17] 암달의 법칙(위키백과)

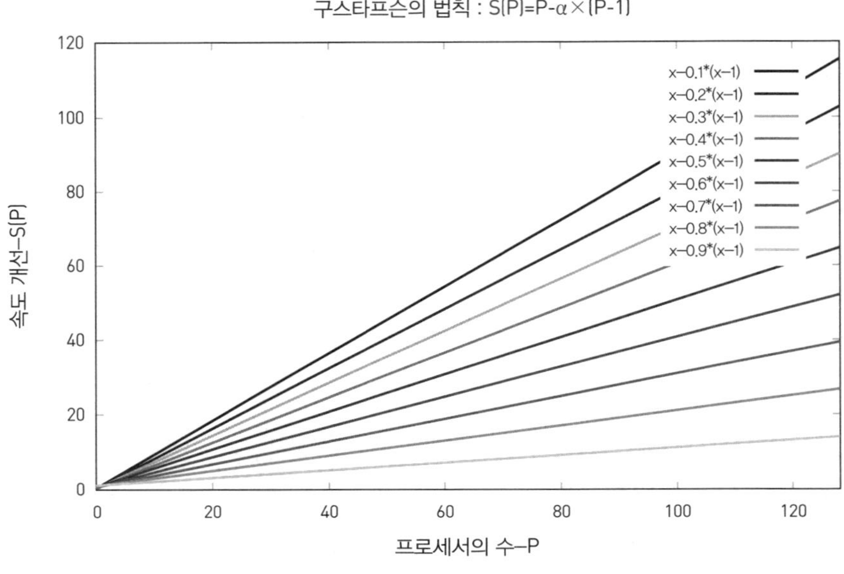

[그림 13-18] 구스타프슨의 법칙(위키백과)

업을 처리하는 시간은 다음과 같다.

$$\text{단일 프로세서 처리시간} = \{\text{직렬 처리시간} + \text{병렬 처리시간}\} = (1-P) + P = 1$$

프로세서 S개로 작업하면 병렬 처리 부분을 P/S만큼 개선할 수 있으므로, 전체 처리시간은 다음과 같다.

$$\text{다중 프로세서 처리시간} = \{\text{직렬 처리시간} + \text{병렬 처리시간}\} = (1-P) + P/S$$

그러므로 프로세서 수가 S개로 증가함에 따른 처리시간 개선은 다음과 같다.

$$\text{처리시간 개선} = \frac{1}{(1-P) + P/S}$$

[그림 13-17]은 처리시간 개선에 대한 그래프이고, 프로세서 수를 늘리더라도 처리시간 개선은 한계에 도달함을 보여준다.

구스타프슨의 법칙은 프로세서 수에 비례하여 처리시간을 개선할 수 있다는 주장이다.

이번에는 P개의 프로세서로 작업한 시간을 기준으로 정한다. 직렬 처리시간을 a라고 하고, 병렬 처리시간을 b라고 하면, P개의 프로세서로 작업을 처리한 시간은 다음과 같다.

$$\text{다중 프로세서 처리시간} = a + b$$

만일 프로세서 한 개로 작업한다면 병렬 처리 부분의 처리시간이 b×P로 늘어난다. 따라서 프로세서 한 개로 작업한 시간은 다음과 같다.

$$\text{단일 프로세서 처리시간} = a + b \times P$$

작업 전체에 대한 직렬 처리 부분의 비율을 $\alpha = a/(a+b)$라고 할 때, 처리시간 개선은 다음과 같다.

$$\text{처리시간 개선} = \frac{a + b \times P}{a + b} = P - \alpha \times (P - 1)$$

이 식은 만약 문제 크기가 증가함에 따라, 즉 작업 양이 커짐에 따라, 병렬 처리시간 부분(b)이 커진다면 α 값이 작아지고, 처리시간 개선은 프로세서 수(P)에 비례할 수 있다는 의미를 포함하고 있다. 이 식을 그래프로 표현한 것이 [그림 13-18]이다. 암달의 법칙은 프로세서 수가 증가함에 따라 작업 양도 함께 증가할 수 있다는 것을 고려하지 않았다. 처리할 데이터 양이 일정할 때 프로세서의 수만 자꾸 늘린다고 해서 병렬처리 성능이 그 수에 비례하여 개선되지 않음은 당연하다고 할 수 있다. 구스타프슨의 법칙은 프로세서 수가 증가함에 따라 작업할 데이터 양도 함께 증가한다면 어느 정도 병렬처리의 비례성을 보장한다는 것을 보여준다.

13.3 병렬처리 컴퓨터 요약

플린은 컴퓨터가 처리하는 명령어 스트림의 수와 데이터 스트림의 수에 따라 SISD, SIMD, MISD, MIMD 네 가지 형태로 컴퓨터 시스템을 분류하였다. SIMD는 한 개의 명령어로 여러 개의 데이터를 처리할 수 있는 컴퓨터이고, 배열 프로세서와 벡터 프로세서가 있다. 배열 프로세서는 멀티미디어 명령어와 그래픽 프로세서 형태로 발전하였다. 벡터 프로세서는 배열 데이터를 한 개의 명령어로 처리하도록 지시하는 벡터 명령어와 벡터 명령어를 처리하기 위한 파이프라인 구조의 처리장치를 갖는다. MIMD형 컴퓨터는 멀티 프로세서 시스템이다. 멀티 프로세서 시스템은 기억장치를 공유하는가 공유하지 않는가에 따라 구분될 수 있다. 그리고 대칭형 멀티 프로세서 시스템(SMP)은 시스템을 구성하는 프로세서들의 종류가 같고 그 임무가 고정되어 있지 않다. 비례성의 한계를 제시하는 법칙으로 암달의 법칙과 구스타프슨의 법칙이 있다. 암달의 법칙은 프로세서 수를 늘리더라도 속도를 개선하는데 한계가 있다고 주장하고, 구스타프슨의 법칙은 프로세서 수에 비례하여 문제 크기도 함께 증가한다면 처리 속도를 개선할 수 있다고 주장한다.

13.4 요약

이 장에서는 기본형 컴퓨터의 성능을 개선하는 여러 가지 기법을 설명하였다. 여기에서 새로 소개된 용어는 다음과 같다.

- 축소명령어집합 컴퓨터(RISC, Reduced Instruction Set Computer): 명령어 수를 줄이고 명령어 형식을 간단하게 함으로써 실행 속도를 개선한 프로세서
- 복잡명령어집합 컴퓨터(CISC, Complex Instruction Set Computer): RISC가 만들어짐으로써 복잡한 명령어를 채택하고 있는 기존의 프로세서를 구별하기 위하여 만들어진 용어
- 명령어 파이프라인(instruction pipeline): 명령어 처리 과정을 여러 단계로 분리하고, 매 클럭 사이클마다 하나의 명령어를 이어서 실행하도록 만든 프로세서 구조
- 자원 충돌(resource conflict): 서로 다른 파이프라인 단계가 같은 하드웨어 자원을 사용하는 현상
- 데이터 의존성(data dependency): 명령어 파이프라인에서 앞에 있는 명령어의 실행이 끝나지 않아 뒤에 있는 명령어가 사용할 오퍼랜드가 제때에 준비되지 못하는 현상
- 우회 경로(forwarding path): 명령어 실행 중 발생하는 데이터를 레지스터에 기록하기 이전에 앞 단계에서 사용할 수 있도록 전달하는 데이터 경로
- 분기 예측(branch prediction): 명령어 파이프라인의 효율을 높이기 위하여 분기 명령어의 목적지가 결정되기 전에 목적지를 예측하여 명령어를 인출하는 방법
- 스칼라 명령어(scalar instruction): 단일 변수에 저장되어 있는 데이터를 처리하는 명령어
- 벡터 명령어(vector instruction): 하나의 명령어로 여러 개의 데이터를 처리하는 명령어

- 슈퍼스칼라 프로세서(superscalar processor): 스칼라 명령어들 중에서 함께 실행할 수 있는 명령어들을 찾아 동시에 실행하는 프로세서
- VLIW 프로세서(Very Long Instruction Word Processor): 컴파일러가 동시에 실행할 수 있는 명령어들을 하나의 긴 명령어 형태로 만들어 놓은 것을 실행하는 프로세서
- 레지스터 재명명(register renaming): 동시에 실행할 수 있는 명령어의 수를 증가시키기 위하여 실행 도중에 사용하는 레지스터를 다른 것으로 변경하는 기법
- 배열 프로세서(array processor): 일반적으로 보조 프로세서로 사용되며, 많은 수의 처리장치를 갖고 있어서 서로 다른 데이터에 대하여 같은 연산을 수행하는 프로세서
- 그래픽 프로세서(GPU, Graphic Processing Unit): 화소 단위로 구성된 그래픽 데이터에 대하여 같은 계산을 병렬로 수행하는 프로세서
- 벡터 프로세서(vector processor): 여러 개의 데이터로 구성된 배열 데이터를 백터 레지스터에 저장해 두고, 벡터 명령어로 파이프라인 형식으로 실행하는 프로세서
- 멀티 프로세서(multi−processor) 시스템: 하나의 시스템 안에 여러 개의 프로세서들이 포함되어 있고, 각 프로세서들이 서로 다른 쓰레드를 실행하는 시스템

병렬처리와 관련하여 플린의 네 가지 컴퓨터 분류와 병렬처리의 한계를 얘기한 암달의 법칙(Amdahl's law)과 구스타프슨의 법칙(Gustafson's low)을 알아두어야 한다.

연습문제 EXERCISE

13.1 축소명령어집합 컴퓨터

01 프로세서 계열(family)의 특징이 아닌 것은?

① 기존 명령어에 새로운 명령어를 추가한다.
② 기존 주소지정방식에 새로운 주소지정방식을 추가한다.
③ 상향 호환성(upward compatibility)을 지원한다.
④ 하향 호환성(downward compatibility)을 지원한다.

02 올바른 것을 선택하라.

(1) RISC는 CISC보다 명령어 수가 (적다, 많다).
(2) RISC는 CISC보다 레지스터 수가 (적다, 많다).
(3) RISC는 (고정 길이, 가변 길이) 명령어 형식을 채택한다.
(4) RISC는 CISC에 비하여 주소지정방식이 (간단하다, 복잡하다).
(5) RISC의 제어장치는 (하드와이어드, 마이크로프로그램) 방식이다.

03 RISC 형식의 컴퓨터에서 찾아보기 힘든 명령어는?

① R1 ← R2 + R3 ② R1 ← R2 + Mem(A)
③ CALL SUBROUTINE ④ BRZ TARGET

04 명령어 파이프라인 특성을 가장 올바로 설명한 것은?

① 여러 개의 명령어를 동시에 인출할 수 있다.
② 명령어 사이클 단계를 시간적으로 중첩해서 실행한다.
③ 연산기를 여러 개 장착하므로 단위 시간당 계산량이 많아진다.
④ 명령어를 여러 개 인출하고 그 중에서 동시에 실행할 수 있는 것을 찾는다.

05 파이프라인 방식으로 명령어를 처리를 하는데 가장 문제가 되는 명령어 종류는?

① 시스템 제어 명령어 ② 데이터 전달 명령어
③ 데이터 처리 명령어 ④ 프로그램 제어 명령어

06 파이프라인 우회 경로(forwarding path)의 기능은?

① 분기 목적지를 예측하여 프로그램 카운터로 전달한다.
② 인출한 명령어들을 저장해 두었다가 실행 단계로 전달한다.
③ 주기억장치에서 캐시 기억장치를 거치지 않고 직접 레지스터로 데이터를 전달한다.
④ 파이프라인 단계의 처리 결과를 다음 단계로 전달하면서 동시에 이전 단계로 전달한다.

07 분기 예측(branch prediction)은 무엇을 예측하는 것인가?

① 현재 실행 중인 명령어의 다음 명령어가 조건 분기 명령어인지 예측한다.
② 현재 실행 중인 명령어의 다음 명령어가 무조건 분기 명령어인지 예측한다.
③ 조건 분기 명령어를 실행할 때, 분기 목적지로 이동할지 하지 않을지 예측한다.
④ 명령어 실행 중 인터럽트가 걸려서 인터럽트 서비스 루틴으로 분기할지 예측한다.

13.2 슈퍼스칼라 프로세서

01 스칼라 명령어란?

① 단일 변수를 처리하는 명령어
② 배열 변수를 처리하는 명령어
③ 조건 분기를 처리하는 명령어
④ 기억장치를 액세스하는 명령어

02 슈퍼스칼라 프로세서 스케줄러의 기능은?

① 기억장치에서 인출할 명령어를 결정한다.
② 인출한 명령어들 중에서 디코드할 명령어를 결정한다.
③ 분기 명령어에 대하여 어느 쪽을 예측하여 실행할지 결정한다.
④ 디코드한 명령어들 중에서 실행 단계로 넘길 명령어를 결정한다.

03 VLIW 프로세서에서 동시에 실행할 명령어들을 모아 긴 명령어를 만드는 일을 하는 것은?

① 컴파일러
② 스케줄러
③ 프로그래머
④ 명령어 인출기

04 다음 명령어들 중에서 동시에 실행할 수 있는 명령어는?

```
I1:    LOAD     R1, Mem(A)
I2:    ADD      R3, R3, R2
I3     STORE    Mem(B), R3
```

① I1, I2 ② I2, I3 ③ I1, I3 ④ I1, I2, I3

05 문제 4번의 명령어들 중에서 I1과 I3 간에 존재하는 의존성은?

① 반의존성 ② 자원 의존성
③ 출력 의존성 ④ 데이터 의존성

06 데이터 의존성은 같은 오퍼랜드에 대한 읽기와 쓰기 동작 순서에 의해 결정된다. 데이터 의존성 종류에 따른 동작 순서를 적어라.

(1) 진짜 데이터 의존성
(2) 출력 의존성
(3) 반의존성

07 레지스터 재명명을 하는 이유는?

① 레지스터가 부족해서
② 사용하지 않는 레지스터의 활용도를 높이기 위해서
③ 동시에 실행할 수 있는 명령어의 수를 늘리기 위해서
④ 서브루틴으로 전달할 파라미터를 레지스터로 넘기기 위해서

08 슈퍼스칼라 프로세서의 일반적인 스케줄링 정책은?

① In-order issue, in-order completion
② In-order issue, out-of-order completion
③ Out-of-order issue, in-order completion
④ Out-of-order issue, out-of-order completion

13.3 병렬처리 컴퓨터

01 Flynn은 SISD, SIMD, MISD, MIMD로 컴퓨터를 분류하였다. 설명에 해당하는 컴퓨터를 적어라.

(1) 실제로 구현된 적이 없는 컴퓨터는?
(2) 단일 프로세서 컴퓨터는?
(3) 배열 프로세서 컴퓨터는?
(4) 멀티 프로세서 컴퓨터는?

02 주로 대용량 계산을 수행하는 보조 프로세서로 사용되는 것은?

① 범용 프로세서 ② 배열 프로세서
③ 벡터 프로세서 ④ 슈퍼스칼라 프로세서

03 그래픽 프로세서는 어떤 구조를 갖는다고 볼 수 있는가?

① SISD ② SIMD ③ MISD ④ MIMD

04 SIMD 멀티미디어 명령어 확장을 올바로 설명한 것은?

① 그래픽 연산을 처리하는 명령어

② 그래픽과 음성 데이터를 처리하는 명령어

③ 배열 데이터에 대한 계산을 수행하는 벡터 명령어

④ 연산기를 분할하여 크기가 작은 데이터 여러 개를 병렬로 계산하는 명령어

05 A[n] x B[n]과 같이 배열에 대한 실수 연산을 한 개의 명령어로 수행할 수 있는 프로세서는?

① 범용 프로세서 ② 배열 프로세서

③ 벡터 프로세서 ④ 슈퍼스칼라 프로세서

06 소결합 시스템에 해당하는 것은?

① 리눅스 시스템 ② 분산 처리 시스템

③ 멀티프로세서 시스템 ④ 기억장치 공유 시스템

07 기억장치 분산 멀티 프로세서 시스템에서 프로세서 간에 데이터를 교환하는 장치는?

① 기억장치 ② 통신 장치

③ 벡터 연산기 ④ 상호연결망

08 대칭형 멀티 프로세서 시스템(SMP)의 조건을 모두 선택하라.

① 프로세서 종류가 같다.

② 프로세서 종류가 다르다.

③ 프로세서 임무가 고정되어 있지 않다.

④ 프로세서와 기억장치가 대칭적으로 배치되어 있다.

09 비례성(scalability)이란?

① 기억장치 용량을 측정할 수 있는 특성

② 여러 개의 스칼라 명령어를 실행하는 특성

③ 프로세서 처리 능력을 측정할 수 있는 특성

④ 자원의 수를 증가시키면 성능도 함께 개선되는 특성

10 암달의 법칙에서 병렬처리 효율을 제한하는 요인은?

① 시스템에 내장된 프로세서의 수

② 시스템에 내장된 기억장치 모듈의 수

③ 프로그램 중에서 직렬로 처리해야 하는 부분

④ 프로그램 중에서 병렬로 처리해야 하는 부분

11 문제 크기가 1이다. 이 중에서 병렬처리 부분의 크기가 0.8이고 나머지 부분을 직렬로 처리해야 한다. 한 개의 프로세서로 이 문제를 해결하는데 시간이 1 소요된다. 암달의 법칙에 따른 처리시간과 효율을 계산하라.

(1) 4개의 프로세서로 병렬처리하는데 소요되는 시간은?

(2) 4개의 프로세서로 병렬처리할 때 속도 개선은 몇 배인가?

(3) 8개의 프로세서로 병렬처리하는데 소요되는 시간은?

(4) 8개의 프로세서로 병렬처리할 때 속도 개선은 몇 배인가?

12 4개의 프로세서로 어떤 문제를 해결하는데 시간이 2만큼 소요되었다. 그 중에서 직렬 처리시간이 1이고 병렬 처리시간이 1이다. 구스타프슨의 법칙에 따른 처리시간과 효율을 계산하라.

(1) 단일 프로세서로 이 문제를 해결하는데 소요되는 시간은?

(2) 4개의 프로세서로 병렬처리할 때 속도 개선은 몇 배인가?

(3) 문제 크기를 두 배로 늘리고 병렬처리에 사용된 프로세서 수를 8개로 늘렸다. 이때 문제해결 시간이 2이다. 그 중에서 직렬 처리시간이 1이고 병렬 처리시간이 1이다. 단일 프로세서로 이 문제를 해결하는데 소요되는 시간은?

(4) 문제 (3)에서 8개의 프로세서로 병렬처리할 때 속도 개선은 몇 배인가?

찾아보기 INDEX